黑龙江省"十四五"职业教育规划教材

全国餐饮职业教育教学指导委员会重点课题成果系列教材
餐饮职业教育创新技能型人才培养新形态一体化系列教材

总主编 ◎ 杨铭铎

餐饮服务与管理

主　编　邓　英　李　俊　刘贵朝
副主编　曹慧萍　彭维捷　肖　黎　刘　畅
编　者　（按姓氏笔画排序）
　　　　邓　英　刘　畅　刘贵朝　汤雯晶
　　　　孙朋久　李　兵　李　俊　李竹君
　　　　杨　君　肖　黎　张　旭　张宏欣
　　　　张德彪　曹慧萍　彭维捷

华中科技大学出版社
http://press.hust.edu.cn
中国·武汉

内 容 简 介

本书是黑龙江省"十四五"职业教育规划教材、全国餐饮职业教育教学指导委员会重点课题成果系列教材、餐饮职业教育创新技能型人才培养新形态一体化系列教材。

本书分为入职培训、工作流程、餐饮管理三个模块,内容包括餐饮认知、行业礼仪培训、菜点知识培训、酒水知识培训、服务技能培训、中式餐饮服务、西式餐饮服务、其他形式服务、餐饮人力资源管理、餐饮服务质量管理、餐饮原材料管理、餐饮产品生产管理、餐饮成本控制管理和餐饮营销管理。

本书既可作为高职高专院校旅游管理、酒店管理、餐饮管理等相关专业学生的教材,也可用于各类酒店的入职培训,同时又可作为酒店管理者的参考用书。

图书在版编目(CIP)数据

餐饮服务与管理/邓英,李俊,刘贵朝主编.—武汉:华中科技大学出版社,2019.8(2025.2重印)
ISBN 978-7-5680-5434-8

Ⅰ.①餐… Ⅱ.①邓… ②李… ③刘… Ⅲ.①饮食业-商业服务-职业教育-教材 ②饮食业-商业管理-职业教育-教材 Ⅳ.①F719.3

中国版本图书馆 CIP 数据核字(2019)第 169572 号

餐饮服务与管理   邓 英 李 俊 刘贵朝 主编
Canyin Fuwu yu Guanli

策划编辑:汪飒婷
责任编辑:毛晶晶　汪飒婷
封面设计:廖亚萍
责任校对:李 琴
责任监印:周治超
出版发行:华中科技大学出版社(中国·武汉)　　电话:(027)81321913
　　　　　武汉市东湖新技术开发区华工科技园　　邮编:430223
录　　排:华中科技大学惠友文印中心
印　　刷:武汉市籍缘印刷厂
开　　本:889mm×1194mm　1/16
印　　张:19.5
字　　数:566千字
版　　次:2025 年 2 月第 1 版第 5 次印刷
定　　价:59.80 元

全国餐饮职业教育教学指导委员会重点课题成果系列教材

餐饮职业教育创新技能型人才培养新形态一体化系列教材

丛 书 编 审 委 员 会

主 任

姜俊贤 全国餐饮职业教育教学指导委员会主任委员、中国烹饪协会会长

执行主任

杨铭铎 教育部职业教育专家组成员、全国餐饮职业教育教学指导委员会副主任委员、中国烹饪协会特邀副会长

副 主 任

乔 杰 全国餐饮职业教育教学指导委员会副主任委员、中国烹饪协会副会长

黄维兵 全国餐饮职业教育教学指导委员会副主任委员、中国烹饪协会副会长、四川旅游学院原党委书记

贺士榕 全国餐饮职业教育教学指导委员会副主任委员、中国烹饪协会餐饮教育委员会执行副主席、北京市劲松职业高中原校长

王新驰 全国餐饮职业教育教学指导委员会副主任委员、扬州大学旅游烹饪学院原院长

卢 一 中国烹饪协会餐饮教育委员会主席、四川旅游学院校长

张大海 全国餐饮职业教育教学指导委员会秘书长、中国烹饪协会副秘书长

郝维钢 中国烹饪协会餐饮教育委员会副主席、原天津青年职业学院党委书记

石长波 中国烹饪协会餐饮教育委员会副主席、哈尔滨商业大学旅游烹饪学院院长

于干千 中国烹饪协会餐饮教育委员会副主席、普洱学院副院长

陈 健 中国烹饪协会餐饮教育委员会副主席、顺德职业技术学院酒店与旅游管理学院院长

赵学礼 中国烹饪协会餐饮教育委员会副主席、西安商贸旅游技师学院院长

吕雪梅 中国烹饪协会餐饮教育委员会副主席、青岛烹饪职业学校校长

符向军 中国烹饪协会餐饮教育委员会副主席、海南省商业学校校长

薛计勇 中国烹饪协会餐饮教育委员会副主席、中华职业学校副校长

王　劲　常州旅游商贸高等职业技术学校副校长

王文英　太原慈善职业技术学校校长助理

王永强　东营市东营区职业中等专业学校副校长

王吉林　山东省城市服务技师学院院长助理

王建明　青岛酒店管理职业技术学院烹饪学院院长

王辉亚　武汉商学院烹饪与食品工程学院党委书记

邓　谦　珠海市第一中等职业学校副校长

冯玉珠　河北师范大学旅游学院副院长

师　力　西安桃李旅游烹饪专修学院副院长

吕新河　南京旅游职业学院烹饪与营养学院院长

朱　玉　大连市烹饪中等职业技术专业学校副校长

庄敏琦　厦门工商旅游学校校长、党委书记

刘玉强　辽宁现代服务职业技术学院院长

闫喜霜　北京联合大学餐饮科学研究所所长

孙孟建　黑龙江旅游职业技术学院院长

李　俊　武汉职业技术学院旅游与航空服务学院院长

李　想　四川旅游学院烹饪学院院长

李顺发　郑州商业技师学院副院长

张令文　河南科技学院食品学院副院长

张桂芳　上海市商贸旅游学校副教授

张德成　杭州市西湖职业高级中学校长

陆燕春　广西商业技师学院校长

陈　勇　重庆市商务高级技工学校副校长

陈全宝　长沙财经学校校长

陈运生　新疆职业大学教务处处长

林苏钦　上海旅游高等专科学校酒店与烹饪学院副院长

周立刚　山东银座旅游集团总经理

周洪星　浙江农业商贸职业学院副院长

赵　娟　山西旅游职业学院副院长

赵汝其　佛山市顺德区梁銶琚职业技术学校副校长

侯邦云　云南优邦实业有限公司董事长、云南能源职业技术学院现代服务学院院长

姜　旗　兰州市商业学校校长

聂海英　重庆市旅游学校校长

贾贵龙　深圳航空有限责任公司配餐部经理

诸　杰　天津职业大学旅游管理学院院长

谢　军　长沙商贸旅游职业技术学院湘菜学院院长

潘文艳　吉林工商学院旅游学院院长

网络增值服务

使用说明

欢迎使用华中科技大学出版社医学资源服务网 yixue.hustp.com

1 教师使用流程

（1）登录网址：**http://yixue.hustp.com**（注册时请选择教师用户）

注册 ▶ 登录 ▶ 完善个人信息 ▶ 等待审核

（2）审核通过后，您可以在网站使用以下功能：

下载教学资源　　建立课程　　管理学生　　布置作业　查询学生学习记录等

教师

2 学员使用流程

（建议学员在PC端完成注册、登录、完善个人信息的操作。）

（1）PC 端操作步骤

① 登录网址：**http://yixue.hustp.com**（注册时请选择普通用户）

注册 ▶ 登录 ▶ 完善个人信息

② 查看课程资源：（如有学习码，请在个人中心－学习码验证中先验证，再进行操作。）

选择课程

首页课程 ＞ 课程详情页 ＞ 查看课程资源

（2）手机端扫码操作步骤

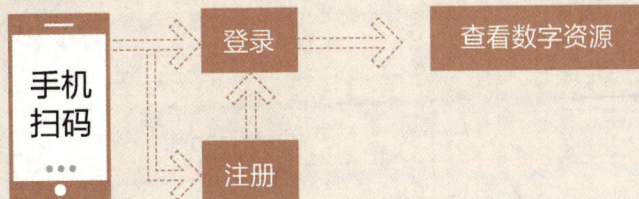

手机扫码 → 登录 → 查看数字资源

手机扫码 → 注册

开展餐饮教学研究　加快餐饮人才培养

餐饮业是第三产业重要组成部分,改革开放40年来,随着人们生活水平的提高,作为传统服务性行业,餐饮业对刺激消费需求、推动经济增长发挥了重要作用,在扩大内需、繁荣市场、吸纳就业和提高人民生活质量等方面都做出了积极贡献。就经济贡献而言,2018年,全国餐饮收入42716亿元,首次超过4万亿元,同比增长9.5%,餐饮市场增幅高于社会消费品零售总额增幅0.5个百分点;全国餐饮收入占社会消费品零售总额的比重持续上升,由上年的10.8%增至11.2%;对社会消费品零售总额增长贡献率为20.9%,比上年大幅上涨9.6个百分点;强劲拉动社会消费品零售总额增长了1.9个百分点。中国共产党第十九次全国代表大会(简称党的十九大)吹响了全面建成小康社会的号角,作为人民基本需求的饮食生活,餐饮业的发展好坏,不仅关系到能否在扩内需、促消费、稳增长、惠民生方面发挥市场主体的重要作用,而且关系到能否满足人民对美好生活的向往、实现小康社会的目标。

一个产业的发展,离不开人才支撑。科教兴国、人才强国是我国发展的关键战略。餐饮业的发展同样需要科教兴业、人才强业。经过60多年特别是改革开放40年来的大发展,目前烹饪教育在办学层次上形成了中职、高职、本科、硕士、博士五个办学层次;在办学类型上形成了烹饪职业技术教育、烹饪职业技术师范教育、烹饪学科教育三个办学类型;在学校设置上形成了中等职业学校、高等职业学校、高等师范院校、普通高等学校的办学格局。

我从全聚德董事长的岗位到担任中国烹饪协会会长、全国餐饮职业教育教学指导委员会主任委员后,更加关注烹饪教育。在到烹饪院校考察时发现,中职、高职、本科师范专业都开设了烹饪技术课,然而在烹饪教育内容上没有明显区别,层次界限模糊,中职、高职、本科烹饪课程设置重复,拉不开档次。各层次烹饪院校人才培养目标到底有哪些区别?在一次全国餐饮职业教育教学指导委员会和中国烹饪协会餐饮教育委员会的会议上,我向在我国从事餐饮烹饪教育时间很久的资深烹饪教育专家杨铭铎教授提出了这一问题。为此,杨铭铎教授研究之后写出了《不同层次烹饪专业培养目标分析》《我国现代烹饪教育体系的构建》,这两篇论文回答了我的问题。这两篇论文分别刊登在《美食研究》和《中国职业技术教育》上,并收录在中国烹饪协会主编的《中国餐饮产业发展报告》之中。我欣喜地看到,杨铭铎教授从烹饪专业属性、学科建设、课程结构、中高职衔接、课程体系、课程开发、校企合作、教师队伍建设等方面进行研究并提出了建设性意见,对烹饪教育发展具有重要指导意义。

杨铭铎教授不仅在理论上探讨烹饪教育问题,而且在实践上积极探索。2018年在全国餐饮职业教育教学指导委员会立项重点课题"基于烹饪专业人才培养目标的中高职课程体系与教材开发研究"(CYHZWZD201810)。该课题以培养目标为切入点,明晰烹饪专业人才培养规格;以职业技能为结合点,确保烹饪人才与社会职业有效对接;以课程体系为关键点,通过课程结构与课程标准精准实现培养目标;以教材开发为落脚点,开发教学过程与生产过程对接的、中高职衔接的两套烹饪专业课程系列教材。这一课题的创新点在于:研究与编写相结合,中职与高职相同步,学生用教材与教师用参考书相联系,资深餐饮专家领衔任总主编与全国排名前列的大学出版社相协作,编写出的中职、高职系列烹饪专业教材,解决了烹饪专业文化基础课程与职业技能课程脱节,专业理论课程设置重复,烹饪技能课交叉,职业技能倒挂,教材内容拉不开层次等问题,是国务院《国家职业教育改革实施方案》提出的完善教育教学相关标准中的"持续更新并推进专业教学标准、课程标准建设和在职业院校落地实施"这一要求在烹饪职业教育专业的具体举措。基于此,我代表中国烹饪协会、全国餐饮职业教育教学指导委员会向全国烹饪院校和餐饮行业推荐这两套烹饪专业教材。

习近平总书记在党的十九大报告中将"两个一百年"奋斗目标调整表述为:到建党一百年时,全面建成小康社会;到新中国成立一百年时,全面建成社会主义现代化强国。经济社会的发展,必然带来餐饮业的繁荣,迫切需要培养更多更优的餐饮烹饪人才,要求餐饮烹饪教育工作者提出更接地气的教研和科研成果。杨铭铎教授的研究成果,为中国烹饪技术教育研究开了个好头。让我们餐饮烹饪教育工作者与餐饮企业家携起手来,为培养千千万万优秀的烹饪人才、推动餐饮业又好又快地发展,为把我国建成富强、民主、文明、和谐、美丽的社会主义现代化强国增添力量。

全国餐饮职业教育教学指导委员会主任委员

中国烹饪协会会长

《国家中长期教育改革和发展规划纲要(2010—2020年)》及《国务院办公厅关于深化产教融合的若干意见(国办发〔2017〕95号)》等文件指出:职业教育到2020年要形成适应经济发展方式的转变和产业结构调整的要求,体现终身教育理念,中等和高等职业教育协调发展的现代教育体系,满足经济社会对高素质劳动者和技能型人才的需要。2019年1月,国务院印发的《国家职业教育改革实施方案》中更是明确提出了提高中等职业教育发展水平、推进高等职业教育高质量发展的要求及完善高层次应用型人才培养体系的要求;为了适应"互联网＋职业教育"发展需求,运用现代信息技术改进教学方式方法,对教学教材的信息化建设,应配套开发信息化资源。

随着社会经济的迅速发展和国际化交流的逐渐深入,烹饪行业面临新的挑战和机遇,这就对新时代烹饪职业教育提出了新的要求。为了促进教育链、人才链与产业链、创新链有机衔接,加强技术技能积累,以增强学生核心素养、技术技能水平和可持续发展能力为重点,对接最新行业、职业标准和岗位规范,优化专业课程结构,适应信息技术发展和产业升级情况,更新教学内容,在基于全国餐饮职业教育教学指导委员会2018年度重点科研项目"基于烹饪专业人才培养目标的中高职课程体系与教材开发研究"(CYHZWZD201810)的基础上,华中科技大学出版社在全国餐饮职业教育教学指导委员会副主任委员杨铭铎教授的指导下,在认真、广泛调研和专家推荐的基础上,组织了全国90余所烹饪专业院校及单位,遴选了近300位经验丰富的教师和优秀行业、企业人才,共同编写了本套全国餐饮职业教育创新技能型人才培养"十三五"规划教材、全国餐饮职业教育教学指导委员会重点课题("基于烹饪专业人才培养目标的中高职课程体系与教材开发研究")成果系列教材。

本教材力争契合烹饪专业人才培养的灵活性、适应性和针对性,符合岗位对烹饪专业人才知识、技能、能力和素质的需求。本套教材有以下编写特点:

1.权威指导,基于科研　本套教材以全国餐饮职业教育教学指导委员会的重点科研项目为基础,由国内餐饮职业教育教学和实践经验丰富的专家指导,将研究成果适度、合理落脚于教材中。

2.理实一体,强化技能　遵循以工作过程为导向的原则,明确工作任务,并在此基础上将与技能和工作任务集成的理论知识加以融合,使得学生在实际工作环境中,知识和技能协调配合。

3.贴近岗位,注重实践　按照现代烹饪岗位的能力要求,对接现代烹饪行业和企业的职业技能标准,将学历证书和若干职业技能等级证书("1＋X"证书)内容相结合,融入新技术、新工艺、新规范、新要求,培养职业素养、专业知识和职业技能,提高学生应对实际工作的能力。

4.编排新颖,版式灵活　注重教材表现形式的新颖性,文字叙述符合行业习惯,表达力求通俗、易懂,版面编排力求图文并茂、版式灵活,以激发学生的学习兴趣。

5.纸质数字,融合发展　在新形势媒体融合发展的背景下,将传统纸质教材和我社数字资源平台融合,开发信息化资源,打造成一套纸数融合一体化教材。

本系列教材得到了全国餐饮职业教育教学指导委员会和各院校、企业的大力支持和高度关注,它将为新时期餐饮职业教育做出应有的贡献,具有推动烹饪职业教育教学改革的实践价值。我们衷心希望本套教材能在相关课程的教学中发挥积极作用,并得到广大读者的青睐。我们也相信本套教材在使用过程中,通过教学实践的检验和实际问题的解决,能不断得到改进、完善和提高。

近年来,随着社会经济的快速发展,旅游业也在不断地发展和成熟,旅游消费者对旅游服务质量的要求越来越高,酒店服务行业作为旅游行业的重要组成部分,服务质量备受关注。

在本书编写过程中研读了国务院下发的《国家职业教育改革实施方案》文件,遵循方案中提出的职业教育"三对接",即专业设置与产业需求、课程内容与职业标准、教学过程与生产过程的要求来设计课程。

"餐饮服务与管理"课程是应用型院校旅游类专业的核心课程之一。本书以三大模块十四个项目为基本结构,具体内容包括入职培训、工作流程、餐饮管理三大模块;餐饮认知、行业礼仪培训、菜点知识培训、酒水知识培训、服务技能培训、中式餐饮服务、西式餐饮服务、其他形式服务、餐饮人力资源管理、餐饮服务质量管理、餐饮原材料管理、餐饮产品生产管理、餐饮成本控制管理、餐饮营销管理十四个项目。旨在让学生系统掌握餐饮服务与管理的基础知识,使学生掌握酒店从业人员必需的知识和技能,具备从事相关工作的基本职业能力,切实培养能胜任酒店服务工作的高素质的技术技能型人才。

本书具有以下特点:

1.《餐饮服务与管理》教材编写的基础是把握好"两点",即以行业标准为结合点、以工作过程系统化为基本点。

第一,以行业标准为结合点。将从事酒店餐饮服务工作人员需掌握的理论点和技能点作为该课程培养目标,实现人才培养目标与岗位需求对接,课程标准与职业标准对接;强调其实用性和可操作性,充分反映就业岗位对课程的能力需求,紧密结合职业岗位能力建设的需要。

第二,以工作过程系统化为基本点。课程内容的选取和排序体现了酒店餐饮服务工作要素和工作流程,内容循序渐进,以工作任务驱动、理论实践融合为宗旨,设计学习、实训过程,注重学生实际工作能力的培养。

2.《餐饮服务与管理》教材的编写融入了"两种机制",即融入校企合作机制、融入大赛机制。

第一，坚持校企合作、紧密融合机制。课程设计之初，酒店高管、行业专家积极参与人才培养的探讨、课程标准的设计、教学内容的整合、教材的编写；授课过程中要人才共育、过程共管、成果共享、责任共担，从而建立紧密型校企合作体制机制。

第二，融入大赛机制。在教材编写过程中，编者们多次研究国家职业技能大赛和世界技能大赛标准，将宴会服务赛项的考核内容和标准融入教材中，增加了相关的教学内容，拓展了学生的视野，进而做到"以赛促学，以赛促训"。

本书既可作为高职高专院校旅游管理专业、酒店管理专业学生的教材，也可用于各类酒店的入职培训，同时又可作为酒店管理者的参考用书。

本书由黑龙江旅游职业技术学院邓英、武汉职业技术学院李俊、黑龙江省商务学校刘贵朝担任主编，邓英负责框架设计、全书定稿工作；李俊负责餐饮管理篇的统稿、定稿工作；刘贵朝负责入职培训篇、工作流程篇的统稿、定稿工作。具体章节分工如下：邓英承担了餐饮认知、行业礼仪培训的编写工作；李俊承担了餐饮管理篇部分书稿的修改、编写工作；刘贵朝承担了菜点知识培训部分内容、服务技能培训、餐饮成本控制管理的编写工作；青岛酒店管理职业技术学院曹慧萍承担了中式餐饮服务和西式餐饮服务的编写工作；长沙商贸旅游职业技术学院彭维捷承担了其他形式服务和餐饮服务质量管理的编写工作；武汉职业技术学院肖黎承担了餐饮管理篇稿件的修改和课件制作；顺德职业技术学院刘畅承担了餐饮人力资源管理和餐饮营销管理的编写工作；韩山师范学院张旭承担了餐饮产品生产管理和餐饮原材料管理的编写工作；哈尔滨德一酒店管理有限公司的张德彪、孙朋久承担了酒水知识培训的编写工作；黑龙江旅游职业技术学院杨君负责中西面点认知的编写工作；黑龙江旅游职业技术学院张宏欣负责附录编写；黑龙江旅游职业技术学院李竹君负责部分数字化在线答题内容编写；黑龙江旅游职业技术学院李兵负责收集部分案例；哈尔滨松北万达皇冠假日酒店汤雯晶负责企业制度、表格等资料的收集。

在本书编写过程中，参阅了大量的相关资料，在此对作者深表谢意。教材的编写得到了导师杨铭铎教授的热情帮助和华中科技大学出版社的大力支持；邓英酒店大师工作室的高欢欢、贾爽、杨莹莹等同学负责资料的收集、整理及部分操作示范拍摄；刘侃老师及由他指导的学生摄影团体，完成了书中部分图片和视频的拍摄。再次对给予大力支持和帮助的老师、学生和朋友们表示深深的谢意！

  鉴于编者的学识和时间所限，书中难免有疏漏之处，恳请广大读者批评指正，以便我们在今后的教学中改进和提高。

编者

模块一　入职培训

模块一

入职培训

餐饮认知

项目描述

　　民以食为天,饮食是人类赖以生存的重要的物质条件之一,人类饮食的发展同人类本身的发展一样历史悠久,经历了从简单到复杂、从蒙昧到文明的过程。伴随着这个过程,饮食中的礼仪、礼节、观念和习俗也同时应运而生,饮食从人类的自然行为逐渐衍变成为一种经济业态——餐饮业。随着社会和经济的发展,餐饮业的经营形式和管理方式都在不断地变化。本项目就餐饮业的发展历程、餐饮业业态形式、餐饮业的运营特点及餐饮部地位作用、工作任务等知识进行介绍,力求学生在学习的过程中对餐饮业和餐饮部有所认知,为今后的学习做基本的知识储备。

项目目标

　　1.了解餐饮、餐饮业的基本含义;熟悉餐饮业的业态形式。

　　2.了解中外餐饮业的发展历程;熟悉餐饮业的地位和作用。

　　3.了解餐饮业生产的特点;熟悉餐饮业销售的特点;掌握餐饮业服务的特点。

　　4.了解餐饮部在现代酒店中的地位和主要工作任务。

　　5.熟悉餐饮从业人员的素质要求;能归纳总结出餐饮从业人员应具备的职业能力。

　　6.了解酒店餐饮部组织机构;掌握酒店餐饮部组织机构设置原则和依据,并能根据酒店规模画出餐饮部的组织机构图。

　　7.了解学生对餐饮行业的敏感度,培养学生职业素养,提高学生对于组织管理和团队意识的认知。

项目内容

```
                餐饮认知
        ┌─────────┴─────────┐
     认识餐饮业          熟悉餐饮部
```

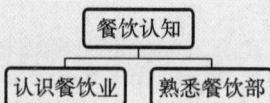

任务一　认识餐饮业

任务描述

　　餐饮业是随着人类社会生产力、物质生活水平的提高及饮食文化的进步产生与发展的。餐饮业的发展受当地政治、经济、文化及宗教信仰等因素的制约和影响,但各地区餐饮业的发展又各自独立、相互制约、相互渗透、共同提高。中国餐饮业现成为第三产业中的重要产业,对国民经济和人民生活都产生了重要影响。本任务将对餐饮业的含义、餐饮业态形式、餐饮业的地位和作用、餐饮业的运营特点以及餐饮业的发展历程等进行介绍。

任务目标

了解中外餐饮业的发展历程,熟悉餐饮业态形式和餐饮业的地位,掌握餐饮业的运营特点。通过学习餐饮业基础知识,做好理论知识储备。

任务实施

一、餐饮业的含义

"餐饮"一词就是指吃食物,喝饮料(含酒水)。"餐馆"一词,是使人恢复精神与气力的意思。可以帮助人恢复精神与缓解疲劳的方法不外乎进食和休闲。于是人们通过进食和休闲恢复精神,并通过这种方式来获利,这也就是西方餐饮的雏形。

餐饮业是集即时加工制作、商业销售和服务性劳动于一体,向消费者专门提供各种酒水、食品、消费场所和设施的食品生产经营行业。按欧美标准行业分类的定义,餐饮业是指以商业营利为目的的餐饮服务机构。在我国,根据《国民经济行业分类注释》的定义,餐饮业是指在一定场所,对食物进行现场烹饪、调制,并出售给客人,主要供现场消费的服务活动。

由上可知,餐饮业的含义包括三个要素:①有食品或饮料提供;②有足够令人放松的环境或氛围;③有固定场所,能满足客人差异性的需求和期望,并能实现既定的经营目标和利润目标。

二、餐饮业态形式

餐饮业态形式是指为满足不同目标市场的饮食消费需求而形成的各种经营业态。餐饮业态形式选择主要依据餐饮业的位置空间、规模诉求、目标顾客、产品结构、店堂设施、经营方式、服务功能、技术条件等来确定。

(一)家常菜为主的大众餐馆类业态

这一业态类型的餐馆目标市场定位为普通工薪阶层,菜单和菜式大众化、家常化,价格较低,菜量大,上菜速度快,能够满足百姓的日常饮食需求。这类餐馆多分布在交通便利、流动人口多的居民区或机关、企业、事业、团体单位较为集中的地区。

(二)满足快节奏生活的快餐类业态

此类业态可分为中式快餐和西式快餐,中式快餐以价格便宜、菜品简单、简洁实惠为特点。西式快餐则因食品可口、服务快捷、环境个性化、营销手段新颖等特点而深受年轻人和儿童的喜爱。

(三)满足商务宴请需要的高档正餐类业态

此类业态也可以分为中式正餐和西式正餐。中式正餐主要是指具有鲜明菜系特征的高档次餐馆,如国有老字号、新兴的民营餐馆。餐馆是中国饮食文化的代表和集大成者,无论是操作技艺、菜式,还是服务、环境都体现了较为浓郁的历史性和民族性,具有深厚的传统文化内涵。新兴的民营餐馆以服务周到、菜品多样、环境幽雅、促销灵活的特点吸引了许多高端消费群体。西式正餐主要以高层次、高收入群体为主要的消费者,环境典雅、服务细致,是喜欢西餐人士的最佳选择。

(四)依托星级饭店的饭店类餐饮业态

饭店类餐饮业态主要对外展示的是饭店的高服务水准及品质内涵,客人的消费往往是一种社会地位及消费能力的展示,并不是简单意义上的进店消费。星级饭店的餐饮空间也成为社会交往的重要场所,同时餐饮收入在星级饭店总收入中也占有相当重要的地位。

(五)张扬个性的主题类餐饮业态

人们求新、求异的心态培育出一批极具个性的主题餐厅,这些餐厅或怀旧、或浪漫、或休闲、或运动、或冷酷、或激情,成为白领阶层聚会、交友、放松、消遣的绝佳场所。

(六)自由选择的自助类餐饮业态

自助餐厅类似于自选超市,消费者可以根据自己的喜好,对所有的菜品自由选择,随意享用,较受年轻人的欢迎。

(七)浪漫轻松的休闲类餐饮业态

这类餐厅菜品很少,而以经营饮料、点心、小吃、零食为主,主要以休闲环境为卖点。

(八)餐饮娱乐相结合的娱乐类餐饮业态

现代生活中人们已不局限于对餐饮的单纯需要,多彩的视听享受也赋予了餐厅更广泛的内涵。

(九)以规模取胜的餐饮街类业态

经营者抓住餐饮消费从众心理,在商机深厚的地区扎堆经营,逐渐形成了目前颇具规模的"餐饮一条街"。其中餐馆各有所长、价格有高有低、菜品丰富多样,可以满足各种消费者的口味需求。另外,在各大商场内形成的餐饮美食广场也与此类似。

(十)移动消费的餐饮类业态

目前的餐饮企业大多以坐店经营为主,为满足人们快节奏的生活方式,移动服务和移动消费的移动餐饮业态已应运而生。肯德基推出的汽车餐厅无疑是餐饮业态的一个亮点。汽车餐厅可谓是没有餐桌的餐厅,只要驾车人将车开到肯德基的窗口,就会在车内完成点单、结算、取餐的过程,大大节省了消费者的购物时间。另外,食品外送服务也是移动消费的重要组成部分。移动消费市场潜伏着巨大的商机,代表了餐饮业重要的发展方向。

三、餐饮业的地位和作用

餐饮业是一个国家商品零售业的重要组成部分,主要为国民经济的发展提供社会生活服务。其地位和作用主要表现在以下几个方面。

(一)餐饮业是旅游业六大要素的重要组成部分

食、住、行、游、购、娱是旅游业的六大要素。大力发展国际、国内旅游,有助于加强国际、国内经济、文化交流,促进各国和各民族间的相互了解;有助于我国吸收外汇,促进国民经济的发展;也有助于增加就业,满足国内人民日益增长的物质和精神生活的需要。随着我国旅游业的不断发展,大批海内外旅游者前来游览观光、探亲访友、从事科学考察等,与此同时,他们需要品尝当地饮食,领略当地的风土人情。餐饮业为他们提供风味独特的餐饮产品,不仅可以满足客人的需求,而且其高超的烹饪艺术、独具特色的饮食产品又可以成为旅游资源,广泛吸引海内外旅游者前来旅游。

(二)餐饮业是活跃经济、繁荣市场、促进相关行业发展的重要行业

餐饮业的发展规模、速度和水平往往直接反映一个国家、一个地区的经济繁荣和市场活跃程度。它是国民收入和人民生活水平迅速提高、消费方式和消费结构发生深刻变化的重要体现。同时,餐饮业的迅速发展,需要国民经济提供基础设施、生产技术设备、物资用品和各种食品原材料,这必然促进轻工业、建筑、交通、食品原材料和副食品生产等相关行业的发展。

(三)餐饮业是创造社会财富、实现国民收入再分配的重要服务行业

餐饮业利用餐饮设备技术,通过食品原材料加工制造产品,本身可以增加产品价值,创造社会财富。涉外餐饮业在为海外旅游者服务的过程中,可以增加外汇收入,将其他国家的国民收入转化为我国的国民收入。特色餐饮业同时为国内旅游者、当地居民和各种企业及事业单位服务,处于国民收入再分配环节,可以使大量货币回笼,从而对国民经济的发展起到积极的推动作用。

（四）餐饮业是促进社会消费方式和消费结构变化、扩大劳动就业的重要行业

人类的饮食消费主要在家庭、工作单位和社会餐饮服务业中进行。经济越发达,国民收入水平越高,人们的对外交流活动越频繁,家务劳动社会化程度越高,越能促进餐饮业的发展。餐饮业的迅速发展,为人们的社会饮食消费创造了条件,可以减轻人们的家务劳动,促进其消费方式和消费结构的改变。同时,餐饮业的发展,为大批人员提供了就业机会。

（五）餐饮业是向国内外客人介绍、宣传我国饮食文化的重要行业

现代社会中,一个国家的餐饮已成为吸引国际旅游者的重要旅游资源。中国的饮食文化和烹饪艺术博大精深、历史悠久、享誉天下,已成为吸引众多外宾来华旅游的因素之一。作为餐饮业重要组成部分的饭店餐饮部门以及社会高级餐厅,担负着弘扬我国饮食文化、挖掘我国旅游资源的重任。

四、餐饮业的运营特点

餐饮业的生产与服务带有明显的地域性和民族化特征,其生产销售活动受季节、气候、交通条件、企业地理位置等多种因素的影响,具有较大的波动性与间歇性。因此,餐饮业的运营特点不能从一个方面笼统地进行归纳,而应从生产、销售和服务三个方面进行总结。

（一）餐饮业生产的特点

① 餐饮生产属个别订制生产,产品规格多、批量小　餐饮销售的菜肴往往是客人进入餐厅经点菜后,由厨房制成成品提供给客人。餐饮产品的生产是以手工制作为主,它既是厨师厨艺展示的过程,也是烹饪艺术构思创作的过程。所有的产品生产基本凭借手工,品种多、生产批量小、制作技艺复杂,不同的厨师制作同类菜肴也会存在差异,从而给餐饮产品的质量管理和标准统一带来了不小的困难。

② 餐饮产品生产过程时间短　餐饮消费属于即时消费,就餐者从点菜到消费的间隔时间相当短暂,一道菜品的制作通常只需几分钟或十几分钟,一次宴会也不过持续几个小时。能否在较短的时间内生产出令客人满意的餐饮产品,一方面取决于厨房的生产组织管理和厨师的厨艺水平;另一方面取决于餐厅服务人员的推销能力和对客服务水平。

③ 餐饮产品生产量难以预测　餐饮产品生产量根据每天餐厅客人的上座率和点菜情况而定,客人的消费需求很难准确预估,销售量的随机性强,也难以预料。如果想避免由此而带来的原材料浪费,就需要前后台互相配合。服务人员需要积极推销厨房准备较多的菜品,这些菜品一般是厨房每天急推的和特别介绍的菜品。

④ 餐饮的原料及产品容易变质　餐饮生产所用的原料（又称原材料）大多数都是鲜活原料,有很强的时间和季节限制,处理不当极易腐烂变质。厨房生产的绝大部分菜品,一经烹饪完成,需尽快销售给消费者,否则将不能保证菜品的风味特色和质量,而且在原材料的保管、加工过程中也容易造成营养成分的流失,影响菜品的质量。

⑤ 餐饮生产过程的管理难度较大　餐饮产品从生产到出售环环相扣,涉及的岗位和人员众多,任何一个环节出现问题都会影响到产品的质量。因此要制订详细的岗位职责和操作流程,在实际工作中还要求所有人员能够相互配合、分工协作。

（二）餐饮业销售的特点

① 销售量受经营空间大小的限制　餐厅的面积及餐位数都是相对固定的,因此接待人数也相

应受到限制。但是餐饮企业可以通过提高服务效率与品位,提高餐位的利用率,增加人均消费额。另外,还可以通过增加外卖和外出举办宴会等方式,打破经营空间的限制。

2 销售量受就餐时间的限制 餐厅的就餐时间和经营状况具有明显的间歇性,一到就餐时间,餐厅生意兴隆,而在非就餐时间,餐厅则空无一人。因此,餐饮企业可通过合理地确定餐厅的经营时间,通过提高经营高峰时间外的销售额与销售量等方法提高餐饮企业的销售量。

3 经营毛利率高,资金周转较快 餐饮部的综合毛利率一般都较高,毛利率一般都在50%以上,餐厅档次越高,其毛利率就越高。如果能很好地控制相关费用,餐厅的纯利润将保持在较高水平,为餐饮企业创造更多的利润。餐饮业的销售收入中大部分为现金,而大多数餐饮原材料从采购到生产、销售都是在一两天以内。因此,餐饮业资金周转较快。

4 经营固定成本和变动费用较高 餐饮企业运营所需要的固定投入,如各种餐厨设备、餐具等成本较高。同时餐饮生产过程的业务环节多,成本难以控制,所需人力资源成本及各项能源消耗费用多,所以各项综合费用支出较多。针对此问题,餐饮企业应设法努力控制固定成本及变动费用,以提高企业的经济效益。

（三）餐饮业服务的特点

1 服务的无形性 餐饮服务是餐饮产品构成要素中的重要组成部分,而服务本身具有无形性,难以用具体的标准进行度量。客人对服务的满意度主要靠感受,这就给服务带来了很大难度,要求服务人员不断提高服务质量,提供针对性服务,以满足客人的要求。

2 服务的一次性 餐饮服务在客人的消费过程中只能当次享受,不能像物质产品一样可以储存或者重复消费。如果服务出现质量问题,将难以弥补客人的损失。这就要求服务人员在接待过程中争取100%的合格率,使头回客成为回头客,最终成为常客。

3 服务的同步性 餐饮产品的生产、销售、消费几乎是同步进行的,餐饮产品的生产过程也就是客人的消费过程,这就决定了餐饮产品不能储存、不能外运。服务时要充分利用当次推销机会,将厨师的特别介绍和需要急推的菜品推销出去。

4 服务的差异性 每位餐饮服务人员由于年龄、性格、受教育程度及职业培训程度不同,所提供的服务也不相同;即使是相同的人,在不同的场合、不同的时间,服务态度也会有差异。客人衡量餐厅服务水平的高低永远是以服务水平最低的服务员为准。要解决这一问题,就必须要制订服务质量标准并通过培训提高服务人员素质。

5 服务的价值性 良好的服务直接关系到企业形象的树立;良好的服务能赢得客人信任和好感,使客人产生被尊重的感觉;良好的服务能够创造利润。服务价值的不可储存是指服务不能被储存以备后用,因此,这就要求餐饮服务一要尽可能地提高餐饮接待量,二要一次成功,不允许出现服务的失败和不足等。

五、餐饮业的发展历程

（一）国外餐饮业发展历程

国外餐饮业起源于古代地中海沿岸的繁荣国家,基本定型于中世纪,其发展受诸多因素的制约,不同的历史阶段、不同的国家各具特色。

1 古埃及的餐饮状况 早在公元前1700年,古埃及已有酒店存在,考古发现了同一时期或更早时期的菜单,菜单上写的基本上是面包、羊肉、烤鱼和水果等。古埃及的等级观念在餐厅的装修和家具的配备上得到充分体现。农夫与普通人只能使用简单的陶器,坐在未经修饰的长条凳上,在低矮的泥屋中进餐,而富人的餐厅如同宫殿,有水池和花园环绕,室内富丽堂皇,餐桌上使用绣花织物,家具中镶嵌着黄金或大理石,餐具中有精美的雕花木勺或象牙勺。

❷古希腊的餐饮状况　古希腊文化受古埃及文化的影响,餐饮业也十分发达。经济的发展带来了丰富的农产品、纺织品、陶器、酒和油。当时古希腊的贵族很讲究饮食,日常食物已经有羊肉、牛肉、鱼类、奶酪、面包和经过填食后足够肥硕的鹅肉等;餐厅服务用具也制作得非常精细,还出现了冷盘手推车,这些都对今天的餐饮业产生了巨大的影响。

❸古罗马的餐饮状况　古罗马餐饮是西餐的雏形,最早的西餐起源于今日的意大利。古罗马人尤其擅长制作面食,至今意大利的比萨饼和面条仍享誉世界,意大利因此被誉为"欧洲烹调之母"。就餐时使用餐巾,在餐桌上放置玫瑰花,重大宴会时报每道菜菜名等做法,均由古罗马人最早在餐厅使用。

❹英国的餐饮状况　在英国,餐饮业的发展和旅店的发展有着紧密关系。早在 6 世纪中叶,英国就出现了有关开设旅店的法律规定。早期的英国旅店是人们聚会、交流信息的场所,旅店里出售的菜肴主要是肉类和啤酒,很少有蔬菜。之后伦敦出现了第一家以鱼类、牛肉、鹿肉、家禽为原料制作菜肴的小餐馆。自 1650 年英国牛津出现第一家咖啡厅以后,咖啡厅如雨后春笋般接连出现,到 1700 年仅伦敦就有 200 余家咖啡厅。

❺法国的餐饮状况　18 世纪中期,法国物产丰富,农牧业发达,餐饮业迅速发展。法国菜选料广泛,烹饪方法讲究,烹饪技艺和菜肴组合比较科学,形成独具特色的法国菜肴风格。1765 年,法国巴黎出现了第一家法式餐厅,当时这家餐厅已具备了现在经营西餐厅的很多条件。18 世纪以来,法国涌现了许多著名的西餐烹饪大师,这些大师们设计并制作了许多著名的菜肴,至今都出现在扒房菜单上并受到客人的青睐。20 世纪 60 年代,法国又提出"自由烹饪"的口号,改革传统烹饪工艺,力求更符合人们的要求。法国因此被公认为"世界烹饪王国",法国菜受到人们的普遍欢迎,在世界上广为传播。

❻美国的餐饮状况　美国餐饮业形成于 18 世纪末。随着大量移民进入美洲,美洲大陆餐饮业迅速形成和发展。20 世纪初,为适应社会经济迅速发展、社会节奏加快的需求,餐饮业出现了革新性的变化,注重营养、求新、求快的西式快餐首先在美国发展起来,而后遍及世界。至今,美国餐饮业已成为美国重要的服务产业之一,其营养丰富、快速简便的餐饮特色,随着国际经贸交流的迅猛发展而推向世界各地。

(二)中国餐饮业发展历程

❶中国古代餐饮业的发展　中国不仅是世界文明古国,亦是古代三大"烹饪王国"之一,饮食文化源远流长,餐饮业作为专门制作与销售餐饮菜点的行业出现在市场上,至今已有两千年以上的历史。

(1)河姆渡至夏初——萌芽阶段:据考古工作者考证,40 万年前的北京人懂得使用火,开始了最初的餐饮烹饪活动。新石器时代,出现了陶器,使人们有了炊具、餐具和盛器。大约在六七千年之前,生活在今日浙江省余姚市河姆渡地区的先人,已经大面积种植水稻和饲养牲畜。同时,人工酿酒开始出现,使得人们能以酒助兴,以肴佐酒。火、陶器的使用及原始种植业和畜牧业的发展改善了人们的物质生活条件,为餐饮业的形成奠定了原始的物质基础。我国餐饮市场的出现是在以农耕为主要生产方式的原始农业时期,当时餐饮市场的交换方式是原始的以物易物,这个时期可称为餐饮市场的萌芽阶段。

(2)夏末至商周时期——初步发展阶段:随着生产力的不断提高,餐饮市场得到进一步发展,酒店餐厅已经出现,餐饮市场已经形成初步轮廓。这个阶段餐饮市场的特点是民间的酒店餐厅较零散,专门为帝王、贵族而设的餐饮服务机构较发达,而这些餐饮机构已经能够承办一定规模的宴席了。

Note

到商周时期,各种饮食店铺和挑担小生意的经营可谓五花八门,例如:"朝歌牛屠"——在商的首都朝歌有宰牛的屠房;"孟津市粥"——在孟津有卖粥的饭店;"宋城酤酒"——在宋城有酒家可以买酒喝。总之,夏末至商周时期是餐饮市场形成初步轮廓的阶段。

（3）春秋战国时期——迅速增长阶段:春秋战国时期,餐饮市场得到进一步发展,形成了南北风味,经营品种越来越多,到秦汉时期,餐饮市场已初具规模。这一时期城市扩大,商业繁荣,酒店餐厅在各地都日益兴旺起来。在经营方式上,这些酒店餐厅大量雇用招待人员。这一时期我国餐饮市场处于迅速增长阶段。

（4）唐宋时期——繁荣阶段:唐宋时期是我国餐饮史上的黄金时期之一,具体表现在:食源继续扩大,瓷餐具风行,工艺菜新兴,风味流派显现。唐朝以后的餐饮宴席,已从席地而坐发展成为坐椅而餐。民间多用方桌,而宫廷、官府的宴会活动则用条案,菜点放在条案上,主人在上,客人在四周围案而坐,主次分明。"宴会"这一名词在这一时期也正式使用。

（5）元明清时期——鼎盛阶段:元明清时期,民族大融合,中国筵宴已经成熟,并走向鼎盛,以豪华宫廷大宴为标志的中国烹饪达到了当时的最高水平。期间食谱原料已近千种,灶具式样增多,设计更精巧。烹饪技术经过数千年的积累、提炼,得到了升华,已初步形成有原则、有规律、有程序、有标准的烹饪工艺。

2 中国近代餐饮业的发展　近代中国由于受到西方列强的入侵,沦为半殖民地半封建社会。当时,出现了一些外资经营的西式酒店和中西结合式的酒店。

（1）外资经营的西式酒店:西式酒店是19世纪初外国资本侵入中国后兴建和经营的酒店的统称。第一次鸦片战争以后,随着《南京条约》《望厦条约》等一系列不平等条约的签订,西方列强纷纷侵入中国,设立租借地、划分势力范围,并在租借地和势力范围内兴办银行、邮政、铁路和各种工矿企业,因而出现了西式酒店。西式酒店除了向本酒店客人提供饮食外,还对外供应各式西餐,承办西式宴席。餐厅中出现的具有西式风味的食品如啤酒、香槟酒、冰激凌、面包、蛋糕等都渐渐受到中国人的欢迎。餐饮服务日趋文明并规范化、标准化。

（2）中西结合式的酒店:西式酒店的大量出现,刺激了中国民族资本向酒店业投资,因而各地相继出现了一大批具有"半中半西"风格的新式酒店,这些酒店除了对内供应中餐以外,还以供应西餐为时尚。翻阅这一时期的《大公报》,常可以看到品升楼、德义楼等酒店供应英法大菜等广告。同时,北京的六国饭店等,都经营西式大餐,官商各界人士出入其间,使得吃西餐在当时成为一种时尚。

3 中国现代餐饮业的发展　回顾我国现代餐饮业的发展历程,大致分为五个发展阶段:中华人民共和国成立初期恢复阶段、改革开放起步阶段、数量增长扩张阶段、规模连锁发展阶段和品牌提升战略阶段(图1-1)。

中华人民共和国成立初期恢复阶段（1949年至改革开放前）➡ 改革开放起步阶段（20世纪70年代末至80年代）➡ 数量增长扩张阶段（20世纪90年代初期）➡ 规模连锁发展阶段（20世纪90年代中期）➡ 品牌提升战略阶段（21世纪以来）

图1-1　中国现代餐饮业发展经历阶段

（1）中华人民共和国成立初期恢复阶段:中华人民共和国成立以后,餐饮市场得到一定的恢复。从1949年到1978年这一时期,我国餐饮市场的经营者主要是政府部门。政府部门对资本家以及国外投资者的餐饮企业进行没收改造,然后采取国营或公私合营的方式对外经营。因此,这个时期,很多餐馆或酒店都是行政事业单位,主要以事业接待为主,完全按照上级行政机关的计划和行政指令运营,餐饮市场发展缓慢,大城市餐饮市场相对发达,中小城镇和乡村地区餐饮市场普遍落后。

（2）改革开放起步阶段：20 世纪 70 年代末至 80 年代,我国餐饮业在政策上率先放开取得了新的突破和发展。传统的计划经济受到冲击,市场不断繁荣,社会上出现的一批个体私营的中小型网点,以灵活的服务方式和方便实惠的定位赢得了市场认可,这一时期的餐饮业经营模式主要以单店作坊式餐饮店为主。

（3）数量增长扩张阶段：改革开放后,餐饮市场得到空前的发展,餐饮业已成为第三产业的支柱产业之一。20 世纪 90 年代初期,社会需求逐步提高,社会投资餐饮业资本大幅增加,餐饮经营网点和从业人员迅速增长,国际品牌也纷纷进入,外资和合资企业涌现,行业蓬勃发展。餐饮市场与过去相比发生了质的变化,主要表现在经营品种与服务范围不断扩大,产业结构日趋合理,行业科技含量明显提高,新的经营模式不断出现,餐饮市场的消费者日趋成熟,消费行为日趋合理。

（4）规模连锁发展阶段：20 世纪 90 年代中期,餐饮企业连锁经营的推进步伐明显加快,在全国范围内,很多品牌企业跨地区经营,并抢占了当地餐饮业的制高点,连锁规模化成为这一时期的显著特点。这一时期,外资餐饮公司凭借先进的经营管理制度、高效的物流配送体系,在中国大力发展连锁餐饮店。百胜餐饮集团、金拱门（中国）有限公司在中国成功地开设了肯德基、必胜客、麦当劳等著名餐饮品牌连锁店,同时为国内餐饮同行带来了全新的经营理念。

（5）品牌提升战略阶段：进入 21 世纪,我国餐饮业发展更加成熟,增长势头不减,整体水平提升,特别是一批知名的餐饮企业,在外延发展的同时,更加注重内涵文化建设,综合水平和发展质量不断提高,并开始输出品牌与经营管理,品牌创新和连锁经营力度增强。经过多年的行业发展与市场竞争,中国餐饮业发展已经进入了投资主体多元化、经营业态多样化、经营模式连锁化和行业发展产业化的新阶段。

六、我国餐饮业的发展现状和未来趋势

随着我国国民经济的快速发展,居民的收入水平越来越高,餐饮消费需求日益旺盛,营业额一直保持较强的增长势头。据统计,近几年来,我国餐饮业每年都以 18％左右的速度增长,可以说整个餐饮市场发展态势良好。

当前,我国餐饮业发展态势主要体现在连锁经营、品牌培育、技术创新、管理科学化,现代餐饮业逐步替代传统餐饮业的手工随意性生产、单店作坊式、人为经验管理型,快步向产业化、集团化、连锁化和现代化迈进;大众化消费越来越成为餐饮消费者的主体;餐饮文化已成为餐饮品牌培育和餐饮企业竞争的核心,科学的经营管理和现代营养理念在餐饮业的应用已经越来越广泛。我国餐饮业的未来发展趋势:休闲餐饮发展空间大;舌尖安全更受重视,菜品口味将更趋原生性;餐厅智能化服务开始显现;线下餐线上卖将成为行业趋势;中央配送工厂化;私人定制抢市场;更多的品牌餐厅将加入电商营销。

任务评价

技能考核

◆1.餐饮业认知考核设计

请根据自己熟悉的环境,谈一谈开一家什么类型的餐馆最合适,并且写一篇可实施性报告,以此了解学生对餐饮业的敏感度。

◆2.餐饮业认知考核表（100 分）

在线答题

餐饮业认知
考核表

Note

工作案例分析

【案例情境】

一天晚上,北京某四星级饭店的对外餐厅正在营业。餐厅内气氛热烈,餐厅外还有等待用餐的客人。突然门外下起了大雨,餐厅外等餐的客人顿时都涌进了休息室。而几位用完餐的客人被大雨挡在门前,无法出去。过了一会儿,餐厅经理见雨仍停不下来,赶忙让服务员为要走的客人联系出租车,但门外的出租车很少,只有几位客人坐车走了,门前仍有客人在等车。

餐厅内的一对法国老年夫妇也在门前等候,服务员小安见他们没拿雨具,神情比较焦虑,便上前询问。原来,客人在旅游中和儿子走散后碰巧到这里吃饭,现在又迷了路。小安得知后便主动提出帮他们联系出租车,但客人却说不清楚住在哪家饭店,手中也没带所住饭店的地址和电话号码。

小安找到一张北京的英文地图,但他们还是说不清楚,只是记得住在城东的一家五星级饭店。小安问他们的房间号,但他们说是昨天晚上刚到,房间号记不起来了。小安请他们先到休息室等候,为他们拿来热茶和手巾,记录了他们的姓名后便去打电话询问。经过一番电话查询,小安终于查出客人是住在长城饭店。当小安把这个信息告知客人时,他们非常高兴,并一定要小安陪他们回去,怕出租车司机迷路。小安请示过餐厅经理后,亲自为客人叫了出租车,并拿了雨伞送他们上车。

当车赶到长城饭店时,两位老人的儿子正在大厅里焦急地等待。他见小安将老人安全送回饭店,非常激动,忙用英语表示感谢。老人也激动地说:"你们饭店餐厅的服务太好了,送客一直送到了家,以后我们还要到你们那里去用餐。"说完,老人拿出钱酬谢小安。小安微笑着对他们说:"热情迎送客人是我们应该做的,中国人最讲礼貌,真诚和礼貌是无价的。"他谢绝了客人的酬谢后离开了。

案例思考:1.请你说一下酒店的服务员小安的做法如何?

2.用餐过程中你有没有感受到酒店的超值服务呢?超值服务会为酒店带来哪些影响?

案例点评

任务二　熟悉餐饮部

任务描述

餐饮部是现代酒店中的一个重要部门。它在满足客人对餐饮产品和服务的需求时,不仅可为酒店在社会上树立良好的企业形象提供一个窗口,还为酒店创造较好的经济效益。同时,餐饮产品作为饮食文化的载体之一,已成为所在城市和区域旅游资源的重要组成部分。通过本任务学习,使学生对酒店餐饮部有更深入的认识和了解。

任务目标

了解餐饮部在现代酒店中的地位和主要工作任务;熟悉餐饮从业人员的素质要求;掌握餐饮部的组织机构设置及部门职能;能根据酒店规模画出餐饮部的组织机构图,培养学生组织管理和团队意识。

任务实施

酒店餐饮部是一个职能部门,是酒店生产和销售饮食产品、为客人提供相应服务的部门。

一、餐饮部的地位作用

餐饮部在酒店中的地位,与社会的进步、酒店业日新月异的发展密切相关。随着社会生产力的迅速发展,各地交流日益频繁,酒店业迅猛发展,人们的生活水平大幅度提高,生活节奏加快,外出工作比例提高,人们外出到酒店或社会餐馆用餐的比例增加,这些因素都为餐饮业繁荣和发展提供了条件,餐饮业激烈的竞争,促进了餐饮业的迅速发展,使餐饮部在酒店中的地位,也越来越受到重视。

(一)从基本功能上看,餐饮部是酒店满足客人基本生活需求的主要服务部门

食、住、行是人们外出旅行或旅游的必要条件,其中住和食尤为重要,也是"家外之家"的本意之一。酒店、餐馆随旅游的产生而产生,随旅游的发展而发展。它是发展旅游业的物质基础,是旅游业的重要组成部分,同时餐饮也是星级酒店必备的基本功能之一。

(二)从收入方面上看,餐饮部的收入是酒店营业收入的主要来源之一

餐饮部是酒店获得经济收益的重要部门之一,餐饮收入是酒店收入的主要来源之一。餐饮部的收入在酒店总收入中所占的比重因酒店状况而异,受到酒店主观、客观条件的影响,目前国内酒店餐饮部的营业收入约占酒店营业收入的三分之一。餐饮业已经成为一个独立的旅游业的次级服务行业,社会餐饮有其独立的运作系统。尽管酒店餐饮与社会餐饮在运作、管理等方面存在诸多差异,但是餐饮服务的方式、方法和管理实质是一致的。

(三)从市场营销上看,餐饮部是酒店在市场营销中的重要组成部分

在日趋激烈的酒店市场竞争中,餐饮部占有极其重要的地位,一直充当酒店营销的先锋。餐饮业逐渐成为星级酒店档次和服务的象征,增强酒店整体的营销实力比经济型酒店要强得多。相对于酒店的其他营业部门,餐饮部在竞争中更具有灵活性、多变性和可塑性。

(四)餐饮部是平衡酒店经营中季节性差异的重要手段之一

旅游酒店在经营中往往带有一定的季节性特点。旅游旺季,酒店超负荷运转;而在淡季,设施设备、人员等闲置较多,而餐饮部的季节性变化没有这样明显。

(五)餐饮部是树立酒店高品质形象的重要窗口

餐饮服务的质量高,既可吸引客人,留住客人,还可增加酒店其他项目的收入。餐饮服务的好坏,不仅直接关系到酒店的声誉和形象,也直接影响酒店的客源和经济效益,与前厅的"短暂服务",客房部的"暗服务"相比,餐饮部的服务更直接,接触更深入,互动更多,时间更长,环节更复杂。

二、餐饮部的主要工作

酒店餐饮部的工作是向酒店内外客人提供优质菜点、酒水和优良服务,并通过满足用餐者各种需求为酒店创造更多的营业收入。

(一)向客人提供优质的菜点、酒水等有形产品

生产并提供精致、可口的菜点酒水,是餐饮部经营的重点。餐饮部是酒店唯一生产并提供实物产品的部门。优质的菜点酒水能满足客人生理及心理需要,客人对菜点酒水质量的评定,一般是根据以往的经历和经验,结合菜点质量的内在要求,通过嗅觉、视觉、听觉、味觉和触觉等感官鉴定得出的。另外,由于人们越来越重视健康问题,优质的菜点酒水还必须安全、卫生。各种档次、各种风格的酒店均需根据自己的市场定位和经营策略,组织餐饮部提供能满足客人需求的优质菜点酒水。

(二)向客人提供舒适满意的服务

要向客人生产或提供实物产品,必须依靠酒店餐饮服务人员的相应服务工作。在餐厅用餐过程中,客人除了关注菜点酒水自身的色、香、味、形等特色外,更多地会关注盛装菜点的器皿、厨师烹饪技艺过程、服务人员服务态度、就餐环境氛围等无形产品。就餐者在购买餐饮产品的同时,更期望获得愉悦的精神享受。

(三)搞好餐饮经营管理工作

餐厅经营的最终目标是创造理想的经济效益,但随着餐饮市场竞争的发展,餐厅要始终创造并

保持理想的经济效益,就必须做好餐饮经营管理工作。餐饮经营管理工作的主要内容包括:拟订工作制度,形成管理规范;搞好市场定位,确定预算目标;抓好采购供应,保证业务需要;加强厨房管理,确保产品质量;重视市场营销,大力开发客源;控制成本消耗,提高经济效益等。良好的经营管理工作是餐饮部实现经济效益的保证,也是酒店餐饮部的根本任务。

三、餐饮部的组织机构

餐饮部的组织机构因酒店规模、接待能力、管理模式、目标市场、餐厅类型以及餐饮部本身职能的不同而形式各异。从组织结构的设计上看,没有绝对统一的标准,但必须建立起合理有效的组织网络,科学分工。一般酒店大多数采用"直线职能制"管理体制,内部关系采用垂直领导、横向协调的方法,使餐饮企业成为一个有机的整体。

(一)小型酒店餐饮部组织机构

小型酒店餐饮部组织机构设置比较简单,分工比较粗,往往一个岗位需要负责多方面的工作,管理人员的职责也比一般酒店的管理人员要大得多,见图1-2。例如,餐饮部经理,除了负责餐厅的日常运营管理,餐厅的酒水的供应和服务、餐具的洗涤管理等工作都归他统一管辖,这种机构设置也适用于普通的、有一定规模和档次的社会餐馆或酒楼型餐饮企业。

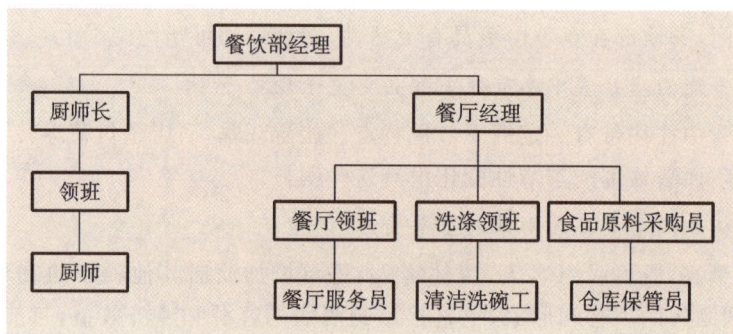

图1-2　小型酒店餐饮部组织机构设置图

(二)中型酒店餐饮部组织机构

中型酒店的特点是餐饮功能比较齐全,分工比较细,特别是星级酒店,无论是功能配置还是业务范围都相对较大,还有设备齐全的中餐厅、宴会厅、酒吧、西餐厅等,因此在机构设置上中型酒店相对小型酒店要复杂得多,见图1-3。

(三)大型酒店餐饮部组织机构

大型酒店一般来说档次较高,餐饮设施齐全,经营范围广,因而其餐饮部的组织机构层次较多,分工设置更细。在一些大型酒店,鲜活原料的采购也直接归餐饮部经理统管,财务部和餐饮部共同领导成本核算人员,以达到部门人、财、物统一管理的目的。大型酒店餐饮部在高层管理上设立餐饮总监,全面管理餐饮部的运营工作,下设餐饮副总监,分管前台服务。行政总厨分管厨房生产,由三人构成,部门核心领导,见图1-4,但也有一些将副总监升格作为总监的助手。具体设置也因店而异。

一般而言,餐饮部主要由四大功能区组成:采购与库存、厨务部、各营业点、管事部。当然,需要指出的是在一些大型酒店,出于职能管理的需要,采购与库存隶属于财务部,或单独成立采购部承担酒店所有设备与原料的采购;而在中小型酒店原料采购由厨师长下单,由采购主管或厨房直接购买。

❶ 采购与库存　了解原料市场的行情,负责原料的采购与保管,除鲜活原料采购后直接进行加工外,一般原料采购后要分类入库、妥善保管、定时发放。

❷ 厨务部　厨务部负责餐饮产品中的各式菜肴、点心的加工、烹调和制作,包括从原料的粗加

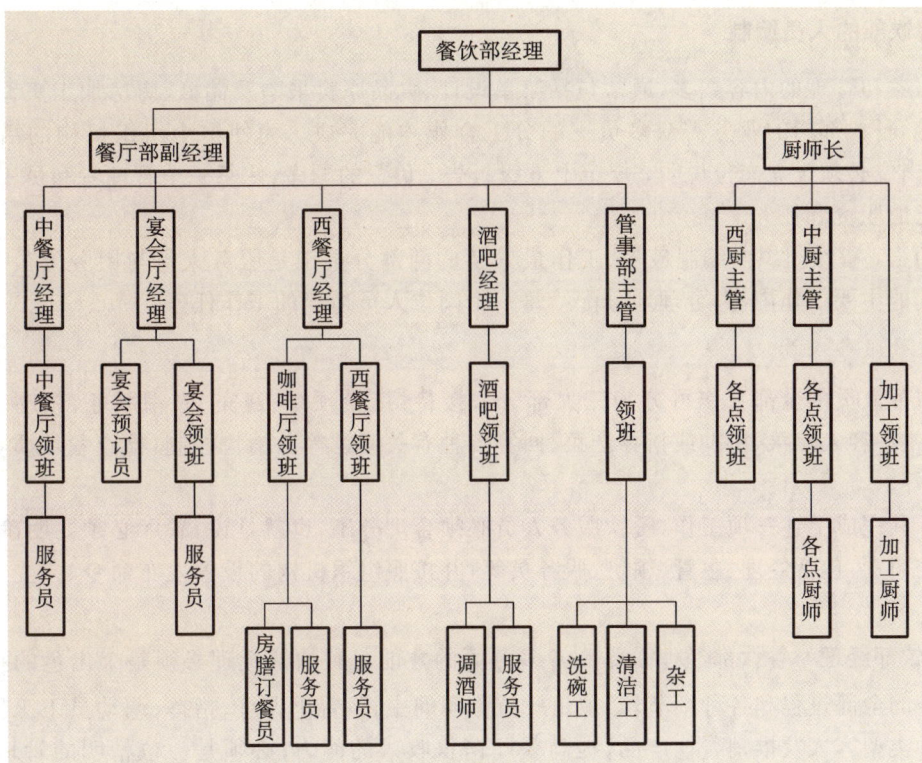

图 1-3　中型酒店餐饮部组织机构设置图

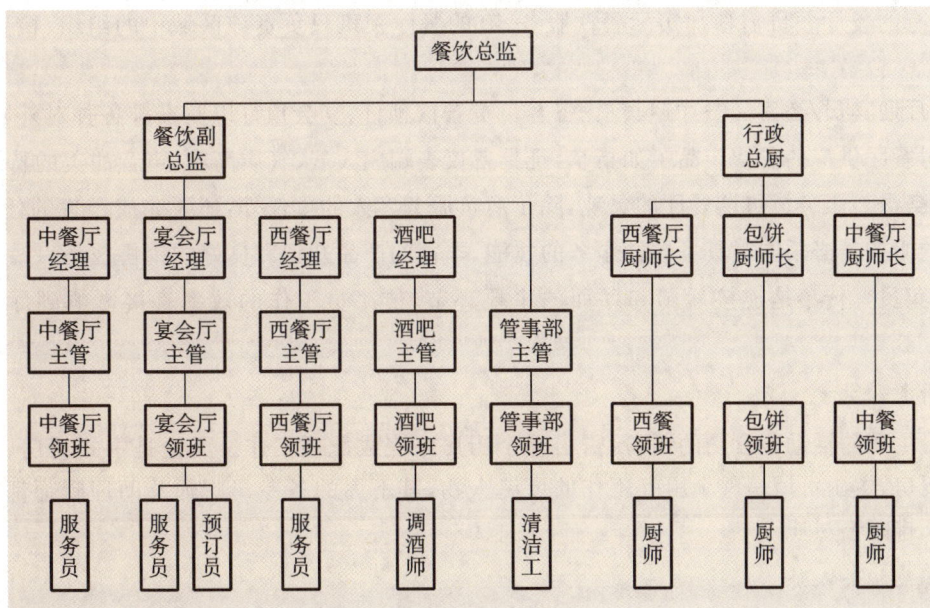

图 1-4　大型酒店餐饮部组织机构图

工、细加工到切配和成品的全过程,并负责制订菜肴标准和开发新产品等。

❸ **各营业点**　各营业点包括各类中餐厅、西餐厅、宴会厅、酒吧、咖啡厅、特色餐厅、房内用餐等,是餐饮部直接对客服务部门。

❹ **管事部**　管事部是餐饮运转的后勤保障部门,负责洗涤、消毒,保管各类餐具,保障前后台环境卫生以及向厨房、各营业点等处提供物资用品。

四、餐饮部的人员编制

餐饮服务和管理的内容繁多,通常包括菜单设计、食品原料采购及储藏、厨房加工烹调及餐厅服务等。因此,餐饮部门的业务需众多员工的分工合作才能完成。为使整个组织机构的活动步调一致,每一个岗位必须设立岗位说明,规定上下级报告、负责的顺序,使每一个管理者和员工都能清楚地了解自己的职责和任务。

一般而言,餐饮组织内编制最多、工作最繁杂的两部分员工是服务人员与厨务人员。所以,应根据各部门的主要工作内容,合理地分配给每一个岗位人员适当的工作任务。

(一)餐饮服务人员

餐饮服务人员的全部工作可分为三大部分。接待:接受预订、迎宾、衣帽服务、领座、传送菜单等。销售:招待客人点菜、协助或指导选菜、回答各种有关问题等。销售控制:检查餐饮质量和数量、结账、收银等。

为了顺利完成上述三项工作,餐饮服务人员必须合理分工,也就是说,餐厅必须要明确规定每个岗位人员的职责,包括经理、主管、领班、服务员等,并按照组织机构的设置发布命令、接受命令、完成工作。

①餐饮部经理 餐饮部经理需要具备多方面的才能。餐饮部经理必须是个出色的技术员,通晓餐厅服务的全部过程和各种细节;必须是一位称职的主管,善于训练、指挥、调动员工工作;必须具有应对各种类型客人及推销餐饮产品、提高餐厅销售收入的能力;必须是一位精明的管理者,具有组织部门工作、安排生产以及控制餐饮品质和成本的知识与能力。

②餐厅领班 餐厅服务通常是分区的,每个区域的具体服务工作由领班负责管理。按照餐厅规模不同,有的餐厅领班需参加实际餐饮服务,有的餐厅领班只负责该区域中的组织、检查、监督及协调工作。

③餐厅迎宾员/咨客 餐厅迎宾员/咨客负责餐饮预订、宴会预订以及安排各种对外联络工作。因此必须对餐厅供应的餐饮产品了如指掌,且具备仪表端庄大气、气质高雅、声音甜美的特点。

④服务员 服务员可谓餐厅的灵魂,除了肩负服务客人的重任外,还要完成销售的任务。所以一位优秀的服务员必须同时具备餐饮服务的技能、丰富的产品知识和良好的销售技巧。

⑤传菜员 传菜是连接后厨和厅面的主要环节,传菜员工作的效率直接影响到厅面服务的质量。

(二)厨务人员

厨房最主要的活动是食物的制备,需由整个厨房来完成此项工作。无论是中式厨房、西式厨房还是特色厨房,主厨可谓是整个厨务工作的灵魂人物,其下属的各专司厨师及助理厨师都需听从主厨的工作安排并恪尽职守。

(三)其他相关人员

根据专业化分工的原则,酒店各部门的岗位都有明确职责,每个岗位与餐饮部都有直接或者间接的工作关系,以下主要介绍在经营服务过程中与餐饮部联系密切的三个部门,通过介绍部门经理的相关工作职责,体现整个部门与餐饮部的业务关系。

①管事部经理 直接与餐饮部经理沟通,全权负责管事部的运转,制订与实施工作计划,培训管事部的员工合理控制餐具损耗。确保管辖范围内的物品器皿的清洁卫生,餐具及服务用品卫生要达到国家相关卫生标准,负责宴会厅各种用具物品的保管。负责每日、每月、每季、每年的盘点工作,统计和记录各餐厅及厨房的餐具使用情况,控制各营业点的留存量。督导所属员工每日按正确的工

作程序完成本职工作,进行绩效评估并实施奖惩。维护保养有关设备,控制各项成本费用,按规定处理垃圾。

②采购部经理 采购部经理安排食品原料采购员的日常工作任务,督促和检查采购员完成任务的质量。掌握各种货源信息和价格行情,分析比较并确定采购方案,努力降低采购费用和成本费用。根据市场供应和酒店的消耗情况调整采购任务和交货期,经餐饮部经理确认后方可实施。掌握次日就餐客情和宴会情况以及部门计划,根据计划组织货源。检查当日到货情况,保证正常供应。加强食品仓库管理,防止原料变质、积压。严格控制资金的使用,掌握库存情况,坚持存货先出原则,做到开源节流。

③销售部经理 充分掌握酒店餐饮部的经营政策、价格体系及对外销售制度,积极开展对外销售工作。协助酒店会议、团队业务的洽谈及接待,对外促销酒店客房、餐饮、各项配套设施及服务,与重要客户建立长久、良好的合作关系。协助负责酒店各类大型活动的宣传与促销。了解市场信息与竞争对手的情况,对市场前景做出预测,及时上报上级主管及决策部门,以便其做出准确的市场判断及决策。按时、按量完成上级交给的拜访任务及各项工作。

五、餐饮从业人员的素质要求

餐饮从业人员应具有良好的服务态度、较广的知识面和熟练的业务能力,才能为客人提供高质量的服务。

(一)服务态度要求

服务态度是指餐饮从业人员在对客服务过程中体现出来的主观意向和心理状态,其好坏直接影响到客人的心理感受,服务态度取决于员工的主动性、创造性、积极性、责任感和素质的高低,具体包括以下几点。

①主动 餐饮从业人员应牢固树立"客人至上,服务第一"的专业意识,在服务工作中应时刻为客人着想,凡事只要是客人需要,不管分内、分外,发现后应主动、及时地予以解决,做到眼勤、口勤、手勤、脚勤、心勤,把服务工作做到客人开口之前。

②热情 餐饮从业人员在服务工作中应热爱本职工作,热爱自己的服务对象,像对待亲友一样为其服务,做到面带微笑、端庄稳重、语言亲切、精神饱满、诚恳待人,具有助人为乐的精神,热情待客。

③耐心 餐饮从业人员在为不同类型的客人服务时,应有耐心,不急躁、不厌烦,态度和蔼。餐饮从业人员应善于揣摩客人的消费心理,对于他们提出的所有问题,都应耐心解答;并能虚心听取客人的意见和建议,对事情不推诿。与客人发生矛盾时,应尊重客人,并有较强的自律能力,做到心平气和、耐心服务。

④周到 餐饮从业人员应将服务工作做到面面俱到、周密妥帖。在服务前,服务人员应做充分的准备工作,对服务工作做出细致、全面的计划;在服务时,应仔细观察,及时发现并满足客人的需求;在服务结束时,应认真征求客人的意见或建议,并及时反馈,以将服务工作做得更好。

(二)服务知识要求

餐厅从业人员应掌握的服务知识包括基础知识、专业知识、其他相关知识。

①基础知识 基础知识主要包括员工守则、服务意识、礼貌礼节、职业道德、外事纪律、酒店安全与卫生服务、心理学、外语知识等。

②专业知识 专业知识主要有岗位职责、工作程序、运转表单、管理制度、设施设备的使用与保养、酒店的服务项目与营业时间、沟通技巧等。

不同星级饭店的餐饮设施

③ **其他相关知识**　其他相关知识主要有哲学、美学、文学、艺术、法律、各国历史地理、习俗和礼仪、民俗、宗教、酒店所在地及周边地区的旅游景点及交通等知识。

（三）业务技能要求

餐饮服务既需要规范化、标准化的操作，又离不开满足不同消费者需求的个性化服务理念。因此，餐饮从业人员应掌握各种不同的业务技能。

❶ **语言能力**　语言是人与人沟通交流的工具，餐厅的优质服务需要运用语言来表达，因此餐饮从业人员应具有良好的语言能力。餐饮从业人员的语言基本要求：语言要文明、礼貌、简明、清晰；提倡讲普通话；对客人提出的问题应予以耐心解释，不推诿和应付。此外，部分餐饮从业人员还应掌握外语，有一定的外语交流能力。

❷ **应变能力**　由于餐厅服务工作大都由员工通过手工劳动完成，而且客人的需求多变，所以在服务过程中难免会出现一些突发事件，如客人投诉、员工操作不当、客人醉酒闹事、停电等。这就要求餐饮从业人员必须具有灵活的应变能力，遇事冷静，及时应变，妥善处理，充分体现酒店客人至上的服务宗旨，尽量满足客人的需求。

❸ **推销能力**　餐饮产品的生产、销售及客人消费几乎是同步进行的，且具有无形性的特点，所以要求餐饮从业人员必须要根据客人的爱好、习惯及消费能力灵活推销，以尽力提高客人的消费水平，从而提高餐饮部的经济效益。

❹ **技术能力**　餐饮服务既是一门科学，又是一门艺术。技术能力是指餐饮从业人员在提供服务时显现的技巧和能力，它不仅能提高工作效率，保证餐厅服务的规格标准，还可给客人带来赏心悦目的感受。因此要做好餐厅服务工作，就必须掌握娴熟的服务技能，并灵活自如地加以应用。

❺ **观察能力**　餐厅服务质量的好坏取决于客人在享受服务后的心理、生理感受，即客人需求的满足程度。这就要求餐饮从业人员在对客服务时应具有敏锐的观察能力，随时关注客人的需求并及时予以满足。

❻ **记忆能力**　餐饮从业人员通过观察了解到的有关客人的需求信息，除了应及时满足之外，还应加以记忆，当客人下次光临时，餐饮从业人员即可提供有针对性的个性化服务，这无疑会提高客人的满意程度。

❼ **自律能力**　自律能力是指餐饮从业人员在工作过程中的自我控制能力。餐饮从业人员应遵守酒店的员工守则等管理制度，明确知道在何时何地能做什么，不能做什么。每位从业人员都具有良好的自律能力是餐厅优质服务的保证。

❽ **服从能力**　餐饮从业人员应具有服从上司命令的组织纪律观念，对于直接上司的指令应无条件服从并密切执行。与此同时，餐饮从业人员还必须要服从客人，对客人提出的要求应给予满足，但应服从有度，既要满足客人要求，又要符合传统道德观念和社会主义精神文明的合理需求。

❾ **团队协作能力**　对于餐饮从业人员来说，不仅要有个人能力，更需要有在不同的工作岗位上各尽所能、与其他员工协调合作，发挥团队精神，互补互助以达到最大工作效率的能力。

六、餐饮部与酒店其他部门的关系

餐饮部提供的产品是有形产品和无形产品相结合的综合性产品，有形产品如食品、装潢、菜单、设备等；无形产品如餐厅的气氛、风格、人员服务、卫生等。作为酒店系统中的一个子系统，餐饮部产品的生产与销售并不是独立完成的，必须与其他部门如前厅部、客房部、销售部、采购部、工程部等密切配合才能实现。

服务客人的
三个方程式

Note

（一）与前厅部的关系

前厅部的工作贯穿于客人与酒店接触及交易往来的全过程,前厅部所掌握的客人信息是餐饮部提供产品和服务的重要依据,因此,餐饮部与前厅部之间的关系主要体现在内部信息的沟通和工作的协调上。餐饮部要依据前厅部提供的信息预测日常销售量;根据前厅部提供的团队用餐单安排团体客人的餐饮;根据前厅部提供的贵宾入住通知单及接待规格给贵宾送水果、花盆或点心茶水等;餐饮部还要从前厅部取得住客信用方面的信息,以决定是否予以赊账。餐饮部其他信息,如大型餐饮活动计划、重要宴会等,也应主动告知前厅部,以便前厅部回复客人的查询。

（二）与客房部的关系

客房是酒店销售的主要产品,如果客房销售理想,入住率高,到餐饮部用餐的客人就会增多,餐饮部的收入就会增加。此外,酒店的洗衣房多隶属于客房部,此时客房部就要负责餐饮部棉织品(如餐巾)的洗涤和保养,负责餐饮部员工制服的洗烫,负责餐厅地面的保养。餐饮部还要在客房部员工的协助下收拾房间餐饮服务的餐具;餐饮部要与客房部密切配合清点客房、小酒吧的饮料消耗数量并及时补充。

（三）与销售部的关系

销售部负责酒店产品的推销工作,其广泛的客户接触面和信息渠道为餐饮部的销售提供了便利,起到了直接促进作用。餐饮部所接待的各种大型宴会或其他大型活动与销售部的宣传、促销工作是分不开的。因此,餐饮部必须与销售部互通信息。比如向销售部提供各种餐饮促销资料,共同协商并制订年度和临时的促销计划,组织安排促销活动;及时了解销售部所掌握的客人信息,包括对餐饮部的积极反映和投诉情况。另外,还要依据销售部所提供的信息做好餐饮销售预测。

（四）与采购部的关系

餐饮部出售的菜肴、饮料与酒类等产品,都依赖采购部为其采购,餐饮部应与采购部密切配合。采购部的采购价格和采购质量直接影响到餐厅菜肴等产品的质量,餐饮部生产所需的原料需要采购部门为其把好第一关。因此,餐饮部应与采购部有必要的联系,如在制订新菜单时,应向采购部了解原料行情方面的信息,并按要求列出采购规格书;在采购部的协助下,制订合理的采购计划;与采购部加强信息沟通,及时掌握原料的新行情。

（五）与工程部的关系

餐饮部常常需要工程部的协助才能顺利营业,因为工程部对餐厅和厨房的空调、照明、供水、冷冻等设施设备的维修、保养工作直接负责。餐饮部在设备使用过程中,要经常检查设备运转情况,发现问题需立即报工程部,由其派专业人员维修,以保证安全和营业的正常进行;与工程部共同制订设备保养、维护计划,做到日常维护与定期保养相结合,分工要明确;为避免操作不当对设备造成损害,应在工程部的协助下对本部门员工进行培训,保证正确使用机器设备。

（六）与财务部的关系

财务部是管理餐厅营业收入的部门,它对餐饮部的营业收入起监督作用。财务管理活动对餐饮部的成本进行控制,可提高餐饮部经营管理水平。因此,餐饮部应积极协助财务部及时、准确地做好营业日报工作,以便正确分析和掌握实际经营情况,及时提供餐饮成本的波动情况,做好成本的控制与监督工作。另外,国家在财政方面的新规定和新政策要通过财务部及时向餐饮部的有关岗位传达。

（七）与人力资源部的关系

人力资源部通过招聘、培训和考核等一系列工作,为餐饮部提供合格的员工,并保证其具备较高的服务技能,能提供优质的服务。餐饮部需要与人力资源部相配合,根据岗位特点,提出对各岗位工作人员的素质要求,并将其提供给人力资源部,作为招聘工作的依据;制订员工培训计划,并在人力资源部的指导和监督下实施,以实现员工的可持续发展;做好员工的考勤及工作表现记录,作为人力资源部奖惩的依据,以激励员工不断提高服务质量。

任务评价

技能考核

◆1.餐饮部的认知考核设计

(1)讲述酒店餐饮从业人员的素质要求。

(2)选择一家当地社会餐饮企业和一家五星级酒店餐饮部,分别了解其组织机构和岗位设置。并画出组织机构图比较差异。

◆2.酒店餐饮部组织机构设置考核表(100分)

工作案例分析

【案例情境1】

在某高档餐厅里,几位客人簇拥着一位雍容华贵的老太太迎面走来,服务员小韩热情地拉椅让座,并为老太太斟上了一杯绿茶。不料老太太眉头一皱,抱怨道:"你怎么知道我要喝绿茶?现在告诉你,我喜欢喝红茶。"小韩是一位训练有素的服务员,面对挑剔的老太太,她在一愣后立刻客气而又礼貌地说:"太太,这是我们餐厅特意为您准备的新上市的绿茶,餐前喝绿茶可清火开胃,尤其适合老年人。如果您喜欢喝红茶,我马上单独为您送来。"几句话便消除了紧张气氛,客人满意地笑了。

案例思考:1.作为一名高素质的餐厅服务人员应该具备什么样的素质?

2.如何能在服务中更好地体现员工的高素质?

【案例情境2】

顺达饭店是当地一家最早的四星级合资饭店,第一期员工均由一位外方酒店管理集团的专家进行培训,此店现已被中方接管。为了适应竞争的需要,董事会决定改组领导班子。新领导上任后,着眼于人力资源的发展,聘请了一些旅游院校的讲师及成功饭店的培训人员,对饭店各部门进行客观地评估,并针对主要问题进行培训。

为期20天的评估与培训结束后,总经理得到了一份关于餐饮部的分析报告,报告中除指出食品质量及其他一些方面的长项外,也指出了餐饮部经理需要改进的一些问题。

餐饮部耿经理勤恳而尽职,几乎没有休过节假日,每天工作10多个小时,随处可见他忙碌的身影,多功能厅、两个中餐厅、西餐厅、大堂酒吧、商务酒吧及餐饮部,由他一人承担着全部的工作。由于餐饮部未设副经理,他既要负责运营部门,又要负责3个厨房,工作十分辛苦。

事实上,顺达饭店餐饮部的主管都是饭店10年前开业时的员工,他们热爱自己的企业,面对客人时,依然按照开业时的标准提供服务。这些年来不知什么原因,培训工作就没做过,主管们的专业知识依旧停留在10年前的水准上,遇到需要自己决定的事情,他们常常拿不定主意,一定要找耿经理,哪怕这件事属于自己的职权范围。他们已习惯了一切由耿经理决定。新员工成长慢且流动率很高,老员工是"恨铁不成钢"。另外,餐饮部的经营已采取薄利多销了,由于成本居高不下,虽然每日看来顾客盈门,但利润率极不乐观。

耿经理认为自己很敬业,说话总是理直气壮,与其他部门经理的合作也很困难,再加上总经理对他信任有限,致使他对餐饮部的控制与管理潜伏着"危机"。

案例思考:耿经理存在的问题是什么?他该如何解决?你从案例中得到什么启示?

在线答题

酒店餐饮部组织机构设置考核表

案例点评

案例点评

Note

行业礼仪培训

扫码看课件

项目描述

　　酒店餐饮部是向客人提供食品、饮料和相应各种服务的部门,餐饮服务是直接由餐饮部工作人员通过手工劳动来完成的,其服务态度、业务水平、操作技能等都直观地反映在客人面前,其举手投足、只言片语都有可能让客人产生深刻的印象。因此,餐饮服务人员的服务要注重礼貌礼节,让客人在餐饮消费时,享受到主动、耐心、周到的服务,使客人生理上、心理上的需求能够得到极大的满足。通过本项目的学习让学生懂得和遵守服务中的各项礼仪、礼节,要做到仪表整洁、仪态端庄、精神饱满,随时准备为客人提供规范、礼貌的服务。

项目目标

　　1.了解仪容、仪表的规范;能迅速、熟练地按仪容、仪表要求做好上岗前的准备。
　　2.了解服务仪态的基本要求;能熟练、规范地运用站姿、坐姿、走姿、蹲姿、手势和眼神、微笑。
　　3.能根据不同的工作场景,恰当、规范地使用礼貌服务用语。
　　4.通过实践训练培养餐饮服务人员的服务意识、礼仪意识,提高服务水平。

项目内容

```
              行业礼仪培训
     ┌───────────┼───────────┐
仪容仪表培训   服务仪态训练   服务用语使用
```

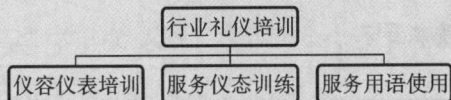

任务一　仪容仪表培训

任务描述

　　保持良好的仪容仪表是对餐饮服务人员的基本要求,良好的仪容仪表既可以展现出员工优秀的个人素质,又能体现出酒店与餐厅优良、规范的管理水平,更重要的是能让客人感受到酒店良好的精神面貌,获得视觉上、精神上美的享受。

Note

任务目标

了解仪容仪表的基本常识;熟悉仪容仪表的含义;明确注重仪容仪表的重要意义以及服务人员应遵循的原则;掌握服务人员仪容仪表的具体规范;培养良好的职业素养。

任务实施

仪容主要是指人的容貌,是仪表的重要组成部分。仪表通常指人的外表,包括人的仪容、仪态和服饰等方面,是一个人的精神面貌和内在素质的外在表现。

一、服务人员注重仪表仪容的重要意义

在餐饮服务中,仪容仪表是不容忽视的基本因素,良好的仪容仪表会令人产生较好的第一印象。仪容仪表体现了餐饮服务人员对客人、对社会的尊重,显示了餐饮服务人员的精神面貌和修养程度,也反映出餐饮服务人员对待工作的态度,服务人员注重仪容仪表的意义体现在以下三个方面。

(一)仪容仪表是企业树立良好形象的手段

企业形象取决于两个方面:一是提供的产品与服务的质量水平;二是员工的形象。在员工的形象中,仪容仪表是最重要的表现,它在一定程度上体现了企业的服务形象。良好的仪容仪表,会令人产生较好的第一印象,从而对企业产生积极的宣传作用。

(二)仪容仪表是尊重服务对象的需要

在服务过程中,服务对象都在追求一种比日常生活更高标准的享受,包含着视觉、听觉和嗅觉等感官的美好的享受。服务人员仪表端庄大方,整洁美观,可使服务对象得到视觉的享受,同时服务对象面对外观整洁、端庄大方的服务人员时,也会感到自己的身份地位得到应有的承认,求尊重的心理也会得到满足。

(三)仪容仪表反映企业的管理水平和服务质量

在服务行业中,服务人员的仪容仪表是最受客人重视的部分,服务人员的仪容仪表往往会影响服务对象对其专业能力和任职资格的判断,并在一定程度上反映企业的管理水平和服务质量,在国内外评定旅游酒店星级的标准中,考核员工仪容仪表就是其中一项。

二、服务人员仪容仪表的基本要求

讲究仪容仪表美是设计美、创造美的过程,它是人际交往中人们都必须遵守的礼仪规范。在长期的实践中,人们对服务人员仪容仪表的要求有了一些共识,并逐渐成为一种规范。

(一)讲究个人卫生,保持仪表整洁

个人卫生是向客人提供优质服务的基础和前提,个人卫生也是良好的个人仪容所必须具备的基本要求。在工作岗位上,坚持不懈地做好仪容仪表细节的修饰工作,要求员工做到仪容干净、整洁,保持身体无异味;服装挺括,不残破、不褶皱;精神振作,整齐利落。

(二)穿着得体美观,打扮端庄自然

穿着得体,就是在整理、修饰仪容仪表时,力求简练、明快、方便、朴素,要力戒雕琢、烦琐。端庄大方,就是要求端庄、斯文、优雅,而不是花哨、轻浮、随意,并根据着装、自身特点、场合需要选择饰品。

(三)树立服务意识,遵守岗位规范

要求服务人员树立服务意识,突出岗位特点,维护企业形象,严格按岗位的要求规范着装。员工工作时必须穿统一的工作服,女员工淡妆上岗,男员工不化妆,但要保证仪容整洁。

三、服务人员仪容仪表的具体规范

餐饮服务人员在自己的工作岗位上都必须按照本行业、岗位的要求,对自己的仪容仪表进行必要的修饰与维护,要求服务人员在修饰本人的仪容时,重心放在以下几个方面。

(一)面部修饰规范

面容是人的仪容之首,也是最为动人之处。修饰面容最好的方法就是美容化妆。对男性服务人员而言,面容美化要求整洁健康、容光焕发。在具体操作上,一般做好洁面、修面、护理皮肤即可。对女性服务人员而言,酒店提出的要求是"淡妆上岗",这不仅是自身仪容美的需要,也是对客人尊重的需要。

❶ 口部修饰

(1)刷牙。采用正确的刷牙方式,要求做到"三个三":每天刷牙三次,每次刷牙宜在餐后三分钟进行,每次刷牙的时间不应少于三分钟。

(2)禁食。餐饮服务人员上班前,忌喝酒、忌吃葱、蒜、韭菜等有刺激性气味的食物,避免使口腔产生异味。

(3)剃须。男性服务员应坚持每天上班前剃须。

(4)护唇。餐饮服务人员要注意呵护自己的嘴唇,涂抹无色润唇膏来防止唇部干裂。吃完食物后要避免嘴角有残留物。

❷ 鼻部修饰

(1)鼻垢的清理。有必要去除鼻垢时,宜在无人场合辅以手帕或纸巾轻声进行,切不要发出过大声音,令人反感。同时男性服务人员要注意及时修剪鼻毛。

(2)"黑头"的清理。清理这些有损个人形象的"黑头"时,应做到两点:一是平时对此处要认真进行清洗,二是可用专门的"鼻贴"将其处理掉。

❸ 耳部修饰

(1)耳部的除垢。耳孔里的分泌物及灰尘映入客人的视野会显得极为不雅。因此,服务人员务必每天进行耳部除垢。但一定要注意,此举不宜在工作时进行。

(2)耳毛的修剪。有的人由于个人生理原因,耳孔周围会长出一些浓密的耳毛,若服务人员一旦发现自己有此类情况应及时进行修剪。

❹ 颈部修饰 颈部是人体最易暴露年龄的部位,因此在进行眼、嘴、鼻、耳修饰的同时,也要同修饰脸部一样修饰颈部,保持颈部皮肤的清洁,并加强颈部的运动与营养按摩,使颈部皮肤紧绷,光洁动人。颈部的营养按摩一般从20～25岁开始为宜,如果年龄过大,恐怕会事倍功半。因此,宜尽早护理才能延缓衰老。

(二)头发修饰规范

餐饮服务人员的头发修饰,不仅要按照一般人的审美标准,还要符合餐饮行业的特殊要求以及酒店的具体规定。因此在进行个人头发修饰时,应注意以下问题。

❶ 确保头发整洁 服务人员为了确保头发整洁,应选择适合自己发质的洗发水和护发素对头发进行清洗及护理,及时修剪和梳理头发。具体要求:服务人员的头发每周至少清洗三次,每月至少修剪一次,每天至少梳理一次。

❷ 选择合适发型 发型是指头发经过一定修剪、修饰之后所呈现出来的形态。选择发型总的原则是男性应讲究阳刚之美,女性则崇尚阴柔之美。对服务人员而言,在选择发型时必须首先考虑到自己的职业,即应以工作为重,做到发型与工作性质相称。发型选择的总体要求:长度适中,以短发为主,风格庄重。

（1）男性服务人员切忌留长发，一般以短发为主。要求是前发不覆额，侧发不掩双耳，后发不及衣领，不留大鬓角，也不能剃光头。

（2）女性服务人员头发不宜长于肩部，不宜挡住眼睛，长发过肩者最好采取一定的措施，可将长发扎起来或盘成发髻，刘海不及眉。

（3）头发美化适当。人们在修饰头发时，往往会有意识地运用某些技术手段对其进行美化。如在染发方面，一般服务人员都不宜染发，早生白发或长有杂色头发者可将其染黑；在烫发方面，服务人员的发型应端庄大方，但注意不要将头发烫得过于凌乱；在佩戴发饰方面，服务人员在工作之中最好不佩戴，即使允许佩戴发饰，也仅仅是女性"管束"自己的头发之用，而不是意在打扮。工作时，只允许佩戴工作帽，佩戴时，一般要求不外露头发。

（三）肢体修饰规范

1 上肢的修饰 上肢即手臂，是工作中运用最频繁的身体部位，在服务工作中，手臂通常被视为服务人员的"第二脸面"，一双保养良好、干净秀美的手臂，往往会给服务操作增添美感，所以服务人员对在服务过程中"处于显著位置"的手臂，应精心加以清洁、保养和修饰。

（1）手臂的清洁。清洗手臂，要真正保证无泥垢、无污痕，除了手部的烟渍必须清除之外，其他一切碍眼的痕迹，如手上所沾的墨水、油渍等污垢，均应清洗干净。在工作岗位上，每一位服务人员都要做到：上岗之前要洗手，外出归来要洗手。

（2）手臂的保养。由于服务人员在服务时用手较多，有些特殊的工作岗位甚至还会在一定程度上对手臂造成某种伤害，所以服务人员一定要高度重视保养自己的手臂。保养手臂一是方法得当，二是贵在坚持，形成良好的用手动作习惯。

（3）手臂修饰。为了增添美感，对手部、手臂进行清洁保养的同时需进行必要的修饰，服务人员在工作岗位上手臂的修饰，应以朴素庄重为美，不应艳丽，否则就与自身特定的社会角色不相称。同时要做到：勤剪指甲，养成"三日一修剪，一日一检查"的良好习惯；不在指甲上涂饰彩妆。

2 下肢的修饰 在人际交往中，人们观察一个人常有"远看头，近看脚"的习惯，因此服务人员除了要慎重地对待下身服饰的选择与搭配外，还要注意下肢的清洁与适当的掩饰和修饰。

（1）保持下肢的清洁。下肢的清洁，应特别注意三个方面：一是要勤洗脚；二是要勤换鞋袜，一般要每天换洗一次袜子，还要注意尽量不穿不透气、吸湿性差、易产生异味的袜子；三是要定期交替更换自己的鞋子，并且要勤清洗、勤晾晒。清洗时，务必细心清洁鞋面、鞋跟、鞋底等处，皮鞋要定期擦油，使其锃亮光洁。

（2）下肢的适度掩饰和修饰。服务人员在工作岗位上时要对自己下肢的有关部位进行适度掩饰和修饰。

（四）化妆修饰规范

1 化妆的要求 女性服务人员需要每天洁面、护肤、化淡妆。粉底要接近自己的肤色，淡雅自然；腮红柔和、均匀；在眉峰、眉头和眉尾的关键处进行修剪，顺着眉形画眉，颜色为黑色或棕色；画眼线、涂眼影、刷睫毛膏，画眼线注意上深下浅，眼影一般以棕色等大地色系为宜；涂口红，使用适合自己唇色的口红，以呈现健康红润的色泽，唇上有过于浓密的汗毛时应及时去除，以保持美观。

2 化妆的禁忌

（1）忌离奇出众。离奇出众是指在化妆时有意脱离自己的角色定位，而专门追求怪异、神秘的妆容。

（2）忌当众化妆。在众目睽睽之下化妆是非常失礼的。即有碍于人，又不尊重自己。化妆应在无人之处，或是在专用的化妆间进行。

（3）忌残妆示人。残妆，是指出汗、休息或用餐之后妆容出现残缺。脸部残妆会给人懒散、邋遢之感,所以要注意及时检查和补妆,补妆也要避人,不能当众进行补妆。

（4）忌岗上化妆。服务人员工作妆一般应在上岗之前完成,不允许在工作岗位上进行。否则显得工作三心二意,对服务对象不尊重。

（五）服饰规范

1 服务岗位着装的要求和规范 服务人员的服装应体现职业特色,对服务人员的服饰要有统一的要求与限制。服务人员整洁大方的服装可以体现对服务对象的尊重,表达对服务对象的高度重视;服务人员得体的着装,有助于塑造与维护企业的形象,有利于提高服务人员的自身素质。

按规定,服务人员在工作岗位上的穿着应与本人所扮演的服务角色相称,它应具有正式规范、庄重大方、符合身份、实用便利等特点。穿着时要注意外观平整、完好无损、干净卫生、无异味,并要成套穿着。

2 饰物佩戴的要求 服务人员在工作中使用首饰的主要规范:符合身份,以少为佳,区分品种,佩戴有方。

（1）符合身份。服务人员在自己的工作岗位上佩戴首饰时,要符合身份,不可过度张扬。

（2）以少为佳。服务人员在自己的工作岗位上佩戴首饰时,一定要以少为佳,一般品种不宜超过两种,数量不超过两件。

（3）区分品种。服务人员在自己的工作岗位上佩戴首饰时,因其具有特殊身份的缘故,并不可以对各种首饰自由地进行选择。对服务人员来讲,结婚或订婚戒指是其在工作岗位上唯一被允许佩戴在外的首饰;服务人员通常在工作岗位上不宜佩戴项链,即便佩戴,也只能将其戴在衣内,不宜显露在外;女性服务人员在工作岗位上,不宜佩戴耳环,但一般情况下,允许女性服务人员佩戴耳钉。

（4）佩戴有方。服务人员在自己的工作岗位上佩戴首饰时,不宜佩戴珠宝首饰。

任务评价

技能考核

◆1.仪容仪表修饰考核设计

（1）给自己设计一个符合岗位要求的发型。

（2）假设你已经是酒店餐饮部的员工,马上就要进入自己的工作岗位,请注意检查自己的仪容仪表。

◆2.仪容仪表修饰考核表（100分）

工作案例分析

【案例情境】

某公司总经理赵先生为视察工作和开拓新市场,下榻广州某星级饭店。经过连续几日的工作,终于圆满完成任务。在回去之前,赵先生与几位分公司领导和来宾打算庆祝一下。当他们来到餐厅,接待他们的是一位面容姣好的服务员,接待服务工作做得很好,可是她面无血色显得无精打采。赵先生一看到她就觉得没了好心情,仔细留意才发现,原来这位服务员没有化工作淡妆,在餐厅昏黄的灯光下显得病态十足,这又怎能让客人看了有好心情就餐呢?当开始上菜时,赵先生又突然看到传菜员涂的指甲油缺了一块,当下赵先生第一个反应就是"不知是不是掉入我的菜里了?"但为了不惊扰其他客人用餐,赵先生没有将他的怀疑说出来。赵先生心里很不舒服。最后,他们叫柜台内服务员结账,而服务员却一直对着反光玻璃墙面修饰自己的妆容,丝毫没有注意到客人的需要,到本次用餐结束,赵先生对该饭店的服务十分不满。

案例思考:1.运用所学的知识分析服务人员的仪表仪容对服务工作有何影响?

2.服务人员仪容仪表的要求有哪些?

衣着通常说明人的一切

在线答题

仪容仪表修饰考核表

案例点评

23

任务二　服务仪态训练

任务描述

服务人员的仪态规范,是指对服务人员个人体态的标准化、正规化要求。在具体工作岗位上,服务人员必须依照常规调整个人仪态,展现自己优雅、文明的仪态,力求做到仪态美。

任务目标

了解服务人员仪态的基本要求,掌握服务人员站姿、坐姿、走姿、蹲姿、手势和表情的规范,通过一系列配套的训练方法,能熟练、规范地运用于实际工作中,培养个人风度和气质,形成良好的职业素养。

任务实施

仪态,又叫姿态、仪姿,是指人们的身体所呈现出来的各种姿势,即身体的具体造型。具体来讲,人们的姿态又可以分别表现为动作、表情与相对静止的体态。

一、站姿规范

站立姿势,又称站姿或立姿,是指人在停止行动之后,直立自己的身体、双脚着地或者踏在其他物体之上的姿势。它是一种静态的身体造型,是平常采用的最基本的姿势。优美的站姿是展现人体动态美的起点,是培养一个人全部仪态美的基础。

(一)站姿基本要求

站姿的基本要求是"正看一个面,侧看一条线"。它的标准主要是正和直。即从身体的正面来看,主要特点是头正、眼正、肩正、身正;从身体的侧面来看,主要特点是颈直、背直、腰直、臂直、腿直。

(二)站姿基本要领

基本站姿要领:站直,双腿并拢脚跟相靠,脚尖分开45°～60°,身体重心在两脚中间;提臀、收腹、挺胸,挺直脊背;双肩打开、齐平,双臂自然下垂,虎口向前,手指自然弯曲,中指贴裤缝;头正、颈直、双眼平视前方,下颌微收,面带微笑。

(三)站姿不同形式

不同的工作岗位对站姿有不同的要求,但任何一种形式的站姿都是在基本站姿的基础上变化的,服务人员在实际工作中选择合适的站姿形式为客人服务。服务工作中常见的站姿有以下几种。

1 侧放式站姿　侧放式站姿是男女通用的站立姿势,其要领和基本站姿相同,见图 2-1 和图 2-2。

2 前腹式站姿

(1)站姿一:在基本站姿的基础上,两手轻轻划向腹前,右手握住左手手指部位,右手在上,两手交叉点在衣扣的垂线上,是女性常用的站立姿势,见图 2-3。

(2)站姿二:两脚脚尖向外略展开,一脚在前,将一脚跟靠于另一脚内侧前端,形成一个斜写的"丁"字,两手握指交于腹前。此站姿又称"丁"字式站姿,是只限于女性使用的站立姿势,见图 2-4。

3 后背式站姿　后背式站姿是男性常用的站立姿势。后背式站姿要领:在基本站姿的基础上,

图 2-1 侧放式站姿（女）　　　　图 2-2 侧放式站姿（男）　　　　图 2-3 前腹式站姿

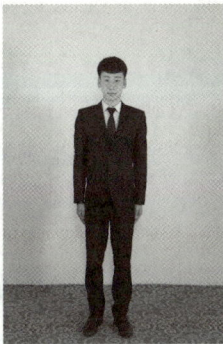

不同的站姿所反映的心理特征

两脚打开，略窄于肩宽，两脚平行，身体立直，身体重心放在两脚上，两臂肘关节自然内收，两手相握放在后背腰处，见图 2-5。

图 2-4 "丁"字式站姿　　　　　　　　　图 2-5 后背式站姿

❹ **单臂式站姿**　单臂式站姿是男女通用的站立姿势。单臂式站姿要领：因工作的需要，选择将两脚打开或呈"丁"字式，工作中常见到的是左手单臂后背，右手来完成如斟酒服务等工作。

站立太累时，可变换为调节式站姿，即身体重心偏移到左脚或右脚上，另一条腿微向前屈，脚部放松。无论转变成何种站立姿势，都要注意做到"万变不离其宗"，即不能离开站姿的基本要领。

（四）站姿的禁忌

服务人员在从事服务工作时应遵从站姿要求，不良的站姿会影响形象，应注意不可歪脖、斜腰、挺腹、屈腿，不可随意扶、倚、靠、趴，双手不可插在衣兜或裤兜里等。

（五）站姿的训练方法

（1）面向镜子，按照动作的要领体会站立姿势。

（2）头顶可放本书，练习头颈部的稳定性。

（3）靠墙站立或两人一组背靠背站立，要求脚跟、小腿、双肩、后脑勺都贴紧墙壁或另一个人，练习身体直立，腰身挺拔。

二、坐姿规范

坐姿不仅包括坐的静态姿势，同时还包括入座和起座的动态姿势，入座为坐的"序幕"，起座为坐的"尾声"。

（一）坐姿基本要求

坐姿的基本要求是"坐如钟"，即坐姿要像钟那样端正。

（二）坐姿基本要领

坐姿基本要领包括以下几个方面。

❶ 入座 从座位左侧入座，背向座位，双腿并拢，右脚后退半步，使腿肚贴在座位边，（若女士穿裙装，双手沿大腿侧后部轻轻向前拢一下裙子）缓慢地坐满椅子的三分之二或二分之一；然后将右脚与左脚并齐。

❷ 坐姿 双腿、双膝、双脚跟并拢，小腿与地面垂直；身体挺直，微向前倾，双肩放松下沉，双臂自然弯曲内收，双手呈握指式，右手在上，手指自然弯曲，放在双腿上或座位扶手上；头正、颈直、下颌微收，面带微笑，双目注视前方或对方。

❸ 起座 右脚后退半步，脚掌蹬地，顺势而起。

（三）坐姿不同形式

入座后，人的双腿和双脚所处的不同位置往往体现出一个人坐姿的形式，常用的坐姿形式主要有以下几种。

❶ 正襟危坐式 其要领和基本坐姿相同，适用于正规的场合，见图2-6。

❷ 垂腿开膝式 垂腿开膝式也是较正规的坐姿，主要适用于男性。垂腿开膝式要领：在基本坐姿的基础上，两腿可以稍微分开，但不能超过肩宽，见图2-7。

❸ 双腿斜放式 适合穿裙子的女性在低处就座时使用。双腿斜放式要领：在基本坐姿的基础上，双腿并拢，双脚向左或者向右侧斜放，斜放后的腿部与地面成45°角，见图2-8。

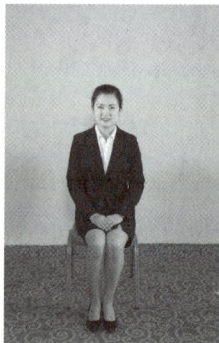

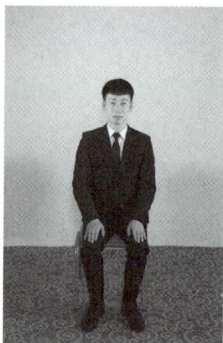

图2-6　正襟危坐式　　　　图2-7　垂腿开膝式　　　　图2-8　双腿斜放式

❹ 前伸后屈式 主要适用于女性。前伸后屈式要领：在基本坐姿的基础上，大腿并拢，向前伸出一条腿，另一条腿往后屈回，两脚掌着地，两脚前后保持在一条直线上，见图2-9。

❺ 双脚内收式 双脚内收式适合在一般场合使用，男性、女性都可以采用。双脚内收式要领：在基本坐姿的基础上，双膝、小腿并拢，向内侧屈回，双脚脚掌着地，见图2-10。

❻ 双脚交叉式 双脚交叉式适用于各种场合，男性、女性都可以采用。双脚交叉式要领：在基本坐姿的基础上，双膝并拢，双脚在踝部交叉。交叉后的双脚可以内收，也可以斜放，但不要向前方直伸出去，见图2-11。

（四）坐姿的禁忌

服务人员为保持优美坐姿和良好的形象，应注意以下禁忌。

（1）坐定之后，女士不可两膝盖分开，两脚尖呈"八"字或者脚尖翘起指向他人。

（2）坐定之后，不可摇头晃脑、左右顾盼、前俯后仰、双腿抖动。

（3）入座、离座之时，不可猛起猛坐，使椅子发出声响。

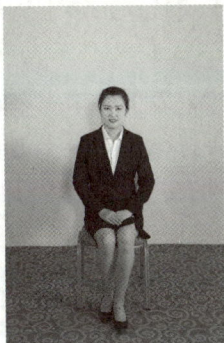

| 图 2-9　前伸后屈式 | 图 2-10　双脚内收式 | 图 2-11　双脚交叉式 |

（五）坐姿的训练方法

（1）加强腰部、肩部的力量和灵活性训练，具体方法：经常进行舒展肩背动作的练习，同时利用器械进行腰部力量的训练。

（2）面对镜子，按照动作的要领体会不同坐姿，经常性地纠正和调整不良习惯。

三、走姿规范

走姿是指人们在行走过程中所采用的姿势。优美的走姿能体现出一个人良好的精神风貌和良好的气质风度。

（一）走姿基本要求

走姿的基本要求：步履自然、匀速、稳健，步态轻松、优美。

（二）走姿基本要领

走姿的基本要领：头正、颈直，下颌微收，目光平视前方，面带微笑；挺胸、收腹、提臀，上身稍向前；双肩齐平下沉，双臂放松下垂，手指自然弯曲，两臂前后自然摆动；屈大腿带动小腿走，脚跟先着地，身体重心落在前脚掌上；同时要注意步位直、步幅适度、步速平稳。

（三）走姿的禁忌

服务人员在行走时要遵从要求，应注意不要左顾右盼、左右摇摆、身体不正、含胸或过于挺胸、脚内外"八"字步、步幅过大或过小等。

（四）走姿的训练方法

（1）靠墙站立，背靠墙壁，将后脑、肩背、臀部和脚跟靠在墙上，进行整体的直立和挺拔训练。

（2）在人行道和走廊等宽敞而安全的地方，沿着地面砖的直线缝隙进行直线走姿练习，同时依据地面砖的尺寸进行步幅练习。

（3）头顶书本行走，进行整体平衡的练习。

四、蹲姿规范

（一）蹲姿基本要求

站在所取物品的旁边，蹲下屈膝，抬头挺胸，不要低头，也不要弯腰，两脚合力支撑身体，掌握好身体的重心，慢慢地把腰部低下，蹲下时要保持上身挺拔，神情自然。

（二）蹲姿的不同形式

❶ **高低式蹲姿**　男女通用的蹲姿，这种蹲姿的主要特征：双膝一高一低，女性应使两腿靠紧，男性则可以适度分开，见图 2-12 和图 2-13。

②交叉式蹲姿　只适用于女性，尤其是穿短裙的女性。这种蹲姿的主要特征是蹲下后双腿交叉在一起。

③半蹲式蹲姿　男女通用的蹲姿，这种蹲姿多见于行进之中临时采用。男子采用半蹲式蹲姿时，两腿不必靠紧，可以有一定的距离，但女性应靠紧双腿。这种蹲姿的主要特征是身体半立半蹲。

④半跪式蹲姿　男女通用的蹲姿，它是一种非正式蹲姿，这种蹲姿的主要特征是双腿一蹲一跪。

图 2-12　高低式蹲姿（女）　　　　图 2-13　高低式蹲姿（男）

（三）蹲姿的禁忌

不要突然下蹲，下蹲时不要离人过近，不要背对他人，不要蹲着休息，女性下蹲时不要毫无掩饰。

（四）蹲姿的训练方法

（1）加强腿部膝关节和踝关节力量和柔韧性的训练，具体方法：压腿、踢腿、活动关节。

（2）有意识地、主动地、经常地进行标准蹲姿的练习，形成良好习惯。

五、手势规范

手势也称为手姿，指的是人们在特定的场合中运用手臂时所出现的具体动作与体态。它不仅能对口头语言起到加强、说明、解释等辅助作用，而且还能表达有些口头语言所无法表达的内容和情绪，它是人们交往时不可缺少的动作，是富有表现力的一种体态语。

（一）手势的基本要领

规范的手势是手掌伸直，手指并拢，拇指自然分开，掌心斜向上方，腕关节伸直，手与前臂形成直线，以肘关节为轴，自然弯曲，大小臂的弯曲以 140°左右为宜。做手势时，要配合眼神、微笑和其他姿态，使手势显得更协调大方。

（二）手势的禁忌

在服务工作中，以下手势不可以使用。

（1）容易造成误解的手势。容易造成误解的手势有两种，一是个人习惯不被他人理解；二是因为不同的文化背景，手势被赋予了不同的意义。

（2）不卫生的手势。如在客人面前搔头皮、掏耳朵、抠鼻孔、剔牙齿等。

（3）不尊重他人的手势。如用掌心向下挥动手臂，用手指指点他人或用食指指向他人等。

（4）不稳重的手势。如双臂环抱、摆弄手指、双手抱头、手插口袋等。

（5）忌手势过多，动作幅度过大。

（三）常用的手势

①引导手势　引导，即为客人指示行进方向。同时对客人说"您请"，采用直臂式指路。具体做

法:将手臂抬到齐胸高度,拇指张开,四指并拢,以肘关节为轴,上臂带动前臂,自然向上抬直。上身前倾,面带微笑,身体侧向来宾,目光看着目标方向。

❷ "请"的手势 "请"的手势是服务人员运用最多的手势。根据场景的不同有着不同的意义。

(1)横摆式:在表示"请"时,常用右手,五指并拢伸直,掌心不可凹陷;女性为优雅起见,可微微压低食指。手与地面成45°角,手心斜对上方,肘关节微屈,腕关节要低于肘关节。动作时,手从腹部抬起至横膈膜处,然后以肘关节为轴向右摆动,到身体右侧稍前的地方停住。注意不要把手摆到体侧或是体后。

(2)前摆式:五指并拢伸直,掌心向上,手臂由体侧向体前自下而上抬起,当上臂与身体成45°角时,以肘关节为轴向体前摆动,距身体20 cm处停止。

另外还有双臂横摆式、双臂侧摆式等。

六、表情规范

表情是指一个人内心的思想感情体现在颈部以上(包括眼、眉、鼻、嘴等)各个部位的综合而微妙的反应。人的面部表情可以给人们以最直接的感觉和情绪体验。

在构成表情的诸要素之中,眼神和微笑的地位至关重要,在生活和工作中使用频率最高的也是人的眼神和笑容。一般来说,在人际交往中眼神和微笑的应用,要遵循谦恭、友好、适时、真诚的标准和原则。

(一)恰当的眼神

眼睛是心灵的窗户。在人际交往当中,眼神能够反映出人们内心世界很微妙的变化,恰当有效地使用眼神会取得意想不到的效果。

❶ 注视的部位 社会交往过程中,凝视时目光应停留的区域为对方嘴唇中心到双眼之间的三角区,谈话时注视对方该区域会使对方感到轻松、自然和亲切。

❷ 注视的角度 要正面注视服务对象,表示出对服务对象的重视。

❸ 注视的时间 在人际交往中,注视对方时间的长短,往往十分重要。在交谈中,倾听的一方通常应多注视说话的一方,以表示友好、重视,但注视时间不要过长。同时注意在注视对方时,不要不停地眨眼和移动眼神,这样会使对方认为你不礼貌或不真诚。

❹ 眼神的训练方法 可以采用睁大眼睛训练法、转动眼球训练法、钟摆式训练法、目光集中训练法,提高眼睛的明亮度,使眼睛更有神。

(二)亲和的微笑

希尔顿酒店总部的董事长康纳·希尔顿曾经指出,酒店的第一流设备重要,而第一流的微笑更为重要。如果没有服务人员的微笑,就好比花园失去了春日的阳光和春风。在服务行业中,微笑是很重要的,微笑也是服务人员的基本技能之一。

❶ 微笑的要求

(1)微笑要真诚:发自内心的情感流露才能真正赢得客人的心,不能故作笑颜、假意奉承。

(2)微笑要适度:微笑虽然在人际交往中是最有价值的面部表情,但不能随心所欲,要加以控制。

(3)微笑要合乎规范:做到"四个结合",即口眼结合,微笑与神情、气质结合,微笑与语言结合,微笑与仪表、举止结合。

(4)微笑要区分场合:如进入庄严肃穆的场所或客人正满面愁容时,微笑显然是不合时宜的。

❷ 微笑的标准

(1)微笑要得体:面含笑意,嘴角微微上翘,嘴唇略呈弧形,不牵动鼻子,不发出笑声,不露牙齿。

(2)微笑需要面部各部位的相互配合:微笑时眉头应自然舒展,眉毛微微上扬,同时特别要注意眼神的配合。

(3)微笑要表里如一:要避免皮笑肉不笑,调整自己的情绪,使微笑发自内心,自然舒畅。

❸ 微笑的训练方法

(1)对镜练习:对着镜子练习微笑,调整自己的嘴形和面部其他部位和眼神,找到自己认为较为完美的状态,经常进行练习,形成习惯。

(2)加强必要而严格的训练:可以适当地采取一些方法,如借助普通话中的"茄子""田七""前"等发音来进行口形训练。

🍳 任务评价

📋 技能考核

◆1.服务仪态考核设计

(1)把全班学生分成几组,以组为单位进行靠墙站立训练,要求后脑勺、双肩、臀部、小腿和脚后跟紧贴墙壁,对镜训练,按照动作的规范体会站姿。

(2)沿着地面砖的直线缝隙进行走姿步位训练;同时依据地面砖的尺寸进行步幅训练,头顶书行走进行平衡训练。

(3)利用镜子或借助字、词对照口型训练微笑。

(4)从学生中挑选两名到讲台上,其中一名学生扮演服务人员,另一名学生扮演客人,练习当服务人员与客人迎面相遇时,服务人员应如何行走。

(5)对学生仪态的掌握情况进行考核。

◆2.服务仪态考核表(100分)

📋 工作案例分析

【案例情境1】

下面是酒店门厅迎宾员小吴第一天上班的情景。

小吴昨天才来到饭店,参加了为期一个星期的学习,今天正式走上了工作岗位,非常激动,因为今天有个贵宾光临,小吴很想好好表现一下。贵宾准时到达饭店门口,小吴想到应微笑待客,于是脸上堆满了笑容;在接触到贵宾的眼神后便立即转向别处,他认为这样贵宾也不至于太尴尬。等到贵宾走到跟前时,小吴上前一步,友好地向客人伸出了手,然后又向旁边的女士握手,但只是轻轻地象征性地握了一下。直到看到客人走进大厅,小吴才松了一口气,自己心里有些高兴,毕竟培训时学到的都用上了,自始至终都用自己的神态表情向客人表达了欢迎和尊敬!但他又总觉得自己好像还有什么地方做得不够。你能帮小吴想想哪里做得不到位吗?

案例思考:1.情景模拟小吴正确的接待工作。

2.要有效地运用自身的体态语,应当注意哪些具体问题?

【案例情境2】

在一家酒店,一位客人在餐厅预订了房间但他有事要外出十分钟。客人要求服务人员将一会儿来找他的朋友带到他用餐的房间去等候。由于这位客人着急走事先没有留下信息,服务人员对客人的要求不是很清楚。

客人回来后没见到他的朋友十分不悦,与服务人员争执起来。公关部年轻的小王闻讯赶来,刚要开口解释,客人就指着她的鼻尖,言辞激烈地指责起来。当时小王心里很清楚,在这种情况下,任何解释都是毫无意义的,反而会使客人更加激动。于是她默默地看着他,让他尽情地发泄,脸上则始终保持一种友好的微笑。一直等到客人平静下来,小王才心平气和地告诉他酒店的有关规定,并表示歉意。没想到后来这位客人离店前还专门找到小王并表示小王的微笑征服了他,希望下次来酒店时能再次见到小王的微笑。

在线答题

服务仪态
考核表

案例点评

案例思考:1.服务人员学习、训练表情时应掌握哪些主要规则?
　　　　 2.微笑在服务岗位上有何作用?

任务三　服务用语使用

任务描述

在服务工作中,服务人员在同服务对象接触的整个过程中,始终都离不开双方的语言交流。对于服务人员而言,灵活的语言运用、良好的表达能力,既体现着自己的服务水准,又直接体现所在企业的总体精神文明。所以,服务人员在自己的工作岗位上服务他人时,必须自觉地使用标准服务用语,遵守有关的语言规范。

任务目标

了解服务人员礼貌用语、文明用语;熟悉服务人员行业用语,掌握服务人员服务用语规范、技巧;锻炼和提高服务人员的语言运用、表达能力,以提高自己的服务水准。

任务实施

在餐饮服务行业中,使用礼貌用语是对服务人员的基本要求,每位员工在对客人的服务中,都应做到语言优美、礼貌待客,这样才能满足客人希望受到尊重的心理,才能使客人满意。

一、服务用语主要特点

（一）主动性

在服务工作中使用礼貌用语,应当成为服务人员主动而自觉的行为。只有这样,服务用语的使用方能口到、心到、意到。正是出于这一原因,服务人员在与服务对象进行交流时,应率先主动地采用礼貌用语。

（二）约定性

在服务岗位上,服务人员所常用的礼貌服务用语,在其内容与形式上,往往都是约定俗成、沿用已久、人人皆知的。

（三）亲密性

服务人员在运用礼貌服务用语时,还必须力求做到亲切且自然,要让服务对象听在耳中、暖在心里,并且心领神会。运用礼貌用语时讲究亲密性,必须是诚心所致、不落俗套,而不是甜言蜜语、巧言令色、阿谀奉承。

二、服务人员礼貌服务用语

（一）礼貌服务用语的类型

1 称呼语　称呼语作为交往过程中开口说出的第一句话,最能表达说话人的文化修养。得体的称呼,可以给人良好的第一印象,可以使对方感到亲切和温暖,成为双方交往的通行证;不得体的称呼会使双方陷入尴尬境地。一般来讲,称呼有以下几种。

（1）代词称呼。在对客服务中,面对初次相识的客人,可直接称呼为"您"。

（2）泛指称呼。在不知对方姓氏、职务、职业等情况下,可以使用泛指称呼。如称男性为先生,称女性为女士、小姐,如不知对方是否已婚,可以统称女士。

(3)职业称呼。在比较正式的场合,往往习惯于职业称谓,这带有尊重对方职业和劳动的意思,同时也暗示了谈话与职业有关。如律师、医生、老师等,并可冠之以姓。

(4)职务称呼。在职业环境或商务聚会等场合,人们往往使用职务称呼进行交流。如处长、主任、局长等,并可冠之以姓。

②问候语 问候,又称问好或打招呼,主要用于人们在公共场合,彼此向对方问好、致意或者表达关切之情。问候语一般不强调具体内容,只表示一种礼貌。一般情况下,下级、晚辈、学生、服务人员应主动问候上级、长辈、老师、客人等。比较通用的问候语有"您好""您早""早上好""下午好""晚上好""晚安"等。

③应答语 应答语是服务人员在工作岗位上,用于回答客人问话的礼貌用语。基本要求:有问有答,灵活热情。要根据不同的情况使用恰当的应答语。常用的应答语有"是的""好的""我明白了""谢谢您的好意""不要客气""没关系""这是我应该做的"等。

④致歉语 在服务工作中,如果自己的言行给他人带来了麻烦和不便,或言行举止有所失礼,应当立即向对方表示愧疚之情,并请求原谅。这种情况下就要用到致歉语,如"对不起""请原谅""很抱歉""实在过意不去""打扰您了"等。

⑤道谢语 道谢语是礼貌地表示感激的用语。当他人为我们提供了帮助时,当客人为我们提出了宝贵的意见或对我们的工作表示满意时,我们都应该说道谢语,如"谢谢""非常感谢""多谢您的帮助"等。

⑥告别语 告别语是人们在分别时说的礼貌用语,含有依依不舍、希望再次重逢的意愿。如"再见""明天见""祝您旅途愉快""祝您一路平安""欢迎您下次光临"等。

(二)使用礼貌服务用语的注意事项

(1)面向客人要表情自然、目光柔和、面带微笑。

(2)垂手恭立,距离适当(一般以1 m左右为宜)。

(3)举止文雅,态度和蔼,能用语言讲清时尽量不加手势。

(4)进退有序,事后要先后退一步,再转身离开。

三、服务人员电话用语

服务人员经常会利用电话与客人进行沟通,在运用电话进行服务时,应做到彬彬有礼,用语得当,吐字清晰,音量适中,态度和蔼可亲。

(一)接听电话

(1)铃响不过三声。接听电话要及时,应在三声之内接听,以体现酒店的工作效率。

(2)通话语言要规范。先问好,再报单位,再用问询语,如"您好,××酒店,请问我能帮您什么忙吗?"

(3)注意聆听,做好记录。

(4)通话完毕时说"谢谢您的来电,再见",并让对方先挂电话。

(二)拨打电话

(1)择时通话。选择好通话时间,过早、过晚以及三餐时间都不合时宜,打国际电话时,还要考虑到时差。

(2)对方拿起话筒后,先问好,再报单位,再说明打电话的目的。

(3)通话三分钟原则。通话时间要简短,长话短说,主次分明。重要电话通话之前,最好准备一份通话提纲,防止遗漏。

（4）拨错电话要道歉。

四、服务人员服务禁语

服务禁语，是指服务行业中的忌讳之语，是服务人员在服务客人时，不宜使用并努力避免使用的某些语言。

（一）不尊重的语言

在服务过程中，任何对服务对象缺乏尊重的语言，都不得使用。在正常情况下，不尊重的语言多是触犯了服务对象的个人忌讳，尤其是与其身体、健康方面相关的某些忌讳。

（二）不友好的语言

在任何情况下，都不允许服务人员对服务对象使用不够友善甚至满怀敌意的语言。如客人要求服务人员为其提供服务时，服务人员不要以鄙视的语气询问"你买得起吗""这东西你用过吗"。

（三）不耐烦的语言

服务人员在工作岗位上要做好本职工作，提高自己的服务质量，就要在接待服务对象的时候表现出应有的热情与足够的耐心。"我不知道""你问问别人"这类直接拒绝的应答语坚决不能说。

（四）不客气的语言

服务人员在工作过程中，不客气的语言则坚决不能说。绝对不能同服务对象说"管那么多干什么""你问我，我问谁"之类的话。

一种极为有效的拒绝方式

五、服务人员沟通技巧

（一）语言礼貌，平等互敬

在服务中，服务人员应正确使用自谦恭敬的礼貌地语言，尽可能使用谦语和敬语，谈到自己时要谦虚，谈到对方时要尊敬。交谈时，在心理、语调上，都要体现出对客人人格的尊重，不能装腔作势，既要彬彬有礼，又要热情庄重。

（二）用语准确，表达灵活

在措辞上，要针对不同对象、不同性别和年龄、不同场合灵活地使用不同的用语，以利于沟通和理解，从而避免产生矛盾。另外，要注意运用委婉的语言来表达双方都明白但又不便明说的问题。

（三）渗透情感，声音优美

在语言的表达上，服务人员一定要渗透情感，将自己非常乐意为客人服务的意愿渗透在每一句话中，让客人切实感受到你的真情实意。另外，和客人交谈时，语言要标准，语音要正确，嗓音要动听，音量要适度，语速要适中。

（四）表情自然，举止文雅

进行服务时，面部表情要自然，最好的面部表情是微笑，目光柔和，神态专注，并要掌握好介入对方话题的适当时机。

🥚 **任务评价**

📝 **技能考核**

◆1. 礼貌服务用语考核设计

（1）学生自编场景并模拟服务人员对客人的引领服务，注意运用礼貌用语。

（2）将学生分组并进行情境模拟，其他学生找出其不规范之处。

（3）对学生礼貌服务用语的运用进行考核。

在线答题

◆2.礼貌服务用语考核表(100分)

工作案例分析

【案例情境 1】

某酒店两个包房(A、B)内有两批客人在就餐。A 包房的客人就餐接近尾声时,服务人员送上一份果盘称是酒店免费赠送的,恰好被 B 包房的客人看见,并提出要求:希望酒店也免费赠送他们一份。但服务人员拒绝了,称是奉主管之命行事,只给 A 包房客人送。B 包房的客人感到不公平便与服务人员发生了争执。争执中,服务人员说:"不干我的事,你们找错对象了,去找主管吧!"待主管来了后向客人解释说:"按本酒店规定,消费满 300 元方可赠送果盘,而你们只消费了 100 多元,不够条件,因此无能为力!"B 包房的客人拂袖而去,走到邻近的一家酒店用餐,从此再未跨进这家酒店的大门。

案例思考:请你判断并分析以上情境中服务用语的使用是否符合礼仪规范,如果你是服务人员或主管,你会如何解决?

【案例情境 2】

某餐厅的正中间是一张特大的圆桌,从桌上的大红"寿"字和前来的客人可知,这是一次庆祝寿辰的家庭宴会。朝南坐的是位白发苍苍的八旬老人,众人不断站起对他说些祝贺之类的祝福语,可见他就是今晚的寿星。

客人们对今天的菜肴感到很满意,寿星的阵阵笑声也为宴会增添了欢乐、和睦的气氛。一道别具一格的点心上来后,客人们异口同声喊出"好",整个大盆连同点心拼装成象征长寿的仙桃状,为宴会增色不少。不一会儿,吃完点心后,客人还是团团围坐着,笑声、祝酒声汇成了一片。

可是不知为什么,上了这道点心之后,再也不见上菜了。一刻钟过去了,仍不见服务人员上菜。老人的儿子终于按捺不住,站起来朝服务台走去。接待他的是餐厅的领班。他听完客人的询问之后很惊讶,顺嘴说了一句:"你们的菜不是已经上完了吗?"老人的儿子听后,愣愣地看看领班,转身悻悻地走了。

案例思考:服务人员怎样才能在工作中巧妙运用礼貌服务用语?

菜点知识培训

扫码看课件

项目描述

　　菜点知识是学生从事餐饮服务活动中不可缺少的基本知识。通过对中式菜点知识的学习，学生可了解中式菜肴的分类、菜肴的特点、代表菜肴，并体会到中国饮食文化的博大精深，从而增强民族自豪感和提升爱国热情；通过对西式菜肴知识的学习，学生可以了解西方饮食的多样性，从而达到开阔视野、丰富知识的效果，同时能激发其学习的兴趣。本项目通过学习、训练单项基本技能，力求在学习的过程中进行感性认识，在训练的过程中掌握菜肴知识，进一步升华服务意识。

项目目标

　　1.了解中式菜肴的分类；熟悉中式菜肴的特点；掌握八大菜系的组成、口味特点及代表菜；能根据中式菜肴知识，介绍菜肴并且推荐菜肴。
　　2.了解西式菜肴的分类；熟悉西式菜肴的特点；掌握西式菜肴的口味特点及代表菜；能根据西式菜肴知识，介绍菜肴并且推荐菜肴。
　　3.了解中西面点的概念；熟悉中西面点的制作特点；掌握中西面点的典型品种；能根据中西面点知识，为客人推荐点心。
　　4.培养学生良好的职业素养，提升学生知识的积累能力、查阅资料能力和营销能力。

项目内容

```
              菜点知识培训
        ┌────────┼────────┐
   中式菜肴认知  西式菜肴认知  中西面点认知
```

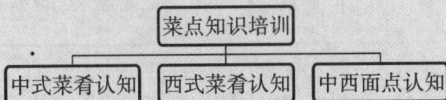

任务一　中式菜肴认知

任务描述

　　中式菜肴以其独特的烹调技艺见长，经过长期的继承发展和开拓创新，融汇了我国灿烂的历史文化，集中了各民族烹调技艺精华，使中式菜肴形成了具有民族风格的特点、不同地域特征的风味流派。通过基础知识的学习和技能的训练,掌握中式菜肴的风味特点和代表菜。

任务目标

了解中式菜肴的分类;知道中式菜肴的常见的烹调方法;熟悉中式菜肴的特点;掌握八大菜系的组成、口味特点及代表菜;能恰到好处地介绍和推荐中式菜肴。

任务实施

民以食为天,饮食是人类生存发展的最基本的条件。中国烹饪文化历史悠久,闻名世界,也是我国民族文化的宝贵遗产,并且在不断发展变化中形成了独特的风格和特色。

一、中式菜肴的分类

中式菜肴一般分为地方菜、民族菜、宫廷菜和素菜四种。

1 地方菜 人们通常把中国菜划分为四大菜系,即黄河流域的山东菜系(鲁菜)、长江上游的四川菜系(川菜)、长江中下游和东南沿海的江苏菜系(苏菜)和珠江流域及南部沿海的广东菜系(粤菜)。在这四大菜系的基础上,又有八大菜系之分,即在四大菜系基础上再加上浙江(浙菜)、安徽(徽菜)、湖南(湘菜)、福建(闽菜)四个菜系,见表 3-1。

表 3-1　八大菜系组成、特点及代表菜

菜系	组　　成	口味特点	代表菜
鲁菜	由齐鲁、胶东、孔府、药膳四种风味组成	鲁菜讲究原料质地优良,以盐提鲜,善烹海味;精于制汤,以汤壮鲜;调味讲求咸鲜纯正,突出本味;火候精湛;注重礼仪	糖醋鲤鱼、九转大肠、汤爆双脆、济南烤鸭等
川菜	①上河帮川菜即以成都、乐山为核心的蓉派川菜;②小河帮川菜即以自贡为中心的盐帮菜,同时包括宜宾菜、泸州菜和内江菜;③下河帮川菜即以重庆江湖菜、万州大碗菜为代表的重庆菜	川菜烹调过程中运用味的主次、浓淡、多寡调配变化,加之选料、切配和烹调得当,获得色香味形俱佳的具有特殊风味的各种美味佳肴。 川菜突出麻、辣、香、鲜、油大、味厚,重用"三椒"(辣椒、花椒、胡椒)和鲜姜;复合味型有 20 多种。 川菜享有"一菜一格,百菜百味"的美誉	水煮肉片、鱼香肉丝、宫保鸡丁、干煸鳝片、麻婆豆腐等
苏菜	由淮扬、金陵、苏南、徐海四种风味组成	用料严谨,注意刀工和火工,强调本味,突出主料,色调淡雅,造型新颖,咸甜适中,口味平和,注重配色,讲究造型,四季有别。在烹调技艺上,多用炖、焖、煨、焐之法。其面点以发酵面点、烫面点和油酥面点取胜	金陵鸭、清炖蟹粉狮子头、大煮干丝、扬州炒饭、文楼汤包等
粤菜	由广州菜(也称广府菜)、潮州菜(也称潮汕菜)、东江菜(也称客家菜)三种地方风味组成	选料精细,配料多而巧,装饰美而艳。口味清而不淡,鲜而不俗,嫩而不生,油而不腻。烹调擅长小炒,要求掌握火候和油温恰到好处。还兼容许多西式菜肴做法,讲究菜的气势、档次	白切鸡、烧鹅、烤乳猪、清蒸石斑鱼、梅菜扣肉、盐焗鸡等

续表

菜系	组　成	口味特点	代　表　菜
浙菜	由杭州菜、宁波菜、绍兴菜、温州菜四种地方风味组成	选料注重主料的时令和品种,配料、调料的选择旨在突出主料、增益鲜香、去除腥腻。菜点形态讲究,精巧细腻,清秀雅丽,具有清鲜、爽嫩、精致、醇和等特点。擅长爆、炒、烩、炸等烹调技法,刀工精细,形状别致。口味注重清鲜脆嫩,保持原料的本色和真味	龙井虾仁、西湖莼菜汤、虾爆鳝背、西湖醋鱼等
徽菜	由皖南菜、皖江菜、合肥菜、淮南菜、皖北菜五种风味组成	徽菜重色、重油、重火功,集中体现于擅长烧、炖、熏、蒸类的功夫菜上,不同菜肴使用不同的控火技术,形成酥、嫩、香、鲜独特风味,其中能体现徽式特色的是滑烧、清炖和生熏法	毛峰熏鲥鱼、火腿炖甲鱼、腌鲜鳜鱼、黄山炖鸽、雪冬烧山鸡等
湘菜	湘江流域以长沙、衡阳、湘潭为中心。 洞庭湖区以常德、岳阳两地为主。 湘西菜由湘西、湘北的民族风味菜组成	重视原料互相搭配,滋味互相渗透。湘菜调味尤重酸辣。口味多变,品种繁多;色泽上油重色浓,讲求实惠;香辣、香鲜、软嫩。相对而言,湘菜的煨功夫更胜一筹,几乎达到炉火纯青的地步。煨,在色泽变化上可分为红煨、白煨,在调味方面有清汤煨、浓汤煨和奶汤煨	东安子鸡、剁椒鱼头、腊味合蒸、浏阳蒸菜、平江火焙鱼、平江酱干等
闽菜	以福州菜为基础,后又融合闽东、闽南、闽西、闽北、莆仙五地风味菜形成	尤以香、味见长,具有清鲜、和醇、荤香、不腻的风格。三大特色,一长于红糟调味,二长于制汤,三长于使用糖醋	炒螺片、佛跳墙、鸡汤汆海蚌、淡糟香螺片、荔枝肉、醉糟鸡、白斩河田鸡、龙凤汤、食抓糍、菊花鱼、双钱蛋茹、茄汁鸡肉、建瓯板鸭等

❷ **民族菜**　民族菜是指具有地方风俗民情特色的菜肴。其特点是用料奇特,山珍野味,技法独特,蕴含浓郁的民族文化和民族风情。大致说,居住在草原的人们从事畜牧业生产,食物以肉类、奶制品为主;云南、贵州、广西等地区,气候温和,土地肥沃,雨量充沛,宜于农耕,居住在那里的众多的民族从事农业生产,食物以粮食为主;高原地区,气候寒冷,无霜期短,适宜种植大麦、青稞、玉米、荞麦、土豆等,居住在那里的民族,就是以这些杂粮为生。

新疆维吾尔族的主要饮食风俗与回族清真风味基本相同,同哈萨克族、乌孜别克族、塔吉克族也相近。牛、羊肉的烹调方法以烧、烤为主,煎、炒次之。

满族饮食经过二百多年的满汉交流,现在与汉族饮食大部分融合。满族八大碗颇有名气,分别是雪菜炒小豆腐、卤虾豆腐蛋、扒猪手、灼田鸡、小鸡珍蘑粉、年猪烩菜、御府椿鱼、阿玛尊肉。朝鲜族喜食辛辣可口的泡菜和狗肉,部分民族菜见图 3-1 至图 3-3。

❸ **宫廷菜**　历代皇帝及其嫔妃所食用的菜肴是由宫廷御膳房专门制作的,具有独特的宫廷风格。宫廷菜早在周朝已形成初步规模,到了清朝宫廷菜在中国历史上达到顶峰。目前,宫廷菜是按照历代皇室御膳资料研制仿效制作,供现代人食用的菜肴。多数菜肴沿用了清朝宫廷的制法和风味

图 3-1　蒙古族烤全羊　　　　　图 3-2　朝鲜族狗肉　　　　　图 3-3　满族八大碗

特点。宫廷菜的主要特点：选料讲究，制作精细；操作严谨，投料规范；讲究本味，菜名朴实；少花式而重食用。

宫廷菜著名代表有北京的仿膳宫廷菜、承德宫廷菜、沈阳的清宫菜。

❹ **素菜**　素菜是以植物类、菌类食物为原料制成的菜肴。中国的素菜历史悠久，它产生于春秋战国时期，主要用于祭祀和重大的典礼。随着佛教的传入，吃素理论逐渐形成，对素菜的发展起到了极大的推动作用。从此，素菜便自成体系，风格别致，成为丰富多彩的中国菜肴和饮食文化的一个重要组成部分。中国素菜有三大流派、两大方向。三大流派是指宫廷素菜、寺院素菜和民间素菜；两大方向是指全素派和以荤托素派。全素派主要以寺院素菜为代表，不用鸡蛋和葱蒜等五荤。以荤托素派主要以民间素菜为代表，不忌五荤和蛋类，甚至用海产品及动物油脂和肉汤等。

二、中式菜肴常见的烹调方法

中式菜肴常见的烹调方法见表 3-2。

表 3-2　中式菜肴常见的烹调方法

名称	烹 调 方 法
爆	爆是用旺火热油对无骨并经刀工成形原料烹调的方法，常用于猪肉、牛肉、羊肉、鸡肉、鱿鱼和墨鱼等原料。常见的有酱爆、葱爆、油爆和汤爆等
炒	炒是最基本的烹调方法，其原料一般是片、丝、丁、条、块，炒时要用旺火，要热锅热油，所用底油多少随原料而定。依照原料、火候、油温高低的不同，可分为生炒、滑炒、熟炒及干炒等
炸	炸是一种旺火、多油、无汁的烹调方法，即将油烧至一定的温度，使经过合理加工的原料在油内上色、成熟
煮	煮和汆相似，但煮比汆的时间长。煮是把主料放于多量的汤汁或清水中，先用大火烧开，再用中火或小火慢慢煮熟的一种烹调方法
蒸	蒸是以水蒸气的热量使食物原料成熟的烹调方法，也可作为保温的方法
熘	熘是用旺火急速烹调的一种方法。一般是先将原料经过油炸或开水汆熟后，另起油锅调制卤汁（卤汁也有不经过油制而以汤汁调制而成的），然后将处理好的原料放入调好的卤汁中搅拌或将卤汁浇淋于处理好的原料表面
烩	烩是将原料在汤中勾芡的一种烹调方法，即荤腥原料都要拌味上浆，用温油滑透，素性原料用开水汆透；熟料则直接下锅烩制即可
烹	烹是把经油炸透的原料，再以适量的调味汁沾匀的烹调方法。根据用油的多少可分为炸烹和煎烹两种
煎	煎是先把锅烧热，用少量的油刷一下锅底，然后把加工成形（一般为扁形）的原料放入锅中，用少量的油煎制成熟的一种烹调方法。一般是先煎一面，再煎另一面，煎时要不停地晃动锅，使原料受热均匀，色泽一致

续表

名称	烹 调 方 法
贴	贴是把几种黏合在一起的原料挂糊之后,下锅只贴一面,使其一面黄脆,而另一面鲜嫩的烹调方法。它与煎的区别在于,贴只煎主料的一面,而煎是两面
烤	烤是利用火或电的热量辐射,使菜肴直接成熟的烹调方法,有明炉烤、挂炉烤、烤箱烤和微波炉烤等
炖	炖是用大火将水或汤烧开,再以小火将成熟加工后的原料烧烂的烹调方法,分直接炖和间接炖两种
扒	扒是指将加工成形(一般应为片状)的原料加调料腌渍后,放在扒炉上加热至规定的成熟度的一种烹调方法。扒的菜肴一般都要经过烧、蒸等方法烹制成熟后再进行扒制。扒类的菜肴有红扒和白扒,特点是质地酥烂和原汁原味
烧	烧是指原料经过води煮或过油初加工,再加汤、调料用大火烧开、小火烧烂使菜肴入味的烹调方法。烧法有红烧、葱烧和清烧等
熏	熏是用烟气使食物受热,并使之带有烟熏香味的烹调方法。熏有锅熏和炉熏两种方法
焖	焖是将锅置于微火上加锅盖把原料焖熟的一种烹调方法。操作过程与烧很相似,但小火加热的时间更长,火力也很小,一般在半小时以上
炝	炝是把切配好的原料,经过水烫或油滑,加上盐、味精、花椒油拌和的一种冷菜烹调方法
腌	腌是冷菜的一种烹调方法,是把原料在调味卤汁中浸渍,或用调味品加以涂抹,使原料中部分水分排出,调料渗入其中,腌的方法很多,常用的有盐腌、糟腌、醉腌
拌	拌也是一种烹调方法,操作时把生料或熟料切成丝、条、片、块等,再加上调味品拌和即成
氽	氽既是对有些烹调原料进行出水处理的方法,也是一种制作菜肴的烹调方法。氽菜的原料多是细小的片、丝、花刀形或丸子,而且成品汤多。氽属旺火速成的烹调方法
卤	卤是把原料洗净后,放入调制好的卤汁中烧煮成熟,让卤汁渗入其中,晾凉后食用的一种冷菜烹调方法
冻	冻是一种利用含有胶原蛋白的动物原材料经过蒸煮之后充分溶解,冷却后结成冻的一种冷菜烹调法
挂霜	挂霜是把糖经过熬制后,再将主要原料放入,离火后在通风处一边吹一边进行翻动,使糖挂在原料上的烹调方法
拔丝	拔丝是把经过炸的食物原料放入炒制过的糖内均匀沾裹,并使之能拉出细丝的烹调方法
蜜汁	蜜汁是把糖溶化后熬成糖汁,然后将主要原料(一般是经蒸制后的原料)放入糖汁中,使之入味的烹调方法,其特点是香甜软糯

三、中式菜肴的特点

中式菜肴烹调技艺在漫长的历史发展过程中,融合了各民族的智慧与文化,使中式菜肴具有了鲜明的民族特点和不同的地域特征,同时也形成了一套完整的中式菜肴。

❶ 选料讲究　中式菜肴在原料的选择上非常精细、讲究,质量上逢季烹鲜,力求鲜活;规格上,不同的菜肴按照不同的要求选用不同的原料,有些菜肴甚至只能选择原料的某一部位或某一地区所产的特定品种的原料,如制作糖醋里脊必须选用里脊肉作为主要原料,用鸡做菜一般要用小嫩鸡,吊汤要用老鸡,盐水鸭(图 3-4)用老鸭滋味好补益性强,烤鸭则用饲养三个多月的幼鸭,肉嫩多脂。川菜中的麻婆豆腐必须用郫县豆瓣作为制作的调料,见图 3-5。

❷ 刀工精湛　刀工是烹调的基本功之一,是菜肴制作的重要技术,它决定着菜肴的定型和造

图 3-4　盐水鸭

图 3-5　麻婆豆腐

型。中式菜肴的刀工非常讲究,在世界上也是绝无仅有的。刀工处理的工具主要是菜刀和砧板,可将原料切成片、丝、条、块、丁、粒等形状,并要求其大小、厚薄、粗细均匀。有些厨师的刀工一流,为达到美化要求,能巧妙地根据原料的质地将其雕镂成各种动物、植物等不同形态,拼成栩栩如生的美丽图案。这样不仅便于烹制和调味,而且又使菜肴外形美观。瓜姜鱼丝和宝塔肉见图 3-6 和图 3-7。

图 3-6　瓜姜鱼丝

图 3-7　宝塔肉

❸ 技法多样　中式菜肴的烹调方法丰富多彩、精细微妙,有多种常用的热菜烹调方法,还有多种常用的冷菜烹调方法(见中式菜肴常见的烹调方法)。每一种烹调方法又可分为若干种形式,如烧包括红烧、葱烧和清烧等。运用不同的烹调方法,能制作出口味不同、形态各异、色彩丰富的菜,如拆烩鱼头和油爆虾见图 3-8 和图 3-9。

图 3-8　拆烩鱼头

图 3-9　油爆虾

❹ 菜品繁多　我国地大物博,幅员辽阔,各地区的地理环境、自然气候以及人民的生活习惯都不尽相同,因此各地区、各民族的饮食风格都各具特色。长期以来,当地人们利用各种丰富的特产,创造出了多种多样的具有地方风味特点和与之相适应的烹调方法,从而形成了不同风味的地方菜。目前我国不同风味流派有几十种,各式风味名菜有几千种,花色品种更在万种以上,是其他国家都不能比拟的,如菌茹汤见图 3-10,海鲜见图 3-11。

❺ 味型丰富　味是菜肴的灵魂。中式菜肴的味型非常多,常用的葱、姜、蒜、醋、料酒、糖、盐以

图 3-10 菌菇汤

图 3-11 海鲜

及各种香料都具有去异增味的作用。除咸、甜、酸、辣、苦、鲜、香、麻等基本口味外,还根据季节的变化和食者的口味的不同,运用多种方法进行调味。中国各地方菜肴都有自己独特而可口的味型,如为人们所喜爱的鱼香、麻辣、糖醋、红油、家常、怪味、蒜香、咸鲜、辣咸、香辣、姜汁、酱香、麻酱、椒麻等,如糖醋排骨见图 3-12,麻辣龙虾见图 3-13。

图 3-12 糖醋排骨

图 3-13 麻辣龙虾

⑥ 注重火候 早在《吕氏春秋·本味篇》中就有记载,火为之纪,时疾时徐。灭腥去臊除膻,必以其胜,无失其理,意思是说要注意掌握和调节加热原料的火候。在烹调时,火力的大小和加热时间的长短是决定菜肴质量的关键。中式菜肴在烹制过程中使用的火力相当讲究:有旺火速成的菜;有用微火长时间煨煮的菜;也有旺火与微火兼用的菜。根据原料性质、菜肴特色不同而使用不同的火候,从而使菜肴达到鲜、嫩、酥、脆、爽、滑、烂、软、糯、浓、弹、韧、硬等不同的口感。

⑦ 讲究盛器 美食和盛器同样重要,好的菜肴配上精美典雅的盛器,能锦上添花。中式菜肴不仅讲究色、香、味、形、质、养,而且对盛装的器皿也特别讲究,注重美食盛器,对于造型各异的菜肴,装在什么样式的器皿里都有严格的要求。中式菜肴盛器品种多样、外形美观、质地精致、色彩鲜艳。如:整禽整鱼宜用腰盘;煎炒爆熘宜用圆碟;汤羹甜菜宜用海碗;精炖焖煨宜陶砂;涮煮羊鱼宜火锅;酱菜醋姜宜白盏;参翅燕鲍宜华皿。圆形器皿见图 3-14,盛鱼器皿见图 3-15。精美的器皿,衬托着色、香、味、形、质俱佳的菜肴,犹如红花绿叶,相得益彰,这种食与器的完美统一,充分体现了我国独特的饮食文化特色。

⑧ 中西交融 中式菜肴不断创新发展,在原料的选择、调料的使用、方法的运用、工艺的革新等方面,也不断借鉴西餐的科学方法。如咖喱粉、吉士粉、番茄酱等西餐的调味品用于中餐,同样中餐的调味品也用于西餐烹调技法中,在中西交融方面上海、广东的餐饮企业在保持民族特色的基础上做得比较好。随着中国加入了世界贸易组织,中式菜肴已走向世界,在中西交融的过程中向着标准化、科学化的方向发展。常见的中西交融菜肴有铁板烧羊肉(图 3-16),鸵鸟肉(图 3-17)等。

火候

火候的分类

中国饮食餐桌礼仪

41

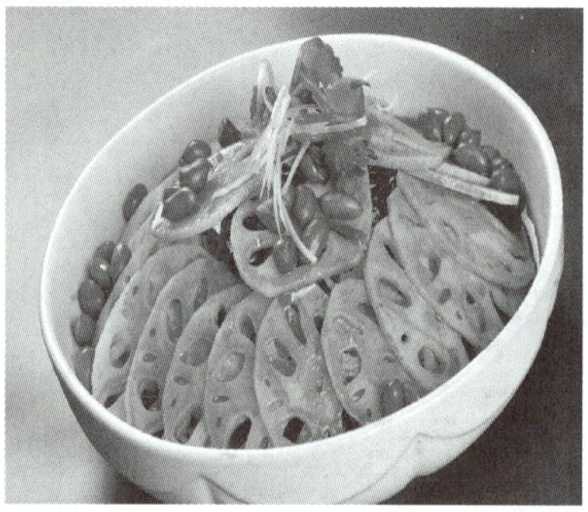

图 3-14　圆形器皿

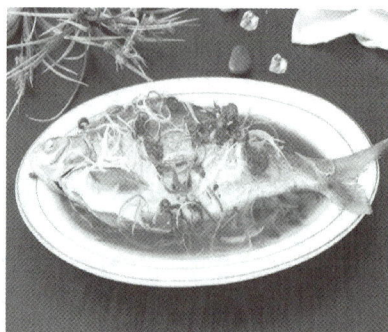

图 3-15　盛鱼器皿

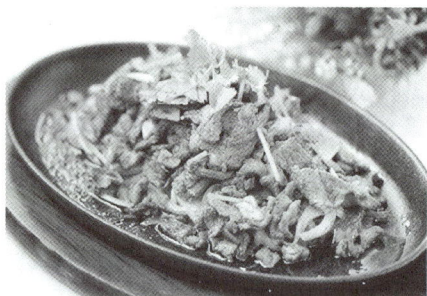

图 3-16　铁板烧羊肉

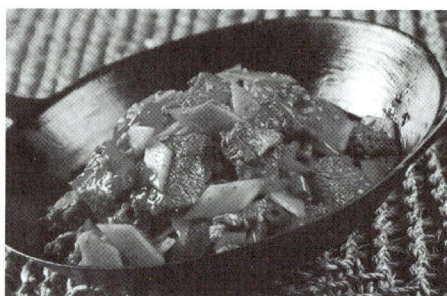

图 3-17　鸵鸟肉

任务评价

技能考核

在线答题

◆1. 中式菜肴知识运用技能设计

设计一组与宴会主题一致的特色菜肴，突出宴席主题烘托气氛，菜肴品种不少于 8 种。并对菜肴选择进行解说。

◆2. 中式菜肴知识运用技能考核表(100 分)

中式菜肴知识运用技能考核表

工作案例分析

【案例情境】

张先生带着自己的岳父岳母到一家五星级酒店去用餐，本来他想请岳父岳母吃海鲜，可却遭到了他们的强烈反对，两位老人提议去吃素菜，张先生为了尊重老人答应了，但他一直认为素菜很便宜，不能体现出自己请客的诚意。可当结账时看见账单，他不禁提出质疑：我们吃的不就是素菜吗？怎么会这么贵？

案例点评

案例思考：1. 作为服务人员该怎么向客人解释？

2. 服务人员还应当掌握哪些关于菜品的知识？

任务二　西式菜肴认知

任务描述

西式菜肴也可以称为西餐，具体有西式菜肴之首的法式菜、简洁与礼仪并重的英式菜、营养快捷的美式菜、被称为西式菜肴始祖的意式菜、经典的俄式菜和以啤酒、自助为主的德式菜等西方国家的菜肴。通过基础知识的学习和技能的训练，掌握西式菜肴的口味特点和代表菜。

任务目标

了解西式菜肴的分类；知道西式菜肴常见的烹调方法；熟悉西式菜肴的特点；掌握西式菜肴的口味特点及代表菜；能恰到好处地介绍和推荐西式菜肴。

任务实施

一、西式菜肴的分类

西式菜肴的主要特点是主料突出、形色美观、口味鲜美、营养丰富、供应方便等。正规西餐应包括餐汤、前菜、主菜、餐后甜品及饮品。西式菜肴主要分为法式、英式、意式、美式、俄式、德式等。

❶ 法式菜 法式菜名列世界西餐之首，其选料广泛，加工精细，烹饪考究，滋味有浓有淡，花色品种多。法式菜重视调味，调味品种类多样。法式菜常用酒来调味，什么样的菜选用什么样的酒都有严格的规定，如清汤用葡萄酒，海味品用白兰地酒，甜品用各式甜酒或白兰地等。法国人十分喜爱吃奶酪、水果和各种新鲜蔬菜。因此，法国菜和奶酪品种多样。

代表菜有：马赛鱼羹、鹅肝排（图 3-18）、焗蜗牛（图 3-19）、巴黎龙虾（图 3-20）、红酒山鸡、沙福罗鸡、鸡肝牛排、鹅肝酱、牡蛎杯等。

图 3-18　鹅肝排　　　　　　图 3-19　焗蜗牛　　　　　　图 3-20　巴黎龙虾

❷ 英式菜 英国是个很注重礼仪的国家，同样，对于用餐来说，更注重简洁与礼仪。

英式菜讲究花色，菜量要求少而精，注重营养搭配，少油、鲜嫩焦香是其显著特色。烹调讲究鲜嫩，口味清淡，选料注重海鲜及各式蔬菜。一般餐台上放置的调味品有胡椒粉、芥末粉、盐、醋、番茄沙司、辣酱油等，由客人根据爱好自己动手调味。英国人最喜爱的烹调方法是煮、烤、煎、铁扒，煮与铁扒更为普遍。对于牛肉，英国人喜用大块烹制，面包切片或切块食用，英国人擅长于切肉的技术。

代表菜：冬至布丁（图 3-21）、鸡丁沙拉（图 3-22）、烤大虾、薯烩羊肉、烤羊马鞍、明治牛排等，还有世界著名的炸薯条（图 3-23）。

图 3-21　冬至布丁　　　　　　图 3-22　鸡丁沙拉　　　　　　图 3-23　炸薯条

❸ 意式菜 意式菜讲究原汁原味，以味浓著称。烹调注重炸、熏等，以炒、煎、炸、烩等方法见长。意大利人爱吃甜酸味，不爱油腻，不食动物内脏、肥肉和软体动物。

用面做菜是意大利餐饮的一大特色。意大利面做工精细品种多，闻名于世。在制作时，有的面中加入菠菜、胡萝卜、鸡蛋等而呈现各种颜色，同时制成各种形状，如弯的、粗的、细的、直的实心面

世界三大烹饪王国

43

条、通心面条等。意大利人还喜食意式馄饨、意式饺子等。新鲜水果是每餐后必吃的辅助食品。

代表菜:意大利面(图3-24)、通心粉素菜汤(图3-25)、焗馄饨、奶酪焗通心粉、肉末通心粉、比萨饼(图3-26)、米兰猪排、意大连大利牛腱子饭、罗马魔鬼鸡、佛罗伦萨烤牛排等。

图 3-24　意大利面

图 3-25　通心粉素菜汤

图 3-26　比萨饼

❹ 美式菜　美式菜是在英式菜的基础上发展起来的,继承了英式菜简单、清淡的特点,口味咸中带甜。美国人一般对辣味不感兴趣,喜欢铁扒类的菜肴,常用水果作为配料与菜肴一起烹制,如菠萝焗火腿、苹果烤鸭等。美国人的饮食习惯是一日三餐,喜欢吃各种新鲜蔬菜和各式水果,讲究吃得科学、营养,追求效率和方便,一般不在食物精美细致上下功夫。

代表菜:烤火鸡(图3-27)、橘子烧野鸭、美式牛扒(图3-28)、苹果沙拉(图3-29)、糖酱煎饼等。各种派是美式食品的主打菜品。

图 3-27　烤火鸡

图 3-28　美式牛扒

图 3-29　苹果沙拉

❺ 俄式菜　俄式菜的特点为选料广泛、讲究制作、加工精细、因料施技、讲究色泽和味道多样、适应性强、油大、味重。俄罗斯人喜欢酸、甜、辣、咸的菜,因此在烹调中多用酸奶油、奶渣、柠檬、辣椒、酸黄瓜、洋葱、白塔油、小茴香、香叶作调料。俄式菜中的肉类,一般都要抹上一些酸奶油,再进行烤制。酸黄瓜、奶渣是常用的菜品,酸黄瓜可用作配菜,也可以用作冷菜。黄油在俄式菜中用得较多,许多菜在烹制完成后,浇上一些黄油,所以味道比较浓郁。鱼子酱是俄式菜的名贵冷菜,黑鱼子酱比红鱼子酱更名贵。俄国人喜食热食,爱吃鱼肉、肉末、鸡蛋和蔬菜制成的小包子和肉饼等,各式小吃颇有盛名。

代表菜:什锦冷盘、罗宋汤(图3-30)、鱼子酱(图3-31)、酸黄瓜(图3-32)、冷苹果汤、鱼肉包子、黄油鸡卷等。

图 3-30　罗宋汤

图 3-31　鱼子酱

图 3-32　酸黄瓜

❻ 德式菜　德国人对饮食并不讲究,只求实惠营养,因此,首先发明自助快餐。德国人喜欢吃水果、奶酪、香肠、酸菜、土豆等。德式菜在口味上较重,以酸、咸口味为主,喜欢生食海鲜,调味较为浓重。材料上较偏好猪肉、牛肉、肝脏类、香料、鱼类、家禽及蔬菜等。调味品方面使用大量芥末、白酒、牛油等。德式菜烹调方法以烤、焖、串烧、烩为主。

代表菜:德式扁豆汤(图3-33)、德式生鱼片、德式烤杂肉、德式肉肠(图3-34)、德式苹果酥、煎甜饼、蔬菜沙拉、鲜蘑汤、焗鱼排(图3-35)等。

图 3-33　德式扁豆汤

图 3-34　德式肉肠

图 3-35　焗鱼排

吃西餐的步骤

二、西式菜肴常见的烹调方法

西式菜肴常见的烹调方法见表3-3。

表 3-3　西式菜肴常见的烹调方法

名称	英文全称	烹 调 方 法	典 型 代 表
煎	fried	煎是西餐中使用较为广泛的烹调方法之一,它是指原料加工成形后加调料使之入味,在平底锅或扒板上加入少量油温较高的油,加热成熟的一种烹调方法。煎可以分为清煎、软煎等	如葡式煎鱼、煎小牛肉、意式煎猪排等
炸	deep fried	炸是指将原料加工成形后调味,对原料进行挂糊后投入油量多、油温高的油锅中加热成熟的一种烹调方法。炸可分为清炸、面包糠炸、面糊炸等	如炸鱼条、炸鸡腿、炸黄油鸡卷等
炒	saute	炒是指将加工成丝、丁、片等原料投入油量少的油锅中急速翻炒,使原料在较短时间成熟的一种烹调方法。在炒的过程中一般不加汤汁,所以炒制的菜肴具有脆嫩鲜香的特点	如俄式牛肉丝、炒猪肉丝等
煮	boil	煮是指将原料放入能充分浸没原料的清水或清汤中旺火烧沸,改用中小火煮熟原料的一种方法。煮制菜肴具有清淡爽口的特点,同时也保留了原料本身的鲜味和营养	如煮鸡蛋、煮牛肉蔬菜等
焖	braise	焖是指将原料初加工(一般为过油或着色)后放入焖锅,加入少量沸水或浓汤(一般浸没原料的1/2或2/3)用微火长时间加热使原料成熟的烹调方法。焖制成熟的菜肴所剩汤汁较少,所以具有酥软香嫩、滋味醇厚的特点	如焖羊肉、意式焖牛肉、乡村式焖松鸡、苹果焖猪排等
烩	braise	烩是指将原料经过初加工(过油或腌制)后加入浓汤汁和调味料,先用大火,后用小火使原料成熟的烹调方法。烩制菜肴用料广泛(肉、海鲜、蔬菜等),具有口味浓郁、色泽鲜亮的特点	如香橙烩鸭胸、烩牛舌等
烤	roast	烤是指将原料初加工成形后,加调料腌制使之入味后放入烤炉或烤箱,加热至规定火候且上色的一种烹调方法。烤制菜肴丧失水分较多,对营养成分有较大的破坏。但火力均匀,菜肴有一定的特殊风味	如烤火鸡、烤牛外脊、比萨饼等

Note

续表

名称	英文全称	烹调方法	典型代表
焗	bake	焗是指将各种经过初加工成熟的原料放入耐热容器内，加调味沙司后放入烤箱或焗炉加热的一种烹调方法。焗制菜肴因其带有沙司所以具有质地鲜嫩、口味浓郁的特点	如焗小牛肉卷、焗羊排、丁香焗火腿等
扒	grill	扒是指将加工成形（一般为片状）的原料加调料腌制后放入扒炉上加热至规定的成熟度的一种方法。扒制菜肴宜选用质地鲜嫩的原料，具有香味明显、汁多鲜嫩的特点	如铁扒里脊、铁扒比目鱼等
串烧	broil	串烧是指将加工成片、块、段状的原料加调料腌制入味后，用钎子串起来放在烧烤炉上直接把原料烤炙成熟的一种方法。串烧类菜肴具有外焦里嫩、色泽红褐、香味独特的特点	如羊肉串、杂肉串、海鲜串等

三、西式菜肴的特点

西方各国的餐饮文化都有各自的特点，各个国家的菜式也都不尽相同，具体特点如下。

1 选料讲究　西式菜肴取材丰富，有肉类、水产类、家禽类、果蔬类、乳品类、谷类等多种类型，西式菜肴在原料和规格上都有严格要求，如牛肉要用黄牛、仔牛和乳牛除去骨无脂肪的瘦肉。仅肉类就可划分特级、一级、优良标准级、普通级和经济级，因此西式菜肴的选料以讲究著称。

2 营养丰富　饮食服务首要的职责就是提供美味、卫生、富有营养的膳食，而满足最低营养需求的膳食应得到最优先的考虑。因此，西餐注重考虑膳食中营养素的含量及营养价值，如蔬菜一般以生食为主，维生素C的摄入量可大大提高；肉类一般以动物内脏为主，强调了钙、磷、钾、锌等微量元素的摄入。

3 调料多样　西式菜肴所用调料、香料品种繁多且十分考究，除常用的盐、胡椒、酱油、番茄酱、芥末、咖喱汁等外，还在菜肴中加入香料，如桂皮、丁香、茴香、薄荷叶等。另外，烹制菜肴时，也可用酒类作为调料，法式菜肴尤为突出。常用的酒类有白兰地，红、白葡萄酒，朗姆酒，甜食酒等。奶制品中黄油、奶油、奶酪等也是不可少的调料。

4 工艺精细　西式菜肴大都以份为单位，习惯于单份操作，如煎牛排，限量煎制，现吃现煎，这样煎制的菜肴才能保持质嫩色佳，味道鲜美。制作工艺也较复杂细致，如一份普通的炸猪排，需要剔筋、去肥、切块、拍松、点剁、下味、拍粉、拖蛋、裹皮、油炸等多道工序才能制作完成。

5 火候讲究　欧美人对肉类菜肴（特别是牛肉、羊肉）的老嫩程度很讲究。服务人员在接受点菜时，必须问清客人的需求，厨师按客人要求烹制。牛、羊肉一般有五种火候（表3-4），肉的老嫩程度见图3-36。

表3-4　牛、羊肉五种火候

名称	英文	缩写	成　熟　度
一分熟	rare	R	肉的表面焦黄，中间为红色生肉，装盘后血水渗出
三分熟	medium rare	M.R	肉的表面焦黄，外层呈粉红色，中心为红色，装盘不见血，但切开断面有血流下

续表

名称	英文	缩写	成　熟　度
五分熟	medium	M	肉的表面呈褐色,中间为粉红色,切开不见血
七分熟	medium well	M. W	肉表面呈深褐色,中间为茶色,略见粉红色
全熟	well done	W. D	表面焦煳,中间全部为茶色

一分熟（生）：时间小于4 min

三分熟（中生）：6～8 min

五分熟（稍熟）：8～10 min

七分熟（中熟）：10～12 min

全熟：12～15 min

图 3-36　肉的老嫩程度

任务评价

技能考核

◆1.西式菜肴知识运用技能考核设计

设计一组与主题宴会一致的西式菜肴,突出宴席主题并烘托气氛,菜肴品种不少于 4 种。并对菜肴选择进行解说。

◆2.西式菜肴知识运用技能考核表(100 分)

工作案例分析

【案例情境】

小王在西餐厅实习,五位外地客人想品尝一下当地最有特色的俄式菜。客人就座后,小王勤快地将菜单递给客人,客人便点了罗宋汤、鱼子酱、酸黄瓜、冷苹果汤、鱼肉包子。其中的一位客人之前没有吃过俄式菜,很想知道俄式菜具体的做法,便询问小王。虽然小王在此工作,但是他也不知道菜的做法。小王的脸红了,支支吾吾说不出什么。此时场面很尴尬,恰好一位公司的老员工经过这里,向客人介绍了菜品的做法,这才缓解了尴尬的场面。

案例思考:1.小王的哪些做法值得我们学习? 哪些值得我们反思?

2.你认为做好服务工作应当掌握哪些技能和知识?

任务三　中西面点认知

任务描述

面点是餐饮业的一个重要组成部分,主要分为中式面点和西式面点,包括的内容极其广泛,产品

在线答题

西式菜肴知识运用技能考核表

案例点评

既可以作为正餐的主食、下午茶点,也可以做宴席上的配套点心供客人食用。掌握中西面点知识的餐饮服务人员在客人点餐时,能够根据客人实际需要介绍相应品种,满足客人需求,同时热情周到的服务,也会使客人感到自己受到重视。通过基础知识的学习和技能的训练,掌握中西面点的基础知识,不同品种的特点与用途,合理搭配和推荐面点品种。

任务目标

了解中西面点的概念及中西面点在餐饮业中的地位和作用;熟悉中西面点的分类与制作特点;掌握中式面点风味流派的特点和典型品种;能根据观察来判断客人的点餐要求并正确选择面点品种。

任务实施

一、中西面点的概念

中西面点分为中式面点和西式面点。从广义上讲,泛指用各种粮食(米、麦、杂粮及其粉料)为原料,以油、糖和蛋等为辅料,以蔬菜、肉、水产品、水果等为馅料(有的不配馅料)制作的各种主食、小吃和点心;从狭义上讲,特指利用面粉、米粉及其他杂粮粉料调成面团制作的面食小吃和正餐宴席的各式点心。

二、中西面点的地位和作用

面点制作与菜肴烹调两者之间是密切关联、互相配合、不可分割的。二者相互配合,形成餐饮业的一个整体。许多品种是菜中有点,点中有菜,菜点融为一体,体现了独特的风味特色。

相对于菜肴制作,面点制作具有相对的独立性,它可以离开菜肴烹调而单独经营。如西点屋、包子店、饺子店。经营小食品的早点、夜宵、点心铺等。

面点制品加工原料来源广泛,不但能够提供人类所需的七大类营养物质,还是人类活动所需能量的主要来源。发酵面团制品,如面包、馒头、花卷等因制作中加入了酵母,营养物质更易被吸收,适合老年人、儿童等消化功能较弱的人食用。

面点品种丰富、造型美观、富有艺术性,是人们访亲探友、礼尚往来的方便礼品。面点在各种节日中还能作为表达心意、联络感情的极好礼品。如正月十五的元宵、端午节的粽子、中秋节的月饼、复活节的蛋糕和圣诞节的姜饼等。

除了节日,许多人在婚礼、生日等喜庆的日子,也会用蛋糕来庆祝。

三、中西面点的分类

中西面点包含中式面点和西式面点,大都用各类粮食、豆类、水果、鱼虾及根茎菜类为原料,是配以各种馅料的主食、小吃和点心。

(一)中式面点分类

中式面点按原料可分为麦类制品,米类、米粉类制品和其他制品;按烹调方法可分为蒸、煮、煎、烙、炸、烤以及复合熟制制品等;按形态可分为饭、粥、糕、饼、团、粉、条、块、卷、包、饺以及羹、冻等;按面团性质可分为水调面团制品、膨松面团制品、油酥面团制品、米粉面团制品和其他面团制品;按口味可分为甜味、咸味和复合味等。

1 麦类制品 麦类制品指主要用小麦作为原料做成的面点。

(1)水调面团制品:指面粉与水(有的品种加入少量添加料,如盐、碱、蛋等)调制成面坯,成形、熟制而成的制品。水调面团制品主要有面条、饼、饺子、烧卖、春卷等。

左侧栏:
"点心"的由来

常见水调面团制品见图 3-37 至图 3-39。

图 3-37　水饺

图 3-38　土豆饼

图 3-39　四喜蒸饺

（2）发酵面团制品：指在面粉与水中掺入酵种或者酵母，经调制成面坯，发酵、成形和熟制而成的制品。发酵面团制品主要有馒头、花卷、包子、烧饼等。

常见发酵面团制品见图 3-40 至图 3-42。

图 3-40　包子

图 3-41　香菇包

图 3-42　麻花

（3）膨松面团制品：指使用大量蛋品，经搅打起泡后，加入面粉等原料制成面糊状，再经成形、熟制而成的制品。膨松面团制品主要有蛋糕等。

常见膨松面团制品见图 3-43 至图 3-45。

图 3-43　蒸蛋糕

图 3-44　槽子糕

图 3-45　红枣糕

（4）油酥面团制品：指以面粉、油和糖等为主要原料，加入化学膨松剂（有的品种不加入化学膨松剂），经调制成面坯，成形、熟制而成的制品。是否加蛋品、奶品，依品种而定。油酥面团制品有京八件、莲蓉蛋黄甘露酥、老婆饼、核桃酥、月饼等。

常见油酥面团制品见图 3-46 至图 3-51。

图 3-46　菊花酥

图 3-47　白皮酥

图 3-48　荷花酥

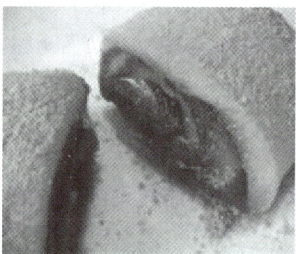

图 3-49　核桃酥

图 3-50　浆皮月饼

图 3-51　桃酥

②米类、米粉类制品　米类、米粉类制品是指在米或米粉中掺入水及其他调辅料进行调制,再经成形、熟制而成的再制品。

常见米类、米粉类制品见图 3-52 至图 3-54。

图 3-52　驴打滚

图 3-53　米糕

图 3-54　汤圆

③其他制品

(1)澄粉制品:指以特殊加工的澄粉(纯淀粉)加水调制,再经成形、熟制而成的制品。澄粉制品有虾饺等。

(2)杂粮豆薯类制品:指将杂粮或豆薯类磨成粉,经调制、成形、熟制而成的制品。是否掺入面粉、米粉、油、糖等,依品种而定。杂粮豆薯类制品有小窝头、绿豆糕、豌豆黄等。

(3)果菜类制品:以根茎类的蔬菜和水果为主要原料而制成的面点制品,果菜类制品有莲蓉点心等。

常见其他制品见图 3-55 至图 3-57。

图 3-55　虾饺

图 3-56　菜团子

图 3-57　蔬菜饼

(二)西式面点分类

西式面点(简称西点)按点心温度可分为常温点心、冷点心和热点心;按用途可分为零售类点心、宴会点心、酒会点心、自助餐点心和茶点等;按口味可分为甜点和咸点等;按制品加工工艺及坯料性质分类,可分为蛋糕类、混酥类、起酥类、面包类、泡芙类、饼干类、冷冻甜食类等。

①蛋糕类　蛋糕类包括清蛋糕、油蛋糕、艺术蛋糕和风味蛋糕等。它们是以鸡蛋、糖、油、面粉

等为主要原料,以水果、奶酪、巧克力、果仁等为辅料,经一系列加工而制成的松软点心。

常见蛋糕类制品见图 3-58 至图 3-60。

图 3-58　生日蛋糕

图 3-59　巧克力杯子蛋糕

图 3-60　抹茶蛋糕

❷ **混酥类**　混酥类是在用黄油、面粉、白糖、鸡蛋等主要原料(有的需加入适量添加剂)调制成面坯的基础上,经擀制、成形、成熟、装饰等工艺而制成的一类酥而无层的点心,如各式派、塔、干点心等。此类点心的面坯有甜味和咸味之分,是西点中常用的基础面坯。

常见混酥类制品见图 3-61 至图 3-63。

图 3-61　苹果派

图 3-62　棋格饼干

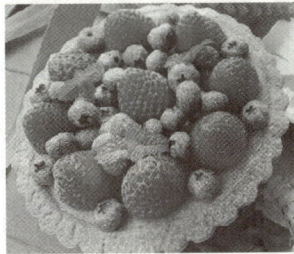
图 3-63　水果塔

❸ **起酥类**　起酥类是在用水调面坯、油面坯互为表里,经反复擀叠、冷冻形成新面坯的基础上,加工而成的一类层次清晰、松酥的点心。此类点心有甜咸之分,是西点中常见的一类点心。

常见起酥类制品见图 3-64 至图 3-66。

图 3-64　蛋挞

图 3-65　拿破仑

图 3-66　蝴蝶酥

❹ **面包类**　面包类是以面粉、酵母、盐和水等为基本原料,添加各种辅料,经加工、发酵制成的组织松软、富有弹性的制品,如法式长棍面包、吐司面包、全麦面包等。大型酒店有专门的面包房生产餐厅需要的以咸甜口味为主的面包,包括硬质面包、软质面包、松质面包、脆皮面包,这些面包主要作为早餐主食和正餐副食。

常见面包类制品见图 3-67 至图 3-69。

❺ **泡芙类**　泡芙又叫哈斗、气鼓。泡芙类制品是将黄油、水或牛奶煮沸后,烫制面粉,搅入鸡蛋制作成面糊,再通过挤注成形、烤制或炸制而成的制品,泡芙类制品口感酥脆,挤入馅心后食用。

图 3-67　全麦面包

图 3-68　吐司面包

图 3-69　法式长棍面包

常见泡芙类制品见图 3-70 至图 3-72。

图 3-70　闪电泡芙

图 3-71　天鹅泡芙

图 3-72　奶油泡芙

⑥ 饼干类　饼干又称干点、小西饼，饼干有甜咸两类，重量轻、体积小，食用时以一口一块为宜，适用于酒会、茶点或餐后食用。饼干的类型主要有蛋白类饼干、甜酥类饼干等。

常见饼干类制品见图 3-73 至图 3-75。

图 3-73　曲奇

图 3-74　华夫饼

图 3-75　苏打饼干

⑦ 冷冻甜食类　冷冻甜食以糖、牛奶、奶油、鸡蛋、水果、面粉为原料，经搅拌冷冻或蒸、烤或蒸烤结合制出的食品。它的品种繁多，口味独特，造型各异，包括各种果冻、慕斯、布丁、冰激凌、冻蛋糕等。冷冻甜食以甜为主，口味清香爽口，适用于午餐、晚餐的餐后甜食或非用餐时食用。

常见冷冻甜食类制品见图 3-76 至图 3-78。

图 3-76　白巧克力慕斯

图 3-77　焦糖布丁

图 3-78　提拉米苏

面包的前世今生

四、中西面点的制作特点

由于中西面点在制作方式、取材用料等方面不同，导致其也有各自的制作特点。

（一）中式面点的制作特点

❶ 选料广泛，品种繁多　我国幅员辽阔，各地气候环境不一，可做面点的原料极为广泛，如兰州拉面宜选用高筋面粉，宁波汤圆宜选用质地细腻的水磨糯米粉。

我国的面点随着季节的变化和民俗的不同而不断变化，如春节的水饺、端午节的粽子、中秋节的月饼，维吾尔族的馕、朝鲜族的打糕、满族的沙琪玛等。

❷ 讲究馅心，注重口味　中式面点馅心种类丰富，口味多样，所用的主料、配料一般都应选择最佳的品质。制作时，注意调味、成形、成熟的要求，考虑成品在色、香、味、形、质各方面的配合。如制鸡肉馅选鸡脯肉，制虾仁馅选对虾，制作牛肉馅宜取用鲜嫩而无筋的牛肉等；根据成形和成熟的要求，常将原料加工成丁、粒等形状，以利于包捏成形和成熟。

由于各地不同的饮食生活习惯，中式面点更加注重口味。在口味上，我国自古就有南甜、北咸、东辣、西酸之说。因而在中式面点（简称中点）馅心上体现出来的地方风味特色就显得特别浓郁。如广式的蚝油叉烧包、天津狗不理包子、苏式的淮安汤包等驰名中外的中华名点，均是以特色馅心而著称的。

❸ 成形、成熟方法多样，造型美观　中式面点花样繁多，造型美观与面点制作技法多样性是分不开的，大致有包、捏、卷、按、擀、叠、切、摊、剪、搓、抻、削、拨、钳花、镶嵌、挤注等。通过各种技法，又可形成各种各样的形态。通过形态的变化，不仅丰富了面点的花色品种，而且充分体现了面点的特色。如各种象形点心就是通过多种成形技法，再加上色彩的配置，捏塑成蔬菜、水果、动物等。

多数中式面点制作的最后一道工序是成熟，也是十分关键的一道工序。主要的成熟方法有蒸、煮、烙、烤、煎、炸、炒和复合成熟法等。

（二）西式面点的制作特点

西式面点用料讲究、品种繁多、风味各异、造型美观，在各种宴席、酒会中起着举足轻重的作用。

❶ 用料讲究，营养丰富　在西式面点制作中，不同品种其选用的皮坯、馅料、装饰等原料都有各自的选料标准，各种原料之间都有恰当的比例，而且大多数原料要求称量准确。

西式面点多以乳品、蛋品、糖类、油脂、面粉、干鲜水果等为常用原料，其中蛋、糖、油脂的比例较大，而且配料中干鲜水果、果仁、巧克力等用量大，这些原料含有丰富的蛋白质、脂肪、糖、维生素等营养成分，它们是人体健康必不可少的营养素，因此西点具有较高的营养价值。

❷ 工艺性强，造型美观　西式面点制作工艺严格、技法多，主要有捏、揉、搓、切、割、抹、擀、卷、编、挂等，成品规则，容易批量化生产，注重食品安全等特点。西式面点成品造型讲究点缀、装饰，能给人以美的享受。

❸ 风味突出，口感多样　西式面点不仅营养丰富，造型美观，而且还具有品种变化多、应用范围广、口味清香、口感甜咸酥松等特点。

西式面点制品通常所用的主料有面粉、乳制品、巧克力和水果等，这些主料具有独特的风味。

五、中西面点在宴席中的搭配原则

宴席面点的配备是指在宴席中宴席面点与宴席菜肴相配合，它的配备要适应宴席菜肴的特点，从整体着手，考虑宴席面点在整桌宴席中的均衡性、协调件与多样性。宴席面点的合理搭配能烘托出宴席的最佳效果。为此，在配备宴席面点时应根据宾客的特点配备面点。

Note

在配备宴席面点时,应首先通过调查,了解宾客的国籍、民族、宗教、职业、年龄、性别及嗜好忌讳,并据此确定品种。

① 根据国内宾客的饮食习惯　在我国素有"南甜北咸,东辣西酸"及"南米北面"的说法。南方地区一般以大米为主食,喜食米类制品,诸如米团子、米糕、米饼、米饭等。面点制品精巧、口味清淡,以甜为主。北方地区一般以面粉为主食,诸如馒头、饺子、面条等,喜食油重、色浓、味咸和酥烂的面食,口味浓醇,以咸为主。我国各民族的生活习惯、饮食特点各不相同,对主食面点也有着特殊的要求,如回族人民制作面点的馅心以牛、羊肉为主;藏族人民以糌粑为主食。

② 根据国际宾客的饮食习惯　法国人喜吃酥食点心;瑞典人喜食各种甜点心;英国人早餐以面包为主,辅以火腿、香肠、黄油、果汁及玉米饼,午饭吃沙拉、糕点、三明治等,晚饭以菜肴为主,主食吃得很少;美国人喜食烤面包、荞麦饼、水果蛋糕、冻甜点心等;意大利人喜食面食,如通心粉,并且面条的吃法也比较独特;土耳其人喜欢吃米饭,但不是作主食,而是撒上羊肉汤当菜吃;俄罗斯人主食为面包;德国人喜食甜点心,尤其是用巧克力酱调制的点心;日本人喜食米饭;泰国人主食为稻米,喜食咖喱饭;印度人喜食米饭及黄油烙饼等点心;朝鲜人的主食为米饭,也喜吃冷面、打糕等。

③ 根据宴会的主题配备面点　宴席中的面点首先要选择与主题一致的特色面点,突出宴席主题并且烘托气氛,如婚宴、寿宴、庆功宴、学子宴等。如:在婚宴上,配上鸳鸯饺、百合酥、婚礼蛋糕等;在寿宴上,配上寿桃、蛋糕、长寿面等。这样均能在整个宴席中起到画龙点睛的作用,使客人在生理上和心理上得到更大的满足,将宴席的热烈气氛进一步推向高潮。

④ 根据宴席的规格档次配备面点　宴席的规格有高档、中档、普通三种档次之分,因此,宴席面点的配备也有三档之别。高档宴席一般配备面点(简称配点)六道,其用料精良、制作精细、造型别致、风味独特。中档宴席一般配点四道,其用料高级、口味纯正、造型精巧、制作恰当。普通宴席配点二道,其用料普通、制作一般、造型简单。面点只有适应宴席的档次,才能使席面上菜肴质量与面点质量相匹配,达到整体协调一致的效果。

⑤ 根据季节配备面点　春夏秋冬,四季有别,宴席也有春席、夏筵、秋宴、冬饮之别。根据人们的饮食习惯,一般有"冬厚、夏薄、春酸、夏苦、秋辣、冬咸"的特点,在宴席面点的口味上应尽量突出季节的特点。春季配点时可配春卷、荠菜包子、春饼等;秋季可配备蟹黄灌汤包、菊花酥饼、炸酥饺、三鲜蒸饺等;冬季可配八宝饭、萝卜丝饼、雪花酥等;夏季可配杏仁豆腐、豌豆黄、荷叶卷等。不同季节在烹调方法上也有一定区别。如春夏季多以蒸、煮制品为主,秋冬季以蒸、煮、煎、炸、烤为主。

⑥ 根据地方风味特色配备面点　由于我国幅员广阔,各地气候、物产、人民生活习惯的不同,面点制作在选料、口味、制法上形成了不同的风格和浓郁的地方风味特色。宴席配点时,首先要利用本地的名优特产、风味名点、本店的招牌面点以及各个面点师的拿手面点来发挥优势。其次,根据地方食俗,采用本地原料和时令原料,运用独特的制作工艺来展示浓郁的地方特色,使整个宴席内容更加丰富,独具匠心。具有鲜明地方特色的面点制品只要稍加点缀就会成为很有代表性的宴席面点。

⑦ 根据面点的特色配备面点　面点的特色主要指面点的色、香、味、形、器、质、养几个方面。在与菜肴搭配时,应以菜肴的色为主,以面点的色烘托菜肴的色,或顺其色或衬其色,使整桌宴席菜点呈现统一和谐的风格。面点的香要能衬托相应菜肴的香。面点的味一般主要突出咸味和甜味这两大类,咸味菜肴配咸面点,甜味菜肴配甜面点。面点的形要真、态要活,突出宴席的主题,丰富宴席的内容,宴席配点要注重面点的形态特色。面点容器的选择要符合面点色彩与造型特点。面点的质感要多样,给人们带来美的享受。除了以上因素,面点的配备还应考虑与整桌宴席的营养搭配。

六、中式面点的风味流派

由于我国历史悠久、地域广阔、资源丰富、地理环境和气候各异、民俗习惯的不同、人文特点的不

立春为什么
要吃春饼

同,中式面点形成了京式面点、苏式面点、广式面点、川式面点四大风味流派。

（一）京式面点

京式面点,泛指黄河以北的大部分地区(包括华北、东北等)制作的面点。以北京为代表,故称京式面点。京式面点的特色主要有以下几点。

1 用料广泛,面粉为主　京式面点用料很广,主料就有麦、米、豆、粟、黍、蛋、果、蔬、薯等。豆类经常使用的有黄豆、绿豆、赤豆、芸豆、豌豆等。加上配料、调料,其用料有上百种之多。由于北方盛产小麦,因而用料以面粉居多。

2 品种众多,制作精细　京式面点品种众多,包括拉面、刀削面、小刀面、拨鱼面;还有扒糕、炸糕、凉糕、蜂糕、麻花、豌豆黄、艾窝窝、炸三角、肉火烧、焦圈等风味小吃。

京式面点之所以风味突出,原因是面食制品制作精湛,同时又有其独到之处。八件是采用山楂、玫瑰、青梅、白糖、豆沙、枣泥、椒盐、葡萄干八种馅心,外裹以含食油的面,放在各种图案的印模里精心烤制而成。形状有腰子形、圆鼓形、佛手形、蝙蝠形、桃形、石榴形等多种。入嘴酥松适口,香味纯正。特别是细八件,制作精细层多均匀,馅儿柔软起沙,果料香味纯厚。外形也有三仙、银锭、桂花、福、禄、寿、喜桃等八种花样。京八件原是清朝皇室王族婚丧典礼及日常生活中必不可少的礼品和摆设,后来配方由御膳房传到民间。

3 馅心风味独特　京式面点馅心注重咸鲜口味,肉馅多用水打馅,并常用葱、姜、黄酱、芝麻油为调料,形成了北方地区的独特风味。如天津的狗不理包子,就是在肉馅中加放骨头汤,并放入葱花、香油搅拌均匀,使其口味醇香、鲜嫩适口,肥而不腻。

京式面点的典型品种有拉面、烧卖、天津的狗不理包子、艾窝窝等,各具特色,驰名中外。

常见京式面点品种见图 3-79 至图 3-84。

图 3-79　沙琪玛

图 3-80　豌豆黄

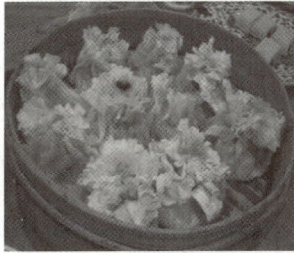

图 3-81　烧卖

图 3-82　窝窝头

图 3-83　天津耳朵眼炸糕

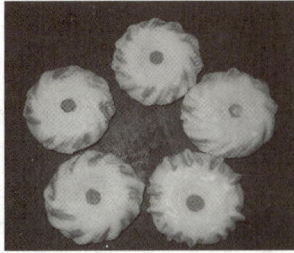

图 3-84　刀拉酥

（二）苏式面点

苏式面点系指长江中下游江浙一带地区制作的面点。它起源于扬州、苏州,因以江苏为代表,故称苏式面点。苏式面点的特色主要有以下几点。

1 品种繁多,应时迭出　由于物产丰富,原料充足,加上面点师的高超技巧,同一种面坯可制作出不同造型、不同色彩、不同口味的面点来,因此苏式面点品种丰富。如扬州包子类面点中有形似玉珠的玉珠包子,形象逼真的石榴包子、佛手包子、寿桃包子等;口味多样,如三丁包子,口味是咸中带甜,甜中有脆,油而不腻,蟹黄包子则是味浓多汁,鲜美异常。

苏式面点随着季节的变化和群众的习俗而应时更换品种。如扬州某茶社,春日有笋肉鲜包、豆苗烧卖、各式酥饼;夏时有梅干菜肉包、冬瓜烧卖、各式灌汤蒸饺;秋令有蟹黄汤包、虾肉包;冬季有野鸭菜包、雪笋包子、水晶肉包。四季均有豆沙糖包、生肉包、青菜包、千层油糕和三丁包子等品种。

2 **制作精细,讲究造型** 船点是苏式面点中最具特色的点心,经过揉粉、着色、成形及熟制而捏制成各种花卉、飞禽、走兽、水果、蔬菜等形状,制作精巧、形象逼真;苏式面点中的扬州面点,其外形玲珑剔透、栩栩如生。其中花卉状有菊花、荷叶、梅花等;动物状有刺猬、玉兔、白猪、螃蟹、蝴蝶、孔雀等。再如百鸟朝凤、熊猫戏竹等面点,更是形意俱佳,使人回味无穷。

3 **肉馅掺冻,汁多肥嫩** 肉馅多掺鲜美皮冻,汁多味美,如江苏汤包,每 500 g 馅心掺冻 300 g,熟制后,汤多而肥厚,食时先咬破吸汤,味道特别鲜美。

苏式面点的典型品种有三丁包子、翡翠烧卖、蟹黄汤包、船点等。

常见苏式面点品种见图 3-85 至图 3-90。

图 3-85　千层油糕

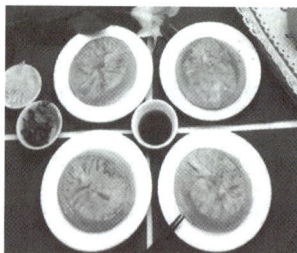
图 3-86　汤包

图 3-87　苏式月饼

图 3-88　黄桥烧饼

图 3-89　生煎

图 3-90　船点

(三)广式面点

广式面点是指珠江流域及南部沿海地区的面点。广州面点是这一地区面点的代表,故称为广式面点。广式面点的特色主要有以下几点。

1 **品种丰富,季节性强** 广式面点按大类可分为长期点心、星期点心、节日点心、旅行点心、早晨点心、中西点心、招牌点心,各具特色,品种丰富。点心的品种依据春、夏、秋、冬不同的季节而变化,要求是夏秋宜清淡,春季浓淡相宜,冬季宜浓郁。如春季供应人们喜爱的浓淡相宜的银芽煎薄饼等;夏季应市的是生磨马蹄糕、西瓜汁凉糕等;秋季是蟹黄灌汤饺;冬季则主供滋补御寒食品,如腊肠糯米鸡、八宝甜糯饭等。

2 **以米及米粉制品为主,使用油、糖、蛋较多** 广式面点中的米及米粉制品除糕、粽外,还有煎堆、粉果、炒米粉等。制品使用油、糖、蛋较多。如广式面点中的典型品种马蹄糕,糖使用量多达主料马蹄的 70%。

❸ **馅心用料广,口味清淡**　广东物产丰富;广式面点馅心用料包括肉类、海鲜、杂粮、蔬菜、水果、干果以及果实、果仁等。如叉烧馅心,为广式面点所独有,除烹制的叉烧馅心具有独特风味外,还有别具一格的用面勾芡拌和的制馅方法。由于广东地处亚热带,气候较热,所以面点口味一般较清淡。

广式面点的典型品种有虾饺、叉烧包、马蹄糕、娥姐粉果、莲蓉甘露酥等。

常见广式面点品种见图 3-91 至图 3-96。

图 3-91　叉烧包

图 3-92　娥姐粉果

图 3-93　马蹄糕

图 3-94　虾饺

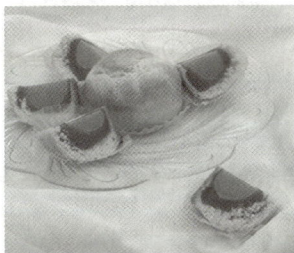

图 3-95　蛋黄甘露酥

图 3-96　干炒牛河

(四)川式面点

川式面点指长江中上游一带的面食制品,以四川为代表。四川地大物博、物产丰富,是全国的农产品供应大省,号称天府之国,是我国小麦、水稻的重要产区。川式面点的特色主要有以下几点。

❶ **选料大众,搭配适宜**　川式面点选用的原料主要是面粉、油、糖、蛋、肉、糯米等大众食材,将这些食材巧妙搭配变幻出各种味道。如叶儿粑。

❷ **制作精细,突出特色**　川式面点中有名的钟水饺,以猪瘦肉为馅心,相比北方的饺子,它个头较小。川式面点还擅长米制品的制作,地方特色突出。

❸ **注重调味,口味多样**　在咸、甜、麻、辣、复合味中,尤其擅调麻辣味,且讲究一味为主、他味相辅,使之具有浓郁的地方特色。

川式面点的典型品种有担担面、叶儿粑、白蜂糕、龙抄手、珍珠圆子、醪糟汤圆、豆花面等。

常见川式面点品种见图 3-97 至图 3-102。

图 3-97　龙抄手

图 3-98　阳春面

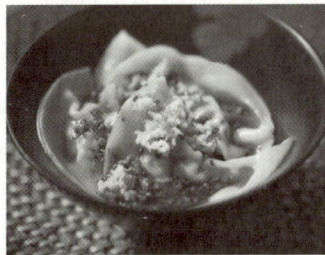

图 3-99　钟水饺

图 3-100　豆花面

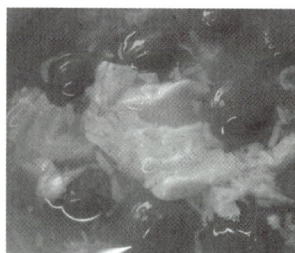

图 3-101　醪糟汤圆

图 3-102　麻团

在线答题

宴会面点选择与设计考核表

案例点评

任务评价

技能考核

◆1. 宴会面点选择与设计

设计一组与主题意境一致的宴会特色面点,突出宴席主题并且烘托气氛,面点品种不少于 4 种,并对面点选择进行解说。

◆2. 宴会面点选择与设计考核表(100 分)

工作案例分析

【案例情境】

一位法国客人联系酒店餐厅订餐,称今天是她老父亲的生日,晚上要在餐厅庆祝。餐厅服务员为了表示祝贺,特意制作了仙鹤图案的寿桃蛋糕,可是当客人看到蛋糕时脸色非常不好。原来仙鹤在中国自古以来都被视为吉祥、如意、高雅飘逸,并与长寿、仙境等联系在一起的美好形象。而在法国,人们认为仙鹤是愚蠢的象征。服务员好心办了坏事,在清楚了原因后连忙道歉,并为客人换上了一个水果蛋糕。

案例思考:1. 宴席面点的基本配置要求有哪些?

2. 请分别列举符合四季特点的点心。

酒水知识培训

扫码看课件

项目描述

　　酒水知识是学生从事餐饮服务活动中不可缺少的基本知识,了解并掌握酒水知识是做好餐饮工作的基础,餐厅服务人员酒水知识丰富,既可更好地为客人服务,也可提高客人的酒水消费,即直接影响酒店的经济效益。

项目目标

　　1. 了解酒水的概念及酒度的表示方法,掌握酒水分类的基础知识,掌握不同酒水的鉴别方法。
　　2. 了解蒸馏酒、酿造酒的定义特点;认识蒸馏酒、酿造酒的类型;熟悉其酿造原料和主产地;掌握蒸馏酒、酿造酒的主要分类、名品与饮用服务。
　　3. 了解常见的各种软饮料的品种、分类和特点,熟知咖啡、茶等非酒精饮料的特点及分类。
　　4. 培养学生良好的职业素养,提升学生知识的积累能力和营销能力,能恰到好处地介绍和推荐酒水。

项目内容

```
                    酒水知识培训
        ┌──────────┬──────────┬──────────┐
    酒水基础知识   蒸馏酒认知   酿造酒认知   非酒精饮料认知
```

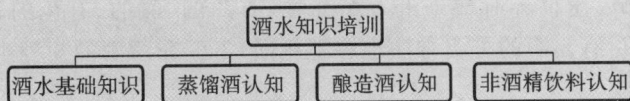

任务一　酒水基础知识

任务描述

　　酒吧内摆设着琳琅满目的来自世界各国的酒水。作为酒吧服务人员或餐厅服务人员,应熟知酒吧内所有的酒品,了解酒水制作工艺,掌握各类型酒水的代表品牌及其特点。服务人员只有掌握了一定的酒水知识,才能更好地为客人推荐酒水。

Note

任务目标

了解酒水的概念及酒度的表示方法,掌握酒水分类的基础知识;掌握不同酒水的鉴别方法;能恰到好处地为客人介绍酒水。

任务实施

酒水是人们日常生活中常说的饮料的总称,是人们用餐、休闲及交流活动中不可缺少的饮品。

一、酒水的定义

酒水,顾名思义,既包含酒,也包含水。其中酒是人们熟悉的含有酒精的饮料,而水是饭店业和餐饮业的专业术语,是指所有不含酒精的饮料或饮品。一般来讲,酒水按照是否含酒精成分,可分为酒精饮料和非酒精饮料两大类。

❶ 酒精饮料 酒精饮料就是人们日常生活中常说的酒,是指酒精含量为 0.5%～75.5% 的饮料。它是一种比较特殊的饮料,是以含淀粉或糖类的谷物或水果为原料,经过发酵、蒸馏等工艺酿造而成,既有营养成分,同时又具有刺激和麻醉作用,能使人兴奋,是人类日常生活中重要的饮品。

❷ 非酒精饮料 非酒精饮料俗称软饮料,是指酒精含量不超过 0.5% 的提神解渴饮料。绝大多数非酒精饮料不含有任何酒精成分,但也有极少数含有微量酒精成分,其作用也仅仅是调节饮料的口味或改善饮料风味而已。

二、酒度的表示

酒度又称酒精度数,是指酒精在酒液中的含量,即表示酒液中所含有的酒精量的多少。通常按国际标准,酒度是指在 20 ℃ 的条件下,每 100 mL 酒液中含有酒精的毫升数,通常用百分比表示此法或用 GL 表示。例如,我国茅台酒酒度为 53 度,即每 100 mL 茅台酒中有纯酒精 53 mL。

三、酒的分类

酒是一个庞大的家族,全世界有成千上万个品种,有甜的、酸的、有色的、无色的、高度的、低度的,可谓五花八门,应有尽有。酒的分类方法也各不相同,下面介绍酒的几种主要分类方法。

（一）按生产工艺分类

❶ 蒸馏酒 蒸馏酒又称烈酒,是以谷物或水果等为原料,经发酵、蒸馏而制成的含酒精饮料。代表品种:威士忌、金酒、伏特加、朗姆酒、特基拉酒、白兰地、中国白酒等。

❷ 酿造酒 酿造酒又称原汁酒、发酵酒,是在含有糖分的液体中加上酵母进行发酵而产生的含酒精饮料。其生产过程包括糖化、发酵、过滤、杀菌等。发酵酒的主要原料是谷物和水果,其特点是酒精含量低,属于低度酒,如用谷物发酵的啤酒一般酒精度数为 3～8 度,果类的葡萄酒酒精度数为 8～14 度。代表品种:葡萄酒、苹果酒、啤酒、黄酒等。

❸ 混配酒 混配酒即混合配制酒。混配酒也是一个庞大的酒系,它包括配制酒和混合酒两大体系。配制酒是用发酵酒、蒸馏酒或食用酒精与药材、香料和植物等浸泡后,经过滤或蒸馏而得的酒。其酒精度数在 22 度左右,个别配制酒的酒度高些,但一般都不超过 40 度。代表品种:竹叶青酒、人参酒、利口酒、味美思酒等。混合酒是一种由多种饮料混合而成的新型饮料,其主要代表品种是鸡尾酒。

（二）按配餐方式和饮用方式分类

❶ 餐前酒 餐前酒又称开胃酒,是指餐前饮用的,能刺激人的胃口使人食欲增加的酒水。开胃

酒通常用药材浸制而成。代表品种：味美思酒、茴香酒等。

❷ 佐餐酒 佐餐酒也称葡萄酒，是西餐配餐的主要酒类。外国人就餐时一般只喝佐餐酒不喝其他酒。佐餐酒是由新鲜的葡萄汁发酵制成的，其中含有酒精、天然色素、脂肪、维生素、糖类、矿物质等营养成分，对人体非常有益。代表品种：红葡萄酒、白葡萄酒、玫瑰红葡萄酒等。

❸ 餐后酒 餐后酒是供餐后饮用的酒精含量较多的酒类，饮用后有帮助消化的作用。这种酒有多种口味，原料分为两种类型，果料类和植物类，制作时用蒸馏酒加入各种配料和糖酿制而成。代表品种：葫芦绿薄荷酒等。

（三）按酒精含量分类

❶ 低度酒 酒精度数在 15 度以下的酒为低度酒，低度酒常指发酵酒。代表品种有葡萄酒、啤酒等。

❷ 中度酒 酒精度数在 16～37 度的酒为中度酒，这种酒常由葡萄酒加少量烈性酒调配而成。代表品种有味美思酒等。

❸ 高度酒 高度酒也称为烈性酒，指酒精度数在 38 度及以上的蒸馏酒。不同国家和地区对酒中的酒精度数有不同的认识。我国将 38 度及 38 度以上的酒称为烈性酒；而有些国家将 20 度及 20 度以上的酒称为烈性酒。代表品种有白兰地、威士忌、茅台酒等。

四、酒水的储存方法

❶ 啤酒 啤酒是愈新鲜愈好的酒类，购入后不宜久藏，最佳保质期在三个月以内，最长不能超过六个月。啤酒储存温度应低些，温度若超过 16 ℃，长时间储存会导致啤酒变质，但温度过低也不行，低于－10 ℃会使酒液混浊不清。如果条件许可，宜将啤酒和软饮料储存在接近 4 ℃的温度下。啤酒的储存要避免剧烈震动和冷热剧烈变化。

❷ 葡萄酒类 一般葡萄酒可在常温下储存，名贵的红葡萄酒最好在 12～15 ℃的温度下储存，名贵的白葡萄酒的储存温度要更低些，最佳温度为 10～12 ℃。红、白葡萄酒可在同一仓库中储存，但要放在不同的酒架上，并采用不同的空气流通方法和冷却方法。葡萄酒应平放在酒架上，这样可使软木塞长期浸泡在酒液中而不至于干缩，瓶塞干缩会使空气进入酒瓶内，与里面的酒液发生化学反应，从而导致酒液变色，或产生危害酒质的细菌，使酒液变质。

❸ 香槟酒 香槟酒特别是一些名贵的香槟酒，其生产经过两次发酵并在酒厂里存放了二至五年后才出厂销售。香槟酒中含有大量的二氧化碳气体，储存期间一定要避免强烈震动。香槟酒存放时也要注意平放或瓶口向下倾斜，使软木塞保持湿润。香槟酒与葡萄酒一样都要在温度较低的条件下储存，温度太高会使酒液老化。储存时湿度不宜太大，湿度太大会使瓶塞和酒标霉变，影响酒品质量和形象。

❹ 烈性酒 普通的烈性酒不需要特殊的储存条件。因为烈性酒受空气影响不大，并可以储存很长时间，但要注意防止金属瓶盖生锈和发生变形。

五、酒水的质量鉴定方法

（一）白酒的鉴别

❶ 看色 无色透明、无悬浮物和沉淀物。

❷ 闻香 ①溢香：酒的芳香或芳香成分溢散在杯口附近的空气中；②喷香：酒液饮入口中，香气充满口腔，如五粮液；③留香：酒已咽下，而口中仍持续留有酒香味，如茅台酒。

❸ 尝味 浓厚、淡薄、绵软、辛辣、纯净。

酒品风格

4 **特点**　清澈透明、质地纯净、芳香浓郁、回味悠长。

（二）啤酒的鉴别

1 **色泽鉴别**

（1）优质啤酒：浅黄色，不呈暗色，有醒目光泽，清亮透明，无明显悬浮物。

（2）劣质啤酒：色泽暗而无光或失光，有明显悬浮物和沉淀物，严重者酒体混浊。

2 **泡沫鉴别**

（1）优质啤酒：倒入杯中时起泡力强，泡沫达杯高的 1/2 至 2/3，洁白细腻，挂杯持久。

（2）劣质啤酒：倒入杯中稍有泡沫且消散很快，或者泡沫粗黄，不挂杯，似一杯冷茶水状。

3 **香气鉴别**

（1）优质啤酒：有明显的麦香以及啤酒花香气，无其他异味。

（2）劣质啤酒：无啤酒花香气，有苦味和涩味。

4 **口味鉴别**

（1）优质啤酒：口味纯正，酒香明显，无任何异杂味。

（2）劣质啤酒：味不正，有明显的异杂味、怪味，如酸味或甜味过于浓重，有铁腥味、苦涩味或淡而无味。

（三）葡萄酒的鉴别

1 **观察酒瓶外观**

（1）观察酒瓶标签印刷是否清楚，模糊不清的可能是仿冒翻印。

（2）观察酒瓶的封盖是否有被打开或被破坏的痕迹。未开封的酒，如果瓶塞凸起或瓶口有黏液，说明该酒品质出了问题。

（3）从酒瓶背面标签上的国际条形码判断产地，如首位数字是 3 的，是法国生产的；首位数字是 9 的，是澳大利亚生产的；首位数字是 6 的，是中国生产的。

2 **观察葡萄酒体**

（1）观察葡萄酒的颜色是否自然。通常葡萄酒的颜色呈宝石红色或淡金色、桃红色等清澈的自然葡萄酒色，酒体变质后会有混浊感，如果色泽不自然，就会有勾兑等嫌疑。

（2）观察葡萄酒体中是否有不明悬浮物。如果瓶底有少许沉淀的结晶体是正常现象。

（3）葡萄酒瓶底部都会有凹凸，用来在葡萄酒直立存放时沉淀酒渣的。越需要长时间储存的葡萄酒，凹凸越深。所以，一般来讲，好酒因需要长期保存，瓶底凹凸都比较深。

3 **观察酒塞标志**　打开酒瓶，看木塞上的文字是否与酒瓶标签上的文字一样。在法国，酒瓶与酒塞都是专用的。

4 **闻葡萄酒的气味**　通常打开一瓶葡萄酒，会闻到扑鼻而来的酒香（馥郁的果香，甚至是花香），如果葡萄酒有指甲油般呛人的气味，或醋酸味，说明葡萄酒已变质。

5 **观察葡萄酒的挂杯**　将葡萄酒倒入酒杯，轻轻摇晃，观察酒体是否有挂杯现象，如果酒体不能挂杯，说明酒有勾兑的可能。正常的葡萄酒酒液挂在杯壁上一圈，像"小裙子"一样，均匀、细致。

6 **品尝葡萄酒**　喝第一口酒，酒液经过喉头时，正常的葡萄酒是平顺的，如有强烈的刺激感，或残留在口中的气味有异样，则不正常。

任务评价

技能考核

◆1. 酒水基础知识运用技能设计

设计一组与点酒有关的情景模拟演练，要求学生根据所学知识，对酒进行分类。分别从工艺、配餐、饮用方式、酒精度数等方面对酒进行描述。

◆2.酒水基础知识运用技能考核表(100 分)

工作案例分析

【案例情境】

午餐时分,中餐厅里熙熙攘攘,热闹非凡。服务员小方见咨客带来了十个客人,忙上前为客人倒茶、递餐巾,然后恭立一旁,静候客人点菜。客人先点了几个冷盘,犹豫了一下,问道:"请问,你们这儿今天都有什么好的海鲜?"小方一时有点答不上来,"这就难说了,我们餐厅的海鲜品种很多,档次不同,价格也不同,再说,客人的口味也各有不同,所以很难说哪种好。"客人听了难免有些失望,于是随便点了几个海鲜和其他菜肴。点完菜后,小方又问:"请问要些什么酒和饮料?""每人一罐青岛啤酒。另外,饮料都有哪些品种?"小方突然想起了什么,忙说道:"对了,我们餐厅刚进了一批法国高档矿泉水,有冒气的和不冒气的两种。""矿泉水?"客人感到有些意外,因为矿泉水未在他考虑的范围内。"先生,这可是世界上最有名的矿泉水!"客人一听这话,觉得不能在朋友面前丢面子,便问了一句:"那么哪一种更好呢?""那当然是冒气的那一种。""那好吧,一人一瓶矿泉水吧。"客人无可奈何地接受了小方的推销。餐后,客人见到账单大吃一惊,1400 多元的餐费中,矿泉水竟有 350 元!他怎么也没有想到,居然有这么贵的矿泉水!

案例思考:管理人员应该如何解决此事情?该如何避免过度推销?

任务二　蒸馏酒认知

任务描述

蒸馏酒又称烈性酒,是以谷物或水果等为原料,经发酵、蒸馏而成的酒精度数较高的酒,是所有酒类中酒精含量最高的一大类酒。与葡萄酒、啤酒等原汁酒相比,蒸馏酒是一种比较年轻的酒,大约诞生于中世纪初期,经过千年的演变,饮用蒸馏酒已被世界上大多数民族所接受,蒸馏酒成为十分畅销的酒精饮料。酒店里常见的蒸馏酒有威士忌、朗姆酒、金酒、伏特加、龙舌兰酒、白兰地和中国白酒。学生通过基础知识的学习能对常见蒸馏酒有基本认知。

任务目标

了解蒸馏酒的定义和特点;认识蒸馏酒的类型;熟悉其酿造原料和主产地;掌握七大蒸馏酒的主要分类、名品与饮用服务;能恰到好处地介绍和推荐酒水。

任务实施

蒸馏酒是指以谷物或水果为原料,经过发酵、蒸馏而制成的含酒精饮料。蒸馏酒的酒精度数常在 38 度以上,最高可以达到 75.5 度。世界上大多数蒸馏酒的酒精度数在 38~46 度,某些国家把超过 20 度的酒称为蒸馏酒。蒸馏酒的特点基本上与酒精相似,酒精是蒸馏酒的关键原料。蒸馏酒酒味十足、气味香醇,可以长期储存。蒸馏酒因其酒精含量高、杂质含量少而可以在常温下长期保存,一般情况下可以保存 5~10 年。即使是开瓶饮用后,也可以保存一年以上而不变质,所以在酒吧中,蒸馏酒可以散卖,可用来调酒,甚至经常开盖也不必考虑其是否很快变质。蒸馏酒是调制鸡尾酒不可缺少的原料。世界上传统的蒸馏酒是威士忌、金酒、伏特加、朗姆酒、龙舌兰酒、白兰地和中国白酒。

一、威士忌

威士忌是以大麦、黑麦、小麦等谷物为原料,经发酵、蒸馏后放入橡木桶中醇化而酿成的高酒精饮料。酒精度数在 38～60 度。根据产出国家以及原料的不同,威士忌名称不胜枚举,香气也各异。常见的有苏格兰威士忌、爱尔兰威士忌、美国威士忌(主要以玉米为原料)以及加拿大威士忌。

❶ 苏格兰威士忌 苏格兰威士忌以当地生产的大麦为原料,并以当地的泥煤作为烘烤麦芽的燃料,精制而成。新蒸馏出来的威士忌至少在酒桶内陈酿 4 年,在装瓶销售前还必须进行掺和调制。苏格兰威士忌的名品有芝华士,见图 4-1。

❷ 爱尔兰威士忌 爱尔兰威士忌以大麦、小麦、燕麦、黑麦为主要原料(其中大麦占 80%)经发酵蒸馏(三次)后入桶陈酿而成。陈酿期至少 4 年,通常为 8～15 年。爱尔兰威士忌的名品有占美神威士忌,见图 4-2。

❸ 加拿大威士忌 加拿大威士忌以玉米和黑麦等为主要原料经发酵、蒸馏后入桶陈酿而成。其陈酿期一般为 4～10 年。加拿大威士忌的名品有加拿大俱乐部威士忌,见图 4-3。

❹ 美国威士忌 美国威士忌以玉米、大麦等为主要原料(其中玉米占 51%～75%)经发酵、蒸馏后入桶陈酿而成。其陈酿期为 2～4 年,不能超过 8 年。美国威士忌以肯塔基州的产品最为著名,其名品有杰克·丹尼威士忌,见图 4-4。

图 4-1 芝华士 12 年

图 4-2 占美神威士忌

图 4-3 加拿大俱乐部威士忌

图 4-4 杰克·丹尼威士忌

二、金酒

金酒又称琴酒、毡酒或杜松子酒,是以玉米、麦芽等谷物为原料经发酵、蒸馏后,加入杜松子和其他一些芳香原料再次蒸馏而制成的含酒精饮料。金酒属于调配蒸馏酒,其最大特点是散发令人愉快的香气。金酒无须陈酿,酒度为 40～52 度。

金酒的主要产地有荷兰、英国、美国、法国等国家。著名的是荷兰和英国生产的金酒。因此通常把金酒分为荷式金酒和英式金酒两大类。

❶ 荷式金酒 荷式金酒产于荷兰,金酒是荷兰的国酒。荷式金酒是以麦芽、玉米、黑麦和其他的香料制成的。其特点是色泽透明清亮,酒香味突出,辣中带甜,风格独特。因为荷式金酒具有浓郁的杜松子香和麦芽香,会淹没其他酒的味道,所以不适合做混合酒的基酒。名品有波尔斯、宝马等。

❷ 英式金酒 又称伦敦干金酒,这种酒并非都产自于伦敦。伦敦干金酒是用谷物酿制的中性酒精和杜松子及其他香料共同蒸馏而得到的干金酒。其特点是无色透明,口感甘洌、醇美,不甜,气味奇异清香,所以英式金酒是既可以单饮又可与其他酒调配或做鸡尾酒的基酒。名品有哥顿金酒、必富达金酒、孟买蓝宝石金酒、添加利金酒,见图4-5至图4-8。

图 4-5　哥顿金酒

图 4-6　必富达金酒

图 4-7　孟买蓝宝石金酒

图 4-8　添加利金酒

三、伏特加

伏特加是以马铃薯或玉米等多种谷物为原料,用重复蒸馏、精炼、过滤的方法,除去其中所含毒素和其他异物的一种高酒精含量的饮料。酒度高达90度,最后用蒸馏水稀释成40～50度的含酒精饮料。此酒不用陈酿即可出售、饮用,也有少量的伏特加在稀释后还要经过串香程序,使其具有芳香味道。

目前除俄罗斯和波兰外,美国、芬兰、瑞典、乌克兰等国家也在生产伏特加,但著名的产地还是俄罗斯和波兰,伏特加深受两国人民的喜爱,且都被称为国酒。伏特加可以分为纯净伏特加和芳香伏特加两大类。

❶ 纯净伏特加 纯净伏特加是指将蒸馏后的原酒注入过滤槽内过滤掉杂质而得的酒,一般无色、无杂味、味烈、劲大。可以以任何浓度与其他饮料混合饮用,所以被用作鸡尾酒的基酒。名品有苏联红牌伏特加(图4-9)、斯米诺伏特加(图4-10)。

❷ 芳香伏特加 芳香伏特加是指在纯净伏特加酒液中放入药材、香料等浸制而成的酒,因此带有色泽,又带有药材、香料的香味。目前波兰等国家都在生产芳香伏特加。名品有绝对伏特加(图4-11)、蓝天伏特加(图4-12)等。

Note

图 4-9　苏联红牌伏特加

图 4-10　斯米诺伏特加

图 4-11　绝对伏特加

图 4-12　蓝天伏特加

四、朗姆酒

朗姆酒，又被译为兰姆酒、罗姆酒，是以蔗糖汁或者甘蔗制糖的副产品——糖蜜和糖渣为原料，经原料处理、发酵、蒸馏，在橡木桶中陈酿而成的烈性酒。新蒸馏出来的朗姆酒必须放入橡木桶陈酿一年以上，酒度为 45 度左右。朗姆酒具有细腻、甜润的口感，有芬芳馥郁的酒精香味。

朗姆酒产于盛产甘蔗及蔗糖的地区，如牙买加、古巴、海地等地，其中以牙买加、古巴生产的朗姆酒有名。朗姆酒按其色泽可分为三类。

❶ 白朗姆　白朗姆又称银朗姆，是指蒸馏后的酒需经过滤后入桶陈酿一年以上。酒液无色或者淡色，为清淡型朗姆酒，酒味较干、香味不浓。主要产地是波多黎各。

❷ 金朗姆　金朗姆又称琥珀朗姆，是指蒸馏后的酒需存入内侧烧焦的旧橡木桶中至少陈酿三年。酒液金黄色，味柔和、稍甜，酒色介于白朗姆和黑朗姆之间，通常用两种酒混合而成。

❸ 黑朗姆　黑朗姆又称红朗姆，是由掺入甘蔗糖渣的糖蜜在天然酵母菌的作用下缓慢发酵，然后在蒸馏器中进行二次蒸馏，最后在橡木桶中熟化 5 年以上而制成。酒色较浓，呈深褐色，为浓烈型朗姆酒，酒味浓郁。主要产地为牙买加。

朗姆酒既可直接饮用，也可加冰块饮用，还可广泛用于调制鸡尾酒或混合饮料。朗姆酒的名品主要有百加得朗姆酒（图 4-13）、摩根船长朗姆酒（图 4-14）、美雅士朗姆酒（图 4-15）、马利宝朗姆酒（图4-16）等。

五、特基拉

特基拉又称龙舌兰酒，是墨西哥的特产，被称为墨西哥的灵魂，是其国酒。特基拉是一种以被称为龙舌兰的热带仙人掌类植物的汁浆为原料经发酵、蒸馏而得到的烈性酒。新蒸馏出来的特基拉可以放在木桶内陈酿，也可直接装瓶出售。特基拉带有龙舌兰独特的芳香味，口味浓烈，酒度多为 38～45 度。

图 4-13 百加得朗姆酒

图 4-14 摩根船长朗姆酒

图 4-15 美雅士朗姆酒

图 4-16 马利宝朗姆酒

特基拉根据颜色,分为银色特基拉和金色特基拉两种。

1 银色特基拉 酒液无色,不需要熟化,为非陈年酒。

2 金色特基拉 酒液呈金黄色,为短期陈酿酒,要求在橡木桶中储存 2～4 年,以增添色泽和口味。

特基拉可直接饮用或加冰块饮用,也可用于调制鸡尾酒。在直接饮用时常用柠檬角蘸盐伴饮,以充分体验特基拉的独特风味。名品有豪帅快活龙舌兰酒(图 4-17)、奥美加银龙舌兰酒(图 4-18)、奥美加金龙舌兰酒(图 4-19)、培恩龙舌兰酒(图 4-20)等。

图 4-17 豪帅快活龙舌兰酒

图 4-18 奥美加银龙舌兰酒

六、白兰地

白兰地是以葡萄为原料,发酵后经过蒸馏而制成的含酒精饮料。以其他水果为原料制成的蒸馏酒也称为白兰地,但是必须在白兰地名称前加原料名称,例如,以苹果为原料制成的白兰地称为苹果白兰地。新蒸馏出来的白兰地必须盛放在橡木桶内使之成熟,并经过较长时间的陈酿(如法国政府规定至少十八个月),白兰地才会变得醇厚,并产生其色泽。白兰地的储存时间越长,酒的品质越佳。白兰地酒体为褐色,酒精度数在 38～48 度。白兰地主要用作餐后酒,一般不掺任何其他饮料。

Note

图 4-19　奥美加金龙舌兰酒

图 4-20　培恩龙舌兰酒

世界上几乎所有的葡萄酒生产国都出产白兰地,但是法国的白兰地最好,无论是质量还是数量都居于世界领先地位,而在法国的白兰地产地中,以干邑(Cognac)白兰地和雅文邑(Armagnac)白兰地有名,并常在产品上冠有地名。法国人几乎不用白兰地来称呼这两种酒,而直接称其为干邑和雅文邑。干邑和雅文邑代表着世界高品质的白兰地,二者中又以干邑尤为有名,现今干邑已经是优质白兰地的代名词。

1 **干邑**　干邑又称科涅克,是法国南部的一个地区,位于滨海夏朗德省境内。法国政府规定,只有在这个区域内生产的白兰地才可称为干邑,其他地区的产品只能称白兰地,不能称干邑。干邑白兰地被称为"白兰地之王"。干邑白兰地的酒度一般为 43 度,酒体呈琥珀色,清亮透明,口味芳香浓郁,风格优雅独特。干邑白兰地的名品有人头马白兰地(图 4-21)、轩尼诗白兰地(图 4-22)、马爹利白兰地(图 4-23)等。

图 4-21　人头马白兰地

图 4-22　轩尼诗白兰地

图 4-23　马爹利白兰地

干邑白兰地的酒标中不写具体的酒龄,都用字母来分辨品质,具体见表 4-1。

表 4-1　干邑白兰地的酒龄和级别

缩　　写	酒龄和级别
E	especial(特别的)
F	fine(好的)
V	very(很好)
O	old(老的)
S	superior(上好的)
P	pale(淡色)
X	extra(格外的)
VS	至少 2 年的木桶酿藏期
VSOP	至少 4 年的木桶酿藏期
XO	至少 6 年的木桶酿藏期

其他国家白兰地

白兰地的饮用与服务

②**雅文邑**　雅文邑位于干邑南部,以产深色白兰地驰名,虽然没有干邑著名,但风格与其很接近。干邑与雅文邑最主要的区别是在蒸馏的程序上。前者初次蒸馏和第二次蒸馏是连续进行的,而后者则是分开进行的。雅文邑酒体呈琥珀色,发黑发亮,口味烈,酒度为43度。陈年或者远年的雅文邑酒香袭人,风格稳健沉着、醇厚浓郁、回味悠长。

雅文邑也是受法国法律保护的白兰地品种。只有雅文邑当地产的白兰地才可以在商标上冠以Armagnac字样。雅文邑白兰地的名品有嘉宝白兰地,见图4-24。

图4-24　嘉宝白兰地

七、中国白酒

中国白酒是以高粱、玉米、大麦、大米、小麦等粮食谷物为原料,经发酵、蒸馏而制成的一种烈性酒,由于该酒为无色液体,因此称为白酒。白酒质地纯净、醇香浓郁、口感丰富,酒度一般为38～67度。

白酒是中华民族的传统饮品,有数千年的历史,发展到现在已成为世界蒸馏酒中产量最大、品种最多的蒸馏酒。但由于中国白酒的出口量极少,所以在其他国家影响不大。

中国白酒香型可分为酱香型、浓香型、清香型、米香型和兼香型五种。

①**酱香型**　酱香型又称为茅香型,以贵州茅台酒为代表。酱香型白酒是由酱香酒、窖底香酒和醇甜酒等勾兑而成的,所谓酱香是指酒品具有类似酱食的香气。这类香型的白酒的香气香而不艳、低而不淡、醇香幽雅、不浓不猛、回味悠长,倒入杯中过夜香气久留不散,且空杯比实杯还香,令人回味无穷。

②**浓香型**　浓香型又称泸香型,以四川泸州老窖特曲为代表。浓香型的酒具有芳香浓郁、绵柔甘洌,入口甜,落口绵,尾净余长等特点,这也是判断浓香型白酒酒质优劣的主要依据。浓香型白酒的品种和产量均属全国大曲酒之首,全国八大名酒中,五粮液、泸州老窖特曲、剑南春、洋河大曲、古井贡酒都是浓香型白酒的优秀代表。

③**清香型**　清香型又称汾香型,以山西杏花村汾酒为主要代表。清香型白酒酒气清香、芬芳醇正,口味甘爽协调,酒味醇正,醇厚绵软。清香型酒的特点是清、甜、醇、净。

④**米香型**　米香型酒是指以桂林三花酒为代表的一类小曲香型酒,是中国历史悠久的传统酒种。米香型酒,蜜香清柔,幽雅纯净,入口柔绵,回味怡畅,给人以朴实醇正的美感,米香型酒的代表有桂林三花酒、全州湘山酒、广东长乐烧等。

⑤**兼香型**　兼香型通常又称为复合香型,即兼有两种以上主体香气的白酒。这类酒在酿造工艺上吸取了清香型、浓香型和酱香型酒的精华,在继承和发扬传统酿造工艺的基础上独创而成。兼香型酒以董酒为代表,董酒既有大曲酒的浓郁芳香,又有小曲酒的柔绵醇和、落口舒适甜爽的特点,风格独特。

🥚 任务评价

📋 技能考核

◆1.蒸馏酒知识运用技能设计

学生分成四组,每组搜集不同种类蒸馏酒的名品图片,用幻灯片展示,为其他组成员讲解品牌历史及分类。

◆2.蒸馏酒知识运用技能考核表(100分)

中国传统八大名酒

在线答题

蒸馏酒知识运用技能考核表

案例点评

葡萄酒的酿造过程

工作案例分析

【案例情境】

小明是一名刚刚开始实习的大学生,在一家酒店做服务员。一天酒店迎来了一家六口,两位老人、一对夫妻和一双子女。小明热情地招待了他们,在点菜的时候老人想和女婿喝两杯,女婿说那就喝白兰地吧,于是女婿就询问小明:"你们这里都有什么牌子的白兰地?"小明想了想告诉客人:"我们这里有杰克·丹尼、格兰威特、芝华士 12 年,还有尊尼获加黑方和尊尼获加红方,您看要来一瓶吗?"女婿和老人听后都挺高兴,夸小明懂得多并点了一瓶芝华士 12 年。酒刚上来,女婿就给老人满上了,看了一下瓶身,竟然印着"whisky",女婿特别生气,于是就喊来了经理,原来是因为小明把威士忌和白兰地的品牌记混了才造成了这样的问题。经理带着小明给这一家六口诚挚地道歉,换了一瓶轩尼诗白兰地,所幸客人对于处理方式比较满意,继续吃饭。客人走后,经理对小明进行了教育,但没有扣小明的工资,还决定在下周空闲的时候对酒店的员工进行酒水知识培训,以防下次再出现这种问题。

案例思考:小明的错误在哪里?白兰地和威士忌的品牌都有哪些呢?

任务三 酿造酒认知

任务描述

酿造酒又称为发酵酒、原汁酒,是在含糖分的液体中加入酵母进行发酵而生产的,包括含有酒精的酒水或饮料。酿造酒采用最自然、传统的酿酒方式,酒度低,对人体的刺激性小。酒中含有多种营养成分,合理饮用有益身体健康,是适合大众化消费的酒品,很受市场欢迎。酒店里常见的酿造酒主要包括葡萄酒、黄酒、果类发酵酒、啤酒、清酒等。通过基础知识的学习能对常见酿造酒有基本认知。

任务目标

了解酿造酒的定义、特点;认识酿造酒的类型;熟悉其酿造原料;掌握常见酿造酒的主要分类、名品与饮用服务;能恰到好处地介绍和推荐酒水。

任务实施

酿造酒的主要原料是谷物和水果,采用最自然的酿酒方式,即原汁原味的发酵原酒;酒精含量较低,归属于低度酒。例如,用谷物发酵的啤酒一般酒精含量为 $3\%\sim8\%$,果类的葡萄酒酒精含量为 $8\%\sim14\%$。酿造酒含有多种营养成分,适量饮用有益于身体健康。酿造酒按原料性质分两大类:一类是以水果为原料酿造而成,常见的有各种葡萄酒;另一类是以粮食为原料酿造而成,常见的有啤酒、黄酒、清酒等。

一、葡萄酒

葡萄酒是以葡萄为原料,经过发酵酿制而成的酒,属于一种发酵酒。通常酒中的酒精含量低,酒度为 10~14 度,葡萄酒主要用于佐餐,所以被称为佐餐酒。葡萄酒含有丰富的营养成分,常饮用少量的红葡萄酒能减少脂肪在动脉血管上的沉积,对防止风湿病、糖尿病、骨质疏松症等有一定的功效。世界上葡萄酒质量最好的国家要属法国。

除此之外,德国、意大利、西班牙、葡萄牙等欧洲国家及美国、澳大利亚等国家也生产质量上乘的葡萄酒。

全世界葡萄酒品种繁多,一般按以下几个方面进行葡萄酒的分类。

(一)按酒的颜色分类

❶ 白葡萄酒 白葡萄酒是选择用白葡萄或浅红色果皮的酿酒葡萄,经过皮汁分离,取其果汁进行发酵酿制而成的葡萄酒。这类酒的色泽应近似无色,浅黄带绿或浅黄。果香芬芳,微酸爽口,是鱼贝类、禽类菜肴的最好佐餐酒。

❷ 红葡萄酒 红葡萄酒是选择用皮红肉白或皮肉皆红的酿酒葡萄,采用皮汁混合发酵,然后进行分离陈酿而成的葡萄酒。这类酒的色泽应呈自然宝石红色、紫红色、石榴红色等。失去自然感的红色不符合红葡萄酒的色泽要求。红葡萄酒有助于消化,是烤肉类或铁扒菜肴的最好佐餐酒。

❸ 桃红葡萄酒 此酒是介于红、白葡萄酒之间,选用皮红肉白的酿酒葡萄,进行皮汁短时期混合发酵,达到要求后进行分离皮渣,继续发酵,陈酿而成的葡萄酒。这类酒的色泽应该是桃红色、玫瑰红或淡红色。

(二)按酒内糖分分类

❶ 干葡萄酒 干葡萄酒亦称干酒,原料(葡萄汁)中糖分完全转化成酒精,残糖量在 0.4% 以下,口评时已感觉不到甜味,只有酸味和爽口的感觉。干酒是世界市场主要消费的葡萄酒品种。由于干酒糖分极少,所以干酒的葡萄品种风味体现最为充分,对干酒的口评是鉴定葡萄酒酿造品种优劣的主要依据。

❷ 半干葡萄酒 含糖量在 4~12 g/L,欧洲与美洲消费较多。

❸ 半甜葡萄酒 含糖量在 12~40 g/L,味略甜,是日本和美国消费较多的品种。

❹ 甜葡萄酒 甜葡萄酒含糖量超过 40 g/L,口评能感到甜味的称为甜葡萄酒。质量高的甜葡萄酒是用含糖量高的葡萄为原料,在发酵尚未完成时即停止发酵,使糖分保留在 4% 左右,但一般甜葡萄酒多是在发酵后另外添加糖分。中国及亚洲一些国家甜葡萄酒消费较多。

(三)按是否含二氧化碳分类

❶ 静酒 不含二氧化碳的酒为静酒。

❷ 汽酒 含二氧化碳的葡萄酒为汽酒,又分为天然汽酒和人工汽酒。法国香槟区出产的香槟酒属于天然汽酒。

二、啤酒

啤酒是以大麦芽、啤酒花、水为主要原料,经发酵酿制而成的一种含有大量二氧化碳气体的低度酒,酒度一般在 4 度左右。在欧美一些国家和地区,啤酒被认为是一种饮料。啤酒具有显著的麦芽和酒花清香,口味纯正爽口,内含丰富的营养成分,所以深受消费者喜欢。啤酒一般冷藏后饮用或加冰块饮用更佳,其最佳饮用温度为 8~10 ℃。判断啤酒质量最简单的方法主要有两种:一是看其有无混浊或沉淀,优质啤酒是清澈透明的,如混浊或有沉淀物,则表示啤酒已过期或变质;二是看其泡沫,优质啤酒的泡沫丰富、洁白、细腻、持续时间较长,且能挂杯,挂杯能保持在 2 min 左右者为佳品。

(一)啤酒的分类

全世界啤酒品种繁多,啤酒一般按以下几方面进行分类。

❶ 根据麦芽汁浓度分类 啤酒酒标上的度数与白酒上的度数不同,它并非指酒度,它的含义为麦芽汁的浓度,即啤酒发酵进罐时麦芽汁的浓度,主要的度数有 18 度、16 度、14 度、12 度、11 度、10 度、8 度。日常生活中我们饮用的啤酒多为 11 度啤酒和 12 度啤酒。

②根据啤酒色泽分类 啤酒分为淡色啤酒、浓色啤酒、黑色啤酒。

③根据杀菌方法分类

(1)鲜啤酒。啤酒包装后,不经巴氏灭菌的啤酒。这种啤酒味道鲜美,容易变质,保质期为 7 天左右。

(2)熟啤酒。经过巴氏灭菌的啤酒,可以存放较长时间,用于外地销售。瓶装保质期为 6 个月左右;听装保质期 12 个月左右。

④根据包装容器分类

(1)瓶装啤酒。国内主要为 640 mL 和 355 mL 两种包装。国际上还有 500 mL 和 330 mL 等其他规格。

(2)听装啤酒。以铝合金为材料,规格多为 355 mL。便于携带,但成本高。

(3)桶装啤酒。材料一般为不锈钢或塑料,容量为 30 L。

(二)啤酒的主要品牌

①国内著名品牌 国内著名啤酒有华润雪花啤酒、青岛啤酒、燕京啤酒、哈尔滨啤酒。

②世界著名啤酒 世界著名啤酒有卢云堡啤酒、慕尼黑啤酒、嘉士伯啤酒、百威啤酒、喜力啤酒、科罗娜啤酒。

(1)卢云堡啤酒:德国传统啤酒,色泽较深。

(2)慕尼黑啤酒:德国慕尼黑地区生产的优质啤酒。该啤酒有浓郁的焦麦芽香味,口味微苦。

(3)嘉士伯(Carlsberg)啤酒:丹麦生产的著名啤酒。

(4)百威(Budweiser)啤酒:美国生产的一种极富时代感的清淡型啤酒。

(5)喜力(Heineken)啤酒:荷兰的传统啤酒。

(6)科罗娜(Corona)啤酒:墨西哥生产的著名啤酒。

三、黄酒

黄酒是世界上古老的一种酒,起源于中国。黄酒又称压榨酒,是以谷物(主要是糯米、黍米和大米)为原料,经过特定的加工工艺酿制而成的一种低酒精含量的原汁酒,因其颜色黄亮或黄中带红而取名黄酒。酒度一般为 8～20 度。黄酒还是一种重要的调料,具有去腥提味的作用。代表品种:浙江绍兴加饭酒、福建红曲酒、山东即墨老酒等。

四、清酒

清酒是借鉴中国黄酒的酿造法而发展起来的日本国酒,属于低度米酒。清酒一直是日本人最常喝的饮料酒。清酒色泽呈淡黄色或无色,清亮透明,具有独特的清酒香,口味酸度小、微苦、绵柔爽口,其酸、甜、苦、辣、涩味协调,酒度在 16 度左右,含多种氨基酸、维生素,是营养丰富的饮料酒。清酒可常温饮用,以 16 ℃左右为宜;如需加温饮用,加温一般至 40～50 ℃,温度不可过高;也可冷藏后饮用或加冰块和柠檬饮用。

任务评价

技能考核

◆1.酿造酒知识运用技能设计

设计一组酿造酒的鉴别活动,摆放酿造酒、蒸馏酒、配制酒等不同品牌不同种类的酒,正确识别出酿造酒及其品牌。

◆2.酿造酒知识运用技能考核表(100 分)

工作案例分析

【案例情境】

小王请小张去一家餐厅吃饭，服务员很热情地接待了他们。小王对小张说："今天工作完成得很好，我们喝点酒庆祝一下吧。"小张摇摇头说："我不会喝酒，很容易醉的。"小王说："那我们喝点度数低的啤酒，怎么样?"小张问服务员："你家啤酒哪款度数最低，多少度?"服务员想了一想，回答说："好像是十几二十度吧。"小张一听，连忙无奈地摇头说："那酒度太高了，我不能喝。"

案例思考:餐厅服务员还要掌握哪些酒水方面的知识?

酿造酒知识运用技能考核表

案例点评

任务四　非酒精饮料认知

任务描述

非酒精饮料又称软饮料，是日常生活中补充人体水分的来源之一。碳酸饮料和其他的非碳酸饮料(如茶、果汁)等，不仅能解渴，而且在饮用时还能使人产生舒畅的快感。在餐厅和酒吧中供应的软饮料品种很多，通过学习对非酒精饮料有基本的认识和了解。

任务目标

了解常见的各种软饮料的品种、分类和特点，熟知咖啡、茶等非酒精饮料的特点及分类。

任务实施

非酒精饮料是指酒精含量不超过0.5%的提神解渴饮料。绝大多数非酒精饮料不含有任何酒精成分，但也有极少数含有微量酒精成分，其作用也仅仅是调节饮料的口味或改善饮料风味而已。按原料属性可将其划分，常见的有茶、咖啡、可可、矿泉水、果蔬汁饮料、乳品饮料、碳酸饮料等。其中茶、咖啡、可可号称世界三大非酒精饮料。

一、茶

中国是世界上最早发现、种植和利用茶的国家，是茶的发源地，被誉为茶的故乡。茶依据茶叶的发酵程度分类，可分为全发酵茶、半发酵茶和不发酵茶;依据茶的制作工艺分类，可分为绿茶、红茶、乌龙茶、黄茶、白茶和黑茶六类。

❶ 绿茶　绿茶属于不发酵茶，具有自然清香、味美、形美、耐冲泡等特点。代表产品:西湖龙井、洞庭碧螺春、信阳毛尖、黄山毛峰、太平猴魁、庐山云雾。

❷ 红茶　红茶属于全发酵茶，具有红叶红汤、香气浓郁、滋味甘甜和鲜爽的特点。代表产品:祁门红茶、云南红茶、川红、宁红、荔枝红茶。现在西餐和酒吧通常使用的是红茶茶包。

❸ 乌龙茶　乌龙茶属于半发酵茶，适当发酵后叶缘呈红色，叶片中间为绿色，三分红七分绿，美其名曰"绿叶红镶边"。乌龙茶既有绿茶之清香、花茶之芳香，又有红茶之甘醇。乌龙茶还有分解脂肪、减肥健美等功效，深受人们喜爱。乌龙茶在六类茶中工艺最复杂费时，泡法也最讲究，所以喝乌龙茶也被人称为喝工夫茶。代表产品:铁观音、水仙茶、大红袍、武夷岩茶。

❹ 黄茶　黄茶属于微发酵茶，芽叶细嫩，色泽金黄。黄叶黄汤，汤色橙黄明亮，香气清纯、进口甜爽。代表产品:君山银针、蒙顶黄芽、广东大叶青等。

❺ 白茶　白茶属于轻发酵茶，白茶是我国的特产。因成品茶多为芽头，满披白毫，色白隐绿，素有"银装素裹"之美感，有清热降火之功效。代表产品:白牡丹、白毫银针、安吉白茶。

中国茶叶分类表

❻ 黑茶 黑茶属于厚发酵茶,品种丰富,是大叶种茶树的粗老硬叶或鲜叶经厚发酵制成,茶叶呈暗褐色,叶粗、梗多、茶汤黄褐色、香气浓郁、滋味醇厚。茶性温和,耐泡、耐煮、耐存放,具有解毒、降血脂、减肥、健胃、醒酒等功效。各种黑茶的紧压茶是藏族、蒙古族等人民日常生活的必需品。代表产品:云南普洱茶、广西六堡茶、安化黑茶。

二、咖啡

咖啡是一种营养价值较为丰富的饮料,含有脂肪、水、咖啡因、纤维素、糖分、芳香油等成分,具有振奋精神、消除疲劳、除湿利尿、帮助消化等功效,餐后喝咖啡可以分解肉类脂肪,所以深受人们的喜爱。咖啡原产于非洲的埃塞俄比亚,现在世界上咖啡产量居第一位的是巴西,哥伦比亚、印度尼西亚、牙买加等国家的产量也很高。

每一种咖啡都有不同的特性,分别偏向酸、甜、苦、醇、香等不同的味道。为适合不同人的饮用口味,可以把不同味道的咖啡综合起来调配,使之能相互补充不足而产生新的特性。常见的咖啡品种有蓝山咖啡、哥伦比亚咖啡、圣多斯咖啡、曼特林咖啡等。一杯好的咖啡必须是色、香、味俱全,而质量的好坏,除与咖啡的品种有关外,还与冲调的方法有密切的关系。通常使用的冲调法可分为过滤式冲调法、蒸馏式冲调法、电咖啡壶冲调法三种,见图 4-25 至图 4-27。

咖啡的保管和储存

图 4-25　过滤式冲调法　　图 4-26　蒸馏式冲调法　　图 4-27　电咖啡壶冲调法

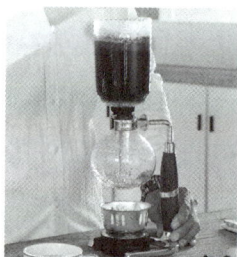

三、可可

可可主要的产区是非洲和拉丁美洲,非洲西部的加纳共和国的产量居世界之首,约占全世界总产量的 1/3,我国的广东、台湾等地也有栽培。可可豆中含有 50% 的脂肪、10% 的蛋白质、10% 的淀粉,还含有维生素、蛋白质、脂肪及少量的糖和可可碱等。种子焙炒、粉碎后即可成为可可粉,其可做饮料,也是制作巧克力的主要原料,还可供药用,有强心、利尿的功效。可可粉味道香浓可口,能增加热量,增强体质。常见的饮料有可可牛奶、可可冰激凌等。

四、矿泉水

矿泉水是从地下深处自然涌出的或经人工揭露的、未受污染的地下矿水,含有一定量的矿物质、微量元素或二氧化碳气体,具有清凉解渴、消除疲劳的作用,是一种天然的营养保健饮品。常见的矿泉水有法国的依云矿泉水,中国的崂山矿泉水、娃哈哈矿泉水、农夫山泉矿泉水等。

五、果蔬汁饮料

果蔬汁饮料是以新鲜水果和蔬菜为原料制成的饮品。果蔬汁饮料富含易被人体吸收的营养成分,有的还有医疗保健功效。果蔬汁饮料具有水果和蔬菜原有的风味,酸甜可口,色泽鲜艳,芬芳诱人。由于果蔬汁中含有一定水分,所以具有不稳定、易发酵、易生霉的特点,因此要特别注意此类饮料的保质期和保存条件。果蔬汁饮料可分为天然果汁、果汁饮料、果肉果汁、浓缩果汁以及蔬菜汁。

六、乳品饮料

乳品饮料,一般是指以牛乳加工制成的饮料的总称。乳品饮料含有丰富的营养成分,易被人体消化吸收,属于营养价值高的健康饮品。国家标准要求含乳饮料中牛乳的含量不得低于30%。乳品饮料常见有纯鲜牛奶、乳脂饮料、发酵乳饮、冰激凌、含乳饮料。

七、碳酸饮料

碳酸饮料是在经过纯化的饮用水中压入二氧化碳气体,并添加甜味剂和香料制成的一种饮料,因含有二氧化碳气体,又称为汽水。这类饮料的重要特征是具备其特有的甜度、酸感和清凉口感。碳酸饮料按是否含有香料分为含香料的碳酸饮料和不含香料的碳酸饮料;按其原料不同可分为果汁型、果味型、可乐型、低热量型、其他碳酸型五种。

任务评价

技能考核

◆1.茶艺知识运用技能考核

设计一组茶艺品鉴会,要求通过品尝和闻味能确定茶的种类并介绍出各种茶类的起源及特色。

◆2.茶知识运用技能考核表(100分)

工作案例分析

【案例情境】

以前,服务员总是问客人:"先生,您喝点什么?"结果在很多时候客人就点最大众化的饮料——雪碧,有的客人则干脆说:"不要了。"一段时间下来,饮料的销售额平平。后来,经理要求服务员换一种问法:"先生,我们餐厅有椰汁、芒果汁、胡萝卜汁等饮料,您需要哪一种饮料?"结果很少有客人再点价格相对较低的雪碧,转而选择价格相对较高的椰汁、芒果汁或胡萝卜汁中的一种。从这以后,饮料的销售额有了明显的增长。

案例思考:如何针对不同人群巧妙地推销酒水?

在线答题

茶知识运用
技能考核表

案例点评

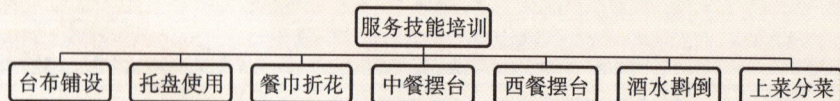

服务技能培训

项目描述

　　餐饮服务技能是指餐饮服务人员面对面地为客人提供各种服务,满足客人提出的各类符合情理的要求的各项基本技能。客人在就餐期间,不仅要求菜点的色、香、味、形、质、养、器俱佳,还要求提供相应的服务,服务人员只有掌握了对客服务的各项基本技能,才能更好地为客人服务,提高客人的满意度。本项目以工作任务形式就餐饮服务的单项基本技能进行学习、训练,力求在学习的过程中提高感性认识,在训练的过程中使学生掌握各项基本技能,进一步升华服务意识。

项目目标

　　1.了解台布的种类和规格;掌握铺设台布的几种主要方法和技术要领;能迅速、熟练地铺设台布、撤换台布。

　　2.了解托盘的种类、规格和使用知识;掌握托盘的操作程序和方法;能熟练运用托盘进行餐饮服务。

　　3.了解餐巾的作用和分类;掌握餐巾折花的摆放要求、基本手法;能根据宴席的主题熟练地设计、折叠出各类餐巾花。

　　4.认识中、西餐摆台用具;掌握摆台的种类、要求、操作程序和标准;能根据中、西餐特点及不同类型的就餐形式(早、中、晚餐,零点、宴会等)熟练地进行摆台。

　　5.明确斟酒的准备工作和酒瓶的开启方法;掌握斟酒的姿势、位置、斟酒方法及斟酒量;能根据各种酒水特点独立为客人进行酒水斟倒服务。

　　6.明确上菜的程序、规则、位置和动作技巧,菜肴摆放的要求,以及特殊菜肴的上菜方法;能熟练地为客人提供上菜及相关服务。

　　7.明确分菜前的准备工作,分菜工具的使用方法,分菜的顺序、方法及各种特殊情况的分菜方法;能按照规范要求,熟练地为客人提供分菜及相关服务。

　　8.培养学生良好的职业素养,提高学生的独立操作能力、创造能力和审美能力。

项目内容

```
            服务技能培训
┌──────┬──────┬──────┬──────┬──────┬──────┬──────┐
台布铺设 托盘使用 餐巾折花 中餐摆台 西餐摆台 酒水斟倒 上菜分菜
```

任务一 台布铺设

任务描述

台布铺设服务技能是餐厅服务员必须掌握的一门技术,是餐饮服务过程中不可缺少的基本技能之一,台布铺设的好坏将影响餐桌整体效果及服务效率,通过基础知识的学习和技能的训练,掌握台布铺设的方法和技巧,达到熟练操作的要求。

任务目标

了解台布的分类方法和规格;知道台布的作用;掌握铺设台布的方法、程序及标准;能根据要求,选择合适的铺设方法,独立完成台布铺设工作。

任务实施

一、台布的种类

台布又称为桌布,是覆盖于台面、桌面上用以防污或增加美观的物品,也是现代酒店中必不可少的一类小型装饰品,主要起到保洁、装饰和方便服务的作用。台布是餐厅摆台必备的物品之一,台布的规格及色泽的选择,应与台面的大小、餐厅的风格协调一致。

台布的种类很多,主要有以下四种。

(1)从台布的质地分,有化纤台布、塑料台布、绒质台布、棉织台布等,其中纯棉台布吸湿性能好,为大多数餐厅所使用。

(2)从台布的颜色分,有白色、黄色、绿色和红色等。台布的颜色要与餐厅的风格、环境相协调。

(3)从台布花形图案划分,有团花、提花、散花等,其中提花图案的台布使用较多。

(4)从台布的形状分,有圆形台布、正方形台布和异形台布等。正方形台布常用于方台或圆台,长方形则多用于西餐各种不同的餐台,圆形台布主要用于中餐圆台。高档宴会则采用多层两种形状以上的台布。除此之外,还分为台布和台裙。圆桌台布、方桌台布见图 5-1 和图 5-2。

桌布的色彩
选择与搭配

图 5-1 圆桌台布

图 5-2 方桌台布

二、台布的规格

一般情况下,按照台布尺寸和餐台使用人数可以分为五种情况。

(1)180 cm×180 cm 的台布,适用于 4~6 人餐桌。

(2)220 cm×220 cm 的台布,适用于 8~10 人餐桌。

(3)240 cm×240 cm 的台布,适用于 12 人餐桌。

(4)260 cm×260 cm 的台布,适用于 14～16 人餐桌。

(5)180 cm×360 cm 和 160 cm×200 cm 的长方形台布多用于西餐长台。

三、台布的铺设方法

台布铺设服务技能操作程序与标准见表 5-1。

表 5-1　台布铺设服务技能操作程序与标准

操 作 程 序	操 作 标 准
准备工作	洗净双手,准备好铺台需要的台布,放在餐桌的副主人位上
操作步骤	站在副主人位开始铺设台布
	台布正面朝上,中心线对准正、副主人位
	台布应"十"字居中,四角对桌角,四角下垂均等
	动作规范、熟练,一次铺成,铺好的台布应舒展、平整
铺设方法	抖铺式:用双手将台布打开,平行打折后将台布提拿在双手中,身体呈正位站立式,利用双腕的力量,将台布向前一次性抖开并平铺于餐台上
	推拉式:用双手将台布打开后放至餐台上,将台布贴着餐台平行推出去再拉回来
	撒网式:双手将打开的台布提拿起来至胸前,双臂与肩平行,上身向左转体,下肢不动并在右臂与身体回转时,台布斜着向前撒出去,将台布抛至前方时,上身转体回位并恢复至正位站立,这时台布应平铺于餐台上
	肩上抛式:将台布打开,平行打折,向胸前回拢,将台布整体翻置,在桌上击打一下,双手提拿起来至肩上,将台布整体抛出,再拉回,台布四角下垂均等。这种铺台布方法一般用于表演或比赛
	退拉式:用餐椅腿尖做支点将副主人位一侧的餐椅侧转 90°,先铺第一块台布;将折叠好的台布横向打开,将垂直的中缝对准桌子的纵轴,用拇指与食指均匀地捏住台布边的左右两侧,左右手臂张开距离相等;身体前倾,将拎起的台布向餐桌中央推去,同时放开下层台布边;采用退拉的方式,将台布边退边拉,并抓住第一层台布边缘徐徐将台布拉正,放下下垂部分,台布铺好后,餐椅归位。推拉式铺设台布是西餐厅最常用的铺台方法

四、台布铺设服务技能的操作注意事项

(1)台布的正面向上,铺设台布的位置在副主人位一侧。

(2)若是圆形台布,台布边缘距地面相等,同一餐厅所有餐桌台布的折缝要横竖统一。

(3)要将台布一次性铺开,台布的四角要下垂均等。

在线答题

台布铺设服务技能考核表

🍳 **任务评价**

📋 技能考核

◆1.台布铺设服务技能考核设计

用不同方法铺设台布,三分钟内完成一种一张餐台的台布铺设工作,要求一次打开,正面朝上四角下垂均等,台面平整,操作人员动作协调,规范。

◆2.台布铺设服务技能考核表(100 分)

工作案例分析

【案例情境】

张健是职业学校酒店专业刚毕业的一名学生,因其在全省的餐饮技能大赛中荣获一等奖的好成绩,被该市一家四星级酒店录用。张健以其扎实的专业知识和良好的专业技能很快得到了领导的重视。在一次餐厅值台服务中,张健送走了一批又来一批的客人。为了使客人尽快入座,张健赶紧用撒网式的方法将台布铺上,动作利落潇洒,这时只看见旁桌就餐的客人用诧异和不满的眼神看着张健,可是他还蒙在鼓里。

案例思考:1.台布的铺设方法、操作要点、注意事项有哪些?

2.如果你是张健,在台布铺设过程中,还应当注意什么?

案例点评

任务二 托盘使用

任务描述

托盘是餐饮服务过程中取拿餐具、酒水、菜品、摆台、撤台、换碟的一种服务工具,托盘也被称为是服务员的第三只手。正确有效地使用托盘,是每个餐厅服务员应掌握的基本操作技能,可以提高服务质量和劳动效率,体现服务的标准化和规范化。通过基础知识的学习和技能的训练,掌握托盘使用方法和技巧,达到端托自如的效果。

任务目标

了解托盘的种类和规格;熟悉托盘的用途;掌握托盘的使用方法、操作程序及标准;能根据托送物品,选择合适的托送方法,独立完成物品托送服务。

任务实施

一、托盘的种类

一般情况下,托盘按照制作材料、形状和规格进行分类。

(1)根据托盘的制作材料,可分为木质托盘、金属托盘、胶木托盘和塑料托盘(图5-3至图5-6)。餐饮服务中常用的托盘主要是胶木托盘、塑料托盘,均是采用防滑工艺处理过的。

(2)根据托盘的形状,可分长方形托盘、圆形托盘、椭圆形托盘和异形托盘。

(3)根据托盘的规格,可分大型托盘、中型托盘和小型托盘。

餐饮服务中托盘的用途

图 5-3 木质托盘

图 5-4 金属托盘

二、托盘的规格

餐饮服务中,常用的托盘形状主要是圆形托盘和长方形托盘,其中圆形托盘有直径35 cm、40 cm、45 cm等不同规格。餐厅席间服务用直径40 cm的托盘较为适宜。而长方形托盘,规格一般是

图 5-5　胶木托盘

图 5-6　塑料托盘

长 51 cm、宽 38 cm。

三、托盘的使用方法

托盘的使用方法按照托盘的大小以及盛装物品的重量分为轻托和重托。在实际的餐饮服务工作中，以轻托为主，较大或者较重的物品为了安全起见多用餐车运送。

❶ 轻托　轻托又称胸前托，是指托送比较轻的物品，或用于上菜、分菜、斟酒、撤换餐具等，一般托重量在 5 kg 以内的物品。轻托多用于日常餐饮工作中，是最常见和实用的托法。轻托通常在客人面前操作，其准确、熟练、优雅的程度十分重要，是衡量、评价餐饮服务员服务水平高低的标准之一。

❷ 重托　重托又称肩上托，是指用托盘运送较重的菜点、酒水和盘碟的方法，一般所托重量在 5～10 kg。日常餐饮工作中的长方形托盘多采用重托，以托送菜肴为主，由于易沾油渍，使用前要仔细检查和擦洗。

四、托盘服务技能的操作程序与标准

托盘服务技能操作程序与标准见表 5-2。

表 5-2　托盘服务技能操作程序与标准

操作程序	操作标准
准备工作	准备好轻托需要的托盘若干，以及各种餐具、酒具和酒瓶。 准备好重托需要的托盘若干、各种菜盘若干
轻托	理盘：根据所托的物品选择清洁合适的托盘，如果不是防滑托盘，则在托盘内垫上洁净的垫布。 装盘：根据物品的形状、体积和使用先后合理安排，重量分布均衡，重心靠近身体，以安全稳当和方便为宜。 起盘：身体重心下降、前倾，左手掌心向上、指尖向前，右手拉托盘边缘，左手置于托盘下，找到托盘重心后托起，端稳后回复直立状，左臂放于胸前。 行走：行走时要头正肩平，上身挺直，目视前方，脚步轻快稳健，精力集中，随着步伐移动，托盘自然摆动，但以菜肴酒水不外溢为标准。 落盘：到达目的地，要把托盘平稳地放到餐台上，再安全取出物品
重托	理盘：与轻托基本相同。选择大小合适的托盘，及时清洁托盘内的油渍，避免发生意外。 装盘：要将托盘内的物品分类摆放均匀，使物品的重量在托盘内均匀分布，并注意物品的高矮、大小，切忌物品无层次混乱摆放，以免造成餐具破损。同时还要注意物品间要留有一定的距离，以免行走时发生碰撞而产生响声。 起盘：起盘姿势是用双手将托盘移至工作台处，用右手协助将托盘拉出 1/3，左手伸入托盘底部，五指自然张开并托住盘底的中心，双脚分开呈八字形，双腿下蹲略呈骑马蹲裆式的姿势，腰部略向左前方弯曲。掌握好重心后，用右手协助左手将托盘向上托起，同时左手向上弯曲臂肘，向左后方旋转 180°，擎托于肩上方。要做到盘底不落肩，盘前不靠嘴，盘后不靠发。待左手向后托实、托稳后再将右手撤回。右手呈下垂姿势自然摆动，或扶托盘的前角。

续表

操作程序	操作标准
重托	行走：上身挺直，两肩放平，行走时步伐轻快，肩不倾斜，身不摇晃，掌控重心，动作表情轻松自然。 落盘：右手协助左手将托盘向右前方旋转，顺势将托盘从肩上降至身前。左脚在前，身体下蹲，将托盘的前1/3部分搭放在工作台上，右手将托盘平稳向内平推至全部平放，起身

五、托盘服务技能的操作注意事项

①　轻托的注意事项

（1）用轻托的方式给客人斟酒时，要随时调整托盘重心，勿使托盘翻倒而将酒水泼洒在客人身上。不可将托盘越过客人头顶，以免发生意外，左手应向后自然延伸。

（2）随着托盘内物品的不断变化，重心也不断变化，所以左手五个手指应根据托盘重心的变化做相应的受力调整，以掌握好托盘的重心。

（3）从托盘上取物品时，要从两边交替端下，以保持托盘平衡。

（4）行走时，托盘略有摆动，但应注意不能让其上下摆动的幅度过大。

②　重托的注意事项

（1）平：托送时掌握好重心。行走时要保持盘内平、肩平、动作协调。重托的托盘以托送菜点居多，易沾油渍，使用前要仔细检查和擦洗。

（2）稳：要调度得当，分档安放。装盘要合理稳妥，托盘不晃动，行走不摇摆，使人有稳重、踏实的感觉。

（3）松：在托送重物的情况下，动作表情要显得轻松自如，上身保持正、直、行走自如。落盘时，要屈膝但不要弯腰。

任务评价

技能考核

◆1.托盘使用服务技能考核设计

（1）在规定时间内完成5瓶矿泉水（轻托）行走30 m的端托训练。

（2）在规定时间内完成6～10瓶矿泉水（重托）行走30 m的端托训练。

（3）要求端托平稳、操作手法干净利落。

◆2.托盘使用服务技能考核表（100分）

工作案例分析

【案例情境】

一日，服务员小徐为客人服务上菜的时候，不小心将托盘撞在了一桌就餐客人中年龄最大的老人的头上。老人倒是没说什么，但他的子女们很不高兴，责问小徐说道："你怎么回事？碰到了别人怎么连道个歉都不知道？"小徐生硬地说："对不起！"然后放下菜转身走了。这下更激怒了这一家人，马上叫来了经理，站起来和经理理论。经理诚恳地向老人道了歉，但其子女们还是不满意，最后经理答应给客人打了8.8折，客人才坐回了座位上。

案例思考：1.造成失误的原因是什么？

　　　　　2.我们如何才能避免和减少发生服务事故？

　　　　　3.在你看来，服务人员在服务过程中，有哪些方面是需要注意的？

托盘行走时常用的五种步伐

在线答题

托盘使用服务技能考核表

案例点评

任务三 餐巾折花

任务描述

餐巾折花是餐前的准备工作之一,主要工作内容是餐厅服务员将餐巾折成各式花样,插到杯内或放置在盘碟内,供客人在进餐过程中使用;餐巾折花也是餐厅服务的重要技能之一,美观的餐巾折花本身就是餐桌上的装饰品,再加上服务员的优质服务,能够给客人一种招待细致入微的感觉。通过基础知识的学习和技能的训练,掌握餐巾折花的操作手法,可以举一反三地拓展餐巾折花技法,能自行设计不同主题餐巾折花。

任务目标

了解餐巾的作用;认识餐巾的种类;熟悉餐巾折花的基本技法;掌握餐巾折花的选择与应用;能掌握40种餐巾花的折叠方法;培养良好的审美意识。

任务实施

一、餐巾的作用和种类

餐巾又称口布、茶巾、茶布等,是餐厅中必备的一种保洁用品,也是台面摆设的艺术装饰品。它既能起到保洁作用,防止菜肴、汤汁、酒水溅落在衣服上,又能起到美化台面、渲染气氛的作用,同时还可以标志宾主席位,便于入座。

餐巾的种类可以从质地和颜色两方面进行划分。

❶ 质地 按餐巾的质地,可分为棉织品和化纤织品。棉织品餐巾吸水性较好,去污力强,浆熨后挺括,造型效果好。化纤织品餐巾色泽艳丽,透明感强,富有弹性,如一次造型不成,可以二次造型,但吸水性差,去污力不如棉织品。

❷ 颜色 按餐巾的颜色,可分为白色与彩色两种。白色餐巾给人以清洁卫生、恬静优雅感觉,并能安定人的情绪。彩色餐巾可以渲染就餐气氛,如大红色、粉色、黄色餐巾给人以庄重热烈的感觉;橘黄色、鹅黄色餐巾给人以高贵典雅的感觉;湖蓝色餐巾在夏天能给人凉爽、舒适的感觉。

二、餐巾折花的种类

❶ 餐巾的折叠方法与摆设 按餐巾的折叠方法与摆设,可分为杯花、盘花和环花三种,见图5-7至图5-9。杯花一般需插入杯中以完成造型,取出杯子即散开;盘花造型完整,成形后不会自行散开,可放于盘中或其他盛器及台面上。

❷ 餐巾花外观 按餐巾花外观,可分为植物类造型、动物类造型和实物类造型三种,见图5-10至图5-12。

(1)植物类造型:根据植物的造型折制的有月季、荷花、梅花、牡丹、水仙花等品种;根据植物的叶、茎、果实造型折制的有荷叶、竹笋、玉米等品种。植物类造型变化多,造型美观,是餐巾折花品种中的一个大类。

(2)动物类造型:此类包括鱼虫鸟兽,其中以飞禽为主,如孔雀、鸽子、海鸥等。动物类造型有的塑其整体,有的取其特征,形态逼真,生动活泼,是餐巾折花中重要的一类。

(3)实物类造型:此类造型是模仿日常生活中各种实物形态折叠而成。常见的有花篮、折扇等。

餐巾的起源

餐巾折花操作视频

图 5-7　杯花

图 5-8　盘花

图 5-9　环花

图 5-10　植物类造型

图 5-11　动物类造型

图 5-12　实物类造型

这类花形在餐巾花中只占少数，目前品种不太多。

常见餐巾花的折叠示意图见图 5-13。

企鹅迎宾

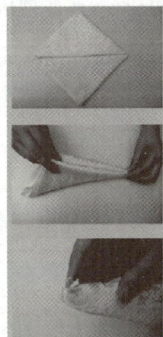

图 5-13　常见餐巾花的折叠示意图

扫码看更多
餐巾花的折
叠示意图

三、餐巾折花的基本技法

餐巾折花的基本技法包括叠、卷、折、翻、拉、掰、捏、穿八大部分，详见表 5-3。

表 5-3　餐巾折花基本技法操作要领

基本技法	具体操作要领	图　示
叠	叠是最基本的餐巾折花技法。将餐巾一折二、四，或折成长方形、三角形、正方形、梯形等，包括正方折叠、长方折叠、条形折叠、对角折叠、错位折叠等叠法。叠的基本要领是找好角度，一次叠成	

续表

基本技法	具体操作要领	图　示
卷	用大拇指、食指、中指三个手指相互配合，将餐巾卷成各种圆筒状，分别有直卷和螺旋卷（如孔雀）两种。直卷有单头卷、双头卷（如马蹄莲）、平头卷。卷的基本要领是要卷得紧凑、挺括	
折	折是打褶时运用的一种手法。两个大拇指相对成一线，用拇指和食指将餐巾捏成一个褶，中指控制距离和长度，拇指和食指紧按捏起的褶向前推折，两手食指将推折好的褶重复捏起，两手中指控制好下一个褶的距离，三个手指相互配合做往返运动。折的基本要领是折出的褶均匀整齐	
翻	翻大多用于折花鸟造型。用右手大拇指、食指、中指三个指头配合，把初具成形的餐巾翻成所需形状，分紧翻和送翻两种。翻的基本要领是注意大小适宜，自然美观	
拉	在餐巾折花过程中，将餐巾的一角或一边拉出、拉下或拉上的手法。一般采用左手捏住餐巾的中部或下部，再用右手拉出一角或一边。拉的基本要领是大小比例适当，造型挺括	
掰	将餐巾做好的褶用右手一层一层掰出层次，形成花蕾状，掰时不要用力过大，以免松散。掰的基本要领是层次分明，间距均匀	
捏	主要用于折鸟的头部造型。操作时先将餐巾的一角拉挺做颈部，然后用一只手的大拇指、食指、中指捏住鸟颈的顶端，食指向下，将餐巾角尖端向里压下，用中指与拇指将压下的餐巾角捏出尖嘴状，做出鸟头。捏的基本要领是棱角分明，头顶角和嘴尖角要到位	
穿	将餐巾先折好后攥在左手掌心内，用筷子一头穿进餐巾的褶缝里，然后用右手的大拇指和食指将筷子上的餐巾一点一点向后拨，直至筷子穿出餐巾为止，穿好后先把餐巾插入杯子内，然后再把筷子抽掉，否则容易松散。根据需要穿1~2根筷子。穿的基本要领是穿好的褶要平、直、细小、均匀	

四、餐巾折花的选择原则

❶ 根据宴会的主题、规模选择花形　餐巾折花因宴会主题各异而形式不同，所选择的花形也不同。大型宴会可选择简洁、挺括的花形。可以每桌选两种花形，使每个台面上花形不同，台面显得多

姿多彩。

❷ 根据宾主席位的安排选择花形　宴会主宾、主人席位上的花称为主花,主花一般选用品种名贵、折叠细致、美观醒目的花,以达到突出主人、尊敬主宾的目的。如接待商务客人,可以叠和平鸽表示和平,叠花篮或企鹅表示欢迎;为女宾叠孔雀表示美丽;为儿童叠小动物表示活泼可爱,均可使宾主感到亲切。

❸ 根据客人的宗教信仰选择花形　如果是信仰佛教的客人,勿折动物造型,宜叠植物、实物造型。信仰伊斯兰教的客人,勿用猪的造型等。

❹ 根据客人的风俗习惯选择花形　如日本人喜欢樱花,忌用荷花;美国人喜欢山茶花;法国人喜欢百合花;英国人喜欢蔷薇花等。

五、餐巾折花发展的新趋势

❶ 趋向线条简洁、明快、挺括的花形　因为这类花形折叠所需要的时间短、速度快,而且这种花形散开后,餐巾褶皱少,使用方便。

❷ 趋向盘花　盘花可减少手握杯的环节,满足客人清洁卫生的心理。

六、餐巾折花服务技能的操作程序与标准

餐巾折花服务技能操作程序与标准见表5-4。

表 5-4　餐巾折花服务技能操作程序与标准

操 作 程 序	操 作 标 准
折叠要求	做好操作前准备
	注意个人、餐巾、工具的卫生
	正确选择花形
	掌握折叠方法,一次成形
	造型美观、高雅、整洁
摆放要求	主花插在主人位,一般餐巾折花插在其他宾客席上,高低大小搭配应错落有致
	将餐巾折花最佳观赏面朝向客人
	形状相似的花形错开并对称摆放
	各餐巾折花间距离均匀,餐巾折花不能遮挡台上用品,不能影响服务操作
	恰当掌握杯花的深度,注意杯内餐巾整齐
	注意整体的协调性

七、餐巾折花服务技能的操作注意事项

(1)选择好餐巾,餐巾要干净、熨烫平整、无破损,并根据用餐的具体情况选定餐巾。

(2)花形的选择既要符合原则,点缀台面,方便客人观赏使用,又不能遮挡餐具和餐台上用品,还要方便服务员值台操作。

(3)折花操作时要在干净光滑的操作台或托盘上操作,并准备好辅助工具,如干净光滑的筷子。

(4)折花操作前要洗净双手;操作过程中不能用嘴咬餐巾,也不要多说话,以防唾液污染餐巾。

(5)折花要正确使用基本技法,操作时掌握要领,姿势自然,手势灵活,用力得当;折花时要胸有成竹,看准角度,一次成形。

(6)放花入杯时,要注意卫生,手指不允许接触杯口,杯身不允许留下指纹;餐巾折花宜放置在杯

中高度的 2/3 处。

(7)餐巾折花摆放台面时,要注意分清主宾位置,突出主人;单面观赏的花形如孔雀开屏,要将头部朝向宾客;多面观赏的花形要选择一个最佳观赏角度摆放。

任务评价

☑ 技能考核

◆1.餐巾折花服务技能考核设计

15 min 内完成 10 种不同造型的杯花和 6 个盘花或环花。杯花要求折出 5 种动物、5 种植物,花形高低错落、美观大方,并能运用于 10 人餐台的摆放,要突出主位花;盘花或环花要求 6 种不同造型,并能运用于 6 人西餐餐台的摆放。要求报花名。

◆2.主题餐巾设计与创作

以某一主题餐台为中心,设计一组 10 人圆台餐巾折花,花形不少于 5 种。操作时间为 6 min。要对餐巾花进行主题解说。

◆3.餐巾折花服务技能考核表(100 分)

☑ 工作案例分析

【案例情境】

时值隆冬,室外已是银装素裹,大风呼啸,几位日本客人来到某星级饭店西餐厅用餐,领位员将他们带到一张餐桌前,请他们入座。谁知道他们却不肯坐下,一位客人边说边用手指了指桌子上的餐巾花,并示意同伴离开。领位员赶紧请一位懂日语的服务员来帮忙,经询问才知道,原来客人忌讳餐桌上的餐巾折花的花形"出水芙蓉"(形似荷花)。清楚客人的忌讳后,领位员连忙向他们道歉,并以最快的速度撤下"出水芙蓉",换上象征高贵典雅的"皇冠",避免了一场纠纷。

案例思考:1.宴会一般根据什么来选择餐巾折花?

2.餐饮服务员应如何看待餐巾折花这一基本功?

任务四 中餐摆台

任务描述

摆台就是为客人就餐所做的准备,包括摆放餐桌、确定席位、提供必要的就餐用具,是餐厅配餐工作的一项重要内容。摆台包括布置餐桌、铺设台布、安排席位、准备用具、摆放餐具、美化席面等,摆台的好坏直接影响服务质量和餐厅的面貌。通过基础知识的学习和技能的训练,熟练掌握中餐摆台服务技能,达到熟能生巧。

任务目标

认识中餐摆台的用具;知道中餐摆台种类;熟悉中餐摆台的要求和中餐摆台服务技能的操作注意事项;掌握中餐摆台的操作程序和标准;能熟练运用摆台方法和技巧,独立完成中餐台面设计。

任务实施

一、中餐摆台的种类

中餐摆台,一般分为便餐摆台和宴会摆台两种。便餐摆台以小餐桌为主,宴会摆台则以大圆桌为主。一张布置合适的餐桌必须事先准备好各种餐具备品,并按照餐厅的规格和就餐需要选择相应的餐具来摆设。

1 **便餐摆台**　零点早餐台见图 5-14；零点午、晚餐台见图 5-15。

2 **宴会摆台**　宴会摆台见图 5-16。

图 5-14　零点早餐台　　　图 5-15　零点午、晚餐台　　　图 5-16　宴会摆台

二、中餐摆台的用具

中餐摆台的用具包括餐碟、汤碗、汤匙、筷子、筷架、味碟、茶碗、茶碟、烟灰缸、调味盅、牙签盅、公用餐具、各式酒杯、餐巾折花、花瓶、桌号牌、菜单等。

三、中餐摆台的要求

(1)台面摆设保持清洁卫生。摆台所用的台布、餐巾、餐具、小件物品、调料品及餐椅和其他各种装饰物品都要符合卫生要求。

(2)餐台的布局要科学。餐台的布局要做到台形设计考究、合理，既方便就餐，又能确保服务工作的顺利进行。

(3)台面的设计要合理。台面的设计要尊重客人的民族习惯和饮食习惯，符合待客的礼仪要求。

(4)摆台时要备齐餐饮用具。根据就餐规格和形式设计台面，所配餐具、用具要配套、齐全。

(5)餐具摆放要规范。餐具摆放要有条理，各席位的餐具相对集中、整齐一致，席位之间应有明显空隙，既要方便客人用餐，又要便于席间服务。

(6)中心花设计要美观、得体。中心花的设计要能体现宴会的主题，力求造型逼真、美观、得体、实用。

宴会座次
安排

四、中餐摆台服务技能的操作程序与标准

1 **摆餐椅**　将所需要餐椅按就餐人数摆放于餐台的四周，使之呈三三两两的并列状。

2 **铺台布**　服务员将选好的台布放于副主人处的餐台上，双手将台布打开并提好，运用臂力，把台布朝主人座位的方向抛抖出去。在抛抖的过程中，做到用力得当，动作熟练，一次抖开并到位。

3 **围台裙**　围台裙可提高餐厅的规格档次，使台面美观大方、高雅、舒适。

4 **摆转盘**　服务员先把转盘摆放在餐桌中心，轻轻转动，看是否灵活。大型宴会和国宴不用转盘。

5 **摆餐具**　按餐台摆放的技能标准摆餐具。

中餐早餐摆台服务技能操作程序与标准见表 5-5。

表 5-5　中餐早餐摆台服务技能操作程序与标准

操 作 程 序	操 作 标 准
准备工作	准备好摆台需要的相关物品，并放在服务边台上
餐碟	餐碟之间距离均等；餐碟边距桌边 1 cm

操 作 程 序	操 作 标 准
汤碗、汤匙	汤碗放在餐碟的左上方,距餐碟1 cm,俯视两圆相切;汤匙摆在汤碗内,汤匙柄向左;汤碗拿边,汤匙拿柄
筷架、筷子	筷架摆在餐碟的右侧,筷尾距桌边1 cm
餐巾折花	餐巾叠盘花,通常为统一的花形
花瓶	摆在靠墙的一边。调味盅、牙签盅放在花瓶旁边

中餐午、晚餐摆台服务技能操作程序与标准见表5-6。

表 5-6　中餐午、晚餐摆台服务技能操作程序与标准

操 作 程 序	操 作 标 准
准备工作	准备好摆台需要的相关物品,并放在服务边台上
餐碟	餐碟之间距离均等;餐碟边距桌边1 cm
汤碗、汤匙	汤碗放在餐碟的左上方,距餐碟1 cm,俯视两圆相切;汤匙摆在汤碗内,汤匙柄向左;汤碗拿边,汤匙拿柄
水杯	水杯放在餐碟右上方,水杯中心与汤碗中心在一条水平线上,汤碗与水杯间距1.5 cm
筷架、筷子	筷架摆在餐碟的右侧,筷架中心与水杯、汤碗中心形成一条水平线,筷尾距桌边1.5 cm
餐巾折花	餐巾叠盘花,通常为统一的花形
花瓶	摆在靠墙的一边。调味盅、牙签盅放在花瓶旁边

中餐宴会摆台服务技能操作程序与标准见表5-7。

表 5-7　中餐宴会摆台服务技能操作程序与标准

操 作 程 序	操 作 标 准
准备工作	准备好摆台需要的相关物品,并放在服务边台上
铺台布	(1)在副主人位一侧操作;台布正面朝上,中心线对准正、副主人位,"十"字中心点居桌面中心。 (2)台布四角对桌角,四角下垂均等
餐碟	(1)从主人位开始,顺时针依次摆放。 (2)餐碟之间距离均等;餐碟边距桌边1.5 cm。 (3)转盘中心与相对两个餐位三点形一直线。 (4)操作时拿餐碟边缘部位
汤碗、汤匙、味碟	(1)汤碗放在餐碟左上方,距餐碟1 cm,汤匙摆在汤碗内,汤匙柄向左。 (2)味碟放在餐碟右上方,味碟与汤碗位于餐碟中线两侧,相距1 cm。 (3)汤碗拿边,汤匙拿柄
筷架、筷子	(1)筷架摆在味碟的右侧,距1 cm,汤碗、味碟及筷架三件餐具的中心在一条直线上。 (2)筷尾距桌边1.5 cm。 (3)筷子或筷套上的文字或图案一律向上
酒杯	(1)葡萄酒杯放在餐碟正前方,杯座距汤匙、味碟边1 cm。 (2)白酒杯在葡萄酒杯右侧,距离1 cm。 (3)啤酒杯中插餐巾花,摆在葡萄酒杯的左侧,距离1 cm。 (4)三杯中心横向呈一直线;啤酒杯拿下部,酒杯拿杯柄

操作程序	操作标准
餐巾折花	(1)突出主人位,报花名。 (2)操作手法卫生,手不触及杯的上部。 (3)动作娴熟,掌握折花要领,一次成形。 (4)花形美观大方、造型逼真、形象自然。 (5)餐巾花插入杯中 2/3 处
茶碗、茶碟	(1)茶碗扣放于茶碟上,茶碟、茶碗放在餐碟的右侧,距离餐碟、桌边大约 2 指的距离。 (2)茶碟中心和餐碟中心在同一水平线上
公用餐具、用具	(1)摆在正、副主人杯具的前方。 (2)公用的筷子和汤匙平行横放在两用筷架上,公筷靠近桌心,筷尾向右,汤匙柄向左
牙签盅	放在餐碟与筷子之间,牙签盅中心和餐碟中心在同一水平线上
花瓶	摆在转盘中央
烟灰缸	从主人位右手开始,每隔两个餐位放一个,烟灰缸上沿与酒具平行
菜单、桌号牌	(1)菜单放在主人餐具的一侧,位置适当。 (2)桌号牌摆在餐桌正中,台号朝向厅堂入口处
餐椅	餐椅之间距离相等,餐椅前端与台布下垂部分自然接触,椅背绕成圆形

中餐宴会摆台示意图见图 5-17。

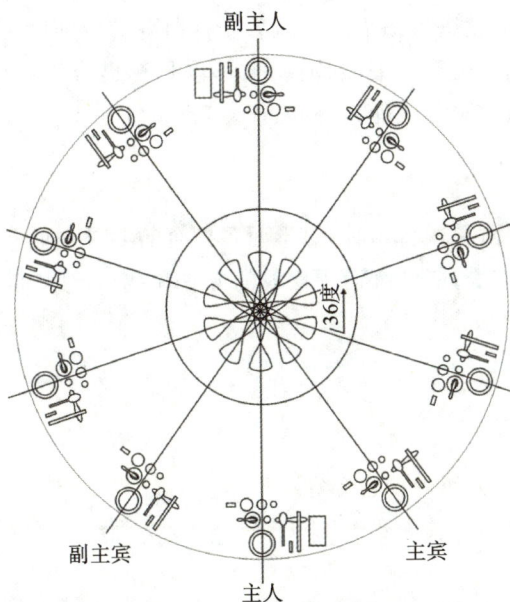

图 5-17 中餐宴会摆台

五、中餐摆台服务技能的操作注意事项

(1)操作时拿餐具边缘部位。

(2)托盘位于椅背外,摆放餐巾花时要报花名。

(3)午、晚餐摆台比早餐摆台多一个或两个酒具。

任务评价

技能考核

◆1.中餐摆台服务技能考核设计

根据中餐宴会摆台的要求,在 20 min 内完成中餐宴会摆台服务。

◆2.中餐宴会摆台服务技能考核表(100 分)

工作案例分析

【案例情境】

小刘带领四位客户走进了某四星级饭店的中餐厅。入座后,服务员开始让他们点菜。客人点了一些菜,顺便点了啤酒、矿泉水等饮料。不一会菜上齐了,小刘要为客户斟酒时发现两位客户的位置上分别少了啤酒杯,另一位客户的位置上还少了一双筷子。小刘急忙叫服务员将餐具补全,这才缓解了尴尬。

案例思考:1.服务员应当如何摆台?

2.服务员应该掌握哪些摆台技巧?

任务五　西餐摆台

任务描述

西餐摆台就是按照西方人的就餐习惯为客人就餐安排西餐餐台和席位,并提供必要的西式就餐用具。西餐基本上以刀、叉和匙三类金属餐具为主,台形以长形桌台为主。通过基础知识的学习和技能的训练,熟练掌握西餐的摆台服务技能,达到熟能生巧。

任务目标

了解西餐摆台的种类;认识西餐摆台用具;熟悉西餐摆台的要求和西餐摆台的注意事项;掌握西餐摆台服务技能的操作流程和方法;能熟练运用摆放的方法和技巧,独立完成西餐台面设计。

任务实施

一、西餐摆台的种类

西餐摆台一般情况下可以分为便餐摆台和宴会摆台。

❶ 便餐餐台　早餐台见图 5-18;午、晚餐台见图 5-19。

❷ 宴会摆台　宴会摆台见图 5-20。

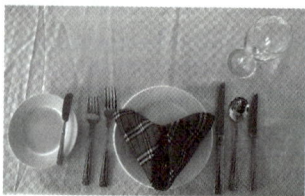

图 5-18　早餐台　　　　　图 5-19　午、晚餐台　　　　　图 5-20　宴会摆台

二、西餐摆台的用具

西餐摆台的用具包括餐盘、各式刀叉、各式酒杯、面包盘、餐巾折花、烟灰缸、牙签盅、调味盅、胡椒瓶、盐瓶、菜单、烛台、花瓶或鲜花、咖啡杯等。

三、西餐摆台的要求

❶ 摆餐椅　将所需要餐椅按就餐人数摆放于餐台旁。

❷ 铺台布　服务员将选好的台布放于副主人处的餐台上，采用推拉式方法铺台布，要做到方法得当，动作熟练，一次到位。

❸ 摆餐具　按餐台摆放的技能标准摆餐具。

四、西餐摆台服务技能的操作程序与标准

西餐早餐摆台服务技能操作程序与标准见表 5-8。

表 5-8　西餐早餐摆台服务技能操作程序与标准

操作程序	操作标准
准备工作	准备好摆台需要的相关物品，并放在服务边台上
餐盘	距桌边 2 cm，摆在餐椅正对处
餐叉、餐刀、汤匙	餐盘左侧放餐叉，叉尖朝上；餐盘右侧放餐刀，刀口向餐盘方向；汤匙放在餐刀的右侧，匙面朝上；餐刀、餐叉距餐盘 1.5 cm，餐刀与汤匙相距 1.5 cm；餐刀、餐叉、汤匙下端在一条直线上，距桌边 2 cm
面包盘、黄油刀	面包盘在餐叉左侧，相距餐叉和桌边各 1.5 cm；黄油刀刀口朝左，摆放于面包盘中线靠右处，刀刃朝向盘心
咖啡杯、咖啡碟	摆放在汤匙右侧，杯把和匙柄朝右，咖啡碟距桌边 2 cm，距汤匙 1.5 cm
花瓶、调味盅、牙签盅、烟灰缸	花瓶、调味盅、牙签盅、烟灰缸等摆放在餐台中心位置上

西餐午、晚餐摆台服务技能操作程序与标准见表 5-9。

表 5-9　西餐午、晚餐摆台服务技能操作程序与标准

操作程序	操作标准
准备工作	准备好摆台需要的相关物品，并放在服务边台上
铺台布	台布平整、正面朝上，四角下垂均等
餐盘	离桌边 2 cm，摆在餐椅正对处
餐叉、沙拉叉、餐刀、汤匙	餐盘左侧放餐叉，餐叉左侧放沙拉叉，叉尖向上；餐盘右侧放餐刀，刀口向餐盘方向；汤匙放在餐刀的右侧，匙面朝上；餐刀、餐叉距餐盘 1.5 cm，沙拉叉距餐刀 1.5 cm；餐刀与汤匙相距 1.5 cm；餐刀、餐叉、汤匙下端在一条直线上，距桌边 2 cm
面包盘、黄油刀	面包盘在沙拉叉左侧，相距沙拉叉 1.5 cm，桌边 2 cm；黄油刀刀口朝左，摆放于面包盘中线靠右处，刀刃朝向盘心
水杯	餐刀正前方 3 cm 处摆放水杯

刀叉摆放的含义

西餐座次安排

操作程序	操作标准
餐巾折花	将叠好的餐巾折花摆放在餐盘内
其他	花瓶放在餐桌正中,调味盅、牙签盅摆放在餐盘左前方,烟灰缸摆放在餐盘右前方,两者相距 2 cm

西餐宴会摆台服务技能操作程序与标准见表 5-10。

表 5-10 西餐宴会摆台服务技能操作程序与标准

操作程序	操作标准
准备工作	准备好摆台需要的相关物品,并放在服务边台上
铺台布	台布平整、正面朝上、四角下垂均等
餐盘	距桌边 1 cm,摆在餐椅正对处
餐叉、餐刀、汤匙	餐盘左侧从右向左依次为主菜叉、鱼叉、开胃品叉,之间相距 0.5 cm,叉尖朝上;餐盘右侧从左向右依次为主菜刀、鱼刀、汤匙、开胃品刀,之间相距 0.5 cm,刀口朝向餐盘方向,匙面向上;鱼刀、鱼叉距桌边 5 cm,其余距桌边 1 cm
甜品叉、甜品匙	摆在餐盘的正上方,叉把在左、叉尖向右;匙平行放在叉的前方,匙把在右,匙面朝上
面包盘、黄油刀、黄油碟	面包盘在开胃品叉左侧,相距开胃品叉 1 cm、面包盘的中心与餐盘的中心在一条线上;黄油刀刀口朝左,摆放于面包盘中线靠右处,刀刃朝向盘心;面包盘的正上方摆放黄油碟
酒具	开胃品刀的正上方 2 cm 处摆放白葡萄酒杯,与桌心成 45°角依次摆放白葡萄酒杯、红葡萄酒杯、水杯
餐巾折花	造型精致、美观大方,折盘花;操作符合卫生要求;盘花整体和谐
鲜花	摆在餐桌中央,不高于 30 cm
烛台	摆放在鲜花左右两侧,间距 20 cm
其他	牙签盅摆放在餐桌中线位置上,距烛台 10 cm;盐瓶、胡椒瓶在中线两侧,左椒右盐距餐桌中线 2 cm
菜单	菜单放在主人、副主人餐具的一侧,位置适当
餐椅	餐椅之间距离相等,餐椅前端与台布下垂部分自然接触

西餐宴会摆台示意图见图 5-21、图 5-22。

五、西餐摆台服务技能的操作注意事项

(1)操作时拿边缘部位,带柄的拿柄。

(2)叉面、匙面朝上,刀口朝向盘心。

(3)摆放餐巾花时要使用盘花。

在线答题

Note

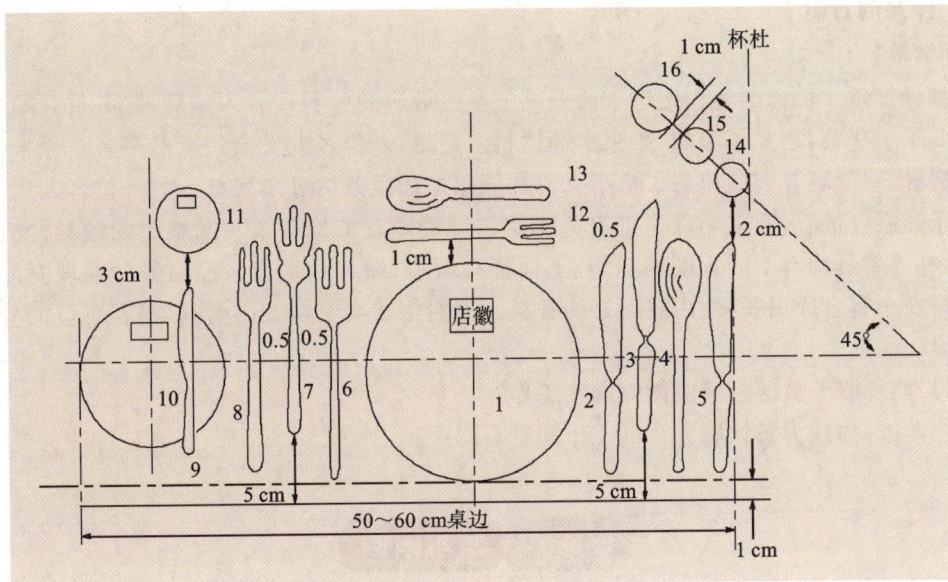

图 5-21 西餐宴会摆台(餐位)

注：1.装饰盘；2.主菜刀(肉排刀)；3.鱼刀；4.汤匙；5.开胃品刀；6.主菜叉(肉叉)；7.鱼叉；8.开胃品叉；9.黄油刀；10.面包盘；11.黄油碟；12.甜品叉；13.甜品勺；14.白葡萄酒杯；15.红葡萄酒杯；16.水杯。

各餐具之间的距离标准：(1)1、2、4、5、6、8 与桌边沿距离均为 1 cm；(2)1 与 2，1 与 6，8 与 10，1 与 12 之间的距离均为 1 cm；(3)9 与 11 之间的距离为 3 cm；(4)3、7 与桌边的距离为 5 cm；(5)6、7、8 之间，2、3、4、5 之间，12 与 13 之间的距离均为 0.5 cm；(6)14、15、16 杯肚之间的距离均为 1 cm。

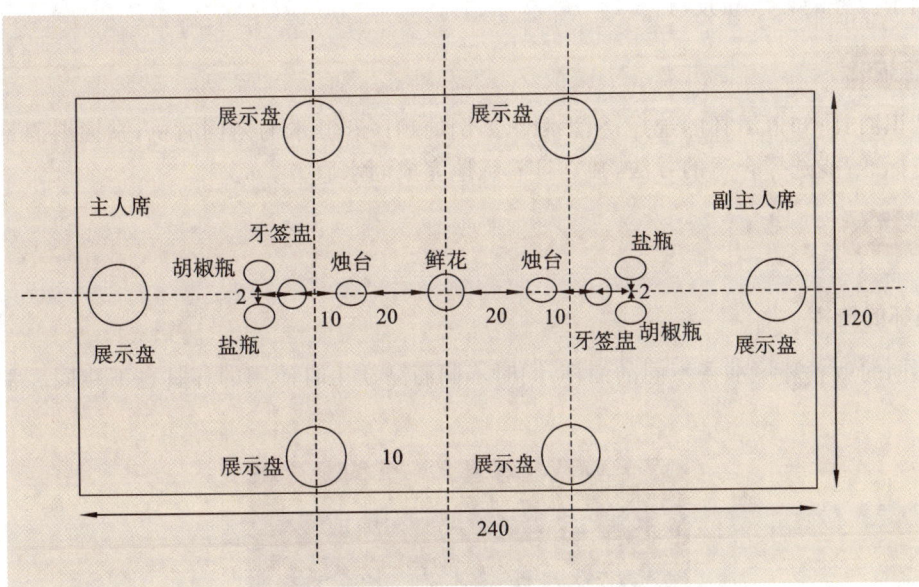

图 5-22 西餐宴会摆台(6 人餐台)

任务评价

技能考核

◆ 1.西餐宴会摆台服务技能考核设计

在规定的时间内完成西餐宴会摆台,要求台面整洁美观,操作手法娴熟。

◆ 2.西餐宴会摆台服务技能考核表(100 分)

西餐宴会摆台服务技能考核表

93

📝 **工作案例分析**

【案例情境】

一位翻译带领 4 位德国客人走进了西安某三星级饭店的西餐厅。入座后,服务员开始让他们点菜。客人要了一些菜,还要了啤酒、矿泉水等饮料。突然,一位客人发出诧异的声音。原来他的啤酒杯有一道裂缝,啤酒顺着裂缝流到了桌子上。翻译急忙让服务员过来换杯。另一位客人用手指着眼前的小碟子让服务员看,原来小碟子上有一个缺口。翻译赶忙检查了一遍桌上的餐具,发现碗、碟、瓷勺、啤酒杯等餐具均有不同程度的损坏,上面都有裂痕、缺口和瑕疵。经与餐厅经理商洽,这几位客人被安排在小宴会厅用餐,使用质量好的餐具。他们望着桌上精美的餐具,喝着可口的啤酒,终于露出了笑容。

案例思考:1.服务员摆台前应做好哪些工作?
　　　　　2.你认为餐饮服务员的工作职责有哪些?

案例点评

任务六　酒水斟倒

🥚 任务描述

酒水斟倒(又称斟酒)是餐厅服务工作的重要内容之一。斟酒操作技术动作的正确、迅速、优美、规范,往往会给客人留下美好印象。服务员娴熟的斟酒技术及热情周到的服务,会使参加宴会的客人得到精神上的享受与满足,也可强化热烈友好的宴会气氛。通过基础知识的学习和技能的训练,熟练掌握酒水服务的方法和技巧。

🥚 任务目标

了解认识酒具;知道酒杯的选择;熟悉酒水斟倒的顺序和酒水的斟倒时机;掌握斟酒量和酒水操作的程序与标准;能选择合适的方法,独立且熟练地完成酒水服务。

🥚 任务实施

一、酒杯的选择

根据不同的就餐环境准备不同的酒杯,同时不同酒品饮用时使用的杯具也不相同。常用的酒杯见图 5-23。

图 5-23　不同的酒杯

上图中酒杯内从左至右依次为冰水、白兰地、白葡萄酒、极品干红葡萄酒、香槟酒、红葡萄酒。

(1)冰水:使用矮脚玻璃杯。

(2)白兰地:使用白兰地专用窄口酒杯。

(3)白葡萄酒:用较小的一种宽体窄口高脚玻璃杯盛装,以便保留香气。

(4)极品干红葡萄酒:盛装此酒的杯子比装白葡萄酒的酒杯高一些。

(5)香槟酒:用窄长的香槟酒玻璃杯盛装。

(6)红葡萄酒:比装白葡萄酒的酒杯大一些。

二、斟酒的基本方法

斟酒的基本方法有两种:一种是桌斟;另一种是捧斟。

1 桌斟　桌斟即指客人的酒杯放在餐桌上,服务员持瓶向杯中斟酒。桌斟还可分为徒手斟酒和托盘斟酒两种。

(1)徒手斟酒:服务员左手持服务巾,背于身后,右手持酒瓶的下半部,商标朝外,正对客人,右脚向前站在两椅之间,在客人右侧斟倒(图 5-24)。

(2)托盘斟酒:将客人选定的几种酒放于托盘内,根据客人的需要依次将所需酒品斟入杯中。托盘斟酒时,服务员身体前倾,左手托盘,应向后自然拉开,掌握好托盘的重心,右手持酒瓶斟酒。这种斟酒的方法能方便客人选用(图 5-25)。

2 捧斟　捧斟即指斟酒服务时,服务员站立于客人右侧身后,右手握瓶,左手将酒杯捧在手中,向杯中斟满酒后,绕向客人的左侧将装有酒液的酒杯放回原来的杯位(图 5-26)。捧斟多适用于酒会和酒吧服务。捧斟方式一般适用于非冰镇酒品。

图 5-24　徒手斟酒　　　　　图 5-25　托盘斟酒　　　　　图 5-26　捧斟

三、斟酒的顺序

餐饮服务中,斟酒的顺序一般根据中西方客人的用餐习惯进行。

1 中餐斟酒顺序　一般在宴会开始前 10 min 左右将烈性酒和葡萄酒斟好。斟酒时可以从主位开始,按顺时针方向依次斟酒。客人入座后,服务员及时询问斟啤酒、饮料等。其顺序是:从主宾开始,按男主宾、女主宾、主人的顺序顺时针方向依次进行。如果是两位服务员同时服务,则一位从主宾开始,一位从副主宾开始,按顺时针方向进行。

2 西餐斟酒顺序　斟倒葡萄酒时,首先斟至 1/5 杯,请主人品评酒质,待主人确认后再按顺序斟倒,然后先斟女主宾,后斟男主宾,再斟主人,最后按顺时针方向依次向其他宾客斟酒。另外,西餐饮用的酒品种类一般视菜肴的品种而定,即吃什么菜饮什么酒,饮什么酒配什么杯。较高级的西餐酒席宴会,一般要用七种以上的酒,也就是说,每道菜都配饮一种酒。

四、斟酒量的标准

(1)白酒:中餐常斟八分满,西餐白酒一般不要超过酒杯的 3/4。

(2)红葡萄酒:一般只斟至杯的 1/2 或 1/3。

(3)白葡萄酒:一般只斟至杯的 2/3。

西餐斟酒顺序要以上菜顺序为准

(4)香槟酒:分两次斟倒,第一次斟至 1/3 杯,待泡沫平息后再斟至 2/3 杯或 3/4 杯即可。

(5)啤酒:因其泡沫较多,一般斟 80% 的酒,留 20% 的泡沫。

(6)白兰地、威士忌:一般斟倒约一盎司,约 1/5 杯,即将酒杯横放时,杯中酒液与杯口齐平。

(7)鸡尾酒:酒水占杯子的 3/4 即可。

(8)冰水:一般为半杯水加入适量的冰块,不加冰块时应斟满水杯的 3/4。

五、斟酒的时机

斟酒的时机是指宴会斟酒的两个不同阶段:一个是宴会前的斟酒;另一个是宴会进行中的斟酒。如果客人点用白酒、红葡萄酒、啤酒时,在宴会开始前 10 min 内将红葡萄酒和白酒斟入每位客人的酒杯中。斟好以上两种酒后就可请客人入座,待客人入座后,再依次斟啤酒。如用冰镇的酒或加温的酒,则应在宴会开始后上第一道热菜前依次为客人斟至酒杯中。宴会进行中的斟酒,应在客人干杯前后及时为客人添斟,每上一道新菜后要添斟,客人杯中的酒不足一半时,也要添酒。客人互相敬酒时要为敬酒客人及时添酒。

六、斟酒服务技能的操作程序与标准

酒水处理服务技能操作程序与标准见表 5-11。

表 5-11　酒水处理服务技能操作程序与标准

操 作 程 序	操 作 标 准
准备工作	(1)准备好需要冰镇的酒水及冰桶、冰块放在餐桌的一侧。 (2)准备暖桶、酒壶和需要温热的酒水放在餐桌的一侧
酒水冰镇	(1)冰桶冰镇:将需要降温的酒水放入冰桶内,并加入冰块和水,连同冰桶架一起放在餐桌一侧,一般冰镇 10 余分钟后即可达到效果。此方法适用于整瓶的白葡萄酒、葡萄汽酒和玫瑰露酒的冰镇。 (2)冰箱冷藏:提前将需要降温的酒水放入冰箱冷藏冰镇。此方法适用于啤酒和软饮料的冰镇。 (3)冰块溜杯:可以将杯子冷藏或在杯中放入冰块,降低杯子的温度,从而起到使倒入杯内的酒水降温的作用。也有用冰箱冷藏杯具的处理方法,但不适用于高雅场合
酒水加热	(1)水烫法:将需要加热的酒水放入暖桶内,在暖桶中倒入开水,使酒水升温。黄酒和日本清酒的加热主要采用此方法。 (2)燃烧法:将需加热的酒水盛入杯盏内,点燃酒液以升温。 (3)火烤法:把将饮用的酒装入耐热器皿,置于火上升温

酒水展示、试尝服务技能操作程序与标准见表 5-12。

表 5-12　酒水展示、试尝服务技能操作程序与标准

操 作 程 序	操 作 标 准
准备工作	根据客人的要求填写单据,从酒吧取出酒水,准备酒杯
检查质量	检查酒水质量,若发现瓶子破裂或酒水有变质现象(如有悬浮物、混浊、沉淀物时)要及时调换
展示酒水	(1)服务员站在客人右后侧。 (2)左手托瓶底,右手扶瓶颈。 (3)酒标朝向点酒客人。 (4)报酒品名称,让客人辨认商标、品种。 (5)待客人确认酒品后,当众开瓶

操 作 程 序	操 作 标 准
试尝酒水	(1)试尝酒水前,应将开瓶后的葡萄酒在点酒客人右前侧放置一会儿,使酒与空气接触而氧化(散发掉部分酸气)。 (2)为点酒客人斟倒 30 mL(1 盎司)左右的酒让其试尝,表示对主人的尊敬。 (3)核实选酒有无差错,证明商品质量可靠

葡萄酒的滗酒服务技能操作程序与标准见表 5-13。

表 5-13　葡萄酒的滗酒服务技能操作程序与标准

操 作 程 序	操 作 标 准
准备工作	(1)需要进行滗酒的葡萄酒,应于滗酒前直放约 1 h,至少不得少于 30 min。 (2)滗酒器需确保绝对干净、无杂味。 (3)滗酒前需准备一支蜡烛或一只小灯泡,放置于酒瓶后方、瓶颈稍后的下方,以便易于观察沉淀物的移动状况
滗酒	使用滗酒器: (1)以左手握着滗酒器的颈部或托着底部,右手握着瓶身约 1/3 处。当瓶身横倒时,左手高度约于胸口及腹部中间部位,右手略高于左手。 (2)滗酒时两手的角度需相互配合,左手握(托)滗酒器的角度约 30°,右手握酒瓶与身体成 80°~90°,并互相配合适当调整角度。 (3)以瓶头 1.4 cm 凸缘部分的下方,接触滗酒器口的内缘,使酒瓶瓶口置于滗酒器口的中央。 (4)倾注时动作需轻巧,勿让酒液流出的速度过快,并注意控制酒液流出的速度使其保持一致。 (5)当约 2/3 的酒注入滗酒器时,需稍减缓速度,通过灯光留意沉淀物移动的位置。 (6)当大部分酒已注入滗酒器,而沉淀物也逐渐积留于酒瓶的瓶肩后,滗酒程序即完成 使用大水杯: (1)先将酒瓶竖直静置数小时。 (2)将准备好的光源置于酒瓶和水杯的一侧。 (3)操作人员站于酒瓶和水杯的一侧,用手握酒瓶,慢慢倾倒,将酒液倒入水杯。 (4)当遇含有沉渣的酒液时,应该沉着果断,滗出尽可能多的酒液,剔除混浊物质。 (5)滗好的酒可直接用于服务

滗酒服务见图 5-27。

图 5-27　滗酒服务

斟酒服务技能的操作程序与标准见表 5-14。

表 5-14 斟酒服务技能操作程序与标准

操 作 程 序			操 作 标 准
斟酒准备			(1)双手消毒。 (2)检查酒水的标志和酒水的质量。 (3)擦拭酒瓶
斟酒方式	托盘斟酒		(1)按规范将酒瓶摆放在托盘内。 (2)站在客人的右后侧,按先宾后主的次序斟酒。 (3)左手托盘,右脚向前,侧身而立,保持平稳。 (4)向客人展示托盘中的酒水、饮料,示意客人选择自己喜欢的酒水、饮料。 (5)待客人选定酒水、饮料后,服务员直起上身,将托盘移至客人身后。托盘移动时,左臂要将托盘向外托送,避免托盘碰到客人。 (6)用右手从托盘上取下客人所需的酒水进行斟酒。 (7)斟酒时要掌握好酒瓶的倾斜度并控制好倒酒的速度,瓶口不能碰到杯口。 (8)斟酒完毕,将瓶口抬起并顺时针旋转 45°后收瓶
	徒手斟酒		(1)准备一块消过毒的服务巾。 (2)斟酒时,服务员站在客人的右后侧,按先宾后主的次序斟酒。 (3)左手持服务巾背在身后,右脚向前,侧身而立,右手持酒瓶向前伸出。 (4)将酒瓶商标朝上展示给客人,示意客人确认酒水、饮料。 (5)待客人确认后,服务员用右手为客人斟酒。 (6)斟酒时要掌握好酒瓶的倾斜度并控制好倒酒的速度,瓶口不能碰到杯口。 (7)斟酒完毕,将瓶口抬起并顺时针旋转 45°后收瓶,再用左手中的服务巾将残留在瓶口的酒水拭去

七、斟酒服务技能的操作注意事项

1 酒水处理服务技能操作的注意事项

(1)冰镇瓶装酒需用冰桶,用托盘托住桶底,以防凝结水滴弄脏台布。

(2)冰桶中和溜杯时放入的冰块不宜过大或过碎。

(3)将酒瓶放入冰块内,酒标向上,之后再用一块毛巾搭在瓶身上。

(4)取冰镇的酒水时,应以一块折叠的餐巾护住瓶身,可以防止冰水滴落弄脏台布或客人的衣服。

(5)加热酒水的时间不宜过长,温度不宜过高。

(6)需要加热的酒水,敞开瓶盖,放在专用的加热器内,效果更佳。

(7)加热瓶装啤酒时,必须要将瓶盖打开,防止酒瓶爆裂伤人。

2 酒水展示、试尝服务技能的注意事项

(1)酒水展示时,注意酒瓶与客人的距离,方便客人看清酒水的商标。

(2)斟倒试尝酒水时,应注意商标朝向客人,控制好酒量,并轻转酒瓶以防酒液滴下。

(3)客人试尝酒水时,服务员保持笑容,站立于客人身旁,耐心等候。

3 葡萄酒的滗酒服务技能操作的注意事项

(1)需要进行滗酒的葡萄酒,应于滗酒前直放约 1 h,至少不得少于 30 min。若是前一天知道客人需要哪瓶酒,应事先将酒直立 24 h,以便让酒渣有足够的时间沉淀至瓶底,这样滗酒的效果会更好。

（2）滗酒时，当接近含有沉渣的酒液时，动作要稳、慢。

（3）滗好酒后，服务员通常会征询客人是否需要醒酒 20～30 min，以便让葡萄酒的气味更好。

❹ 斟酒服务技能操作的注意事项

（1）斟酒时，瓶口不可搭在酒杯口上，相距 2 cm 为宜，以防止将杯口碰破或将酒杯碰倒；但也不要将瓶拿得过高，以免酒水溅出杯外。

（2）服务员要将酒缓缓倒入杯中，当斟至酒量适度时停一下，并旋转瓶身、抬起瓶口，使最后一滴酒随着瓶身的转动均匀地分布在瓶口边沿上。

（3）斟酒时，要随时注意瓶内酒量的变化情况，以适当的倾斜度控制酒液流出的速度。瓶内酒量越少，则流速越快，酒流速过快容易冲出杯外。

（4）斟啤酒时，速度要慢些，也可分两次斟或使啤酒沿着杯内壁流入酒杯内。

（5）由于操作不慎而将酒杯碰翻时，应向客人表示歉意，并立即将酒杯扶起，检查有无破损；如有破损，要立即更换新的；如无破损，要迅速用一块干净餐巾铺在酒迹上，然后将酒杯放回原处，重新斟酒；如果是客人不慎将酒杯碰倒、碰破，服务员也要这样做。

🍳 **任务评价**

📋 **技能考核**

◆1. 斟酒服务技能考核设计

按要求在规定的时间内进行斟酒服务，要求动作娴熟，体现岗位气质。

◆2. 斟酒服务技能考核表（100分）

📋 **工作案例分析**

【案例情境】

深秋，南京一家大酒店顾客盈门，生意红火。一家大公司的经理牛先生正在宴请客户、朋友。一桌人落座点过酒菜后，服务员小李开始为客人上加过温的花雕酒。他先为第一位客人牛经理服务，正要倒酒，不料牛经理用手挡住酒杯说："小姐，您的操作方法不对，我从不喝加了热的黄酒，请给我换一下吧。"小李一愣，心想："黄酒加热是江南一带的常用喝法，从未有人提出异议，现在既然这位先生提出异议，不加热也未尝不可，就按照客人的要求办吧。"于是她一边说着对不起一边换上了没有加热的黄酒。

案例思考：你认为小李工作中哪些做法正确，哪些做法不妥？并谈一谈你的观点。

任务七　上菜分菜

🍳 **任务描述**

上菜和分菜是为客人进餐进行服务的重要环节，也是餐厅服务员必须掌握的基本技能之一。宴会的上菜和分菜要求较高，对于上菜程序、上菜位置、服务节奏、菜肴台面图案等均有讲究。分菜，更是一项技术难度较高的工作。通过基础知识的学习和技能的训练，掌握上菜的程序和方法、分菜的程序和方法，达到熟能生巧。

🍳 **任务目标**

了解中、西餐上菜服务顺序和上菜速度；熟悉上菜、分菜的方法；掌握中、西餐上菜分菜的操作程序与标准；能运用上菜和分菜技巧方法，熟练进行上菜和分菜服务。

在线答题

斟酒服务技能考核表

案例点评

![任务实施]

一、上菜方法和服务

餐饮服务中,中、西餐上菜的方法有所不同。

1 中餐上菜

(1)上菜的顺序:第一道凉菜、第二道主菜(名菜)、第三道热菜、第四道汤菜、第五道甜菜(随上点心),最后上水果。

由于中国地方菜系很多,上菜顺序也不完全相同,如广东上菜的习惯,冷菜后的第一道菜就是炖品汤,结尾时也是汤。安徽某些地区入座后的头道菜是开胃甜汤,鱼在最后汤的前面上。但在山东宴席中,鱼是作为大菜上的。又如上点心的时间,各地习惯也有不同,有的在宴会中上,有的在宴会将结束时上;有的甜、咸点心一起上,有的则分开上。

(2)上菜的方法:上菜首先要选定上菜位置,即上菜口。上菜要做到轻、准、正、平的原则:轻,即菜盘落下时要轻,不可重碰;准,即上菜前挪出空位,将要上的菜准确落位;正,即造型菜上席时要针对主人席摆正位置,不可乱放;平,即菜盘拿在手上要平稳,不能将盘中汤汁滴出来。

上菜时应该注意正确的端盘方法:端一个盘子时用大拇指紧贴盘边,其余四指扣住盘子下面,拇指不应该碰到盘子边的上部,更不允许留下手印或者手指进入盘中,这样既不卫生也不礼貌。

上鸡、鸭、鱼等带头带尾的菜肴时,一般将头朝向左侧,胸脯部位朝向主人。这样的方法就是俗话说的"鸡不献头,鸭不献掌,鱼不献脊"。大型的艺术拼盘要将其正面对准主位。

(3)上菜速度和节奏:把握好热菜的上菜时间,最佳时间应在酒水刚好斟完时。紧接着上后面的菜,速度要快,以弥补席面的空白和单调。当席面上有了四五道菜之后,上菜就要放慢速度,否则会出现盘上叠盘的现象。

2 西餐上菜

(1)上菜顺序:西餐的上菜顺序一般为:开胃品(头盘)、汤、副菜、主菜、配菜、甜品、咖啡或茶。

①开胃品(头盘):西餐的头盘有冷头盘和热头盘之分,常见有鱼子酱、鹅肝酱、熏鲑鱼、奶油鸡酥盒、焗蜗牛等。头盘即开胃品,味道常以咸、酸为主且量少而精。

②汤:西餐的汤有清汤、奶油汤、蔬菜汤和冷汤等,常见各式奶油汤、海鲜汤、蛤蜊汤、蔬菜汤、罗宋汤。冷汤有俄式、德式冷汤。

③副菜:各种水产类菜肴和蛋类、面包类、酥盒类菜肴通常称为副菜。吃鱼类菜肴时西餐讲究调味汁,如鞑靼汁、荷兰汁、白奶油汁、大主教汁、美国汁和水手鱼汁等。

④主菜:西餐的主菜,即各种肉、禽类菜肴。通常取牛、羊、猪各个部位的肉,用烤、煎、铁扒等方法烹制成各式肉排菜肴。配用的调味汁主要有黑胡椒汁、浓烧洋葱汁、蘑菇汁、西班牙汁等。通常将鸡、鸭、鹅、兔肉和鹿肉等野味归入禽类菜肴,用煮、炸、烤、焖等烹调方法制成,主要的调味汁有咖喱汁、奶油汁等。

⑤配菜:西餐的配菜即蔬菜类菜肴,也称为沙拉。与主菜同时摆上的生蔬菜沙拉,一般用生菜、番茄、黄瓜、芦笋等制作。沙拉调味汁主要有千岛汁、醋油汁、乳酪沙拉汁等。另有炸土豆条和煮菠菜、花椰菜等熟蔬菜沙拉。除此之外,还有亦可作为头盘食用的鱼、肉、蛋类制作的沙拉,通常不加调味汁。

⑥甜品:西餐的甜品包括所有主菜后的食物,如布丁、煎饼、冰激凌、乳酪、水果等。

⑦最后是品尝咖啡或茶。

(2)上菜的方法:西餐菜肴一般要右上右撤,酒水饮料要从客人的右侧上。法式宴会所需食物都是用餐车送上,由服务员上菜,除面包、黄油、沙拉和其他必须放在客人左边的盘子外,其他食物一律从右边用右手送上。

二、分菜方法和服务

分菜服务常见于西餐的分餐制服务中,而在一些中餐的高级宴会上也会使用。西餐的分菜按其习惯,应该先女后男,先宾后主。但在国宴等高级宴会中,应该按先主宾后主人,然后再按照先女宾后男宾的顺序进行服务。分菜服务可以有效体现餐饮服务的品质,因此服务员必须熟练掌握服务技巧。常见的分餐方式有餐位分菜法、转台分菜法、旁桌分菜法、厨房分菜法。常用的分菜手法有以下几种。

❶ 指夹法　将一对服务叉和服务勺握在右手,服务叉在上,服务勺在下方,使中指及小指在下方而无名指在上方夹住服务勺。将食指伸进叉勺之间,用食指与拇指指尖握住服务叉,使之固定(见图 5-28)。适用于体积较小的食物。此种方法操作很灵活。

❷ 右勺左叉法　右手握住服务勺,左手握住服务叉,左右来回移动叉勺(见图 5-29),适用于体积较大的食物。

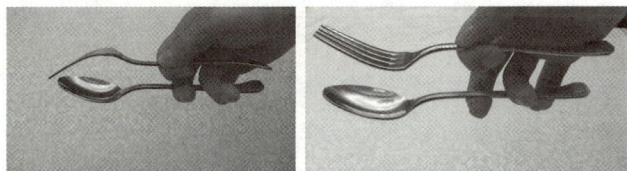

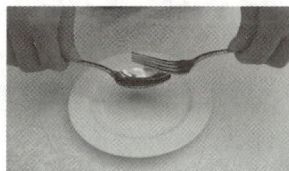

图 5-28　指夹法　　　　　　图 5-29　右勺左叉法

三、上菜服务技能的操作程序与标准

上菜服务技能的操作程序与标准见表 5-15。

表 5-15　上菜服务技能的操作程序与标准

操 作 程 序	操 作 标 准
准备工作	准备好上菜需要的托盘及相关物品
中餐上菜 操作程序	(1)上菜位置:中餐宴会上菜时,一般选择在陪同和翻译人员之间进行,也有的在副主人右边进行,这样有利于翻译和副主人向客人介绍菜肴口味及名称。中餐便餐上菜则可选择干扰最少的位置上。 (2)上菜时机:上菜要掌握好时机,一般应根据餐别、各地的上菜规矩和习惯、客人的要求和进餐的快慢灵活掌握。 (3)上菜顺序:一般是第一道凉菜、第二道主菜(名菜)、第三道热菜、第四道汤菜、第五道甜菜(随上点心),最后上水果。 (4)上菜操作: ① 仔细核对;认真把关。 ② 注意菜肴摆放布局。 ③ 注意上菜速度和节奏。 ④ 及时送上菜肴佐料
西餐上菜 操作程序	(1)上菜位置:服务员依不同的西餐服务方式,可站在客人的左侧或右侧上菜。 (2)上菜时机:上菜要掌握好时机,一般应根据餐别、各地的上菜规矩和习惯、客人的要求和进餐的快慢灵活掌握。 (3)上菜顺序:开胃品(头盘)、汤、副菜、主菜、配菜、甜品、咖啡或茶。 (4)上菜次序:女士优先,先宾后主

四类代表性菜肴的分菜方法

特殊菜肴的服务方法举例

四、分菜服务技能的操作程序与标准

分菜服务技能的操作程序与标准见表 5-16。

表 5-16　分菜服务技能的操作程序与标准

操 作 程 序	操 作 标 准
准备工作	准备好分菜需要的相关工具
分菜的方法和程序	(1)餐位分菜法： ①核对菜肴,双手将菜肴端至转盘上展示并报菜名。 ②服务员站在客人的右侧,左手垫上餐巾并将菜盘托起,右手拿分菜用的服务叉、服务勺进行分菜。 ③分菜时应按顺时针方向绕台进行。 ④分菜时,右腿在前,左腿在后并略弯腰,上身微向前倾,菜盘的边与客人骨碟的边上下重叠。 ⑤分菜时要做到数量均匀,不允许把一匙菜分给两位客人。 ⑥每道菜分完后,要留下 1/10～1/5,以示菜肴的丰盛
	(2)转台分菜法： ①先将干净餐具有序地摆放在转盘上,菜肴上桌后报菜名。 ②撤下前一道菜肴的餐碟。 ③从主宾右侧开始,按顺时针方向绕台进行。 ④服务员左手执长柄汤勺,右手执公筷将菜肴均匀地分到各个餐碟中,从转盘上取菜端送给客人
	(3)旁桌分菜法： ①分菜前,在客人的餐桌旁放置一辆服务车或服务桌,准备好干净的餐碟和分菜工具。 ②菜肴上桌时,服务员把菜肴放到餐桌上展示并报菜名。 ③将菜肴取下,站在服务车或服务桌旁,均匀快速地分到给客人事先准备好的餐碟中。 ④菜分好后,从主宾右侧开始以顺时针方向将餐碟送上
	(4)厨房分菜法： 厨房工作人员根据客人的人数在厨房分好菜,传菜员用托盘将菜肴端至餐桌旁,由值台员用托盘从主宾的右边上菜

五、上菜分菜服务技能的操作注意事项

❶ 上菜服务技能操作注意事项

(1)服务员一定要事先了解客人的用餐菜单,上菜时要仔细核对,特别是多桌、多档的中餐更要仔细,切不可送错对象。西餐的任何一道需配酒类的菜肴在上桌前应先斟酒,然后再上菜。

(2)上菜时应说"对不起"或"请慢回身",以提醒客人防止碰撞而发生意外,动作要轻、稳,避免从客人的肩上、头上越过而引起客人的不满。

(3)台面菜肴要保持"一中心""二平放""三三角""四四方""五梅花"的形状,以使台面始终保持整洁美观。上造型菜时应将最佳观赏面朝向宾客。西餐每道菜用完均需撤走用过的餐具(包括餐盘和刀叉等),然后再上菜。

(4)菜肴上桌后,服务员要主动报菜名,同时将菜肴转至主宾位置并介绍菜肴。

❷ 分菜服务技能操作注意事项

(1)分菜时应注意手法卫生,不能将掉在桌上的菜肴再分给客人,手拿餐碟的边缘,避免污染

餐碟。

（2）服务员在分菜时要轻、快、准，切不可在分菜给最后一位客人时菜已放凉。

（3）分菜时，服务员要做到心中有数，做到给每位客人的菜肴要大致等量。

（4）凡带骨的菜肴，骨与肉要分得均匀，头、尾、翼尖的部分不能分给客人。

（5）需要跟上调料的菜肴，分菜时要跟上调料并略加说明。

任务评价

技能考核

◆1.上菜和分菜服务技能考核设计

根据中、西餐上菜和分菜服务的程序和标准，模拟中、西餐上菜和分菜服务。

◆2.上菜和分菜服务技能考核表（上菜服务：100 分；分菜服务：100 分）

工作案例分析

【案例情境】

一天，李先生一家人聚在酒店给老人过生日。餐厅开宴没多久，餐厅经理领着众多员工推出生日蛋糕，并齐唱生日快乐歌为老人祝寿，客人很是感动。老人吹完蜡烛，请员工小王来帮忙分一下蛋糕。小王用器具把蛋糕上老寿星造型的巧克力轻轻取下，放到老人面前说："祝您福如东海，寿比南山。"然后熟练地把蛋糕分给每一位客人。老人看着眼前的寿星造型，激动地直夸小王会干事儿。老人满意，一家人也就满意了。

案例思考：小王是如何做到让客人满意的？ 我们应该在以后的工作中如何运用这种技巧？

在线答题

上菜和分菜服务技能考核表

案例点评

模块二

工作流程

中式餐饮服务

项目描述

　　中式餐饮在其长期的发展过程中,逐步形成了自己的服务方式,称为中式餐饮服务。它是按照中国的饮食习惯,使用中式餐具、饮用中国饮料、食用中国菜肴、按照中式服务方法进行的具有中国传统形式特色的用餐服务。本项目以工作任务形式介绍了中式早餐服务、中式零点服务、中式宴会服务,力求为学生在学习的过程中提供感性认识,在训练的过程中,使学生掌握各项基本服务能力,增强服务意识。

项目目标

　　1.了解中式早餐服务的种类;掌握中式早餐服务程序;能独立提供中式早餐服务。
　　2.了解中式零点服务的准备工作,掌握中式零点服务的程序;能进行中式零点服务。
　　3.明确中式宴会基本程序;掌握中式宴会服务要点;能进行中式宴会服务。
　　4.培养学生良好的职业素养,提高学生的独立操作能力,增强服务意识。

项目内容

```
              中式餐饮服务
      ┌──────────┼──────────┐
  中式早餐服务   中式零点服务   中式宴会服务
```

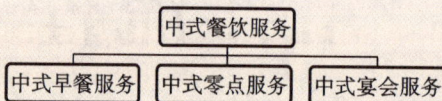

任务一　中式早餐服务

任务描述

　　中式早餐服务是餐饮服务的主要内容之一,是按中国传统服务方式提供早餐服务,因不同的地域有所不同。一般情况下,中式早餐服务的工作流程包括餐前准备、迎宾服务、问位开茶、餐中服务、结账服务、送客服务和清理台面。通过基础知识的学习和技能的训练,使学生掌握中式早餐的服务程序,能够按规范完成中式早餐服务。

任务目标

　　了解中式早餐服务的种类;掌握中式早餐服务的程序与标准;能按规范进行中式早餐服务。

![任务实施]

一、中式早餐服务的种类

目前,酒店为客人提供的中式早餐服务主要有早茶服务、自助餐服务、套餐服务等。

二、中式早餐服务流程

中式早餐服务流程见图 6-1。

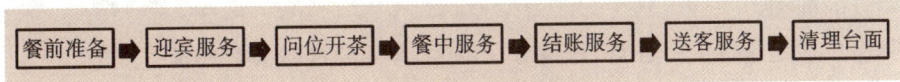

餐前准备 ➡ 迎宾服务 ➡ 问位开茶 ➡ 餐中服务 ➡ 结账服务 ➡ 送客服务 ➡ 清理台面

图 6-1　中式早餐服务流程图

(一)餐前准备

(1)开餐前做好餐厅环境卫生工作,以符合卫生要求。

(2)按早餐摆台标准摆台,准备好各种早餐所需用品,餐具摆放整齐以便取用。

(3)检查台面上的调味品,并确保各种调味品的分量符合规定要求,盐、胡椒粉不结团。

(4)如果是自助餐,负责看台的服务员要将布菲台的卫生清理干净到位,布菲台上面可以摆放鲜花或者其他装饰品。

(5)已经消毒的餐具要准备充足,并且要按照规定码放在布菲台的一侧。除此之外,保温用具和厨房人员到餐厅为客人做现场切配用的一切用具都要准备齐全。

(6)开餐前,将食品放在布菲台上面,冷盘、热菜、点心、水果、酒水要分类依次摆放好,其中热菜要放在布菲炉里保温,准备好客人取食品用的布菲夹、餐盘、餐具等。

(7)检查员工仪容着装,做到仪表整洁,按要求戴工号牌,随时准备为客人服务。

(二)迎宾服务

(1)事先了解当天早餐预估详情,团队和散客用餐时间及比例。

(2)当客人来到餐厅时,亲切、友善地问候客人,使用礼貌用语,如早上好、欢迎光临等,然后将客人带到合适的餐台安排就座。

(三)问位开茶

(1)值台服务员主动上前为客人拉椅让座,送上香巾后开茶,开茶时服务员要尊重客人的饮茶习惯,先向客人问茶,然后按需开茶。

(2)开茶时,服务员应站在客人的右侧斟倒第一杯礼貌茶,以七八分满为宜。

(3)根据客人人数填写点心卡,记上台号、茶位,签上服务员名字,把点心卡送上台,为客人撤筷套并收走筷套。

(四)餐中服务

❶ 早茶服务　中式早餐服务最常见的是早茶服务。早茶最早流行于广东等沿海地区,后向内地发展,早茶的消费对象一般为具有一定消费能力又有闲暇时间的客人。

(1)服务员为客人提供茶水服务后,点心推销员应将点心车推至客人桌旁。

(2)点心推销员向客人介绍当天供应的各式点心品种,在客人选定后,服务员应协助点心推销员为客人送上点心。

(3)服务员根据客人所点的点心在点心卡上做好记录,及时填好日期、时间、桌号、人数等内容。

(4)服务员要勤巡台、勤续茶水、勤清理台面,主动征询客人的意见,尽量满足客人的要求。

广东人喝早茶的由来

Note

② 自助餐服务　自助餐是一种自己选择取用食物的就餐形式。其特点是菜点种类丰盛,选择余地大;客人随来随吃,进餐速度较快;餐位周转率高,用餐标准一般固定,价格便宜,经济实惠。

(1)客人进入餐厅坐下后,服务员要主动向客人推荐饮料,并热情地为客人介绍菜点。

(2)根据客人的需要,迅速为客人取煎煮食品或其他菜点。

(3)服务员及时整理餐台区域用具和台面,添加餐台区域食品和饮料,要经常整理菜点,使之保持丰盛、整洁、美观,必要时帮助客人取菜。

(4)如果某些菜点消费速度较快,服务员应及时补充以示充裕。

(5)服务员要做好热菜的保温工作,为客人续添红茶,做好客人的临时需求服务,及时回答客人提出的有关菜点的问题。

(6)勤巡餐台、撤走餐台上的脏盘,保持餐厅卫生,并随时准备为客人提供服务。

(7)自助餐快要结束时,添菜时一般添加一半或三分之一即可,避免到收餐时剩菜过多导致浪费。

③ 套餐服务　套餐服务是按固定用餐标准为客人提供规定品种菜肴的服务方式。

(1)服务员为客人提供茶水服务之后,要向客人介绍套餐的种类、价格并询问客人的需要。

(2)当传菜员将客人点的套餐从厨房托送至餐厅时,服务员应立即将套餐送上餐桌。

(3)为客人备好必要的调料。

无论采取哪种服务方式,在客人用餐过程中,服务员都应做好以下工作,即勤巡台、勤清理台面;主动适时地推销,随时满足客人的需要。

(五)结账服务

(1)客人示意结账时,服务员迅速将点心卡送至收银台,收银员将点心卡汇总后送交服务员。

(2)如果是套餐服务或自助餐服务,服务员可直接去收银台领取账单。

(3)服务员将账单收入账单夹内,站在客人的右侧打开账单夹,客人付款后服务员要将所收金额及时送交收银台,将余额当面点清,连同账单交还给客人,并礼貌地向客人道谢。

(六)送客服务

(1)当客人起身离座时,服务员应及时帮客人拉座椅,同时提醒客人带上自己的物品,并再次向客人道谢。

(2)迎宾员应将客人送出餐厅门口并感谢其光临,同时欢迎客人下次光临。

(七)清理台面

(1)客人离开餐厅后,服务员应立即检查有无遗留火种、遗留物品,餐椅归位。然后清理台面,按顺序收壶、香巾、茶杯,最后收走其他餐具。

(2)台面清理后,应迅速换上干净的台布重新摆台,为迎接下批客人或为午餐服务准备。

(3)整理好可利用的食品,将其撤回厨房予以妥善保存,以备再次使用。

(4)清理餐台时手法要迅速、卫生,不可将汤汁洒在台面上。

(5)妥善保管自助餐台的装饰品。

三、中式早餐服务的注意事项

(一)餐中服务注意事项

(1)客人提出问题时,服务员应停止手上工作礼貌回答问题,并提供帮助。如不能解决应立即上报领班处理。

(2)服务员站岗应合理选择位置,确保餐厅内所有用餐的客人都能得到所需的服务。

(3)整理餐台时遇到客人在取菜时应让出位置,不得让客人等候。

（二）收台服务注意事项

（1）清理餐台时应使用左手托盘，不得在客人面前整理餐盘垃圾。

（2）不可使用过湿的抹布擦拭台面，以免残留水渍，擦完台面后应习惯性摆好台面物品。

（3）收台过程中应同时关注区域内其他客人动向，避免冷落客人或者未能及时发现其他问题。

任务评价

技能考核

◆1.中式早餐服务考核设计

将学生分为两人一组或三人一组，分别扮演客人与服务员，模拟中式早餐服务。

◆2.中式早餐服务考核表（100分）

工作案例分析

【案例情境1】

某酒店中餐厅内已有不少客人正在用午餐。有电话打进餐厅吧台，询问还有没有早餐可吃，接电话的领班小杨抬腕看了一下手表：差15分钟就11点了。她本能地笑出声来，本想向对方说："你不看看现在已经几点钟了"，但她还是忍住了，便改口问道："您是哪个旅游团的？""我们是安徽来的。我是这个团的全陪。"对方回道。小杨建议："你们干脆吃午餐吧。""我们昨天爬了一天的山，累得没胃口，都不想吃东西了，只想喝点粥。你看还有没有早上剩的粥呢？"小杨想，对方要求也不高，不过要问一下厨房才好回答。于是她就说："您是哪个房间的？我过两分钟打房间电话答复您好吗？"小杨将客人的要求向厨师长做了通报。厨房里的厨师们听说中午有客人要求吃早餐，一个个都觉得好笑。有的说真逗，有的说怪怪的，还有的说这个例不能开，不然以后还要把早餐食品留到中午，怎么留啊！厨师长也感到为难：早餐用不完的粥已统统倒掉了，如果答应客人的要求，那就要另外再加工，无形中加大了成本，于是没有同意。小杨怀着惴惴不安的心情向安徽旅游团的全陪作了不能满足客人要求的回答。

这件事情或许过去也就过去了，假如不是因为一位"好事者"员工向上司反映这一情况，从餐饮部经理到总经理可能谁也不会料想到客人有此要求，更不会有后来的服务革新了。

原来，一位刚从旅游职业学校来到这家餐厅实习的传菜员小廖对此事处理的整个过程都看在眼里。他不认为客人的要求有什么好笑的地方——不是说客人是上帝，他们总是对的吗？不是说客人不能得罪，只要他们的要求是正当的就应当尽可能给予满足吗？于是他把这件事情向正在巡视餐厅的餐饮部李经理做了报告并谈了自己的看法。李经理立即批示厨房马上加工粥，同时又向安徽旅游团全陪房间打了电话。不一会儿，安徽旅游团的团员虽然个个睡眼惺忪却满脸笑意地走进了餐厅。林总经理听了餐饮部李经理的汇报后，当即决定以后送进客房的免费早餐券由原来的小纸片改成大的餐券，将就餐时间用黑体字印上"用餐时间上午7点至中午11点"。同时也要求餐厅上午9点过后将剩余的早餐食品移至一个小餐厅保留至中午。

案例思考：餐饮服务人员应如何站在客人的角度考虑为客人提供所需求的服务？

【案例情境2】

有一次一位客人走进一家餐馆想品尝异国新口味。他翻看菜谱，发现都是天价。无奈之下，他只好硬着头皮翻到最后，才看到了便宜又不失体面的蛋炒饭，于是他心安理得地点了一份，慢慢品尝起来。他正吃着，发现饭中夹着一根细细的头发，立即叫来服务员指给他看。服务员一个90°的鞠躬，忙不迭地端到后堂。不一会儿，由经理陪同，这个服务员又端来一份新的蛋炒饭，还端着那已经吃了一半的蛋炒饭以证明确实是新炒的。经理说了数不清的道歉话。事已至此，客人也平静了。没想到吃完离去时，那经理竟亲手拿着一份请帖送上，请客人务必携家眷或朋友再来光临，免费点任何四菜一汤，以补偿那根头发给他带来的不快。

案例思考:1.如何提高服务员的对客服务意识?

2.如何加强与厨房的沟通和对服务员操作流程的培训?

3.日常中式餐饮服务工作中,如何避免案例中的问题再次发生?

任务二　中式零点服务

任务描述

酒店通常将到中餐厅用餐的散客服务称为中式零点服务。中式零点服务的特点是客人多而杂,人数不固定,口味需求不一,用餐时间交错,致使餐厅接待量不均衡,服务工作量较大,营业时间较长。所以,中式零点服务在突出热情、周到、细致、体贴的同时,还要做到迅速而不紊乱。通过基础知识的学习和技能的训练,使学生掌握中式零点服务的基本程序和服务要点,能按照服务流程提供服务。

任务目标

了解中式零点服务的餐前准备工作;熟悉中式零点服务的基本内容;掌握就餐服务的程序与标准,达到熟练操作。

任务实施

中式零点服务具有客人就餐时间的随意性、就餐要求的多样性、就餐环境的选择性、接待工作的复杂性等特点。因此服务人员必须掌握每个环节的工作要点,做到有条不紊。

一、中式零点服务的餐前准备工作

餐前准备是指开餐前为客人进餐所提供的一系列的服务准备工作,它是餐厅服务的基础与保障。

(一)餐位预订

餐位预订是指客人就餐前,对餐厅座位的预先约定,包括保留餐位的数量及时间。预订是对订餐客人的一种承诺,餐厅必须在约定的时间为客人保留餐位。

(二)清洁、整理餐厅

餐厅清洁卫生是提高餐厅服务质量的基础和条件,一般应遵循从上到下、从里到外、环形整理的原则做好餐厅卫生,既可美化环境又可增强客人的就餐兴趣。

(三)准备服务用具和酒水

(1)将开餐所需要的各种餐具、酒具、托盘、开瓶器、点菜单、菜单、酒水单、餐巾纸、各种调味品等准备齐全充足。

(2)备好迎宾用茶水、数量充足的酒水饮料。

(四)熟悉菜单中的菜肴

(1)了解新增菜肴的价格和菜肴的价格变动情况,各种菜点的点菜频率。

(2)了解当日沽清的菜肴和餐厅推荐菜品,以便在点菜时做好推销和解释工作。

(五)零点摆台

按餐厅要求摆台(参见中餐摆台)。

案例点评

餐厅预订单

电话订餐
程序

Note

（六）全面检查

餐前检查的方法包括服务员自查、领班和主管以上管理人员抽查或全面检查。

（七）迎宾工作

迎宾服务是餐厅服务的重要环节，也是酒店现代服务风范的具体步骤，更是礼貌服务和个性化服务的开始。迎宾员应服务态度端正，有强烈的服务意识，要求有较好的语言表达能力和较好的外语能力。

迎宾服务操作程序及标准见表 6-1。

表 6-1　迎宾服务操作程序及标准

操作程序	操作标准
迎宾准备	(1)服饰整洁、仪容端庄、微笑上岗，保持正确的站姿。 (2)了解当日餐厅预订情况
迎接客人	(1)当客人到来时，微笑并使用专业用语礼貌地问候客人。 (2)客人确定就餐后，问清客人是否有预订、客人人数、姓氏及是否吸烟。 (3)无预订情况下主动询问客人人数，然后后退半步，做出"请"的姿势领位，将客人平均安排到不同的就餐区域
引客入座	(1)引领客人进餐厅时，问清客人是否选择无烟区就餐。 (2)引导客人来到桌前(走在客人的前方，不要走得太快，在客人面前保持约 1 m 的距离，偶尔回头看看确保客人跟随)。 (3)确认满意度(引导至桌前时，迎宾员说"女士/先生/小姐，请问这张桌子可以吗？")
拉椅让座	(1)迎宾员协助客人入座(微笑着拉开椅子说"女士/先生/小姐，请这边入座。")并指向拉开的椅子。 (2)服务过程中，遵循先女后男、先宾后主的顺序原则，需为带小孩的客人添置儿童椅
与值台服务员交接	告知值台服务员客人的就餐人数、主人姓氏等
菜单展示	(1)服务员站在客人的右侧，翻开菜单的第一面和酒水单并展示给客人。 (2)注意呈递菜单时右手在上左手在下
回岗	将客人信息交接给值台服务员后离开，回到原岗位，迎接之后的每一位客人
送客	使用标准礼貌用语"欢迎下次光临""再见"或"再会""非常感谢"等。道别时，可招手或行鞠躬礼

加位、减位服务

二、中式零点服务的餐中服务程序

（一）接受点菜

点菜服务对服务员要求很高，不仅要熟悉菜单，还要具备良好的语言技巧和丰富的销售知识，了解客人的就餐心理，洞察客人的就餐需求，根据餐厅实际情况为客人点菜。

点菜服务操作程序与标准见表 6-2。

表 6-2　点菜服务操作程序与标准

操作程序	操作标准
递送菜单	客人入座后服务员打开菜单，双手呈递给客人，如是夫妇应先递给女士

操 作 程 序	操 作 标 准
接受点菜	(1)值台服务员主动礼貌问候客人,询问客人是否点菜。 (2)站在客人右后方,左手持点菜单(或点菜机),右手持笔,边听边认真记录
推销建议	(1)推销从中档菜品起,及时推销高档菜品及厨师特荐品类。 (2)按上菜顺序点菜并向客人提供合理化建议(如菜量多少、食品搭配等)。 (3)对赶时间的客人推荐简便、快捷的菜肴,需较长时间烹饪的菜肴应及时提醒客人。 (4)帮助客人挑选本餐厅的特色菜,特别是厨师当日推荐的新菜、时令菜、特价菜等。 (5)询问客人有无特殊要求,如清真、吃素等。 (6)主动向客人介绍本餐厅的酒水
填写菜单	(1)在点菜单上写清台号、人数、日期、送单时间及服务员姓名。 (2)写明菜肴名称和数量(冷热、海鲜、点心面食分单填写)
复述确认	(1)复述菜肴名称、酒水饮料数量并请客人确认。 (2)收回菜单和酒单,礼貌致谢,请客人稍等
落单送厨房	经客人同意后方可下单,由传菜员送至厨房各部门

(二)酒水服务

酒水服务是根据客人所点酒水摆上相应的酒杯和饮料杯,使用托盘为客人提供的服务。斟完第一杯酒,酒瓶可以放在餐桌的一角,或放在附近的服务台上,以便随时为客人续酒。

酒水服务程序与标准见表6-3。

表6-3 酒水服务程序与标准

操 作 程 序	操 作 标 准
点酒	通过点单机点酒,将酒从吧台中取出,在输入点单机前问清客人白酒的度数(不同级别的酒价差很多)
送达餐桌	将酒瓶、酒杯放在托盘上,走到客人旁边将酒瓶和酒标面向客人说"××先生或女士,这是您点的××酒"
开酒	要在客人面前开酒,切掉铝箔,拿掉酒塞,将酒倒入酒杯
酒水服务	站在客人右侧,用干净的餐巾清理瓶口,按顺序斟倒酒水
完毕	将酒瓶放在餐桌上或服务台上

(三)菜肴服务

❶ 上菜(参见上菜分菜)

(1)上菜应按照冷菜、热菜、汤、面点、水果(先冷后热,先高档后一般,先咸后甜)的顺序进行。

(2)上菜位置应灵活掌握,严禁从主人和主宾之间上菜,不能越过客人头顶上菜。

(3)上菜要注意核对台号、菜品名称,避免上错菜;上菜时应用右手操作,并用"对不起,打扰一下"提醒客人注意,将所上的菜放至主宾面前,退后一步,报菜名"×××,请品尝",并伸手示意,要声音洪亮,委婉动听,上每道菜时都要报菜名,视情况做适当介绍。

(4)上特色菜时,应用礼貌用语"各位来宾,这是特色菜×××,请您品尝并多提宝贵意见",视情况对特色菜品给予适当介绍。

❷ **摆菜**　上菜的过程中不推、不拉、不压盘子,随时撤去空菜盘,保持餐桌清洁、美观,菜上齐应用礼貌用语,如"您的菜已经上齐了"。

三、中式零点服务的餐后收尾工作

(一)结账

(1)结账准备。当客人要求结账时,应先斟上茶水,送上香巾,请客人稍等,立即去收银处取回账单,并核查账单台号、人数、菜品及饮品消费额是否准确无误,将账单放入账单夹内,正面朝向客人。

(2)递交账单。走到客人的右侧,打开账单夹,右手持账单夹上端,左手持账单夹下端,递至主人面前,并说"这是您的账单。"请客人认真核对,如发现问题,应及时解决,对客人的疑问要耐心解释。

(3)结账时间。服务员一般不要催促客人结账,结账应由客人主动提出,以免造成赶客人离开的印象。

(4)结账对象。在散客结账时,应分清由谁付款,如果搞错了收款对象容易造成客人对酒店的不满。

(5)服务态度。结账时最易出现客人对账单有疑问的情况,这时服务员一定要态度良好,认真核对,认真解释,不要与客人发生冲突,要讲究策略。

(6)结账时容易出现跑账和跑单的情况,一定要避免。

(7)绝不要在客人结账后就停止为其服务而马上撤台收拾,仍应满足客人的要求,并继续为其热情服务,直至客人离去。

(二)送客服务

(1)值台服务员应为客人拉椅并提醒客人不要忘物品,目送至餐厅大门迎宾员处。

(2)掌握好客人离店的时机,客人不想离开时绝不能催促。

(3)始终体现对客人的关注,客人离开前,如愿意将剩余食物打包带走,应积极为其服务。送客是礼貌服务的具体体现,是餐饮服务中不可或缺的项目。在送客过程中,服务员应做到礼貌、细致、周全,使客人满意。

(三)清理台面

服务员在热情送客、道谢告别后,要迅速收拾好台面上的餐具,清理台面按要求重新摆餐位,以迎接下批客人。

(1)零点撤台需在该桌客人离开餐厅后,宴会撤台则要求宾客用餐结束,全部走出餐厅后。

(2)翻台应注意及时、有序,应按酒具、小件餐具、大件餐具的顺序进行。

(3)收撤餐具时要轻拿轻放,尽量不要发生碰撞声响。

(4)翻台时如发现客人遗忘的物品,应及时交给客人或上交有关部门。

(5)撤台完毕后,应立即开始规范摆台,尽量减少客人的等待时间。

四、中式零点服务的操作注意事项

(一)递菜单注意事项

向客人呈递零点菜单时应先递给主人,由主人去征求其他客人的意见,呈送附加单后应主动向客人介绍本酒店的产品、当日新增等。呈送零点菜单后不要催客人点菜,要给客人翻看菜单的时间。

(二)点菜注意事项

(1)注意颜色、冷热、荤素的搭配。

(2)如果客人点了本店沽清的菜,应向客人道歉,并推荐口味相近的菜。

(3)客人要求特殊加工的菜品,要与上级或厨房联系。

（4）如客人点了相同的汤数过多时,应提示客人。

（三）酒水服务注意事项

服务员在斟倒完第一圈后,要及时补充酒水,准备第二次为客人倒酒,一般情况下,第一圈倒酒非常重要。主人给第二主宾敬酒时,服务员要提供协助,以确保所有会用到的器皿都已准备好,避免耽搁。

（四）上菜服务注意事项

（1）遇有客人赶时间催菜,应及时与厨房取得联系,尽快将菜上桌。

（2）遇有客人喝醉,应及时送上毛巾、热茶及塑料袋,以防客人呕吐,并告知督导。

（3）遇有客人打翻茶杯、酒杯等,服务员应及时递上餐巾、毛巾擦拭,给客人更换新的餐具,安慰客人不必惊慌。

（4）如菜肴售缺时,应转告客人,并同时向客人推荐类似菜肴。

（5）若发现菜肴有杂物,应立即向客人道歉并及时撤下,告知领班员去处理。

（6）若上错菜且客人未用时,需征求客人意见是否需要,如不需要,向客人表示歉意,撤下这道菜。如客人已动筷,可向客人介绍并推销此道菜,客人无异议就加单;如客人表示不需要,向客人表示歉意,并撤下此道菜或酌情赠送。

任务评价

技能考核

◆1. 中式零点服务考核设计

有五位住店客人要在餐厅用餐,请你按照中式零点服务程序为客人提供服务。

◆2. 中式零点服务考核表(100 分)

工作案例分析

【案例情境1】

胡先生是北京某国际合资公司的总经理,与外方合作人签完合同后,当日中午请外方负责人到某高级宾馆的中餐厅吃饭。双方坐定后,餐厅服务员微笑着来请他们点菜"先生,请问您喝什么饮料?"服务员用英语首先问坐在主宾位置上的英国人。"我要德国黑啤酒"外宾答道。接着,服务员又依次问了其他客人需要什么酒水,最后用英语问坐在主位的衣装简朴的胡先生。胡先生看了她一眼,没有理会。服务员忙用英语问坐在胡先生旁边的外宾,点什么菜。外宾却示意请胡先生点菜。"先生,请您点菜。"这次服务员改用中文讲话,并递菜单。"你好像不懂规矩,请把你们的经理叫来。"胡先生并不接菜单,服务员感到苗头不对,忙向胡先生道歉,但仍无济于事,最终只好把餐厅经理请来了。

胡先生对经理讲:"第一,服务员没有征求主人的意见就让其他人点酒、点菜;第二,她看不起中国人;第三,她影响了我请客的情绪。因此,我决定换个地方请客。"说着,他掏出一张名片递给餐厅经理,并起身准备离去,其他人也连忙应声离座。经理一看名片方知,胡先生是北京一家名望很大的国际合资公司的总经理,该公司的上海分公司经常在本宾馆宴请外宾。

餐厅经理和服务员赶紧向胡先生道歉,并保证以后绝对不会出现类似的情况,胡先生等人终于坐下来。餐厅经理亲自拿来好酒尽地主之谊,气氛才缓和下来。

案例思考:1. 点菜服务的程序是什么?

2. 餐饮服务员应如何根据不同的服务对象采取不同的服务方式?

【案例情境2】

一天,餐厅里来了三位衣着讲究的客人,服务员引至餐厅坐定,其中一位客人便开了口:"我要点××菜,你们一定要将味调得浓些,样子摆得漂亮一些。"同时转身对同伴说:"这道菜很好吃,今天你

在线答题

中式零点
服务考核表

案例点评

Note

们一定要尝尝。"菜点完后,服务员拿菜单去了厨房。再次上来时,便礼貌对客人说:"先生,对不起,今天没有这道菜,给您换一道菜可以吗?"客人一听勃然大怒,"你为什么不事先告诉我? 让我们无故等了这么久,早说就去另一家餐厅了。"虽是发了脾气,客人仍觉得在朋友面前丢了面子,于是,拂袖而去。

　　案例思考:1. 你认为案例中的服务员在处理问题时,哪些方面的处理欠妥当?
　　　　　　　2. 这个案例给你带来哪些启示?

任务三　中式宴会服务

任务描述

　　中式宴会消费标准高、菜点品种多、气氛隆重热烈、就餐时间长、接待服务讲究,典型的中式宴会菜点饮品以中式菜品和中国酒水为主,使用中式餐具、用具,并按中式服务程序和礼仪服务。这种宴会形式反映了中华民族的传统文化气息,其就餐环境与气氛也突出了浓郁的民族特色,是我国星级饭店常见的宴会类型之一。随着社会的发展,中式宴会与娱乐项目、主题活动有机结合,逐步走向国际。

　　在中式宴会服务任务的学习中,可以通过宴会预订服务、宴会前的准备工作、宴会服务流程、宴会服务注意事项四个工作任务,学习中式宴会服务的知识、技能、规范,从而提高学生的宴会服务能力与综合职业能力。

任务目标

　　了解宴会种类、特征、宴会预订方式和内容;熟练布置中式宴会餐台和宴会开始前的各项检查工作;掌握宴会的预订工作流程和方法;掌握宴会服务流程的主要内容和服务规范;能为客人提供中式宴会的餐饮服务。

任务实施

一、宴会预订工作

(一)认识宴会

1 宴会的特点

(1)规模和规格预先确定。
(2)菜点、酒水的种类数量预先确定。
(3)用餐标准预先确定。
(4)对服务要求高,强调细致周到,讲究礼貌礼节。
(5)对环境布置要求较高,强调隆重热烈,讲究气氛渲染。

2 宴会的分类

(1)宴会按内容和形式的不同分为:中餐宴会、西餐宴会、冷餐酒会、鸡尾酒会、茶话会等。
(2)宴会按进餐标准和服务水平的高低分为:高档宴会、中档宴会、一般(普通)宴会等。
(3)宴会按进餐形式的不同分为:立餐宴会、坐餐宴会、坐餐和立餐混合式宴会等。
(4)宴会按礼仪分为:欢迎宴会、答谢宴会、告别宴会等。
(5)宴会按规格分为:国宴、正式宴会、非正式宴会(便宴)、家庭宴会等。

(6)宴会按其规模大小(出席者的人数多少)分为:大型宴会、中型宴会、小型宴会等。

(7)宴会按菜肴特点的不同分为:海鲜宴、燕窝宴、野味宴、全羊席、满汉全席、火锅宴、饺子宴、素席等。

(二)宴会预订方式

宴会预订是指个人或企业提前预约餐饮活动的过程,宴会预订既是宴会产品推销过程,又是客源组织过程。宴会预订工作做得好与坏,直接影响到菜单的编制、场地的安排以及整个宴会活动的组织与实施。

宴会预订方式主要包括电话预订、面谈预订、信函预订、中介预订、指令性预订等。

(三)宴会预订服务

作为酒店宴会业务管理部门的预订员,要按照酒店的宴会预订程序、标准和要求为客人提供基本的宴会预订服务。

宴会预订服务程序与标准见表6-4。

××酒店
宴会预订单

宴会预订
确认书

表6-4 宴会预订服务程序与标准

操作程序	操作标准
热情迎宾	接受客人来电或面谈预订,在电话铃响3声内接听电话,礼貌问候,热情主动接待客人
了解需求	(1)主动询问客人预订需求,如日期、时间、宴会人数、客人姓名(公司名称)、联系电话等。 (2)如是电话预订,可建议客人预约到宴会场地视察;如面谈预订,向客人展示宴会的相关书面资料,仔细倾听客人对宴会的要求,陪同客人前往宴会场地察看
沟通信息 受理预订	(1)了解客人预订要求后,核实宴会时间、地点、是否可以接受预订。 (2)洽谈过程中,就客人提出的问题或疑问给予耐心细致的解答,并为客人提供合理化建议。 (3)填写宴会预订单,逐一落实预订单上内容,对有特殊要求的宴会要特别注明,有超过职权范围的要求,要及时请示部门经理
确认预订	(1)对不准确预订,告知客人确定保留准确预订的最后期限等。 (2)与客人洽谈并取得宴会活动的各种事项的一致意见后,必须向客人复述预订的相关信息,请客人确认正确与否
收取订金 签订合同	(1)签订宴会预订确认书。 (2)按照宴会预订书面协议,收取宴会订金,一般按预算费用的30%～50%收取
预订变更	(1)取消预订应在电脑系统里做出调整,在预订单上盖上"取消"章。 (2)无论酒店方还是顾客方的任何变动都要提前一周通知对方,任何最后的变动情况都要迅速通知有关部门

(四)建立宴会客史档案

宴会客史档案主要记录预订宴会者的情况,即来宾的姓名、电话号码、宴会日期、种类、出席人数、出席宴会者中特殊客人的身份、要求等内容。还有宴会的收费标准、宴会举行的地点、所需的额外服务、所用饮料、菜品名称、宴会效果反馈等。

二、中式宴会前的组织准备工作

1 领宴会通知单 在宴会正式举办前,要根据宴会通知单的要求完成布置宴会厅、准备物品、布置餐台等工作,确保宴会活动的顺利开展。

2 宴会厅环境设计与布置 宴会厅环境设计,是对宴会举办场地进行选择和利用,并对环境进行艺术加工和布置创作。良好的宴会设计会使宴会达到更好的效果,使客人更加满意。宴会厅的环境设计与布置重点是突出宴会厅气氛,使宴会环境布置同其等级规格相适应。具体应掌握三个基本原则和标准。

(1)宴会等级规格:如果是国宴活动,要在宴会厅的正面并列悬挂两国国旗,正式宴会应根据外交部规定决定是否悬挂国旗。悬挂双方国旗,按国际惯例,以右为上、左为下。由我国政府宴请来宾时,我国的国旗挂在左边,外国的国旗挂在右边;来访国举行答谢宴会时,则相互调换位置。

(2)宴会主题:所谓宴会主题,就是宴会主办者的设宴意图,如婚庆、祝寿、接风洗尘等,宴会环境设计必须根据宴会主办者的设宴意图,设计准确的宴会主题。

(3)主办单位的具体要求:宴会环境设计,必须把握客人的需求。如隆重的正式宴会时,一般在宴会厅周围摆放盆景花草或在主台后面用花坛、画屏、大型青枝翠树盆景装饰,用以增强宴会的隆重热烈气氛。对于一般婚宴,则在靠近主台的墙壁上挂双"喜"字,贴对联。对于寿宴,则挂"寿"字等烘托喜庆的主题。

另外,布置宴会厅时还应考虑到宾客宴请的形式、参加活动的人数、宴会厅的形状和面积以及宴请的季节等各种因素。

3 宴会台形设计 宴会的台形设计应根据宴会的桌数、宴会厅的面积和形状以及举办者的要求灵活进行,但应遵循以下原则:主桌第一,左高右低,近高远低。在整个宴会餐桌的布局上要做到:桌布一条线,桌腿一条线,花瓶一条线,各桌主位能相互照应。宴会台形设计基本要求有以下几种。

(1)因地制宜,适应场地:根据宴会的规模,宴会厅的形状和大小,选择适宜的宴会场地。

(2)突出主桌,整齐有序:主桌应面对主入口,背靠主墙,能纵观全局。餐桌排列整齐有序、间隔适当、合理布局、左右对称。大型宴会除主桌外,所有餐桌都应编号。各桌席次的编排应照顾到客人的风俗习惯,如招待欧美宾客的宴席,应跳过"13"编号。客人亦可从座位图知道自己桌子的号码和位置。另外,编排座位计划时应为可能出现的额外客人留出座位,一般情况下应预留10%的座位,事先最好与客人协商一致。

(3)疏密适宜,方便服务:宴会台形排列根据宴会厅大小及赴宴人数的多少来安排,餐桌之间的距离以方便穿行、上菜、斟酒、换盘为宜。一般餐桌与餐桌之间的距离不小于1.5 m,餐桌距墙的距离不少于1.2 m。

小型宴会台形见图6-2、图6-3。

中型宴会台形见图6-4至图6-7。

大型宴会台形见图6-8。

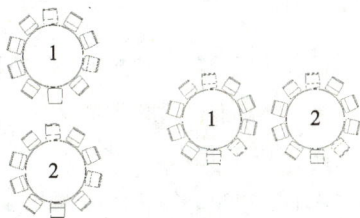

图6-2 两桌宴会台形

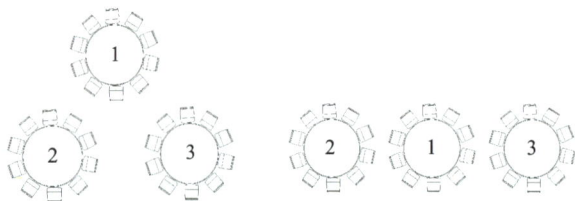

图 6-3　三桌宴会台形

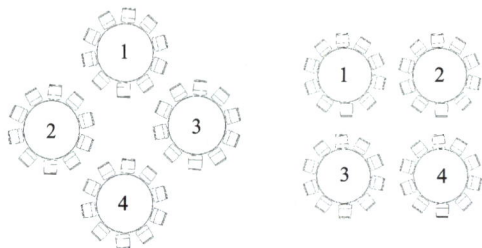

图 6-4　四桌宴会台形

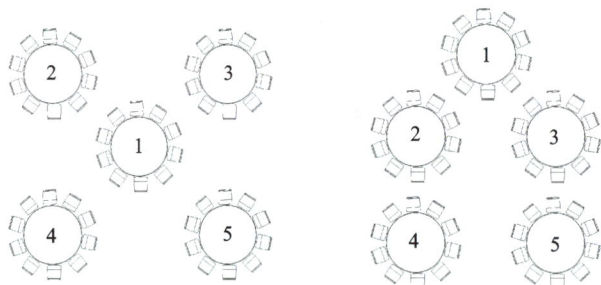

图 6-5　五桌宴会台形

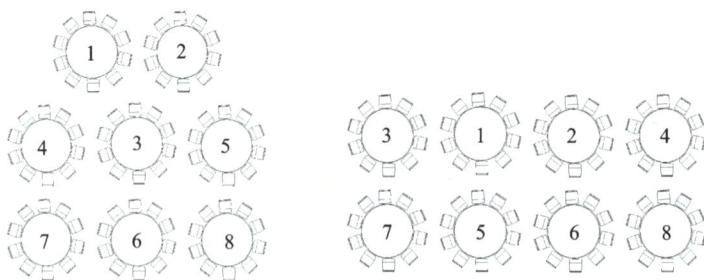

图 6-6　八桌宴会台形

④ 宴会台面设计　宴会台面设计，又称餐桌布置艺术，它是根据宴会主题，对宴会台面用品进行合理搭配、布置和装饰，以形成一个完美台面组合形式的艺术创造。台面设计应突出实用、美观、礼仪的原则。宴会台面设计的基本要求有以下几点。

（1）根据宴会的主题和档次进行设计：宴会台面设计应突出宴会的主题。宴会档次的高低决定餐位的大小、装饰物及餐用具的造价、质地和件数等。

（2）根据宴会菜点和酒水特点进行设计：餐具及装饰物的选择与布置，必须由宴会菜点和酒水特

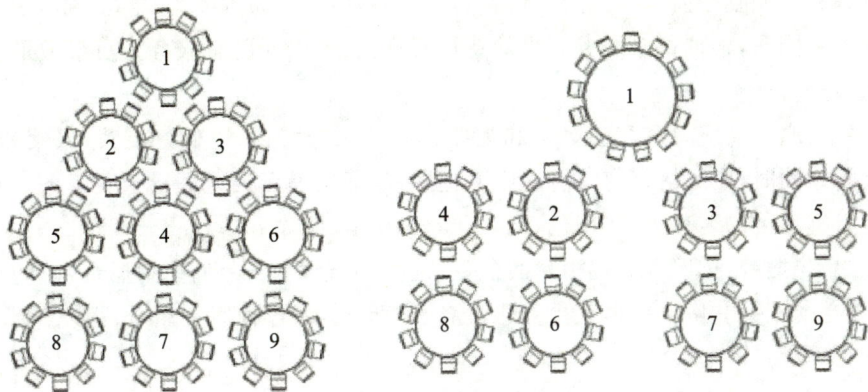

图 6-7 九桌宴会台形

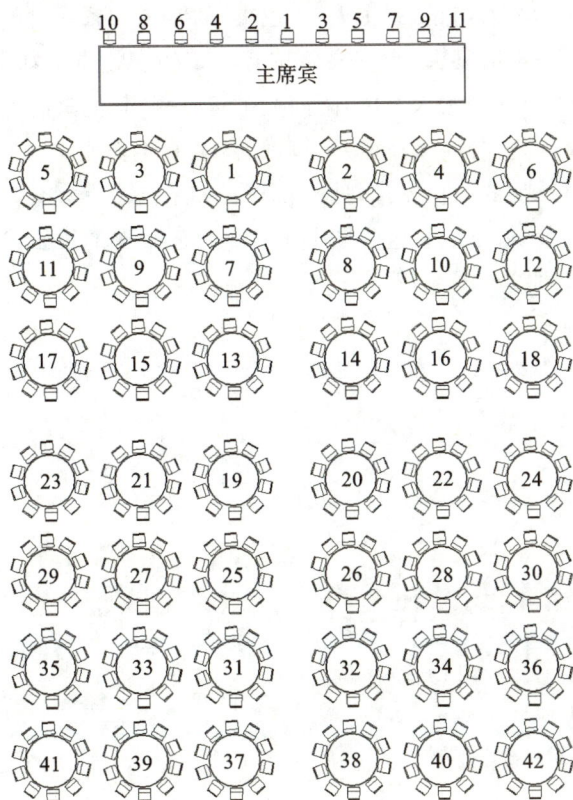

图 6-8 大型宴会台形

点来确定。不同的宴会配备不同类型的餐具及装饰物。饮用不同的酒水也应摆设不同的酒具。

（3）根据美观性要求进行设计：宴会台面设计在满足以上实用性的基础上，应结合文化传统、美学原则进行创新设计，将各种餐具加以艺术陈列和布置，起到烘托宴会气氛、增强客人食欲的作用。

（4）根据卫生要求进行设计：要保证摆台所用的餐具都符合安全卫生的标准，在摆台操作时要注意操作卫生。不能用手接触餐具、杯具的进口或接触食物的部分。

⑤ 宴会前的服务准备

（1）掌握情况：接到宴会通知单后，餐厅管理人员和服务员应做到八知、五了解。八知即知台数、知人数、知宴会标准、知宴会开餐时间、知菜式品种及出菜顺序、知主办单位或客人房号、知收费办法、知宴请对象。五了解是了解客人风俗习惯，了解客人生活忌讳，了解客人特殊需要，了解客人进餐方式，了解主宾和主客（如果是外宾，还应了解其国家、宗教信仰、禁忌和口味特点）的特殊爱好。

（2）分工明确：按照宴会要求，对迎宾、值台、传菜、酒水供应、贵宾室等岗位人员，明确好分工，具体任务落实到人。同时，根据每个服务人员的特长安排工作，以使所有服务人员形成最佳工作组合，确保宴会的顺利进行。

（3）熟悉菜单：服务员应熟悉宴会菜单和主要菜肴的风味特色，以做好上菜、派菜和回答客人对菜肴提出的询问。同时，应了解每道菜肴的服务程序，保证准确无误地进行上菜服务。对于菜单，应做到能准确说出每道菜的名称、风味特色、配菜和配食作料、制作方法。

（4）准备物品与摆台：按照宴会规格和摆台要求进行宴会摆台（参见中餐摆台），宴会菜单每桌一至两份，重要宴会则人手一份。根据菜单要求准备分菜用具和各种服务用具，根据菜肴准备相配的佐料。

（5）席位安排：席位安排是指根据宾主的身份、地位来安排每位客人的座位。在进行席位安排时，必须与宴会举办者联络，了解其要求，并遵循"高近低远"的原则。"高近低远"中的高低是指客人的身份和地位，而近远则是指客人与正、副主人（或主桌）的距离。餐桌上的席位通常是根据身份、地位、年龄等因素来确定的。一般的宴会，十人桌席位有固定的安排方法如下：主人在上首，其右为主宾，副主人在主人对面，副主宾在副主人右侧，陪同在主宾右侧，其他陪同人员一般无严格的规定（图6-9）。当客人职务层次远高于主人，或表示特别尊敬时，也有主宾坐主位（图6-10）。当主客双方较为平等，也可以"正中无主位式"的席位安排，见图6-11。如果是多桌宴会，一般应绘制一张席位分配图，客人们在进入宴会厅之前，就可以从这张图上了解到自己桌次的位置，避免到宴会厅里寻找。小型圆桌宴会席位、席次布置可参考图6-12。

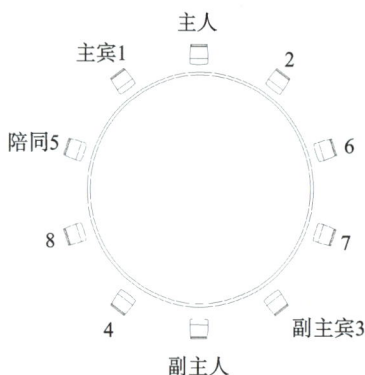

图6-9　中餐宴会的席位安排1

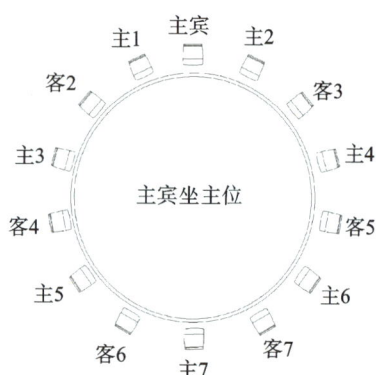

图6-10　中餐宴会的席位安排2

图6-11　中餐宴会的席位安排3

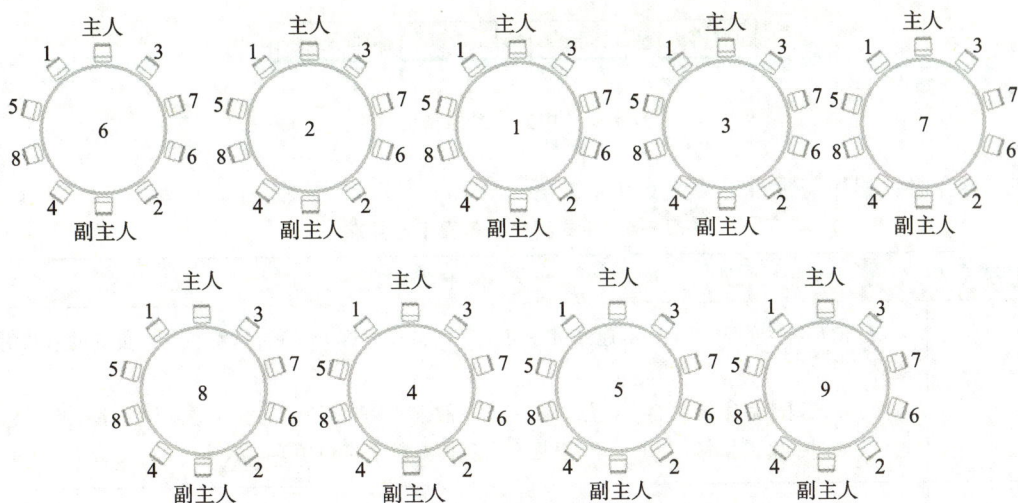

图 6-12　小型圆桌宴会席位、席次布置

宴会准备服务程序与标准见表 6-5。

表 6-5　宴会准备服务程序与标准

操 作 程 序	操 作 标 准
卫生准备	(1)服务员根据宴会的人数,从管事处取回足够的餐具和托盘。 (2)将所有餐具擦拭干净,做到光、洁、干。 (3)将擦拭干净的餐具按不同种类整齐摆放在托盘里备用
餐巾花准备	(1)服务员根据宴会的人数,准备数量充足、平整、洁净的餐巾,并叠成美观的餐巾花(主台的餐巾花或正、副主人的餐巾花须与其他桌位或餐位的餐巾花有区别)。 (2)根据宴会的人数,准备好足量的餐巾纸、牙签等
桌号准备	(1)服务员根据预订单,准备好数量充足的桌号牌,且洁净、无灰尘、无污迹、无锈迹、无损坏。 (2)根据主人预订的桌数打印桌号牌的内容,字迹要完整、正确。 (3)宴会开始前将准备好的桌号牌按标准摆放在相应桌位的台面上
席位卡准备	(1)服务员根据宴会的人数,准备数量充足的席位卡,且席位卡完好、洁净、无灰尘、无污迹、无破损。 (2)根据主人预订单的内容和要求打印席位卡,且席位卡上客人的姓名准确、字迹清晰。 (3)摆台时,将席位卡按主人的要求摆放在相应席位的台面上
出菜单准备	(1)根据宴会的标准、人数,厨师长提前列出菜单明细,并让客人核对,得到确认后,确定菜单明细。 (2)服务员按照宴会规格要求打印出菜单后,按标准摆放在台面上(一般宴会正、副主人右侧各摆放一份;在重要宴会上,每位客人右侧都要摆放一份)。 (3)大型宴会开始前 15 min 左右摆上冷盘(一般宴会在开宴前 5 min 摆好冷盘)

三、中式宴会的服务流程

中式宴会服务包括迎宾工作、席间服务、结账送客、收尾服务四个环节的服务流程。

中式宴会服务流程见图 6-13。

宴会礼宾
服务方法

宴会致辞
祝酒服务

迎接客人 ➡ 席间服务 ➡ 结账送客 ➡ 收尾服务

图 6-13　中式宴会服务流程

中式宴会服务程序与标准见表 6-6。

表 6-6　中式宴会服务程序与标准

操 作 程 序	操 作 标 准
迎宾工作	（1）客人到达前 5～10 min，迎宾员在宴会厅门口迎候客人，值台员站在各自负责的餐桌旁准备服务。 （2）客人到达后微笑向客人问好。在客人左前方 2～3 步处引领客人进入休息室稍作休息。 （3）斟倒茶水或饮料，上小毛巾，根据宴会具体要求直接引领客人入席
席间服务	（1）入席斟酒（参见酒水斟倒） ①入席。服务员为客人拉椅、奉茶；为客人打开餐巾，铺在客人膝盖上。 ②斟酒。啤酒：右手托酒瓶上端，左手扶下端成 45°，站在客人右侧，身体微屈，商标朝向客人。红酒：站在客人右侧，身体微屈，商标朝向客人；开启时先去除瓶盖上的铅封，再开启，用毛巾擦拭瓶口后为客人斟倒。大型宴会一般开始前 10 min 斟倒好红酒 （2）上菜、分菜（参见中餐上菜服务） ①上菜时，须由主台开始，不能抢先；每上一道新菜，要介绍菜名和风味特点。 ②每一道菜都要为客人分菜，分菜要胆大心细，分菜要掌握分量、件数，汤的分量要分得均匀。 ③分菜要先分给主宾，继而按顺时针方向分给其他客人，若有女宾，应先为女宾分，后为男宾分。 ④根据宴会的标准规格，按照宴会的上菜、分菜的规范进行上菜。可用转盘式分菜、旁桌式分菜，也可以将几种方式集中起来服务 （3）撤换餐具及用品 ①重要的宴会要求每道菜换一次碟，换碟时，碟里有未吃完的食品，先征求客人的意见，客人同意后才换。 ②除小毛巾服务外遵循右上右撤的原则，如有 1/2 骨渣时要更换，上水果时换。 ③若客人的餐巾、餐具、筷子等掉在地上，须马上为客人更换。 ④换小毛巾（左上左撤，原则上要求主桌换不少于 2 道小毛巾）
结账送客	（1）结账准备：宴会上完水果后，即可进行结账准备。清点所有酒水、香烟、加菜等宴席菜单以外的收费并累计总数，送收银处准备账单。 （2）拉椅送客：客人起身离座时，主动为其拉开座椅，递送衣帽，提包，并协助客人穿衣，提醒客人带好随身物品。视具体情况目送客人至餐厅门口。 （3）迎宾员送客至店门口，再次向客人致谢，微笑道别。若是大型宴会，服务员应列队在餐厅门口两侧，热情欢送客人
收尾服务	（1）收台检查：客人离席的同时，服务员要检查台面是否有客人的遗留物品，如有要及时送还或交上级，检查台面上是否有未熄灭的烟头。 （2）按序撤台：在客人全部离开后立即清点物品，收台布时先把垃圾扫掉，特别注意烟头。顺序：餐巾、毛巾→银器→玻璃杯→瓷器→银器刀叉→筷子。贵重器皿要当场清点。 （3）清理现场：各类开餐用具要按规定位置重新摆放整齐，做好卫生，使宴会厅恢复原样，保证下次宴会顺利进行

四、中式宴会服务的注意事项

（1）上毛巾时要注意毛巾的清洁及温度。

（2）所有操作原则上都要在客人右侧进行（除小毛巾服务）。

（3）操作必须用托盘，一切用具轻拿轻放（重和高的物品靠近自己）。

（4）撤去餐具及菜碟时，必须征求客人同意，但不能多次询问、催促客人。

（5）用餐过程勤巡视，勤清理台面的杂物，换骨碟，保持转盘的清洁。

（6）宴会服务应注意节奏，不能过快或过慢，应以客人进餐速度为标准。

（7）席间如有客人突感身体不适，应立即请医务室协助并向领导汇报，将食物原样保存，留待化验。

（8）如不慎将菜汤洒在客人身上，应诚恳道歉，用餐巾擦净桌面或铺上洁净餐巾遮盖，用香巾擦拭客人身上的油污，请客人更衣，免费给予洗涤。

（9）如果客人之间发生矛盾争吵，服务员不应围观。要劝阻对方不能激化矛盾，征得客人同意调换桌次后主动为客人送上香巾、茶水让客人息怒并互相谅解。

（10）见到客人醉酒时，要请客人到清爽的地方，送茶、温毛巾并请来宾派人看护。立即清理呕吐物，撤脏餐具换新餐具，同时不忘记招呼其他客人。

任务评价

技能考核

◆1. 中式宴会服务考核设计

徐明的外婆过生日，宴请亲朋好友，请你按照中式宴会服务的程序，模拟宴会预定。

◆2. 中式宴会服务考核表（100分）

（1）中式宴会预订服务考核表

（2）中式宴会服务任务表

（3）中式宴会服务任务评价表

工作案例分析

【案例情境1】

山西省某酒店豪华的宴会厅内，正在举办一场盛大的欢庆宴会，整个大厅充满了喜庆的气氛。由于参加宴会人数多，因此餐饮部临时抽调了几名新服务员前来帮忙。席间，一切按计划进行，客人的欢声笑语不断。忽然，离主桌最远的一张餐桌前有位女客人发出尖叫。宴会领班小李和公关部苏经理闻声同时赶去，发现那位客人的套装湿淋淋的，一个实习的新服务员手里托着倾翻的汤碗。苏经理立即明白了一切。她一边安排另外几名服务员收拾被女客人带落到地上的筷子、酒杯等杂物，一边与小李一起用身体挡住女客人，将其护送出宴会厅。

苏经理先安排客人到房间里淋浴，稳定情绪，她自己到客房部暂借一套干净的酒店制服请女客人暂用。小李又委婉地问清了女客人内衣的尺寸。接着打电话到公关部，请秘书以最快速度到附近的大商场购买高档内衣。同时，苏经理另派人将女客人换下的脏衣服送到洗衣房快洗。

由于处理及时，宴会厅内客人仍旧开怀畅饮，保持着热烈的气氛。半小时后，洗衣房已把女客人的衣服洗净烫平，同时公关部秘书也已买来了内衣。女客人高高兴兴地换上自己的套装，不时地向苏经理和小李道谢。宴会结束后，苏经理还为这位女客人叫了一辆出租车。

案例思考：如何提升酒店部门之间服务人员的协调能力和合作精神？

【案例情境2】

某酒店宴会预订部的秘书小谢，第一次接到一位客户的大型宴会预订电话。在记录了宴会日

在线答题

中式宴会预订服务考核表

中式宴会服务任务表

中式宴会服务任务评价表

案例点评

Note

期、时间、主办单位、联系人、参加人数、宴会的类别和价格、宴会厅布置要求、菜单要求、酒水要求等基本情况后,小谢就急忙带上预订单与合同书准备亲自到客户的单位去确认。同事老关拦住她说:"你最好请对方发一个预订要求的传真过来,然后根据要求把宴会预订单、宴会厅的平面图和有关详细情况反馈给对方,并请对方第二次传真确认预订。有必要时,还要请客户亲自来酒店看一下场地和布局情况,然后填写宴会预订表格、签合同并排入宴会计划。"

小谢按照老关所说的程序把信息反馈给客户,几天后,她接到了客户的传真。果然,这一次客户对宴会的布置、参加人数等要求均比电话中所讲详细了很多,双方在价格上又进行了一番商谈。为了发展客户,争取客源,最终酒店同意给客户让利,客户支付了定金并在规定期限的合同上签字。

案例思考:1.请分析小谢先前接受宴会预订工作时有哪些不妥的地方?

2.通过对该宴会预订案例的学习,对你掌握宴会预订的程序与方法带来了哪些帮助?

案例点评

西式餐饮服务

项目描述

　　西式餐饮服务起源于欧洲的贵族家庭,是按照西方人的饮食习惯而为其提供的西式餐饮服务。不同国家和地区采用不同的服务方式,西式餐饮服务的不同形式随着旅游饭店业的兴起,在全球范围内有了很大的发展。本项目介绍了西式餐饮服务形式、西式早餐服务、西式零点服务、西式宴会服务的服务流程和规范,力求在学习的过程中使学生掌握各项基本服务能力,进一步增强服务意识。

项目目标

　　1.了解常见的西式餐饮服务种类;掌握西式餐饮服务方式,能判断属于哪种服务形式。
　　2.了解西式零点服务流程;掌握西式零点服务程序和服务规范;能提供西式零点服务。
　　3.了解西式餐台形的特点及西式宴会的服务形式;掌握西式餐饮宴会服务程序;明确不同服务形式的上菜程序、规则、位置和技巧,菜肴摆放的要求;能按照规范要求,熟练地为客人点菜、上菜、分菜及撤换餐用具等;能按照规范的操作要求提供酒水饮料服务。
　　4.培养学生良好的职业素养,提高学生的独立操作能力,增强服务意识。

项目内容

```
                    西式餐饮服务
    ┌──────────┬──────────┬──────────┬──────────┐
西式餐饮服务形式  西式早餐服务  西式零点服务  西式宴会服务
```

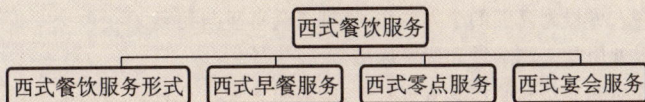

任务一　西式餐饮服务形式

任务描述

　　西式餐饮(也可称西餐)服务经过多年的归纳、总结和提高,形成了现在常见的法式服务、俄式服务、英式服务、美式服务和大陆式服务等服务类型。当今的西式餐厅,往往为了协调其菜谱和西式餐厅设施,把两种或两种以上的服务方式结合起来使用。特色西式餐厅则使用一种服务方式,如法式餐厅里使用法式服务。通过基础知识的学习和技能的训练,使学生掌握西式餐饮服务形式的特点及操作要领,能够根据西式餐饮服务形式的要求提供规范的西式餐饮服务。

任务目标

了解西式餐饮服务的形式;掌握常见的西式餐饮服务形式和特点;能根据客人的要求为其提供不同形式的西式餐饮服务。

任务实施

经过多年的归纳、演变、总结和提高,西式餐饮服务形成了现在常见的法式服务、俄式服务、英式服务、美式服务和大陆式服务等形式。

一、法式服务

法式服务又称为餐车服务、手推车服务,食物在厨房粗加工后,用餐车送到客人桌旁,由高级厨师在客人面前完成最后的烹制。传统的法式服务是西式餐饮服务形式中十分讲究礼节、非常豪华的服务形式。通常,法式服务用于法式餐厅,即扒房。

法式服务操作程序与标准见表 7-1。

表 7-1　法式服务操作程序与标准

操 作 程 序	操 作 标 准
服务方法	(1)上菜服务:点菜单传到厨房,服务员将厨房准备好的菜盘放在餐车上送入西餐厅。 (2)汤菜服务:银盆端进餐厅,加热,调味;服务员用大汤勺从银盆中分到客人的餐盘中,由助理服务员用右手从客人右侧服务。 (3)主菜服务:一般主菜同上汤类同。牛排要配沙拉,沙拉从客人左侧上桌。 (4)洗手盅服务:把盛有 2/3 水的小碗放在客人右侧
服务规则	在法式服务中,服务员推出菜肴,并在客人面前现场切割装盘和进行烹制表演。服务员助手从客人的右侧送上每一道菜(除了面包、黄油、沙拉等在客人左边的食品,应从客人的左侧上桌,从左侧撤下),其他餐食一律用右手从客人的右边送上餐桌
优点	(1)客人可得到高度的个人关注,感到备受尊重与照顾。 (2)服务用具有展示性和优雅风格。 (3)食品的准备和制作具有观赏性,能吸引客人。 (4)以服务小费为工作补偿,有降低厨房劳动成本的可能性
缺点	(1)需要高技术的服务员,且难以执行高标准。 (2)需要大量昂贵的设备和更大的空间。 (3)就餐时间长,翻台率低下。 (4)法式服务餐厅价格极高

二、俄式服务

俄式服务又称"银盘服务""国际式服务",起源于俄国的沙皇时代,同法式服务相似,是目前世界上所有高级餐厅中最流行的、讲究礼节的、豪华的服务方式,菜肴在厨房制熟,放入精致的大银盘上,由服务员递送到餐厅。

俄式服务操作程序与标准见表 7-2。

表 7-2　俄式服务操作程序与标准

操作程序	操作标准
服务方法	(1)分发餐盘。服务员先用右手从客人右侧送上相应的空盘,开胃菜盘、主菜盘、甜菜盘等。注意冷菜上冷盘(即未加热的餐盘),热菜上热盘(即加过温的餐盘),以便保持食物的温度。上空盘依照顺时针方向操作。 (2) 运送菜肴。菜肴在厨房全部制熟,每桌的每道菜肴放在一个大浅盘中,然后服务员从厨房中将装好菜肴的大银盘用肩上托的方式送到客人餐桌旁,热菜盖上盖子。服务员站立于客人餐桌旁。 (3)分发菜肴。服务员用左手以胸前托盘的方法,用右手操作服务叉和服务匙,站在客人的左侧分菜。分菜时以逆时针方向进行。斟酒、斟饮料和撤盘都在客人右侧
服务规则	菜肴在厨房制熟。服务员将每道菜肴放入一个精致的餐盘上,采用肩上托的方式,将菜肴送至餐厅服务桌上,然后用左手以胸前托盘的方法请客人欣赏菜肴,然后用右手通过服务叉和服务匙为每个客人分菜
优点	(1)服务时用大银盘,食品具有观赏性。 (2)菜肴在厨房中预先切好,放在银质大浅盘中,服务时不需要较大的空间。 (3)用餐时间比法式服务短,餐厅空间的利用率都比较高。 (4)每个餐桌只需要一个服务员,服务的方式简单快速
缺点	(1)服务员需要有较高的分菜服务技艺。 (2)不同的主菜需要不同的银盘,若服务速度慢,易造成客人食物变凉。 (3)多种银器的投资大,使用率却较低,高额的固定成本会影响餐厅的经济效益

三、美式服务

美式服务又称"盘式服务",这种服务简单快捷,不太拘泥形式,是餐厅服务中最普遍、最有效的服务方式。

美式服务操作程序与标准见表 7-3。

表 7-3　美式服务操作程序与标准

操作程序	操作标准
服务规则	菜肴由厨师在厨房中烹制好,装好盘。餐厅服务员用托盘将菜肴从厨房运送到餐厅的服务桌上。热菜要盖上盖子,并且在顾客面前打开盘 传统的美式服务,上菜时服务员在客人左侧,用左手从客人左边送上菜肴,从客人右侧撤掉用过的餐盘和餐具,从顾客的右侧斟倒酒水。目前,许多餐厅的上菜服务从顾客的右边,用右手顺时针进行上菜
优点	(1)一个服务员可以同时为多个餐台服务,尤其适用于西餐咖啡厅的服务。 (2)对服务的技术要求相对较低,非专业的服务员经过短期的训练就能胜任,因而在人工成本上比较节省。 (3)客人就餐所用空间较小,空间利用率及餐位周转率高。 (4)菜品价格较低,质量控制有保障

盘式服务

续表

操作程序	操作标准
缺点	(1)美式服务不像法式服务和俄式服务那样优雅、华丽。 (2)快速服务不太适合悠闲阶层的消费者,顾客得到的个人服务较少。 (3)餐厅常显得忙碌而欠宁静,较适合于低档的西餐厅,而不适合于高档西餐厅

四、英式服务

英式服务又称家庭式服务,在美国和某些欧洲国家,家庭式餐厅很流行,这种家庭式餐厅通常采用英式服务。

英式服务操作程序与标准见表7-4。

表7-4　英式服务操作程序与标准

操作程序	操作标准
服务方法	服务员从厨房里取出烹制好的餐品,盛放在大盘里和热的空盘里一起送到主人面前,由主人亲自动手切割主料并分盘,服务员充当主人的助手,将主人分好的菜肴依次送给每一位顾客。各种调料、沙司和配菜都摆放在餐桌上,由顾客根据需要互相传递自取
优点	(1)服务家庭的气氛很浓。 (2)许多服务工作由客人自己动手,节省人工
缺点	用餐的节奏较缓慢,在大众化的西餐厅里不太适用

五、大陆式服务

综合式服务又称大陆式服务,是一种融合了法式服务、俄式服务和美式服务的综合服务方式。许多西餐宴会的服务采用这种服务方式。通常用美式服务上开胃品和沙拉,用俄式或法式服务上汤或菜,用法式或俄式服务上甜点。不同的餐厅或不同的餐次选用的服务方式组合也不同,这与餐厅的种类和特色、顾客的消费水平、餐厅的销售方式有着密切的联系,但不管采用何种方式,都必须遵循方便宾客用餐、方便员工操作的原则。

任务评价

技能考核

◆1.西式餐饮服务形式考核设计

能判断哪种服务形式,根据客人需求,模拟为客人提供西式餐饮服务。

◆2.西式餐饮服务形式考核表(100分)

工作案例分析

【案例情境1】

一天晚上,徐先生陪着一位外宾到酒店西餐厅用餐。点菜后,服务员小吴摆上酒杯和茶杯,为两位客人斟茶水、换毛巾,又为他们倒啤酒,上餐前开胃品,当汤端上来后便为他们盛汤,盛了一碗又一碗。一开始,外宾以为这是吃中餐的规矩,但听徐先生告诉他是否喝汤取决于个人意愿后,他谢绝了服务员小吴要为他盛第三碗汤。小吴在服务期间满脸微笑,手疾眼快,忙个不停:上菜后即刻派菜,

在线答题

西式餐饮服务形式考核表

Note

骨刺多了随即就换骨碟,毛巾用过了忙换新的,米饭没了赶紧添加……他在两位客人旁边忙上忙下,并不时地用英语礼貌地询问两位还有什么需要,搞得两位客人拘谨起来。

当外宾把刀叉刚放下,从口袋里拿出香烟,抽出一支拿在手里时,小吴急忙从口袋里拿出打火机,熟练地打着火,送到客人面前,为他点烟。外宾忙把香烟叼在嘴里去点烟,样子颇为狼狈。香烟点燃后,他忙点着头向小吴说了声:"谢谢!"小吴又在忙着给他的碟子里添菜,客人赶紧熄灭香烟,用手制止小吴说:"谢谢,还是让我自己来吧。"小吴随即把烟灰缸拿去更换。外宾说:"这里的服务太热情了,但让人有点透不过气来。徐先生,我们还是赶紧吃完走吧。"当小吴把新烟灰缸放到桌上后,两人谢绝了小吴的布菜,各自品尝了两口后,便要求结账。小吴去取账单时,外宾拿出一张钞票压在碟子下面。徐先生赶紧告诉他,中国餐厅内不收取小费。外宾说"这么'热情'的服务,你就无动于衷?"徐先生仍旧向外宾解释,外宾只好不习惯地把钱收了起来。结账后,小吴热情地送客人,站在餐厅门口还连声说:"欢迎下次光临!"

案例思考:1.有针对性地进行培训,强调服务应根据不同客人的具体情况而进行服务。

　　　　　2.以此案例作为经验教训,要求所有服务员明确服务具有灵活性,应根据不同客人的具体情况而进行。

【案例情境2】

老张的儿子留学归国,还带了位洋媳妇回来。为了讨好未来的公公,这位洋媳妇一回国就张罗着请老张一家到当地最好的四星级饭店吃西餐。用餐开始后,老张为在洋媳妇面前显示出自己也很讲究,就用桌上一块很精致的布仔细地擦了自己的刀叉。吃的时候,学着他们的样子使用刀叉,既费劲又辛苦,但他觉得自己挺得体的,总算没丢脸。

用餐快结束了,吃饭时喝惯了汤的老张盛了几勺精致小盆里的"汤"放到自己碗里,然后喝下。洋媳妇先一愣,紧跟着也盛着喝了,而他的儿子早已是满脸通红。

案例思考:小吴服务有哪些不妥之处? 如何做好既灵活又不失规范的服务?

任务二　西式早餐服务

任务描述

西式早餐服务是西式餐饮服务的主要内容之一,服务内容比较简单,包括早餐的准备工作、迎接客人、早餐服务、餐中服务、结账送客等服务环节。通过基础知识的学习和技能的训练,使学生掌握西式早餐的服务流程和规范,并且可以根据不同的服务形式为客人提供满意的早餐服务。

任务目标

了解西式早餐的类型;掌握西式早餐的服务流程和操作规范;可以提供早餐服务。

任务实施

一、西式早餐的种类

西式早餐比较科学,主要供应一些选料精细、粗纤维少、营养丰富的食物,如各种蛋类、面包、各种饮料等。西式早餐按传统划分方法可分为两类,即英式早餐和欧陆式早餐。

（一）英式早餐

英式早餐内容丰富，有蛋有肉，一般被称为饭店的零点餐，早餐的种类和数量由客人自己选择，根据自身的消费水平决定。早餐内容包括以下几类。

1 饮料类 饮料类有咖啡、红茶、可可和牛奶等。咖啡要在吃玉米面饼或麦片粥时上，最迟要与煎鸡蛋和烤面包同时上。

2 果汁类 果汁类一般有番茄汁、橙汁、西柚汁等。果汁一般用新鲜水果，通过榨汁机榨制而成，也可用听装、罐装或瓶装果汁。

西式早餐有时也供应烩水果，一般用水果罐头，也可用新鲜水果除去皮和核后切成丁或片，用糖水煮熟后冷却即可。

3 谷物类食品 谷物类食品一般有燕麦片、玉米片等，通常加牛奶、水煮成粥类食物，吃燕麦片粥时要用砂糖和热牛奶，吃玉米面饼等时要饮冷牛奶。

4 蛋类

（1）煎蛋：可分为单面煎和双面煎，双面煎又可分为双面煎嫩蛋和双面煎老蛋，区别是蛋黄是否凝固，煎鸡蛋要用热盘子趁热送上。

（2）煮蛋：三分钟蛋，蛋黄呈流汁状；五分钟蛋，蛋黄开始凝固；十分钟蛋，蛋黄发硬。上煮蛋时应放在蛋盅内，同时送上咖啡匙和垫碟。

（3）水波蛋：水波蛋与我国一些地区的糖水蛋类似，先将鸡蛋打入锅中，轻轻将少量盐和白醋放入沸水锅内，煮制2～3 min后捞出沥干水分，放在烤面包上装盘，服务时应同时送上糖浆或蜂蜜。

（4）溜糊蛋：要求鸡蛋全熟，但无凝结的硬块。溜糊蛋通常放在烤面包上，也可直接装盘。

（5）蛋卷：又称为列蛋，是先将蛋液倒入放了少许油且油温较高（六七成熟）的锅内摊成饼形，再加入不同原料后卷成梭形，因加入原料不同而有不同的名称，如清蛋卷、洋葱蛋卷、番茄蛋卷、火腿蛋卷等。

5 肉类 一般有火腿、香肠、熏肉三种，服务前应在油锅中略煎，通常与蛋类一起装盘。

6 面包 面包一般有烤面包（又称吐司）、牛角包、面包卷等种类可供客人选择，上面包时一起上黄油和果酱，常见的果酱有苹果酱和橘子酱等。

（二）欧陆式早餐

欧陆式早餐又称大陆式早餐，内容简单。当今欧美国家许多饭店把欧陆式早餐算在房价之中，住店客人住宿一夜，可免费享用一顿简单的标准早餐，主要有以下几种：①咖啡、茶或可可。②果汁和蔬菜汁。③面包配黄油或果酱。

欧洲部分地区习惯把午餐作为正餐，因此对早餐不太讲究，时至今日，欧洲许多国家的早餐还是以冷食为主，也有家庭有时吃鸡蛋和肉类。

二、西式早餐服务的工作流程

西式早餐服务工作流程见图7-1。

餐前准备 ➡ 迎宾服务 ➡ 点餐服务 ➡ 餐中服务 ➡ 结账服务 ➡ 清理台面

图7-1 西式早餐服务工作流程图

（一）餐前准备

1 餐前摆台 按要求进行西式早餐摆台。西式早餐摆台主要用具有餐巾、餐刀、餐叉、甜品勺、面包盘、黄油刀、油碟、咖啡杯、果汁杯、胡椒瓶、盐瓶、糖缸、烟灰缸或禁烟标志和花瓶等。

❷ 早餐材料　备好面包、黄油、果汁、热咖啡、鲜奶、水果等。

❸ 整理检查　整理并检查餐厅设备和环境卫生；检查、清洗桌面用品，胡椒、盐瓶定期清洗，每日加满原料并擦净瓶身等；整理并检查个人仪表仪容等。

（二）迎宾服务

（1）保持正确的站姿和仪表仪容，客人进入餐厅时，迎宾员要微笑问候，如"早上好，先生/女士，请问有几位？"

（2）迎宾员以手示意引领客人进入餐厅，为客人安排喜欢的餐位并拉椅让座，按照女士优先的原则进行。

（三）点餐服务

（1）客人就座后，为客人翻开咖啡杯并从客人右侧递上菜单和饮料单，同时询问客人用茶还是用咖啡。

（2）站在客人的右后方，上身微躬，详细记录客人所点的食品和饮料，并复述点菜内容，做好落单工作。

（3）根据客人所点的食品和饮料，尽快为其提供，站在客人的右侧送餐巾，补充桌台上原有的餐用具。

（四）餐中服务

（1）站在客人右侧送餐巾。

（2）根据客人所点菜肴补充相应的餐具。

（3）从客人右侧上果汁，从客人左侧上面包。若给客人上烤面包时，应放在用餐巾或花纸装饰好的藤篮里，然后给客人小包装的牛油和果酱。

（4）依次从客人右侧送上谷物类食物、鸡蛋和肉类。

（5）随时补充饮料，如按杯出售，则应征询客人同意。

（6）巡视服务区域，及时为客人撤掉空盘和空杯，添加咖啡或茶。

（五）结账服务

（1）提前检查账单，保证准确无误，准备好笔和账单夹。

（2）按照结账的规范为客人结账，如遇数位客人同时进餐，应问清客人是分单结账还是合单结账，以适应西方客人的消费习惯。

（3）客人离座时，主动为客人拉椅，及时检查是否有遗留物品，同时致谢并欢迎客人下次光临。

（六）清理台面

客人离开后，迅速收拾餐具、台布。按照摆台要求重新布置台面，以迎接下批次客人。

西式早餐服务操作程序与标准见表7-5。

西式汤品

西式冷汤

表 7-5　西式早餐服务操作程序与标准

操作程序	操作标准
迎接客人	（1）客人走进餐厅，迎宾员向客人微笑打招呼，尽可能称呼客人姓名 （2）问清客人的人数、是否吸烟、有无特殊要求等
引领客人入座	（1）迎宾员在客人左前方引导客人，根据客人的要求为客人安排餐桌并询问客人是否满意。 （2）按照女士优先、先宾后主的次序为客人搬开椅子，示意客人入座，当客人到达餐椅前即将落座时，将餐椅轻轻前送

续表

操 作 程 序	操 作 标 准
点早餐	（1）客人入座后，服务员向客人问候，为客人翻开咖啡杯，并从客人右侧递上菜单和饮料单，同时询问客人用茶还是用咖啡。 （2）客人点餐时，服务员应在客人右后方，上身微躬，详细记录客人所点的食品和饮料。 （3）客人点完后，应重复点单内容，请客人确认
上早餐	（1）客人点完单后，服务员尽快为其提供饮料。 （2）根据客人所点的食品和饮料，调整桌台原有的餐用具。 （3）上早餐时，应检查与客人所点的是否一致，调味品与辅料是否齐全。 （4）按照先冷后热的顺序上早餐（欧陆式早餐上菜顺序：自选果汁、各色早餐包点、咖啡或茶。美式早餐的上菜顺序：自选果汁或水果、鲜蛋配火腿、咸肉或香肠、咖啡或茶），每上一道菜，都要报出食品名称
餐中服务	（1）服务员应不断地与厨房联系以确保供应，保证菜品质量，控制出菜时间。 （2）随时注意客人的表情，尽可能地解决和满足客人提出的要求。 （3）经常为客人添加咖啡或茶，及时撤去餐后杯、碟并勤换烟灰缸，保证台面清洁
结账送客	（1）客人要求结账时，服务员将账单放入账单夹递给客人。 （2）询问客人付款方式并按照客人的要求为其办理结账手续。 （3）客人起身离开时，应为其拉开椅子并对客人的光顾表示感谢，欢迎其再次光临

三、西式早餐服务的注意事项

（1）西式早餐就餐客人多，周转快，需不断与厨房联系，以确保供应，保证食品质量，控制出菜时间。

（2）当客人点蛋类时，要问清客人的口味要求；当客人点饮料时，问清客人需要哪种，如果不需要则替客人倒冰水。

（3）在不打扰客人的情况下，主动征求客人对服务和食品的意见。

（4）客人离去后及时检查是否有尚未熄灭的烟蒂，并按先餐巾、毛巾，后酒杯、碗碟、筷子、刀叉的顺序收拾餐具及有关物品。

任务评价

技能考核

◆1.西式早餐服务考核设计

设计一组美式早餐点餐中英文对话，并根据自我评价和小组评价进行量化考核每个人对早餐服务知识与技能的掌握情况。

◆2.西式早餐服务考核表（100 分）

工作案例分析

【案例情境】

在某一西餐厅的早餐营业时间，服务员小芳注意到一位年老的客人先用餐巾纸将鸡蛋上面的油擦掉，又把蛋黄和蛋白用餐刀分开，再就着白面包把蛋白吃掉，而且在吃鸡蛋时没有像其他客人那样在鸡蛋上撒盐。小芳猜想这位客人可能是患有某种疾病，才会有这样特殊的饮食习惯。

在线答题

西式早餐
服务考核表

Note

第二天早晨,当这位客人又来到餐厅落座后,未等其开口,小芳便主动上前询问客人是否还享用和昨天一样的早餐。待客人应允后,小芳便将昨天一样的早餐摆在餐桌上。但与昨天不同的是煎鸡蛋只有蛋白而没有蛋黄,客人非常高兴。客人边用餐边与小芳谈起,之所以有这样的饮食习惯,是因为他患有顽固的高血压病,需要遵从医嘱。以前在别的酒店餐厅用餐时,他的要求往往被服务员忽视,然而这次在这家酒店住宿用餐,他感到非常满意。

案例思考:餐厅服务人员如何做好有针对性、个性化的服务?

任务三 西式零点服务

任务描述

西式零点服务是指在西餐厅内为零散用餐的客人供应西式菜品、酒水和饮料,并为之提供相应的服务。西式零点服务包括午餐服务和晚餐服务,其特点是用餐内容复杂,对服务技术要求较高。通过基础知识的学习和技能的训练,使学生掌握西式零点服务所必需的技能,提高学生的服务意识。

任务目标

了解西式零点服务的准备工作;熟悉西式零点服务的服务内容;掌握西式零点服务的程序与标准;能按规范提供西式零点服务。

任务实施

西式零点餐厅客人用餐时间较长,服务的流程多,内容较复杂。

西式零点服务流程见图 7-2。

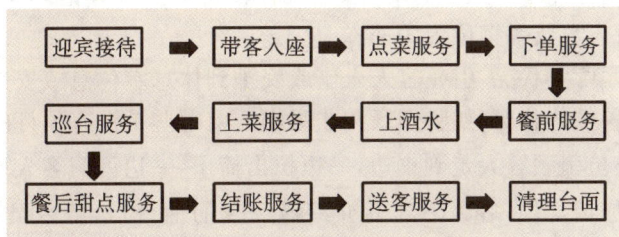

图 7-2 西式零点服务流程图

西式零点服务主要包括餐前准备、餐中服务和餐后服务三个阶段的服务工作。

一、西式零点服务的餐前准备

(一)餐前准备

参见中式零点服务中的餐前准备工作。西餐值台员餐前准备服务程序与标准见表 7-6。

表 7-6 西餐值台员餐前准备服务程序与标准

操作程序	操作标准
清洁卫生	做好所辖区域的卫生清洁工作及设备检查工作。如吧台、椅子、操作台。设施、设备是否正常运行,完好无损;环境卫生、温度是否符合规定要求;衣帽间的衣架、存衣牌等是否齐全、充足等。检查服务员的仪容仪表是否符合服务要求

操作程序	操作标准
物品准备	(1)备好菜单、托盘、服务手推车等。 (2)冰水、咖啡、茶。 (3)调味品。芥末、胡椒瓶、盐瓶、番茄酱、奶酪、沙拉酱、水果盘、冻肉盘、甜果酱等
摆台	西式零点摆台的基本要领是左叉右刀、先里后外、刀口朝盘,根据菜肴配餐具。台面摆设物品时,花瓶应放在桌子中央,花瓶前摆盐和胡椒,盐和胡椒前面放牙签盅,牙签盅前面是烟灰缸,烟灰缸缺口对准盐和胡椒的中缝。摆台前,应将摆台所用的餐、酒用具进行检查,发现不洁或有破损的餐具要及时更换,保证用品符合干净、光亮、完好的标准。摆放时,手不可触摸盘面和杯口。摆台时,要用托盘盛放餐具、酒具及用具。摆放金、银器皿时,应佩戴手套,保证餐具清洁,防止污染。
开餐前会	参加餐前会,按具体情况予以调整。
信息准备	了解客情、菜情、酒情。
食品准备	(1)面包准备。 (2)酒水准备
自查	检查不合标准之处,及时纠正。

(二)迎宾服务

❶ 问候客人 客人到达餐厅后,迎宾员主动上前问候,确认是否预订,如"晚上好,欢迎光临本餐厅!请问您订餐位了吗?"如果客人已订餐位,检查并核对客人预订记录及用餐人数;如果客人没有预订,则询问客人用餐人数及餐桌位置的选择。

根据客人需求和餐厅营业状况,引领客人入座或安排到休息室休息或安排到酒吧喝些饮料。迎宾员应事先了解餐厅内餐位的状况,如吸烟区和非吸烟区内哪些是没有预订的餐位。

❷ 引位入座 迎宾员引领客人走到桌边,一边拉出椅子,一边询问客人以确认客人对餐位是否满意,然后示意客人说"您请坐"。客人入座后介绍该区域的值台员,值台员需主动和客人打招呼。如果有两组客人几乎同时入座,迎宾员应遵循先到先服务的原则,以免让客人认为没有得到尊重而不愉快。

二、西式零点服务的餐中服务

(一)点菜服务

西式零点服务的点菜服务程序与标准见表7-7。

表7-7 西式零点服务的点菜服务程序与标准

操作程序	操作标准
递送菜单	向客人递送菜单。双手将菜单送到客人面前,适时向客人介绍、推荐餐厅的特色菜。如"您好,这是我们的菜单,请问需要帮您推荐餐厅的特色菜吗?"
倒柠檬水或冰水	(1)客人入座后,微笑问候,在客人右侧倾倒至八成满。 (2)微笑并退一步说:"先生/小姐,您好!请慢用。"注意防止唾沫进入杯中。

操作程序	操作标准
询问客人是否可以点菜	（1）服务员站在客人的右侧，离客人一步距离并与餐台保持一定距离，询问客人"请问可以为您点菜了吗?" （2）注意身体不要靠着餐台边缘，音量适中，身体微微前倾
为客人点菜	（1）适时推销及给客人一些合理化建议。 （2）重复客人点的菜，并流利回答客人的提问，其中对餐点和酒水做推荐销售。 （3）语言要亲切、热情、平缓；注意先女后男、先宾后主的顺序进行；与客人保持眼神交流；向每位客人复述所点的内容
	情况一：客人要点的菜，菜单上没有时 （1）立即向厨师长了解该菜是否能马上制作。 （2）与客人沟通"×先生/小姐，您点的×××虽然菜单上没有，但是厨师长将尽力为您制作这道菜"。如果不能制作，服务员应婉言拒绝。 （3）不要慌张，保持镇静
	情况二：遇到熟客时 使用熟客的姓氏称呼客人，牢记客人的喜好，主动推荐
	情况三：遇到信仰宗教的客人时 了解客人有什么忌讳，在菜单上要特别注明，向厨师交代客人的特殊要求；上菜时要仔细检查以免出错。根据便签上记录的内容，按照出菜顺序将客人所点的菜肴和饮料输入点菜系统

（二）点酒服务

（1）有的餐厅内点菜和点酒是同时进行的，但多数情况是先点菜后点酒以方便客人根据所点食物选择佐餐酒。

（2）接受点酒服务时，注意与客人对话要语气温和，动作优雅，将酒单用右手递到客人手中。

（3）服务员要记住客人所点酒品的名称、价格，标上客人的特殊要求（如不加冰）。注意不应在点菜时拒绝客人同时点酒，当客人点完酒水后，重复客人所点酒水，询问上酒水的时间。

（4）将客人所点菜单和酒水单内容输入点单机（现代餐厅大部分点单都使用点单系统，随着科技的发展，已经有越来越多的点菜系统使用"掌中宝"式的输入系统代替电脑键盘）。

（三）餐巾服务

（1）用右手从客人的右边拿起餐巾，用左手拿起餐巾的一角，轻轻打开餐巾使之自然下垂。

（2）同时用双手拿餐巾的对角将餐巾对折成三角形。

（3）右手在前，左手在后，将餐巾铺在客人双膝上，餐巾三角形的长边朝向客人。注意铺餐巾时不要与客人发生不必要的接触。

（四）传菜服务

传菜员必须熟悉餐厅每一张餐桌的确切位置，熟悉每桌各餐位的编号，了解本餐厅经营的各种菜点的名称、分量、样式、配料及所用器皿。如同时为一桌以上客人送菜时，要特别记住点菜单的先后顺序。在为同一桌不同的几位客人传菜时，要按照餐位编号一一进行，还应遵循客人所点主菜全部同时上桌这一服务原则。

传菜服务中应使用托盘取菜，做到热菜必须热上，凉菜必须冷上。传菜过程中要保证菜点和汤汁不滴、不洒。

(五)上菜服务

由于西式的用餐习惯需要在客人用完一道菜之后才能上下一道菜,所以,控制上菜的时间尤为重要,这取决于客人的用餐速度和用餐气氛、厨房的烹饪时间、厨房和餐桌的距离。最理想的上菜时间是在客人用完上一道菜相隔 0.5~1 min 后再上下一道菜。上菜服务基本要求有以下几个方面。

(1)在上第一道菜之前,提前 10 min 通知厨房,客人准备用餐。

(2)核对菜品是否和客人所点一致。

(3)将菜品送到餐厅并再次对照菜单,检查送出的食物是否正确。

(4)如使用美式服务方法,食物送到客人面前,用两个碟或三个碟的托碟方法照单上菜。

(5)上菜时从客人右手边上菜,说:"打扰先生/女士,您的××(菜名),请慢用"。

(6)通知厨房准备下一道菜,注意每道菜之间,应留出充分的时间让厨房准备。

(7)合理判断客人的用餐进度并依次上菜。

西式零点上菜服务程序与标准见表7-8。

表 7-8　西式零点上菜服务程序与标准

操作流程	操作标准
面包、黄油	同时给客人斟倒饮料
汤类	从左边上,脏盘和餐具通常从右边撤下
沙拉	在客人左边,用左手送上,吃完沙拉后,所用的盘子、餐具和玻璃杯都应撤下
上主菜（大盘）	将盘中肉食摆在靠近客人的前边,蔬菜和配菜放在上端。如果客人还未吃完沙拉,应将沙拉移向左边,让出位置摆放主菜。如客人点了白葡萄酒,应为客人斟上酒
上旁碟（副菜）	上旁碟后要立即把调味汁端上来,同时应斟上红葡萄酒,配菜盘的位置应放在面包盘上方,即餐叉的左上方
上甜点	主菜盘撤下后,要用一块叠好的干净餐巾,把撒落在餐桌上的菜、面包屑扫进一个小盘里,同餐桌上所用过的餐具一并撤下,摆上吃甜点用的刀、叉、匙,送上甜点
水果	在上水果前应将桌面上的餐具、菜盘全部撤下,餐台上只留下花瓶、蜡烛、水杯、烟灰缸和牙签盅,然后把刀和叉摆放好,根据水果的品种,放上大小合适的盘子(从客人左边服务)
咖啡或茶	如果客人点的是咖啡,应将糖缸、奶壶放在餐桌上,壶把朝主宾方向,再摆上垫有杯垫的咖啡杯;客人如用红茶,应配上柠檬片和糖缸
上餐后酒	餐后一般用利口酒、白兰地或雪茄,待客人选定后,为客人斟酒、帮客人点雪茄

(六)席间服务

(1)撤碟,包括添加冰水、葡萄酒,撤换餐用具、烟灰缸,补充面包、黄油等。清理面包屑被认为是高档西餐厅必有的服务,在清理面包屑之前,要保证餐桌上的其他用具已经清理干净。操作时从客人的左手边进行清理(面包盘摆放的位置)。将左手的餐碟向下放至略低的餐桌桌面,右手用一块叠成方形的餐巾轻轻将桌上的面包屑扫入餐碟中。注意不要掸桌上的面包屑。只能朝餐碟的方向用餐巾清扫,按逆时针方向顺次清理面包屑。

(2)撤饮料杯。撤饮料杯时也是从客人右手边取走,且使用托盘操作。

(3)更换烟灰缸。主动为客人点烟,随时撤换超过两个烟蒂的烟灰缸。

(4)添加冰水、葡萄酒、面包、黄油。

三、西式零点服务的餐后服务

(一)结账服务

服务员在为客人结账前应仔细核对客人消费项目及金额。当客人示意结账时,应迅速、准确地按规范进行结账服务,并向客人致谢。有时客人会要求分单结账,因此,应注意以下几个方面。

(1)将同桌客人的账单分列记录准确。

(2)勿让客人长时间等待账单。

(3)账单应放在结账夹内,勿让其他客人看到账单中的消费金额。

(4)结账后将零钱及账单收据或信用卡交给客人。

(二)送客服务

当客人准备离开时,服务员要为客人拉椅,提醒客人带好随身物品,礼貌地与客人道别。

(三)结束工作

客人离开餐桌前,所有酒杯均保持原位不动,待客人离去后再撤。检查客人是否有遗留物品,如有则要及时归还给客人,如客人已离开应立即交给上级处理。送客服务结束后,服务员应立即按收台顺序清理餐台,更换台布,重新摆台,准备迎接下一批客人。

🍳 任务评价

📝 技能考核

◆ 1.西式零点服务考核设计

(1)将学生分成小组,人数自拟,模拟西式零点服务。

(2)一位外宾在西餐厅零点了罗宋汤、西冷牛排、蔬菜沙拉(配菜)、榛子巧克力蛋糕,请问:

①摆台时你会上哪些餐具? 如何摆放?(要对摆台过程解说并进行摆台操作)

②请为这次的点餐过程准备一组英语对话。

◆ 2.西式零点服务考核表(100分)

(1)西式零点服务考核表。

(2)西式零点摆台、会话服务考核表。

📝 工作案例分析

【案例情境1】

朱丽特是某饭店西餐厅的迎宾员。西餐厅最近比较繁忙,这天晚间9时许,朱丽特见到一位先生走了进来。

"晚上好,先生。请问您贵姓? 有预订吗?"朱丽特微笑着问道。

"你好,你不必知道我的名字,我就住在你们饭店。"这位先生漫不经心地回答。

"欢迎您光顾这里。不知您愿意坐在吸烟区还是非吸烟区?"朱丽特礼貌地问道。

"我不吸烟。不知你们这里的头盘和主菜有些什么?"客人问道。

"我们的头盘有一些沙拉、肉碟、熏鱼等,主菜有猪排、牛排、鸡、鸭、海鲜等,本餐厅还有特供的佐餐酒,您可以品尝一下,您现在可以跟我去餐位吗?"朱丽特说道。这位客人看着朱丽特的身影和整洁、漂亮的衣饰,欣然同意,跟随她走向餐桌。

"不,不,我不想坐在这里。我想坐在靠窗的座位,这样可以欣赏街边夜景。"客人指着窗口的座位对朱丽特说。

"请您先在这里坐一下。等窗边有空位了我再请您过去,好吗?"朱丽特征求客人的意见。在征得同意后,朱丽特又问他要不要些开胃品。这位客人点头表示同意。朱丽特对一位服务员交代了几

右侧栏：
西餐喝汤礼仪

法国菜的上菜顺序

在线答题

西式零点服务考核表

句,便离开了。当朱丽特再次出现在这位客人面前告诉他窗边有空位时,他正与同桌的一位年轻女士聊得热火朝天,并示意不换座位,要赶紧点菜,朱丽特微笑着走开了。

案例思考:1.怎样培养迎宾员和领位员的服务意识,提高其职业素养?

2.如何改善领位员的知识结构?

3.迎宾和领位的服务程序应如何不断地改进和创新?

【案例情境2】

1998年9月10日,秦先生夫妇来到北京某高级宾馆的西餐厅用餐。入座后,服务员端上冰水,接着问他们点什么小吃和鸡尾酒。秦先生说:"小姐,我们都是教师,从来没有在高级饭店吃过西餐。今天正好是教师节,我们想趁此机会体验一下吃西餐的感受,请帮我们多介绍一些情况,以免我们出丑。"

服务员张小姐听后欣然同意,并微笑着向他们介绍:"吃西餐一般要先喝一些清汤或清水,目的是减少之后喝酒对胃的刺激。然后可以按顺序点鸡尾酒和餐前小吃、开胃菜、汤、沙拉、主菜、水果和奶酪、甜点、餐后饮料。实际上不必每个程序都点菜,可以根据自己的喜好和口味任意挑选。"

秦先生听罢忙用笔记录下来,并请张小姐告诉他们怎样用餐具、怎样点菜。张小姐先将一个菜单递给秦夫人,又将一个菜单递给秦先生,简要地介绍了菜单上的内容,然后又送上酒单,告诉他们点菜后可以点酒,并耐心地介绍了相应的酒菜搭配知识。秦先生夫妇听得津津有味,还不时打断她,做些记录。

"还是请你为我们点菜吧!"秦先生停笔后恳切地要求着。

根据客人的要求和意愿,结合餐厅的特色酒、菜,张小姐为他们按全部程序点了鸡尾酒、冷肉、法式小面包、黄油、汤、海鲜沙拉、虾排、鹿肉、牛排、红葡萄酒、甜食、冰激凌、咖啡等饮食。

餐后,秦先生夫妇非常高兴地对张小姐说:"今天我们不但得到了良好的服务,而且还体会到了吃西餐的乐趣,以后一定再来这里用餐。"

案例思考:1.点菜员应如何提高自身的职业素质?

2.如何利用丰富的西餐文化知识为客人提高优质服务?

任务四 西式宴会服务

任务描述

西式宴会是使用刀叉等西式餐具,采用西式摆台,品尝西式菜肴,按西式餐饮礼仪提供服务的宴会,也可称为西式宴会服务。它体现了以"西洋文化"为主的异域文化。相对于中式宴会服务来说,西式宴会的服务环节多,要求也较严格,主要涉及西式宴会的桌椅布局、台面设计、座位安排、酒水服务等知识。通过对西式宴会知识的学习和技能的训练,使学生掌握为客人提供西式宴会服务的程序和方法。

任务目标

了解西式宴会预订的方式;知道西式宴会服务程序;熟悉西式宴会前组织准备工作的内容;掌握西式宴会服务流程;掌握西式宴会的上菜服务程序;掌握西式宴会中的红葡萄酒、白葡萄酒和香槟酒的服务方法;能为客人提供西式宴会服务。

任务实施

一、宴会的预订工作

宴会预订是宴会组织管理的第一步,也是一项既有较强专业性又有较大灵活性的工作。宴会预订过程既是开发客源市场和进行产品推销的过程,又是客源组织过程,是酒店与外部联系的枢纽,是酒店内部相互合作的桥梁。

(一)宴会预订的方式

1 电话预订 电话预订是酒店与客户联系的主要方式。常用于小型宴会预订、查询以及核实细节、促销等。

2 传真预订 所有客户传真过来的询问都必须立即做出答复,并附上建议性的菜单;此后以信函或面谈的方式达成协议。

3 面谈预订 面谈是宴会预订有效且实用的方式。多用于中高档大型宴会、会议型宴会等重要宴会预订。这种方式既可以满足客人提出的各项合理要求,又便于酒店提早做好宴会接待准备工作。

4 网络预订 网络预订是现今流行的一种预订方式,主要有两种预订媒介:餐饮企业或连锁集团的官方网站的预订系统和第三方餐饮预订系统。网络预订呈现出前所未有的增长势头。

5 指令性预订 指令性预订是指政府机关或主管部门在政务交往或业务往来中安排宴请活动时,专门向直属饭店、宾馆发出的预订方式。

(二)西式宴会预订的程序

西式宴会预订流程见图7-3。

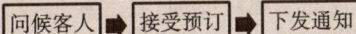

问候客人 ➡ 接受预订 ➡ 下发通知

图7-3 西式宴会预订流程图

西式宴会预订服务程序与标准见表7-9。

表7-9 西式宴会预订服务程序与标准

操作程序	操作标准
问候客人	(1)当客人来到西餐厅要求预订时,迎宾员应礼貌问候客人,主动介绍自己,并表示愿意为客人提供服务。 (2)客人来电预订时,应在铃响三声之内拿起电话,用清晰的语言、礼貌的语气问候客人,准确报出餐厅名称和自己姓名并表示愿意为客人提供服务。 如:早上好!请问一共有多少人来用餐?
接受预订	(1)迎宾员礼貌地问清客人的姓名、房号(若是住店客人)、联系电话、用餐人数、用餐时间,准确、迅速地记录在订餐本上。 (2)询问客人对用餐包间、吸烟区、菜品、酒水等有无特殊要求。 (3)若客人需要订宴会,应联系销售专员与客人商谈宴会预订事宜。 (4)听完客人的要求后,复述一遍预订客人的姓名、房号(若是住店客人)、用餐人数、用餐时间及特殊要求,要获得客人确认

操 作 程 序	操 作 标 准
下发通知	(1)根据订餐记录填写预订单。 (2)确定好菜单的预订或大型宴会预订,应立即通知西餐厅经理、厨师长、采购主管。 (3)未确定菜单的预订则只通知西餐厅领班即可。 (4)有特殊要求的预订,要及时通知西餐厅领班和厨师长

二、西式宴会前的组织准备工作

西式宴会作为一种高规格的就餐形式,其显著的特点是礼仪性和程序性,因而在西式宴会服务前的准备工作尤为重要。

(一)掌握宴会情况

❶ 领宴会通知单 参见中餐宴会前组织准备工作。

❷ 菜单情况 包括菜点名称和出菜顺序、菜点所搭配调配料及服务方法、菜点口味特点等。

❸ 服务要求 主要包括宴会摆台及台面布置要求,迎宾服务和菜肴服务要求;酒水服务和撤换餐用具要求;结账送客等。

(二)布置宴会厅

根据宴会通知单的要求对宴会厅进行合理布置,检查宴会厅各个部位的环境卫生和厅内设施设备。场地布置要根据宴请活动的性质、形式及主办单位的具体要求、参加活动的人数、宴会厅的形状和面积等情况来制订设计方案。

(三)设计宴会台形

根据宴会通知单的要求布置宴会的场地,并进行宴会桌形设计。桌形设计应根据宴请活动的性质、形式、主办(人)单位的具体要求、参加人数、宴会厅的形状和面积等情况来决定。一般使用长台,其他类型的餐台由小型餐台拼合而成。一般拼成一形、U 形、E 形、T 形、回形等。西式宴会无论采用何种台形,都要求庄重、美观、大方,餐椅摆放整齐、对称、平稳。

❶ 台形设计考虑的因素 首先,要与餐厅的装饰风格相适应。不同风格的西餐厅餐台布置也不同,必须进行精心设计。其次,体现档次的差别。利用台布颜色和餐具质地、插花等桌面装饰来区分主桌和非主桌的区别。其三,设计与服务方式相适应。不同的西餐服务方式,台形设计有较大的差异,如法式西餐,要求餐厅灯光可以调节,服务通道要通畅,台形设计要宽敞。

❷ 台形设计的种类

(1)一形台:设在宴会厅的中央位置,与四周的位置大致相等。长桌两端可分为弧形和方形。圆弧形长桌适用于豪华型单桌的西式宴会。正副主人坐在长桌的两端,为了体现他们的尊贵、与众不同,他们的餐位是弧形的,其他客人坐在长桌的两边。方形长桌用于大型宴会的主桌,主人与主宾坐在长桌的中间(图 7-4、图 7-5)。一形台适用欧式古典大型宴会厅或大型宴会的主桌。

(2)T 形台:常用于自助餐食台、西餐套餐、服装表演,由长形条桌拼合而成(图 7-6)。

(3)U 形台:横向长度要比纵向长度短一些(面向餐桌的凹处)。桌形凸出处有圆弧形和正方形两种。主要部分摆放 5 个餐位,体现主人对主客的尊重。餐桌的凹口处,是法式服务的现场表演处,便于主客的观看(图 7-7)。

(4)E、M 形台:横向要比纵向短(面向餐桌的凹处),各个翼的长度要一致。按照西方的习惯,主人坐在竖着的中间,客人坐在主人的两边和横向的位置。E、M 形台适用人数较多的单桌见图 7-8、图 7-9。

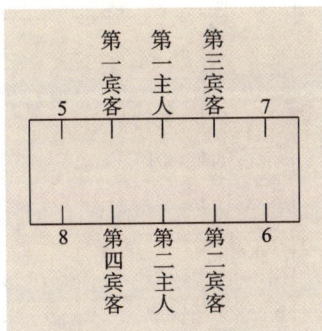

图 7-4　一形台 1

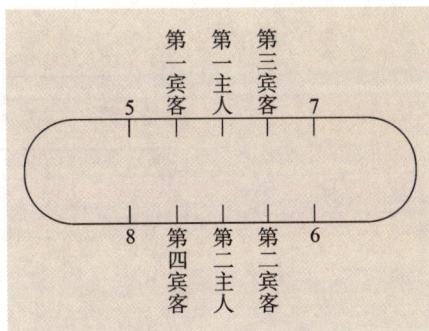

图 7-5　一形台 2

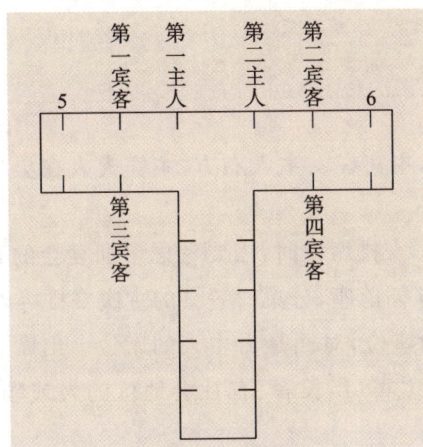

图 7-6　T 形台

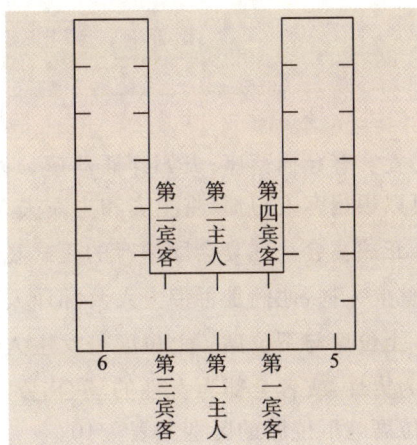

图 7-7　U 形台

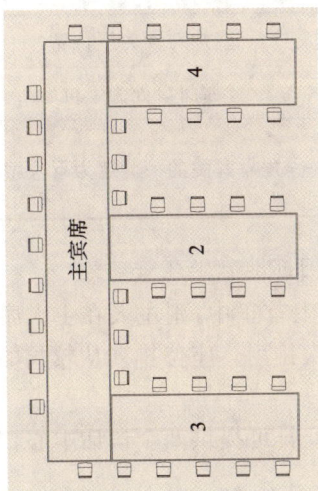

图 7-8　E 形台

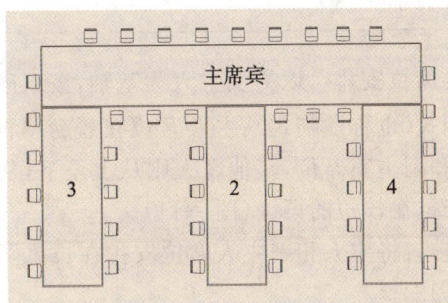

图 7-9　M 形台

（5）回形台：设在宴会厅的中央，是一个中空的台形。主人坐中间的位置，客人从主人位置依次往下排列就座，回形台见图 7-10。

（四）安排席位

席位安排是指根据宾、主的身份、地位来安排每位客人的座位。

❶便宴　席位安排只有主客之分，没有职务之分。为便于席上交谈，席位安排只需要考虑以下

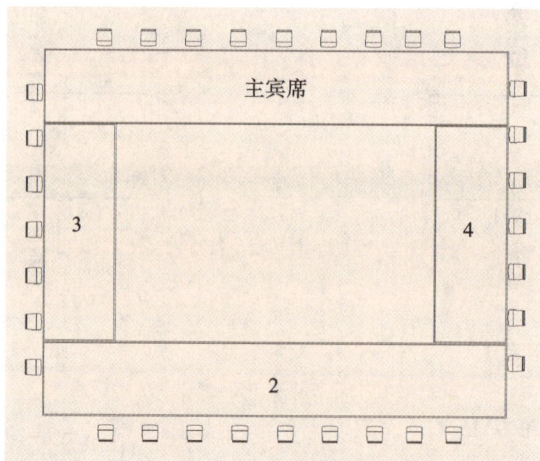

图 7-10 回形台

两点:男女宾客穿插落座;夫妇穿插落座。以女主人为准,主宾在女主人右方,主宾夫人在男主人右方;也可以根据客人习惯,将主宾和主宾夫人安排在一起。

②正式宴会 在宴会厅举行的正式宴会,气氛严肃。安排席位时,需要考虑参加宴会的双方各有几位首要人物,他们是否带夫人及翻译人员,主客如何穿插落座,分桌时餐桌的主次安排等内容。

③上位席与下位席 上位席是女主人(主人妻子)的座位,对面是男主人的席位。出席宴会的人全部为男性,或者全部为女性的场合,女主人的席位由主宾(年长者、有社会地位的人或领导者)坐。上位席与下位席的区别见表 7-10。

表 7-10　上位席与下位席的区别

上位席	下位席
宴会厅房内有壁炉台的一侧为上位席	壁炉对面为下位席
如果宴会厅房内没有壁炉台,面对门口为上位席	背靠门口处为下位席
如果门口处的对面不适合作上位席,可将面向庭院靠墙的一侧定为上位席	背靠庭院的一侧定为下位席

④其他席位安排 以男女主人为基轴,按顺序男女交叉匀称地分坐在餐桌旁。

(1)法国式(也称欧陆式):主人席位在餐台横向面向门的上首正中,副主人在主人席对面,右边分别是主宾和副主宾席位,其他客人则从上至下,从右至左依次排列。座位排列从较长的桌缘开始,若不够,再安排在较短的桌缘(图 7-11)。

(2)英美式:将主人和副主人席位安排在长桌两端。这种安排可提供两个谈话中心,避免客人坐在末端(图 7-12)。

(五)准备酒水

宴会所需的酒类饮料必须事先从仓库领出,清洁瓶(罐)身或外包装。饮料应事先冰镇。在开宴前半小时左右,值台员应擦净瓶(罐)身,将酒水整齐地码放在工作台上,并将开瓶器具也备好放在旁边。此外,香烟、茶水也应备好。同时还应准备宴会所需的汁、酱等调料。

(六)摆台

按宴会预订的人数,准备瓷器、玻璃杯、金属餐具、棉织品等。摆放与之相适应的宴会台面、宴会座椅,并将座椅摆放整齐,且围好座椅套。(见西餐摆台)

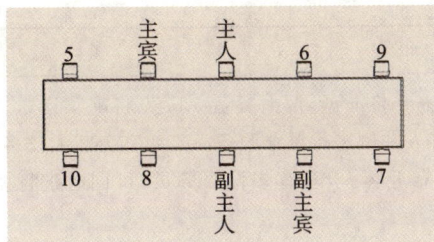

图 7-11 法国式

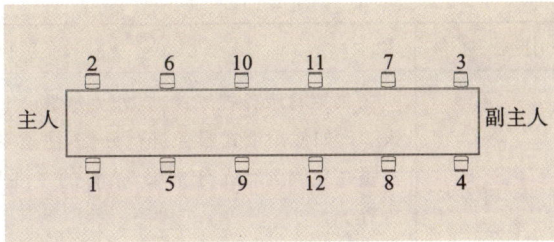

图 7-12 英美式

(七)开宴前检查

宴会开始前应对宴会场地、台面餐饮用具、宴会酒水、设备、卫生、安全等进行全面检查,确保宴会顺利进行。

三、西式宴会的服务流程

西式宴会按照西式操作程序和礼节进行服务,环境灯光柔和,有时点蜡烛,并在席间播放音乐,气氛轻松舒适。西式宴会服务流程包括迎接客人、席间服务、结账送客、收尾服务四个环节。

西式宴会服务流程见图 7-13。

图 7-13 西式宴会服务流程

西式宴会服务操作程序与标准见表 7-11。

表 7-11 西式宴会服务操作程序与标准

操 作 程 序	操 作 标 准
迎接客人	(1)根据宴会通知单要求,在客人到达前 15 min 左右迎宾员在宴会厅门口迎候客人
	(2)客人到达后,应主动向客人问好,引领客人到休息室休息。当宾客到齐,主人表示可入席时,服务员要立即引领客人入席
	(3)入席时,女士优先,服务员帮助客人拉椅、落餐巾、倒冰水
席间服务	(1)酒水服务 询问客人需要何种餐前饮品,按客人要求送上,备好冰水或矿泉水等饮料,保证各种酒水饮料温度符合饮用要求。西式宴会上的酒水,可以分为餐前酒、佐餐酒和餐后酒三种 (2)上菜服务 西式宴会的上菜通常按照以下顺序进行: ①上开胃品:又称头盆,是开餐的第一道菜。开胃品有冷、热两种。冷开胃品一般在宴会前 10 min 左右先上好。依据开胃品搭配的酒类,先宾后主开始斟酒。待客人用完开胃品后,连同刀、叉一起从主宾右侧开始撤盘。 ②上汤:将汤碗放在汤碟上面,从客人的右侧送上。 ③上沙拉:沙拉可分为水果沙拉、素沙拉、荤沙拉三种,具有帮助消化的作用。 ④上主菜:宴会菜肴中的精华,既讲究色、香、味、形,又注重营养价值。主要原料有鱼、贝类、牛、羊、猪肉和禽类。上主菜前,服务员应先斟好红葡萄酒。

操 作 程 序	操 作 标 准
席间服务	主菜菜肴服务程序:a.服务员从客人的右侧撤下装饰盘,摆上餐盘。b.先将配菜递送给客人。c.如使用俄式服务进行分餐,注意要站在客人左侧进行派菜服务。d.如宴会客人较多,服务员在左侧为客人分主菜,菜肴的主要部分要靠近客人,若有多位服务员,可同时进行派菜服务。 ⑤上甜食:上甜食前先清台。用托盘将面包盘、面包刀、黄油碟、面包篮、椒盐瓶全部撤下。 从客人右侧为客人送上甜食,如煎饼、松饼、布丁等。水果盘在客人的左侧派送,并上净手盅和水果刀、叉。 ⑥上咖啡或茶:先在每位客人右手边摆上一套咖啡用具(咖啡杯、垫盘,盘上右侧放一把咖啡勺),然后用托盘送上淡奶壶、糖罐,站在客人右侧一一斟上。饮咖啡一般要加糖和淡奶油。客人饮用咖啡或茶时,服务员应向客人推销餐后酒或雪茄烟
	(3)其他服务 ①服务员要勤斟倒酒水,勤换烟灰缸,主动为客人点烟。 ②席间客人离座时,帮助拉椅、重新整理餐巾。 ③待客人回座位时,帮助拉椅、落餐巾。 ④菜肴服务期间应询问是否加黄油和面包。 ⑤上甜点前应用餐巾清理台面上的面包屑。 ⑥服务时应注意女士优先
结账送客	当客人起身离座时,服务员主动上前拉椅,并提醒客人勿遗留物品,向客人致谢并希望能再次为其提供服务,与迎宾员一起向客人道别,礼貌地送客人至宴会厅门口
收尾服务	(1)服务员热情送客,道谢告别后,迅速收拾好台面上的餐具,清洁台面,按规格重新摆上餐位。这项工作要注意以下几个方面: ①撤台需要求客人用餐结束,全部走出餐厅后进行。 ②撤台应按酒具、小件餐具、大件餐具的顺序进行。 ③收撤餐具要轻拿轻放,尽量不要发生碰撞声响。 ④撤台时如发现客人遗忘的物品,应及时交给客人或上交有关部门
	(2)检查台面是否有未灭的烟头,然后先整理椅子,再收餐巾,用托盘或手推车收餐具。撤换台布,了解下一餐宴会的情况

红葡萄酒服务程序与标准见表 7-12。

表 7-12　红葡萄酒服务程序与标准

操 作 程 序	操 作 标 准
准备	从吧台取来红葡萄酒放置在垫餐巾的酒篮内,商标朝上,送至工作台;取送红葡萄酒时应避免摇晃,以防沉淀物泛起
示酒	将红葡萄酒在酒篮中向点酒客人展示,商标朝向客人,以确认该酒正是客人所点的;如有差错,则应立即更换,直到客人认可;同时询问客人现在是否可以开瓶
开瓶	如有客人示意可以开瓶,则将酒从酒篮中取出,置于餐桌上(点酒客人右侧),打开开钻的小刀,用小刀沿瓶口外圈划开封口并揭开,用干净的餐巾擦拭瓶口,收起小刀,将开塞钻从木塞中央部位缓缓旋入至适当的位置(切不可钻透木塞)

续表

操作程序	操作标准
闻塞	取下木塞后,应先闻一下木塞,检查有无异味(如酸味等),并将木塞放在餐碟中送至点酒客人面前查看,如发现该酒不宜饮用,则应立即更换,然后用干净餐巾擦拭瓶口内侧,以去除木塞屑
试酒	开瓶后的红葡萄酒在客人右前侧放置一会儿,使红葡萄酒与空气接触而氧化(散发掉部分酸气),然后为点酒客人斟倒 30 mL 左右的红葡萄酒让其试尝,注意商标朝向客人,轻转酒瓶,以防酒液下滴
斟酒	当客人品尝后,对酒表示满意,即可按先女后男、先宾后主的原则,按顺时针方向依次倒酒,倒酒应从客人的右侧进行;应注意瓶不碰杯、商标朝客人,每倒一杯就轻转瓶口,并用餐巾擦拭瓶口。以斟红葡萄酒杯的 1/2 或 1/3 为佳,为所有客人斟好酒后,应将酒放在点酒客人的右侧,商标朝客人,并随时为客人斟酒

白葡萄酒服务程序与标准见表 7-13。

表 7-13　白葡萄酒服务程序与标准

操作程序	操作标准
准备	白葡萄酒应冰镇奉客,准备冰桶,桶内放满 2/3 的碎冰和冰水,将酒瓶置于冰桶中,上盖一块餐巾,然后把冰桶放在客人的右后侧(用冰桶支架)
示酒	从冰桶中取出酒瓶擦干,用另一餐巾(叠成条状),包裹瓶身(需露出商标),左手托住瓶身,右手持瓶颈,商标朝上,从点酒客人右侧向其展示以便确认
开瓶	待点酒客人确认后,将酒瓶放回冰桶,在冰桶中开瓶,与红葡萄酒相同
试酒与斟酒	与红葡萄酒服务大致相同,区别在于斟白酒时,应用餐巾覆住酒瓶进行,以斟酒杯的 2/3 为佳,完毕后放回冰桶,用一块叠成条状的餐巾盖住,并随时为客人斟酒

香槟酒服务程序与标准见表 7-14。

表 7-14　香槟酒服务程序与标准

操作程序	操作标准
准备示酒	与白葡萄酒方法相同
开瓶	先应将瓶口的锡纸剥除,然后用右手握住瓶身以 45°的倾斜角度拿着酒瓶,用左手大拇指紧压软木塞,右手将瓶颈外面的铁丝帽扭曲,一直到铁丝帽断裂为止,并将其封掉,此时应用左手紧握软木塞弹挤出来,转动瓶身不可扭转软木塞,不可将瓶口朝向客人,以免软木塞弹出
斟酒	斟香槟酒应分两次进行,先斟 1/3 杯,待泡沫平息后,再斟至 2/3 杯,斟酒完毕将酒瓶放回冰桶,用一块叠成条状的餐巾盖住,随时为客人斟酒

四、西式宴会服务的注意事项

(1)宴会服务过程中应遵循先宾后主、女士优先的服务原则。

(2)在上每一道菜之前,应先撤去上一道菜肴的餐具,斟好相应的酒水,再上菜。

(3)如餐桌上的餐具已经用完,应先摆好相应的餐用具,再上菜。

(4)在撤餐具时,动作要轻稳,西餐撤盘一般是徒手操作,因此一次不应拿得太多,以免摔破。

(5)宴会厅全场撤盘、上菜时机应一致,多桌时,以主桌为准。

餐厅服务
五禁忌

西餐宴会菜品组成及与佐餐酒的习惯搭配

任务评价

技能考核

◆1. 西式宴会服务考核设计

以小组为单位,将学生分成两组,人数自拟,一组学生为客人,一组学生为值台员,模拟宴会预订同时按照西式宴会服务流程模拟西式宴会服务。

◆2. 西式宴会服务考核表(100 分)

工作案例分析

【案例情境】

企业家 A 先生到某地出差,下榻于某饭店,这是他第二次入住该饭店。次日早上,A 先生走出房门准备去餐厅,楼层服务员恭敬地问道:"A 先生,您是要用早餐吗?"A 先生很奇怪,反问"你怎么知道我姓 A?"服务员回答:"我们饭店规定,晚上要背熟所有客人的姓名。"这令 A 先生大吃一惊,尽管他频繁往返于世界各地,也入住过无数高级酒店,但这种情况还是第一次碰到。A 先生愉快地乘电梯下至餐厅所在楼层,刚出电梯,餐厅服务员忙迎上前:"A 先生,里面请"。A 先生十分疑惑,又问道:"你怎么知道我姓 A?"服务员微笑答道:"我刚接到楼层服务电话,说您已经下楼了。"A 先生走进餐厅,服务员殷勤地问:"A 先生还要老位子吗?"A 先生的诧异再度升级,心中暗想上一次在这里吃饭已经是一年前的事了,难道这里的服务员依然记得? 服务员主动解释:"我刚刚查过记录,您去年 6 月 9 日在靠近第二个窗口的位子上用过早餐。"A 先生听后有些激动了,忙说:"老位子! 对,老位子!"于是服务员接着问:"老菜单? 一个三明治,一杯咖啡,一个鸡蛋?"此时,A 先生已经极为感动了,"老菜单,就要老菜单!"给 A 先生上菜时,服务员每次回话都退后两步,以免自己说话时唾沫不小心飞溅到客人的食物上,这是在其他饭店里 A 先生都没有见过的。一顿早餐给 A 先生留下了终生难忘的印象。

此后三年多,A 先生因业务调整没再去过该饭店,可是在 A 先生生日的时候突然收到了一封该饭店发来的生日贺卡:亲爱的 A 先生,您已经三年没有来过我们这里了,我们全体人员都非常想念您,希望能再次见到您。今天是您的生日,祝您生日愉快。A 先生当时热泪盈眶,激动不已。

案例思考:你认为作为一名优秀的餐饮服务员应该具备哪些良好的职业素质和修养?

其他形式服务

项目描述

　　餐饮服务的形式有很多,除了中西餐服务以外还有其他形式的服务。其他形式服务是指根据目前我国和世界上比较流行的几种餐厅类型而形成的服务,可分为自助餐厅服务、扒房服务、酒吧服务、茶坊服务、咖啡厅服务、客房送餐服务等。客人在就餐期间,不仅要求产品的质量,还要求服务人员提供相应的服务。学习其他形式服务的服务程序、服务标准、服务特点,掌握餐厅服务运转的技能和理论,对有效地进行各类餐厅的计划、组织和控制有着十分重要的意义,因此只有掌握了对客服务的标准流程,才能更好地对客服务,提高客人的满意度。

扫码看课件

项目目标

　　1.了解自助餐厅服务的特点;掌握自助餐厅服务工作流程操作规范;能提供规范、周到、礼貌、主动的自助餐厅服务。

　　2.了解什么是扒房服务;掌握扒房服务标准和规范操作程序;能提供扒房服务。

　　3.了解鸡尾酒的起源;了解酒吧的种类和基本知识;能提供鸡尾酒服务。

　　4.了解茶坊的分类及特点;能按照茶坊服务标准和程序规范操作。

　　5.了解咖啡厅的基本特点,掌握早餐、零点午晚餐服务标准和流程。

　　6.了解客房送餐服务;掌握客房送餐服务的程序、规范与标准;能按照客房送餐服务标准规范操作提供服务。

项目内容

服务流程

自助餐厅服务　扒房服务　酒吧服务　茶坊服务　咖啡厅服务　客房送餐服务

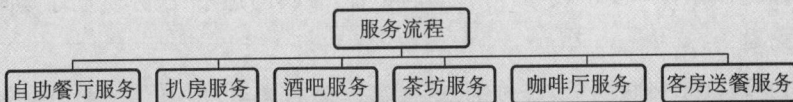

任务一　自助餐厅服务

任务描述

Note

　　自助餐是来源于西餐的一种就餐方式,成为越来越受欢迎的餐饮服务方式。厨师将烹制好的冷、热菜肴及点心陈列在餐厅的长条桌上，由客人自己随意取用，自我服务，以便能满足客人们喜爱自己动手、各取所需的习惯。自助餐主要适用于会议用餐、团队用餐和各种大型活动的用餐，另外，许多酒店餐厅的早餐提供自助服务。通过基础知识的学习和技能的训练，使学生掌握自助餐的特点及规范的工作流程，掌握自助餐设计的具体内容，能进行自助餐设计。

任务目标

了解自助餐的特点；理解自助餐的设计内涵；掌握自助餐设计须知的注意点；能够根据自助餐的特点及工作流程规范操作；能提供规范、周到、礼貌、主动的自助餐厅服务。

任务实施

一、自助餐的起源与发展

自助餐（buffet）是来源于西餐的一种就餐方式。这种就餐形式起源于8—11世纪北欧的斯堪的纳维亚式餐前冷食等。厨师将烹制好的冷、热菜肴及点心陈列在餐厅的长条桌上，由客人自己随意取用，自我服务。顾客用餐时不受任何约束，随心所欲，想吃什么菜就取什么菜，吃多少取多少。酒店方面省去了客人的桌前服务，可减少服务员的人数，降低成本。因此，这种自助式服务的用餐方式很快在欧美各国流行起来，并且随着人们对美食的不断追求，自助餐的形式由餐前冷食、早餐逐渐发展成为午餐、正餐；由便餐发展到各种主题自助餐，如情人节自助餐、圣诞节自助餐、周末家庭自助餐、庆典自助餐、婚礼自助餐、美食节自助餐等；按供应方式，由传统的客人取食发展到现场烹制、现烹即食，甚至还发展为由顾客自取食物原料、自烹自食的"自制式"自助餐，真可谓五花八门、丰富多彩。

自助餐以其形式多样、菜式丰富、营养全面、价格低廉、用餐简便而深受消费者喜爱，尤其受到青年和儿童的青睐。自助餐以其独特的魅力正在逐渐兴旺起来。

二、自助餐的类型与特点

随着餐饮市场的不断繁荣和人们对饮食消费的要求不断增加，自助餐的形式和内容不断丰富，出现了形形色色的自助餐。按自助餐用餐性质和菜点风味划分，可分为西式自助餐、中式自助餐和中西合璧自助餐三大类型。其中西式和中式自助餐按照其菜点出品的风味，又可划分出许多地方风味型自助餐，如四川风味、淮阳风味、意大利风味、法式风味等。这类自助餐的特点是菜点风味明确、特色明显，便于宣传、促销，对消费者吸引力强，更适合于美食节的主题推广，一年四季均可采用。但这类自助餐对食品的制作技术要求较高，对餐厅的布置、餐具的选用、服务质量等方面要求更高。

（一）西式自助餐

西式自助餐，是以欧美风味的菜肴、包饼、甜食等为食品体系，用刀、叉、匙为进餐工具的自助餐形式。西式自助餐的特点主要有以下几点。

❶ 西式自助餐销售的食品已形成体系化　西式自助早餐的食品体系由餐前饮料、蛋类、肉肠类、谷物类、面包类、餐后热饮等食品构成。餐前饮料通常是冷制的各种果汁、蔬菜汁及酸奶；蛋类有炒蛋、煎蛋、煮蛋、溜糊蛋等品种，并配有火腿、培根、香肠、奶酪、蘑菇等食品；面包类有小圆餐包、方包、牛角包、丹麦包等，配以黄油、果酱、蜂蜜等；谷物类有麦片、玉米片、泡泡米等；餐后热饮有咖啡、茶、可可等，并配以巧克力、饼干等。如就餐人数多，可增加一些特色面点、沙拉等。

西式正餐自助餐通常由冷盘、沙拉类、汤类、开胃小吃类、热菜类、面包类、甜品类、酒水饮料构成。高级的西式正餐自助餐还可以推出厨师长精选、特色烧烤等品牌菜点。

❷ 西式自助餐的各种装盘都非常注重装饰、美化　西式自助餐食品的盛器是多样化的大型器

具。有大气的银盘、镀金盘,形态各异的镜盘,晶莹剔透的水晶玻璃斗、玻璃盅,各种富有特色的瓷盘、瓷盅,乡土气息浓厚的柳藤编制品,木制沙拉盒以及组合式的糕点展示台和水果展示台,还有现代时尚的各种不锈钢保温盘、锅等。这些器具的使用,为菜点的艺术造型提供了有利条件,更为菜点的美化起到了非常好的烘托作用,同时也美化了就餐环境,突出了整个餐饮活动的热烈气氛。

❸ **西式自助餐不仅要讲究餐台、展示台的整体装饰效果,还要突出西方民族情调和风格**　西式自助餐餐台包括刀、叉、匙、盘、酒水杯的摆放,标准台布、餐巾、装饰布、桌裙的选择、搭配,台面上食品雕刻、黄油雕、冰雕及一些工艺品的摆放、背景音乐、灯光等,通过细心布置、精雕细琢,充分体现西方的饮食文化特色和典雅、温馨的欧美艺术情调。

(二)中式自助餐

中式自助餐就是将种类齐全的中式风味菜点提供给客人,客人按照中国人的饮食习惯进餐的自助餐形式。中式自助餐的经营和运作方式来源于西式自助餐。不同的是菜点风味不同、用餐工具不同,台布的布置、装饰及环境美化的情调、风格也有差异。

中式早餐自助餐常见于四星级以下的宾馆饭店或高级招待所,它仅服务于住店客人。

中式早餐自助餐的食品通常由红茶、绿茶、牛奶、豆浆、油条、各种谷物类、中式煎蛋、各种煎包、煎饺、蒸包、蒸饺、馒头、水饺、炒面组成。客人在用餐过程中还可品尝到多种小菜,如各种酱菜、豆腐乳、椒盐花生等。

(三)中西合璧自助餐

中西合璧自助餐是将中餐菜肴、西餐菜肴、中式面点、西式面点等有选择地组合在一起,同时销售给客人,使客人在一餐中能够品尝到两种风味差别较大的菜点,领略到中西方不同的饮食文化特色。这种自助餐不仅菜点风味丰富,客人选择余地大,可以尽情取食到自己喜爱的品种,而且还可以避免酒店因菜点单一而造成的翻新困难,为菜点的翻新、餐台的丰盛创造了条件,提供了更大空间。

中西合璧自助餐在菜点的结构上可按照西式自助餐的结构组合,分冷盘、沙拉、汤羹、烧烤、热菜、面点、甜品等。在菜点的数量上及中西式冷热菜、点心的出品比例方面,一般根据客人的人数、年龄、饮食喜好而定。如果用餐的客人以外宾为主,应多制作些西式冷菜,如沙拉和西点,热菜则突出中式菜肴,因为热菜是中式烹调的精华,而中式冷菜则不大适合西方客人。若是国内消费者则按照客人的地方口味灵活安排中餐,西餐则选用国内消费者适应的、具有西式风味特点的冷热菜和点心,特别是要突出西点制作。

三、自助餐的餐台设计

自助餐的餐台也叫食品陈列台,它的安排形式多样、变化多端,可以安排在餐厅中央或靠墙,也可放于餐厅一角;可以摆一个完整的大台,也可由一个主台和若干个小台组成。

(一)醒目而富有吸引力

自助餐的餐台要布置在显眼的地方,使客人一进入餐厅就能看见。食品摆放要有立体感,色彩搭配要合理,装饰要美观大方。可用聚光灯照射台面,但切忌用彩色灯光,以免使菜肴改变颜色,从而影响客人食欲。

(二)方便客人取菜

餐台与餐台之间留有一定的空间,使客人在取菜时不影响其他客人用餐。餐台的大小不仅要考虑客人人数及菜肴品种的多少,还要考虑取菜的人流方向,避免拥挤和堵塞。

(三)餐台的设计应有层次性和立体性

自助餐的餐台设计要充分利用餐厅的每一个空间和角落,给人以错落有致、意境深远的感觉,同时带来感官上的享受。

自助餐的
起源

（四）常见的自助餐的餐台形状

L形自助餐餐台即长台见图8-1，是最基本的台型，常靠墙摆放。L形自助餐餐台由两个长台拼成，一般放于餐厅一角。O形自助餐餐台即圆台见图8-2，通常摆在餐厅中央，其他台型有扇面台、半圆台等。

图8-1　L形自助餐餐台

图8-2　O形自助餐餐台

四、餐台台面布置

（1）客人取菜点用的餐盘放于自助餐台最前端，20个餐盘一叠，码放整齐，不要堆得太高。餐刀、餐叉、汤匙及餐巾纸整齐地放于餐盘前方。有的餐厅将餐具摆放在餐桌上，自助餐台上不放餐具。

（2）餐桌台面布局。自助餐厅餐台和餐桌之间要留有比较宽敞的通道，便于客人取菜。客人用餐的餐桌要布局合理，摆放整齐、美观，便于客人进出、走动取菜。

（3）自助餐厅布局形式合理。根据自助餐厅的平面几何形状，可以选用三种布局形式：一是线式布局，即从客人取菜到餐桌采用单通路形式；二是点式布局，即餐台在中间，客人取菜后，从不同方向回到餐桌用餐；三是线点式布局，即线式和点式结合。不管选用哪一种布局形式，都要做到整齐、美观、协调。

（4）按沙拉、开胃品、汤、熏鱼、热蔬菜、烧烤类或其他热的主菜、甜品、水果顺序摆放菜肴。将某些有特色的菜肴置于特色餐台摆放，如甜品台、水果台或切割烧烤肉类型的服务桌等，菜肴摆放顺序同上。

①热菜要用保温锅盛放，由服务员揭开盖子或客人自行揭盖后取菜。

②每种菜肴都要摆放一副取菜用的公用叉、勺，菜肴前面摆放中、英文菜牌。

③各种菜肴所需的调味品要与菜肴放在一起，以便客人取用。

④成本低的菜肴都靠前，以方便客人取用。

⑤摆放菜肴时，注意色彩搭配，使其美观、整齐、有立体感。冰雕、黄油雕、果蔬雕、鲜花、水果或餐巾花等都可用作自助餐台的装饰点缀。

五、自助餐的服务程序

自助餐厅服务是当前流行的服务方式，可分为餐前准备工作、餐中服务工作、餐台整理服务、餐后收尾工作。

（一）餐前准备工作

（1）按时到岗，按要求着装，检查自己的仪容仪表。

（2）做好各自的计划卫生工作。

（3）把各类餐具、器皿擦拭干净，放入自助餐台及备餐柜内。

（4）备足开餐时所需调味品。

（5）布置装饰自助餐台，更换脏的台布及桌裙。

（6）摆放自助餐台上所需调味品。

（7）做好需保温（或加热）菜肴的准备工作（如电加热需提前推开关、酒精加热需备好酒精罐）。

（8）整理餐桌、餐椅，摆放要整齐，检查餐厅内的绿化。

（9）按西餐摆台方式进行餐桌摆台。

（10）以规范站姿恭候客人光临。

（11）领班、主管做餐前最后检查工作。

自助餐餐前准备工作操作程序与标准见表8-1。

表8-1　自助餐餐前准备工作操作程序与标准

操作程序	操作标准
准备餐具和其他用具	按照自助餐厅的接待量备足干净餐具和用具，包括台布、餐巾、小刀叉、汤勺、主刀叉、面包刀、甜品叉、甜品勺、咖啡杯、咖啡勺、咖啡碟、奶罐、糖盅、黄油碟、面包篮、椒盐瓶、水杯、红酒杯、白酒杯、烟灰缸、蜡烛台、菜单、火柴、鲜花等
摆台	（1）台布要平整、中缝向上，方向一致
	（2）摆餐巾花，位置、方向要一致，间距相等
	（3）摆放餐刀叉（餐刀放在餐巾花右边，餐叉放在左边，距离桌子边缘一个拇指宽度）
	（4）如果客人要求提供西餐的同时也提供中餐，那么就要为每位客人提供一双筷子和一个筷架（筷架放在餐刀的右边，筷子放在筷架的上面）
	（5）摆放甜品叉和甜品勺（甜品叉摆放在餐刀和餐叉上方交叉处，距离一个拇指的宽度，头朝右边；甜品勺放在甜品叉的上方，紧挨着甜品叉，勺子头朝左边，与甜品叉方向相反）
	（6）摆放餐桌装饰物（放在餐桌的中央）
	（7）放置胡椒瓶和盐瓶（把两套胡椒瓶和盐瓶放在一起（包括两个牙签盅），在餐桌的两边各放一套胡椒瓶、盐瓶和牙签盅）
	（8）对齐餐椅（根据餐巾花的位置摆放餐椅，与桌布垂直）
检查台面	（1）检查餐台器具是否齐全、干净、无指印、无污迹
	（2）检查餐台台布是否整洁
	（3）检查各种饰物是否齐全、整洁
上菜	（1）开餐前半小时将菜点上齐，上菜的顺序一般为冷菜、热菜、甜食
	（2）开餐前20 min开始上热菜

（二）餐中服务工作

（1）客人到来，主动问候客人，拉椅让座，询问客人喝什么饮料。

（2）服务员开单取饮料，提供斟倒服务。

（3）遇到行动不便的客人，应征求意见并为其取食物。

（4）客人用餐时，服务员要在自己的服务区域，随时为客人提供服务，如添加酒水、更换烟灰缸、撤空盘和空瓶等。

（三）餐台整理服务

（1）保持台面清洁卫生。客人自取食物容易弄脏公用叉、勺或将汤汁滴落到菜盘边，服务员应及时处理。

（2）不断补充食物。在客人用餐过程中，保证所有菜点供应及时，避免客人因取不到而产生不满。

（3）检查食物温度，保证热菜要热、冷菜要凉。

（4）服务员要主动介绍、推荐菜点，并认真回答客人的提问，主动帮助客人取递食物。分切大块烤肉或现场烹制等工作由固定厨师来完成。

(5)客人用完甜点后,服务员要主动询问客人是否需要咖啡或茶,并及时送上。

自助餐餐中服务操作程序与标准见表8-2。

表8-2 自助餐餐中服务操作程序与标准

操作程序	操作标准
餐台服务	(1)为客人递送餐盘等餐具,热情地为客人介绍菜点
	(2)整理菜点,使之保持丰盛、整洁、美观,必要时帮助客人取用菜点
	(3)如果某些菜点消耗较快,应通过传菜员及时通知厨房补充菜点,避免客人因菜点不丰盛或因取不到菜点而产生不满
	(4)检查菜点温度,保证热菜要热,冷菜要凉
	(5)值台服务员或厨师应为客人切割大块烤肉或现场烹制
传菜服务	(1)服务员要及时补充菜点、餐具,不要把新鲜食品放在盛有剩余食品的盘子里;当客人取走沙拉或甜点后,应及时予以补充;当食品从厨房端出来时,应把餐盘装满
	(2)做好餐厅与厨房的联络、协调工作
	(3)要及时撤走客人用过的餐具并送到洗碗间
巡台服务	(1)当客人离开座位取菜时,服务员要及时撤走客人用过的餐具
	(2)当烟灰缸里的烟头超过两个时要及时将其撤走更换,以保持台面的整洁
	(3)根据客人的需要,服务员要迅速为客人取送煎煮食品或其他菜点
	(4)客人用完甜点后,服务员要询问客人是否需要咖啡或茶,然后为客人提供
	(5)客人用餐结束后,服务员要及时、准确地为客人结账,收款或签单,道谢后主动向客人告别,然后迅速清理台面、重新摆台,以便后来的客人用餐

(四)餐后收尾工作

(1)结账收款。客人示意结账后,服务员迅速准备账单,并按规范为客人办理结账手续。客人需要结账时,应迅速用收银夹递上账单;不要报出账单上的金额;收银时注意辨认真伪;找零钱时说谢谢。

(2)当客人起身时,服务员要及时上前拉椅送客,并向客人表示感谢。

(3)自助餐服务收台工作与零点餐厅基本一样,不同之处主要是将可回收食品整理好撤回厨房,并妥善保存自助餐台的装饰品。

(4)将自助餐台的卫生整理干净。

(5)关掉加热开关和熄灭加热酒精炉。

自助餐厅餐后收尾工作操作程序与标准见表8-3。

表8-3 自助餐厅餐后收尾工作操作程序与标准

操作程序	操作标准
点账	清点酒水,核实人数,汇总账单
整理餐台	(1)等客人全部离开后,将可回收利用的食品整理好,撤回厨房
	(2)清理餐台,将用过的餐具、物品送洗涤间
整理装饰品	妥善保管好自助餐台的装饰品
清洁工作	做好餐厅清洁卫生工作,并且按照摆台标准将餐具摆放整齐,为接下来的营业做好准备
检查设备	若是晚餐结束,检查各类电器、设备并关闭,消除安全隐患

任务评价

技能考核

◆1.自助餐厅服务考核设计

万家乐自助餐厅将接待某公司10位客人在餐厅用自助餐,请模拟情景提供相应服务。

◆2.自助餐厅服务考核表(100分)

工作案例分析

【案例情境1】

有一位外国客人入住某酒店,他个性孤僻,不苟言笑,单身。他在该酒店住了一周,几乎从不开口,不跟别人打招呼,更难得让人看到一丝微笑。楼层服务员觉得这位客人极难伺候,任凭他们如何笑脸相待、主动打招呼,所得到的总是一张像铁板的脸,天天如此。

每天早上,他都去自助餐厅吃早饭。当他吃完自己挑选的食品之后,便开始在餐台上寻找什么东西,一连三天都是如此。第一天,服务员小梅问他要什么东西,他没吭一声,掉转头便走出餐厅。第二天小梅又壮胆询问,他还是一脸严肃,小梅尴尬得双颊发红。当这位客人准备走出餐厅时,小梅又一次满脸笑容地问他是否需要帮助,也许是小梅的诚意感动了他,他终于吐出"香蕉"一词,这下小梅明白了。第三天早上,那位沉默寡言的客人同平时一样又来到自助餐厅,他被一侧一盘黄澄澄的香蕉吸引了,绷紧的脸第一次有了一丝微笑,站在一旁的小梅也喜上眉梢。在接下来的几天里,酒店每天早餐都特地为他准备了香蕉。

几个月后,这位客人又来到该酒店。第二天一早他步入自助餐厅,原以为这次突然"袭击",餐厅一定没有准备好香蕉。没料到走进餐厅后,迎面就是一大盘香蕉。这位不苟言笑的客人见到小梅,第一次主动询问是不是特意为他准备的香蕉。小梅嫣然一笑,告诉他昨晚总服务台已经给餐厅提供了他入住本店的信息。

"太感谢你们了!"该客人几个月来第一次向酒店表达发自内心的感谢。

案例思考:1.小梅在自助餐厅服务中做得如何? 如果你是小梅你也会像她一样为客人服务吗?

　　　　　2.请阐述一下自助餐厅服务的特点。

【案例情境2】

小张邀请朋友一起去某酒店新开张的自助餐厅聚餐。此餐厅店面宽敞,装潢精美,大家都为来这里聚餐而高兴。没有多久,小张的手机响了,他的另一位朋友有急事找他,而且这位朋友就住在这家酒店附近,于是小张请他前来聚一聚。

不久,这位朋友就来了。刚坐下,服务员立刻走过来,拿起账单说:"现在是5位,多了1位。"

新来的朋友立刻说:"不必了,我已用过餐,跟朋友聊一会儿就走。"这位服务员听了,立刻收起笑脸告诉他:"那你不能吃喔,只要吃一点点,我们马上算你一份。"然后掉头就走。

这位朋友非常尴尬,小张赶紧说:"吃吧,吃吧,算我的账。"

这位服务员的言行举止严重破坏了原来聚会的美好气氛,小张和朋友们坐了一会儿就离开了。事后,他们不约而同地再也没去过这家餐厅。

案例思考:1.服务员在服务时,应当注意语言的规范,请你分析一下本案例中服务员应如何规范语言?

　　　　　2.请为这名服务员写一份关于语言规范的方案。

在线答题

自助餐厅
服务考核表

案例点评

案例点评

任务二　扒房服务

任务描述

　　扒房是酒店为体现自己餐饮菜肴与服务的水准,满足高消费客人需求,以增加经济收入而开设的高级西餐厅。扒房的设计布置、菜单、服务方式等均有其独特的风格和表现。扒房服务不仅是一个服务过程,也是一个向客人推销酒水的过程。服务员通过良好的沟通技巧,使客人乐于接受推荐的佐餐酒和服务,从而有效地提高扒房的经济效益和社会效益。通过知识的学习和技能的训练,使学生掌握扒房服务技巧,能提供扒房服务。

任务目标

　　了解扒房布置与气氛的特点;熟悉扒房晚餐的服务程序;掌握扒房摆台的要求;能提供扒房服务。

任务实施

一、扒房概述

(一)扒房的布置与气氛

　　扒房的布置具有典型的欧洲风格,大多采用法式装潢与设计。扒房所要制造的气氛是一种高雅、富丽和神秘的氛围,这种环境气氛与一流的菜肴相配合,可为客人提供完美的感受。扒房的装饰布置见图 8-3,扒房的装饰布置应注意以下几点。

图 8-3　扒房的装饰布置

　　❶ 扒房的主题　扒房的主题一般要能反映欧洲的文化艺术。围绕这个主题,运用各种手段来装饰布置,使整个餐厅协调一致。可选作扒房主题的包括特定的某欧洲时代、花木植物、历史传说、传奇人物等。

　　❷ 扒房的色彩　扒房的色彩多用暖色,尤以金色配深红、咖啡色为多,扒房色彩对塑造豪华、富贵、高雅的气氛非常重要,地毯、椅子、墙壁的色调基本一致。

　　❸ 扒房的灯光　扒房的灯光较暗淡,以烛光为主,镀银或镀金的烛台有助于渲染扒房的气氛。此外,古典、奢华的油灯和油灯式烛台也很普遍。吊灯、吸顶灯的光亮度一般能够调节,在开餐过程中调得较低,以便创造典雅、神秘的气氛,展台、扒炉、小酒吧处的灯光略强以吸引客人的注意力。

　　❹ 扒房的家具　扒房家具要豪华、舒适,既可用柔软的扶手椅,也可用精致的法式古典座椅。

座位的安排比较宽松,过道宽敞,以方便手推车服务。

5 扒房的装饰　壁画与雕塑是扒房装饰中必不可少的两件装饰艺术品。内容应当能够反映主题,壁画一般以油画为主,雕塑的大小和题材应考虑到突出主题,有时扒房的主题就是雕塑本身。

6 扒房的展台　展台装饰可以增加扒房的气氛,餐厅管理人员常用各种水果、模型蛋糕、奶酪、酒类和酒品广告雕塑等组成一个颇具声势的展台,成为餐厅的中心。

7 扒房的餐具　扒房的餐具用品属高档服务用品,一般都是以镀金或镀银为主。需始终保持这些贵重的刀、叉、匙等清洁卫生,定期用药水或其他清洁方法除污上光,不能影响餐厅的水准。其他镀金、镀银的服务用品如托盘、烛台、各种壶、锅容器以及烹制车和各种手推车等贵重的设备也要制订责任措施,以及妥善使用保管。

玻璃杯的质地和质量也较高级,常用磨花玻璃杯,摆台前擦得锃亮,摆台时不要在高脚杯的杯身上留下指纹和污迹。瓷器和其他质地的各种餐具也应和餐厅的水准一致,多用精致、优质的器皿。

8 扒房的花草　花草盆栽等是扒房布置中不可缺少的装饰品,高大的盆栽不仅可以点缀餐厅,还可以起到自然分隔空间,使其具有私密性的作用,但布置要合理,避免零乱。镀金的花瓶,插上一两支鲜花,会使餐厅富有浪漫情调。注意鲜花要天天更换,保持新鲜、清新。

(二)扒房服装

扒房除迎宾员外,其他服务员、领班等多为男性。在服装上扒房与一般餐厅也有区别,不同的工种服装也不一样,酒水服务员一般是红色马夹背心、西裤、打领结;引座员一般为西式拖地长裙、白衬衫及与长裙一色的马夹;餐厅服务员着各式紧身西装打领结,餐厅经理着西装打领带,晚上多打领结,为渲染气氛,甚至有时着燕尾服。

扒房服务员的服装一般比较讲究,要求美观、大方、挺括、庄重,要与扒房的整体气氛相协调,色彩选用上也以黑色、红色为主。

(三)扒房菜单

扒房菜单的制订与制作都有其特点。

(1)扒房所供应的菜肴品种以烧、烤、煎、扒的牛排为主,同时兼有冷热头盆、鱼和海鲜、汤类和沙拉等。

(2)扒房的酒水单和甜品单一般分开印制,品种亦较齐全,尤其是葡萄酒单,应备有世界各地著名的红葡萄酒和白葡萄酒。

(3)扒房作为高级法式餐厅,在其菜单中应包括主要的法式大菜、法国特色菜。

(4)扒房菜单、酒水单的印刷制作亦十分讲究,常用皮制的封面,装帧精美,从某种程度上代表着餐厅的水准。

(5)除了正规的固定菜单外,扒房也同样可以采用附加菜单、当日特选菜单等变动菜单。

(6)扒房菜单的价格一般较高,人均每餐消费额往往是咖啡厅的一倍以上。

(四)扒房娱乐活动

扒房的娱乐活动要与扒房的气氛、情调相协调,旨在给客人创造一个优雅、浪漫、高尚的环境。娱乐活动的形式主要有以下几种。

(1)背景音乐:播放旅馆音响系统的古典音乐、世界名曲等。

(2)钢琴演奏:聘用具有较高水准的演奏员,弹奏世界名曲。这种形式的弹奏,往往鼓励客人点曲。

(3)小提琴演奏:聘请小提琴手在餐厅、客人的餐桌边演奏,增添欢愉的气氛,同样应鼓励客人点曲。

二、扒房服务计划

扒房一般只提供午、晚两餐。午、晚餐的台面布置和服务方式相似,但一般说来,由于客人中午的用餐时间有限,其服务的节奏较晚餐要快,平均用餐时间相对较短;而晚餐客人一般有足够的时间来享用,可以一边品尝扒房的美味佳肴,一边享受餐厅优雅的气氛,故平均就餐时间较长,服务的节奏较慢。

（一）服务方式

扒房多采用法式手推车服务。许多特色菜肴都在餐厅客前烹制、燃焰和切割,对服务员的技术要求较高,服务的空间较大。甜品、烈酒、沙拉等都用专门的手推车服务,在进行正餐之前,客人往往首先在扒房的酒廊享用鸡尾酒,然后由引座员引到预订的餐桌。扒房的预订程序更加完善,一般都需经预订,如客满不能立即给客人安排餐桌,应先请客人在酒廊等候,享用鸡尾酒,待翻台完毕后,请客人进餐厅用餐。

（二）摆台要求

扒房午、晚餐的台面布置中,个人席位的摆台餐具包括汤匙、鱼刀、主刀、垫盆、餐巾、主叉、鱼叉、吐司盘、黄油刀、甜品叉、甜品匙、水杯、葡萄酒杯等。

（1）首先固定宴会椅的位置。

（2）摆垫盆定位,注意垫盆上的标志,图案朝上。

（3）叉左刀右,刀口向里,距台边约一指宽。

（4）吐司盘和黄油刀放在叉的左边,黄油刀在吐司盘的里侧。

（5）甜品叉、勺横放在垫盆之上,叉柄向左,勺柄向右。

（6）叠好的餐巾放在垫盆上。

（7）水杯和葡萄酒杯斜放在刀尖上方,距刀尖 2～3 cm。

（8）餐桌上公用的台料、用具有胡椒瓶、盐瓶、糖缸、淡奶壶、烟灰缸、烛台或油灯、花瓶等。

扒房午、晚餐摆台见图 8-4。

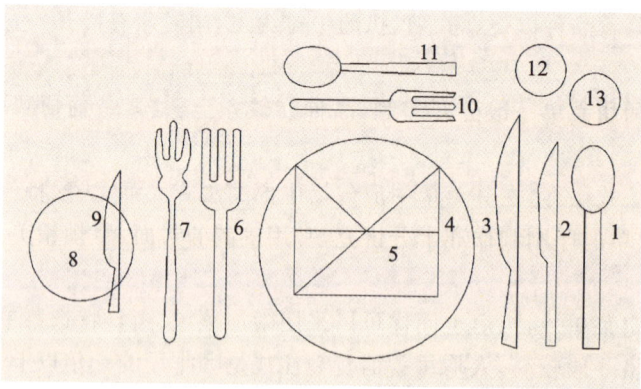

图 8-4　扒房午、晚餐摆台

注:1.汤勺;2.鱼刀;3.牛扒刀;4.垫盆;5.餐巾;6.牛扒刀;7.鱼叉;8.吐司盘;9.黄油刀;10.甜品叉;11.甜品勺;12.水杯;13.葡萄酒杯。

三、扒房的午、晚餐服务程序

扒房的服务一般采用法式服务方法,菜肴用手推车服务,规格比较高,要求服务员的操作熟悉、优雅,具有表演性。

扒房服务应体现饭店餐饮与服务的最高水准。服务员应熟悉菜肴和酒水及其服务方式,掌握客前烹制技能,有娴熟的推销技巧。用外语对客服务,并应彬彬有礼,具有绅士风度。扒房服务专业性强,服务员应经培训合格后才能上岗。员工搭配往往是一名领班带一名或两名服务员和一名助手服务一个区域。扒房晚餐的服务程序有以下几个方面。

（一）餐前准备

1 预订 扒房因进餐节奏慢、就餐时间长,所以座位的周转率很低。客人为了保证到餐厅就有座位,往往需要提前预订。扒房一般由领位员或餐厅预订部负责接受客人的电话预订或面订,并将预订情况填写在预订簿上。预订登记表应一天一页纸,以免弄混淆。

2 台面布置 台面应根据客人的预订要求摆台,并按照预订登记表上登记人数选定餐桌,在餐桌上放置留座卡。每个餐位按西餐正餐的规格摆放餐具。

3 餐前会 开餐前半小时,每个服务员都要参加由餐厅经理或主管主持的餐前会。会上由经理宣布任务分工,介绍当日特别菜肴及其推销、服务,让员工了解当日客情、重要客人接待注意事项,本餐厅典型事例的分析及处理,检查员工仪容仪表。服务员接受任务后,到各自岗位做好开餐准备工作。

（二）餐前服务

扒房餐前服务操作程序与标准见表8-4。

表 8-4 扒房餐前服务操作程序与标准

操作程序	操作标准
客人进餐厅	餐厅领位员或经理在餐厅门口迎接客人,见到客人先问候,领位员或餐厅经理将客人引领到预留的或适当的餐桌
就座	先为女士拉椅,将其安排在面朝餐厅的最佳位置。此时,该服务区域的服务员应上前招呼客人,帮助其就座,并向客人介绍开胃酒或鸡尾酒,记下每位客人所点的酒水
开出酒水订单	(1)酒水订单一式三联,第一联交收银台以备结账,第二联交吧台取酒水,第三联自留备查。 (2)在一桌有很多客人的情况下,往往需要在草稿纸上画出餐位示意图,按图用缩写或符号记下客人要求,以防上错酒水
上酒水	(1)开单后,应尽快将酒水送到客人桌上。没有点酒的客人应为其倒上冰水。 (2)上鸡尾酒时,应用托盘送上,并报出名称
递菜单	(1)扒房领班为每位客人呈递一份菜单,呈递按先女后男或先宾后主次序进行。 (2)呈递时要打开菜单的第一页,同时介绍当日厨师特选和当日特殊套餐。然后略退后,给客人以看菜单的时间。 (3)在客人点下列菜肴时,领班或接受点菜的服务员应注意下述事项: ①点牛排、羊排问成熟度。 ②点沙拉问选取何种沙拉汁。 ③点法国洋葱汤问清是否配帕尔玛奶酪。 ④在客前制作沙拉时,要将装有各种调料的盆子端给客人看,征询客人是否要放全每种调料
接受点单	(1)扒房是由领班接受客人点菜,在一般情况下服务员不能接受点菜。因西餐是分食制,人手一份菜单,每位客人所点的菜式都可能不一样。 (2)点菜时需事先在草稿纸座位示意图上将相应客人所点的菜名写上。熟练运用推销技巧,确保记录无误

续表

操作程序	操作标准
呈递酒单	领班或酒吧调酒师根据客人所点的菜肴,介绍、推销与其相配的佐餐酒,并留足客人自己选择的时间
重新安排餐桌	(1)服务员根据订单和草稿纸上的示意图,给每位客人按上菜顺序摆放刀、叉、勺。 (2)最先吃的菜肴用具放在最外侧,其余刀、叉依次向中央摆放。 (3)如最后吃主菜牛排,则牛排刀、叉置于最里面
领班或调酒师订佐餐酒	(1)征求客人用什么葡萄酒(西餐的红、白葡萄酒一般是整瓶出售)。 (2)如果订红葡萄酒,要问清楚是现在喝还是配主菜喝? 如果配主菜喝,现在是否打开? (3)红葡萄酒要盛放在酒架或酒篮里展示给客人。开瓶要当着客人面进行,开启后将酒瓶连酒架或酒篮放在客人餐桌上。 (4)白葡萄酒则需立即服务,即将白葡萄酒瓶放在盛冰块与水的香槟酒桶里,连酒桶架一起端到主人身边。 (5)根据订单摆放酒杯。有的餐厅摆位时已准备了红、白葡萄酒杯,如果只订一种葡萄酒,则将多余的葡萄酒杯撤下。 (6)领班、调酒师进行佐餐酒服务,介绍白葡萄酒时,将准备好的冰桶架端至主人右手边。 ①用餐巾托起瓶身,向主人展示酒标,让主人确认是他所点的酒后,放回冰桶里。 ②在客人面前用开瓶器将木塞取出,木塞直接递给主人,主人闻闻木塞,待其确认酒品没有问题后再用餐巾擦拭瓶口。 ③用餐巾包裹瓶身,但需露出酒标。先在主人杯子里倒入少许,让主人品尝,然后先女后男斟酒,最后再给主人斟至标准量。 ④将斟后的酒瓶放回冰桶,上面覆盖餐巾,随时准备替客人添加。如果酒瓶空了,征求客人意见是否再订一瓶

(三)就餐服务

扒房就餐服务操作程序与标准见表 8-5。

表 8-5 扒房就餐服务操作程序与标准

操作程序	操作标准
上黄油、面包	(1)服务员检查黄油是否够量,形状是否完好。 (2)检查面包的数量、种类是否齐全。 (3)注意先给女士上黄油和面包
服务头菜	(1)根据订单和座位示意图,用餐厅严格规定的服务方式上菜。 (2)有的餐厅用手推车将在厨房分盘装好的菜推至桌边;有的餐厅用银盘分派。 (3)端上菜肴时,要告诉客人菜名。一般情况下,上菜时服务员用右手从客人右边端上,直接放入装饰盘内。 (4)上完菜后,要移走手推车
检查桌面情况	(1)撤走空的饮料杯。 (2)换下有两个烟头的烟灰缸。 (3)一般红葡萄酒斟五成,白葡萄酒斟七成。即红酒斟 1/2 杯,白酒斟 2/3 杯。 (4)添加冰水、葡萄酒。 (5)添派面包及黄油。 (6)随时替客人点烟

续表

操作程序	操作标准
撤走头盘	（1）头菜吃完后，撤盘前需征求客人的意见，撤时按先女后男次序进行，将刀叉放在空盘里一同撤下。 （2）西餐服务要求徒手撤盘，只有玻璃杯具、烟灰缸、面包碟、黄油盅等小件物品用托盘撤送。 （3）收盘时，用右手从客人的右边撤下，按顺时针方向依次撤下每位客人的空盘。撤下的脏盘子直接送入洗碗间，分类摆放
上第二道菜	（1）服务员用手推车或旁桌服务方式送上第二道菜，直接放在装饰盘内。 （2）汤盅需垫上餐巾折成的小荷花，既美观又可保温。沙拉木碗与汤盅一样需垫小荷花，以使冷冻食品保持低温。沙拉汁、奶酪粉等调配料一律从客人左手边分派。 （3）第二道菜吃完后，空菜盘应连同装饰盘一起撤下。餐位上只留下吃主菜的刀叉用具等
上主菜	（1）许多餐厅的主菜是在客人面前烹制表演、切割装盘。服务员要提前做好准备工作，然后由领班进行操作表演。 （2）将菜肴装盘时要注意布局，一般蔬菜等配菜放在大块肉上方，汁酱不要挂在盘边。 （3）服务员在客人右侧上菜，上完后要报菜名，牛排、羊排要告知几成熟。 （4）放盘时，让主菜、肉类靠近客人，蔬菜则靠桌心方向
撤主菜盘	当全部客人吃完主菜后，服务员应按先女后男的次序撤走主菜刀叉，用服务巾和面包碟将桌上的面包屑扫干净，并征求客人对主菜的意见
推销奶酪和甜点	（1）先展示放有各式奶酪的木板或手推车，将客人点的奶酪当场切割、装盘、摆位，并配上胡椒、黄油、面包、凉蔬菜。 （2）待客人吃完奶酪后，将用具托盘撤下，只留下甜品叉、勺及有酒水的杯子、餐巾、烟灰缸、花瓶、蜡烛。 （3）展示甜品车，服务蛋糕、甜点、水果。 （4）有些扒房呈递甜品单，甜品在厨房里准备
上咖啡或茶	（1）先问清客人喝咖啡还是茶。随后送上糖缸、奶盅或柠檬片，准备咖啡用具、茶具。 （2）咖啡配糖和淡奶，普通红茶配糖和淡奶，柠檬茶配糖和柠檬片
撤走甜点用具	（1）服务员用托盘撤走盛甜点的用具，将咖啡杯或茶杯移到客人面前，不等客人呼叫，随时准备添加。 （2）在客人离桌前，所有酒杯均应保持原位不动，待客人离去后再撤
推销餐后酒和雪茄	（1）展示餐后酒车，问客人是否需要餐后酒或雪茄。 （2）倒酒时使用酒车上准备好的各式酒杯并随之记账。 （3）如果客人点了雪茄，要帮助客人点燃

（四）餐后服务

❶ 结账服务 扒房的结账服务中，只有等客人叫结账后，领班才去收银台通知收银员汇总账单。领班要检查账单是否正确，然后用账单夹或小银托盘递送账单，不需读出金额总数。现在国内饭店、餐厅常见的结账方式有微信、支付宝、现金、信用卡、外汇支票、住店客人记账。

（1）现金一般指人民币。

（2）信用卡要检查真伪,查对其号码是否在"黑名单"上,核实客人签名,只收饭店规定接纳的各种信用卡。

（3）外汇支票一般指公司支票,不收个人外汇支票。由客人自己填写金额、签名,在支票背面写上公司电话号码,住店客人需出示房卡,在账单上签名,并填上房号和日期。

领班将现金、信用卡、支票或签过名字的账单交回收银台,由收银员办理结账手续,在账单第一、二联盖章。领班再用账单夹将找的零钱和回单交给客人。

②送客 客人起身离座时,要帮助其拉椅、穿外套,并提醒客人带上自己的物品,说"希望您用餐愉快""谢谢光临""欢迎下次再来"。送客人出餐厅,鞠躬并道再见或晚安。

③清台 放好椅子,整理餐巾。用托盘、干抹布清理台面,换上干净台布,准备迎接下一批客人或为下一餐铺台。

任务评价

技能考核

◆1.扒房服务考核设计

学生分角色扮演完成扒房服务。

◆2.扒房服务考核表(100分)

工作案例分析

【案例情境】

一天,A小姐和朋友来到一家西餐厅吃饭,坐下之后服务员小刘来为她们点菜。A小姐点了一份蔬菜汤,一份肉酱面和一个水果布丁。当前菜和主菜都上来并且A小姐已经吃完了比较长的一段时间之后,A小姐发现她的布丁还没有来。于是她叫来小刘问道:"我的布丁还没有好吗?"小刘当场恍然大悟并连忙道歉:"对不起,对不起,我刚才忘记下单子了。真不好意思。我现在马上去为您下单子好吗?"A小姐不开心地说:"算了。我不要了。结账吧!"

案例思考:你是否理解A小姐的做法? 如果你是服务员,在服务工作中,应当如何做?

任务三 酒吧服务

任务描述

酒吧源于英文单词"bar",19世纪中期最先在欧洲和美国兴起。通俗地说,酒吧是经营各种酒品和饮料的场所。酒吧的种类有主酒吧、酒廊、服务酒吧、宴会酒吧和其他类型的酒吧。酒吧一般由吧台(前吧)、工作台(中心吧)和酒柜(后吧)三部分组成,除酒吧设备外,还包括各类酒水工具和酒杯。鸡尾酒的调制需要一定的技术,一杯完整的鸡尾酒一般由基酒、调和料、附加料和装饰物组成。酒吧服务包括点酒水、示酒、开瓶以及酒吧营业结束的工作程序等。酒吧服务不仅是一个服务过程,也是一个向客人推销酒水的过程。服务员和调酒师应掌握良好的沟通技巧,使客人乐于接受推荐的酒品和服务,从而有效地提高酒吧的经济效益和社会效益。通过知识和技能的学习,使学生掌握酒吧服务的基本程序和要求,能为客人提供服务。

任务目标

了解酒吧的种类、设计以及主要设备和用具;熟悉鸡尾酒的起源、构成和调制的基本知识;掌握

在线答题

扒房服务
考核表

案例点评

酒吧服务的基本程序和要求;能提供酒吧服务;能调制常见的鸡尾酒。

任务实施

一、酒吧的种类和设计

（一）酒吧的种类

① 主酒吧 主酒吧也叫作英美式酒吧。在这类酒吧中,客人一般直接坐在吧台上面对调酒师,当面欣赏调酒师的全套调酒表演。这就要求调酒师有高超的服务技能,同时要求酒吧内部的装饰高雅宜人,有独特的风格。

② 酒廊 酒廊的经营特点、风格、装饰和布局都与咖啡厅相似。但酒廊一般只供应各种酒品、饮料和小食品。这类酒吧一般有两种形式:一是酒店大堂酒吧,主要为酒店需要短暂休息的客人服务;二是音乐吧,包括歌舞厅、练歌厅,现在多为一些综合音乐厅,除供客人跳舞之外,还可以举办一些文艺表演,有小乐队为客人演奏。

③ 服务酒吧 服务酒吧俗称水吧,又称为餐厅酒吧。一般在中、西餐厅中设置。中餐厅的酒吧较简单,一般只要按酒水单供应酒水,服务员不用直接和客人打交道,供应的酒品也多为中国酒。西餐厅的服务酒吧要求较高,首先要求能提供各类葡萄酒、烈性酒和甜酒等。服务员要了解各种酒的酒标、级别、产地、储存年限,要掌握各种酒的饮用温度和调制方法,所以西餐厅酒吧的服务员必须经过严格的培训才能上岗。

④ 宴会酒吧 宴会酒吧又称为临时性酒吧,是为各种宴会而临时设立的。其大小和造型根据宴会或酒会的规模、形式决定。宴会酒吧营业时间灵活,要求服务员工作集中,服务速度快,并能用自身娴熟的服务技能为宴会增添氛围。

⑤ 其他类型的酒吧 一些饭店根据经营的特点设置一些特色酒吧,如为游泳客人在游泳池附近设置游泳酒吧、为打保龄球的客人设置保龄球馆酒吧、为住店客人在房间内设置客房小酒吧等。例如东南亚风格酒吧见图8-5,音乐酒吧见图8-6。

总之,酒吧的种类和设置是随着市场经济的要求、客人的要求而不断改变的,其经营方式也随之发生变化。

图8-5 东南亚风格酒吧

图8-6 音乐酒吧

（二）酒吧的设计

酒吧因服务规模和功能的不同,其外观形式、内部布局和装饰也会有所不同。一般情况下,酒吧由吧台（前吧）、工作台（中心吧）和酒柜（后吧）三部分组成。

① 吧台 吧台的设计要求有特色、简洁、方便服务和操作。吧台应具备短时间内可同时配制出多种酒水的功能,可使调酒师在吧台同时完成几项相关的工作。因此,吧台的设计必须美观、实用,

一般吧台的高度为 110～120 cm,最高不超过 125 cm,宽度应在 60～70 cm,并据此设置 80～90 cm 高的吧椅,吧台表面应使用易于清洁和耐磨的材料。吧台内应有足够的空间供多个服务员进行服务工作,吧台和它身后的酒柜间的距离应为 100 cm 左右。

吧台通常有直线形、U 形和圆形。直线形吧台适合客人全方位欣赏调酒师的技能,也利于客人之间的交流。U 形吧台为客人提供了更多可选择的位置,方便客人聊天。圆形吧台可为来自各方向的客人服务,适用于较大型的酒会和自助式宴会。

❷ 工作台 工作台是整个酒吧的心脏,位于吧台下面,是调酒师配制各种酒和饮料或切水果的工作区。其高度应为 75 cm 左右,宽度应为 45 cm 左右,售酒所需工具、材料都应放在工作台上调酒师伸手可及的地方。另外,工作台还应备有洗涤设备和处理垃圾的设施等。

❸ 酒柜 酒柜即酒吧中的展示柜,高度通常为 175 cm 左右,下层一般与吧台高度相当,起储存和装饰的作用。酒柜上层通常陈列酒具、酒杯和瓶装酒(多为配制混合饮料的各种烈性酒),下层除存放各种葡萄酒及其他酒吧用品外,还设有冷藏柜用以存放饮料、水果等。

此外,在酒吧的设计中,还应有收款机、电源设备、家具等。要注意酒吧内地面、墙壁、灯光等的协调,以及酒吧内的温度、湿度和噪声控制等。

(三)酒吧设备、酒水工具、酒杯和基本酒水配置

❶ 酒吧设备 酒吧的设备一般有冷藏柜、制冰机、生啤机、电动搅拌机、咖啡保温壶、洗杯机、压力冲水器、苏打枪、葡萄酒储藏柜等,其他设备有奶昔机、果汁机、冰激凌机等。

❷ 酒水工具 酒水工具主要包括各类量酒工具、调酒工具,一般有冰桶、压汁器、调酒杯、调酒棒、调酒匙、冰锥、量杯、调酒器、开瓶器、砧板、水果刀、吸管、杯垫、冰夹、滤冰器、鸡尾酒串签、托盘等。

❸ 酒杯 由于在酒吧中,酒品多种多样,不同的酒品对酒具的要求又各不相同,因此,酒吧中酒杯的种类和式样也多种多样。常用的酒杯有葡萄酒杯,包括白葡萄酒杯、红葡萄酒杯、雪利酒杯、波特酒杯、香槟酒杯等;烈性酒杯,包括威士忌杯、白兰地杯、利口酒杯;混合酒杯,包括高脚杯和平底杯。另外,还有啤酒杯、水杯、果汁杯、热饮杯等。

❹ 基本酒水配置

(1)烈酒:白兰地酒、威士忌(包括苏格兰威士忌、爱尔兰威士忌、美国威士忌、加拿大威士忌四种)、金酒、朗姆酒(包括黑朗姆、白朗姆等)、伏特加、特基拉(墨西哥产)等。

(2)利口酒:卡鲁瓦咖啡利口酒、百利甜酒、君度甜酒、薄荷甜酒、可可香草甜酒、加利安奴香草甜酒、森布卡茴香酒、杏仁利口酒、杜林标利口酒、樱桃白兰地、香蕉甜酒等。

(3)开胃酒和葡萄酒:味美思、苦味酒、波特酒、雪利酒、香槟酒、红葡萄酒、白葡萄酒等。

(4)果汁:橙汁、菠萝汁、西柚汁、苹果汁、番茄汁、柠檬汁等。

(5)其他:啤酒、碳酸饮料、咖啡、茶、牛奶、糖浆、调味料等。

二、鸡尾酒的调制

鸡尾酒一词是英文单词"cocktail"的意译。鸡尾酒是一种混合酒,它通常是以一种或多种烈酒为基酒,与其他配料如汽水、果汁等用一定的方法调制而成的混合饮料,即酒类与饮料混合的饮品。当然,狭义的鸡尾酒是指那种装在三角形鸡尾酒杯中酒精度很高的短饮鸡尾酒。

(一)鸡尾酒的组成

❶ 基酒 基酒决定了鸡尾酒的品种、基本特征和口味。常用的基酒有白兰地、威士忌、金酒、朗姆酒、伏特加、茅台酒、五粮液等。酒吧中的基酒一般有两种形式:一种是由客人点酒,即供点基酒;

另外一种就是酒吧根据标准配方选定的酒,即吧台基酒。

②调和酒　调和酒是一种用来冲淡和调和的饮料。常见的调和酒是香料酒,如利口酒类的苦艾酒、橙皮酒、可可酒、加利安奴酒等,还有各类柠檬汁、酸橙汁、青柠汁以及鸡蛋、糖水等。

③附加料　附加料用于增加颜色和风味,主要有胡椒粉、盐、辣椒油、番茄酱等。

④装饰物　装饰物是鸡尾酒调制完成后的点缀,装饰物能为鸡尾酒增加色彩和美感,有时还能为鸡尾酒调味。

常见的装饰物有以下几种。

(1)樱桃:使用最为广泛的装饰物,常见的樱桃装饰有以下几种形式。

①将樱桃切开小口,嵌在杯口作为装饰,如红粉佳人、波斯猫等。

②用装饰签串上后横放在杯口上,如斯汀戈。

③将樱桃串在吸管上放在长饮高杯上,如雪球。

④将樱桃直接放在杯中作为装饰,如曼哈顿。

(2)柠檬:要求选用新鲜、多汁、外皮有光泽且有弹性的柠檬作为装饰物,常见的装饰形式有以下几种。

①柠檬切片。先切除柠檬两头的表皮,然后从中间切成两半,再横切即可。

②柠檬扭条。先削去表面黄皮,然后切开,掏出柠檬肉,除掉内白部分,这时剩下大约 30 mm 厚的柠檬皮,再切成 13 mm 宽的片即可。

③柠檬圆片。将整个柠檬横切开即可。

(3)青柠:其操作方法与柠檬相同。

(4)其他装饰物:如水橄榄、鸡尾酒洋葱、菠萝块、草莓、苹果、芹菜、薄荷叶等见图 8-7。

图 8-7　鸡尾酒装饰物

需要注意的是,在添加装饰物时一定要注意与饮品风格的协调,如给玛格丽塔滚盐边、给白兰地亚历山大撒豆蔻粉等。

(二)鸡尾酒的调制方法

①常用的酒吧容量术语　在酒吧服务中,由于调制酒品的需要,经常会用到一些容量术语,常用的有盎司等。

一般地,酒吧的量酒器都是以盎司为单位的容器。

②鸡尾酒的调制方法

(1)摇和法:又称为摇荡法、摇晃法,当鸡尾酒中含有柠檬汁、糖、鲜牛奶或鸡蛋时,必须采用摇和法将酒摇匀。摇和法采用的调酒用具是调酒壶,由壶身、壶颈滤冰器和壶盖三部分组成。一般摇和法将冰块放入调酒壶,冰量要达到其容量的四成,然后将原料按先辅料后主料的顺序倒入壶中,盖好壶颈和壶盖,摇动时,调酒壶内外产生压力差,壶盖就不易脱落。

①单手摇和法:用右手食指卡住壶盖,中指卡住壶颈,其他三指抓紧壶身,掌心不与壶身接触,依靠腕力左右摇晃。同时,手臂自然摆动,多方位使酒液在壶中混合。单手摇和法一般适用于小号调酒壶,如使用中号或大号调酒壶就必须用双手摇和法。

②双手摇和法:左手中指托住壶底,拇指卡住壶颈,其他三指扶住壶身,右手拇指卡住壶盖,其他四指扶住壶身,通常手掌不能接触调酒壶,双手协调用力抱起调酒壶,沿胸前上、中、下方向往返摇晃。摇至调酒壶表面出现霜或雾气即可,若有鸡蛋或奶油则必须多摇几次,使蛋清等能与酒液充分混合。

(2)调和法:又称为搅拌法,调和时需使用调酒杯、吧匙、滤冰器等器具。调和法有两种,即调和、调和加滤冰。调和是把酒水倒入杯中,加入冰块,用吧匙搅拌均匀即可。调和加滤冰是把酒水与冰块注入调酒杯中用吧匙搅拌均匀后,用滤冰器过滤冰块,将酒液滤入饮用杯中。调制时一般用左手扶住调酒杯底部,右手拿吧匙的中心螺旋纹柄处,吧匙背部贴杯壁,依靠冰的惯性,顺时针方向转动搅拌。当酒杯或调酒杯外有水汽时搅拌结束。

(3)兑和法:直接在饮用杯中依次放入各类酒品,轻轻搅拌几次即可,常见的如高杯类饮品、果汁类饮品和热饮多采用此法。彩虹酒的调制也是采用兑和法,俗称漂浮法或分层法,调制时将酒液或果汁按密度一层一层倒入酒杯,要求分层清晰,用量均匀。

(4)搅和法:主要使用电动搅拌机进行,当调制的酒品中含有新鲜水果或固体食材时必须使用搅和法调制。搅和法操作时先将调制材料和碎冰按配方放入搅拌机中,启动搅拌机迅速搅动 10 s 左右,然后将酒品连同冰块一同倒入杯中。目前在酒吧内,一些需使用摇和法的酒也可以用搅和法来调制,但摇和法更能够较好地把握所调酒品的质量和口味。

几种常见鸡尾酒的调制

3 调制鸡尾酒的原则

(1)调制前,各种杯具要洗净、擦亮,酒杯使用前要冰镇。

(2)按照配方步骤逐步调配。

(3)量酒使用量酒器,以保证同种鸡尾酒口味一致。

(4)搅拌时要掌握时间,防止冰块融化过多。

(5)碳酸饮料不能放入调酒壶中摇动。

(6)水果榨汁前可先用热水浸泡,这样能增加果汁的量。

(7)加入蛋清是为了增加鸡尾酒的泡沫,一定要用力摇匀。

(8)饮料混合一定要均匀。

(9)装饰和配方要求一致,并与鸡尾酒的风味相协调。

(10)需上霜(糖粉或盐粉)的鸡尾酒,酒杯杯口不可潮湿,且做到上霜均匀。

(11)调制好的鸡尾酒要在第一时间提供给客人。

(12)整套服务的动作要求规范、标准、快捷、美观。

三、酒吧服务的主要内容

酒吧服务的主要内容包括点酒水、示酒、开瓶等。同时,酒吧服务还是一个向客人推销酒水的过程,服务员和调酒师通过自己娴熟的服务技能,良好的沟通技巧,使客人乐于接受推荐的酒品和服务,从而有效地提高酒吧的经济效益和社会效益。酒吧服务程序与标准见表8-6。

表 8-6 酒吧服务程序与标准

操 作 程 序	操 作 标 准
点酒水	(1)首先问候客人
	(2)从客人右侧递送酒单。应先递给女士,再递给男士,并留给客人看酒单的时间,然后再为客人点酒水
	(3)为客人具体介绍酒水的名称、商标、特点等,同时观察客人的反应。若客人不感兴趣,应立即介绍其他酒水
	(4)可向客人建议适当的酒水搭配,但总的原则是让客人根据自己的习惯点酒水
	(5)做好账单的记录确认工作
	(6)客人点好酒水后,应向客人表示感谢,并告知酒水送到的时间。如"谢谢您,您点的××会在×分钟(酒品制作所需时间)后送到"
示酒	(1)当客人点了整瓶或整罐的饮品时,服务员需在开瓶之前请客人鉴定和确认酒品,这样做是请客人鉴定酒品的质量,也是表示对客人的尊重
	(2)服务员站在客人中的主人(点酒水的人)的右侧,左手托瓶底,右手持瓶,酒的标签朝向客人并距离客人约 45 cm,以供客人查看
	(3)显示标签时,左手和瓶底之间可以垫一块干净的餐巾,右手握住标签反面的瓶颈处
	(4)由于香槟酒瓶较粗,不易握牢,所以应该用右手的大拇指和食指夹住瓶口,这样就可以握牢酒瓶,并能显示全部标签
开瓶	服务员需当着客人的面现场开瓶。 (1)客人点的罐装酒水,直接用手拉开封口即可。拉开罐装酒水的封口时需注意不要将封口处直接对准客人,以免罐中的气体冲出后喷到客人的脸上或身上
	(2)打开瓶装啤酒或饮料时,应先将酒瓶擦干净,放在桌面上,左手握住酒瓶,右手开启瓶盖。将瓶盖放在一个小盘中撤走
	(3)葡萄酒开瓶需用酒钻打开。首先将酒瓶擦干净,用干净的餐巾包住酒瓶(注意酒标朝外),请客人确认葡萄酒的名称、出产地、品种、级别等,然后在客人面前打开酒瓶
	(4)开启香槟酒和汽酒时,首先将酒瓶擦净,放入冰桶中一起运到客人右边合适的地方。用干净的餐巾包住酒瓶(注意商标朝外),将酒取出,请客人鉴定、确认。将酒瓶放在桌面上并准备好酒杯,左手持酒瓶,右手撕掉瓶口处的锡纸,除掉瓶盖上的铁丝和铁盖。将酒瓶倾斜 45°,右手用一块干净的餐巾包住瓶口,这时瓶中的压力会将瓶口处的木塞慢慢顶出,服务员适时拔出木塞(注意不要将瓶口对准客人,以免木塞和酒水冲出)。用干净的餐巾擦净瓶口,倒出少许请客人中的主人品尝。主人认可后,从女士开始斟酒

四、酒吧营业结束的工作

(1)检查和记录营业结束时酒水实际存量,要求理论存量和实际存量必须相等。

（2）收集空瓶,烈性酒空瓶要单独收集存放,其他需回收的玻璃瓶放入指定的盒、箱中。

（3）填写交接班记录,并注明交接时间。

（4）酒吧清洁卫生应保证吧台台面光亮,地面无垃圾、无积水;水槽内无残留脏物。

（5）关闭照明电源,注意不得切断冷藏设备电源。

（6）将酒吧门锁好。

五、酒吧服务注意事项

（1）应随时注意检查酒水、配料是否符合质量要求,如有变质应及时处理。

（2）应坚持使用量杯量取酒水,严格控制酒水成本。

（3）注意观察客人的饮酒情况,如发现客人醉酒,应停止供应含酒精的饮料。

（4）为醉酒客人结账时应特别注意,最好请其同伴协助。

（5）如遇单个客人,调酒师可适当陪其聊天,但应注意既不能影响工作,又要顺着客人的话题聊。

（6）记住常客的姓名及其饮酒爱好,主动、热情地为其提供优质服务。

任务评价

技能考核

◆1.酒吧服务考核设计

（1）实地调查所在城市中比较大型的酒吧,了解其吧台设计和最常用的设备与工具,并思考如何在服务实践中领悟和体现酒吧文化。

（2）将学生分成若干组,模拟酒吧服务。

◆2.酒吧服务考核表（100分）

工作案例分析

【案例情境1】

A市某饭店酒吧,正值晚上营业高峰期,业务十分繁忙。这时有一位先生落座后,点了一杯酒。由于服务员比较忙,酒水上得比较慢。这时,另一个服务员小宋错将一杯其他客人点的冰水给了这位先生。这位先生正因为酒水上得慢而有些不高兴,一看上了一杯冰水,一愣之后马上生气地说:"我没有要冰水,我要的是酒!"小宋马上意识到自己将冰水上错了台位。但小宋并没有慌张,他急中生智,镇静地对客人说:"先生,您别着急,为了让客人更好地品味美酒,我们酒吧规定,凡是客人点了高档洋酒,一定要先上一杯冰水,以方便客人清口后,更能充分品味威士忌。"大家知道,小宋所说的的确是品洋酒的规矩,只是目前一些酒吧和西餐厅尚未做到这一点。这时客人转怒为喜,点头说道:"那好那好,谢谢。"小宋忙说:"不客气,这是我应该做的。"随后又很快给客人送来了他点的酒。

案例思考:你认为案例中服务员做得如何? 如果你在工作中遇到此种情况,你会如何为客人提供服务呢?

【案例情境2】

某酒吧来了四位客人,实习生小刘立即上前招呼客人就座。一位客人点了一瓶啤酒,另一位女客人说她不能喝酒,接着问小刘,这里的啤酒是多少度的。小刘没想到客人会提这样的问题,她只知道啤酒的度数不高,但准确的酒度她也不知道。她灵机一动回答说:"我给您拿一瓶看看好吗?"客人说好的。小刘从吧台取来一瓶啤酒,边走边看商标,见上面标着"11°"的字样,来到客人跟前便告诉了客人。女客人一听就连连摇头说:"太高了,我不要了,下午还有事。"男客人说:"哪有那么高的? 给我看看。"他边说边接过啤酒,看了看对小刘说:"这上面11°不是酒精度,而是麦芽汁的浓度。"随后这位男客人又指着下面一个小字告诉小刘:"这才是啤酒的酒精度,是3.5°"小刘站在一旁非常尴尬。

案例思考:酒吧的工作人员在掌握酒吧服务技巧的同时,还应掌握哪些相关知识?

任务四　茶坊服务

🔘 任务描述

　　茶坊是客人饮茶、品茗、茶(文)艺欣赏、商贸谈判、访亲会友的高雅社交场所。茶坊是现代文明的产物,它要求环境幽静,陈设典雅,具有浓郁的文化氛围,给人以高雅、恬静、舒适、悠闲的感觉。通过基础知识的学习,使学生了解茶坊的分类、茶具的分类及特点,能够按照标准流程进行茶坊服务接待。

🔘 任务目标

　　了解茶叶的相关知识,能准确分辨茶叶品种,准确地选择冲泡器具;熟悉茶叶的品种,熟练冲泡茶叶步骤;掌握茶的服务操作程序与标准,熟练地为客人提供基本的服务;了解茶坊营业前的准备工作;掌握茶坊服务程序与标准,熟练地为客人提供完整和标准的服务。

🔘 任务实施

　　茶坊中,家具的式样、颜色,室内装饰的格调,灯光的强弱,音乐的选择等都需与茶坊的内涵相吻合。茶坊是现代文明的产物(图8-8)。除此而外,茶坊还应具备种类齐全的名茶和与之配套的茶具。茶坊的原意为制作茶叶的作坊,因此,茶坊服务中则应含有制作的项目。故高档茶坊中还应设有适宜茶艺表演的小型舞台和展示并出售名茶、名茶具的橱柜。

图8-8　茶坊

一、茶的冲泡与服务

(一)茶叶的鉴别

　　各种茶叶都有高级品和劣等品。所谓好茶、坏茶,是就品质、等级和主观喜恶来说的。不好的茶并不是已经坏了的茶,而是品质较劣的茶。

　　选择茶叶,一般从察看茶叶、嗅闻茶香、品尝茶味和分辨茶渣入手。

　　❶ 察看茶叶　察看茶叶,就是观赏干茶和茶叶开汤后的形状变化。所谓干茶,就是未冲泡的茶叶;所谓开汤,就是用开水冲泡干茶,冲出茶汤的内质。

（1）辨别茶叶的外形：茶叶的外形因种类不同而有各种形态：扁形、针形、螺形、眉形、珠形、球形、半球形、片形、曲形、兰花形、雀舌形、菊花形、自然弯曲形等。而开汤后，茶叶的形态会产生各种变化，或快或慢，宛如曼妙的舞姿，令人赏心悦目。

（2）查看干茶的干燥程度：干茶如果有点回软，说明质量有问题。

（3）查看茶叶叶片的整洁程度：如果有太多的叶梗、黄片、渣沫、杂质，则不是上等茶叶。

（4）查看干茶的条索外形：条索是指茶叶揉成的外形。任何茶都有其固定的形态规格：龙井茶是剑片状，冻顶茶揉成虾球形，铁观音茶紧结成球状，香片（又称花茶）则切成细条或者碎条。不过，光是看干茶，只能看出茶质的三成，并不能马上分辨出好茶与劣茶。

（5）查看冲泡后茶叶的形态：将适量茶叶放在玻璃杯中，用热水冲泡，茶叶就会慢慢舒展开。可以同时泡几杯，来比较同一品种不同品质茶叶的好坏，其中舒展顺利、茶汁分泌最旺盛、茶叶身段最为柔软飘逸的茶叶，是最好的茶叶。

（6）查看茶汤的颜色：冲泡茶叶后，茶叶的内含成分溶解在沸水中所呈现的色彩，称为汤色。茶叶依颜色分有绿茶、黄茶、白茶、青茶、红茶、黑茶六大类（指干茶）。开汤之后，各类茶汤颜色的变化是选茶的重要依据。

①观察茶汤要快而及时，因为茶多为酚类物质，溶解在热水中后与空气接触很容易氧化变色。例如，绿茶的汤色氧化即变黄；红茶的汤色氧化即变暗，时间过久，会使茶汤混浊而沉淀。红茶在茶汤温度降至 20 ℃以下后，常发生凝乳混汤现象，俗称"冷后浑"。这是红茶色素和咖啡因结合产生黄浆状不溶物的结果。"冷后浑"出现早且呈粉红色者，茶味浓、汤色艳；"冷后浑"呈暗褐色者，茶味钝、汤色暗。

②茶汤的颜色也会因为发酵程度不同、焙火轻重有别，而呈现深浅不一的颜色。但是，不管颜色或深或浅，一定不能混浊、灰暗，清澈透明才是好茶汤。

③随着汤温下降，汤色一般会逐渐变深。在相同的温度和时间内，茶汤颜色的变化，红茶大于绿茶，大叶种大于小叶种，嫩茶大于老茶，新茶大于陈茶。茶汤的颜色，在冲泡滤出后 10 min 内观察，较能代表茶的原有汤色。

注意：在做比较时，一定要拿同一种类的茶叶进行比较。

❷ 嗅闻茶香　察看只能看出茶叶表面品质的优劣，至于茶叶的香气、滋味则不能够完全体会，所以还要用嗅觉识别茶香。

（1）嗅香的方法

①干茶闻香：将少许干茶放在器皿中或直接抓一把干茶放在手中，闻一闻干茶的清香、浓香、糖香，判断有无异味、杂味等。

②热茶闻香：开汤泡一壶茶，倒出茶汤，趁热打开壶盖，或端起茶杯闻茶汤的热香，判断茶汤的香型是茶香、花香、果香还是麦芽糖香，同时判断茶汤有无烟味、油臭味、焦味或其他异味。综合判断出茶叶的新旧、发酵程度、焙火轻重。

嗅茶香的过程：吸（1 s）→停（0.5 s）→吸（1 s），依照这样的方法嗅出的茶的香气是高温香。

③温茶闻香：茶汤温度稍降后，即可品尝茶汤。这时可以仔细辨别茶汤香味的清浊浓淡及温茶的香气，更能认识其香气特质。

④冷茶闻香：喝完茶汤等茶渣冷却后，便可嗅闻茶的低温香或者冷香。好的茶叶，有持久的香气。只有香气较高且持久的茶叶，才有余香、冷香，才是好茶。如果是劣等茶叶，香气早已消失殆尽了。

（2）嗅香的技巧

①在茶汤浸泡 5 min 左右开始嗅香气。

②最适合嗅香的温度为 45～55 ℃，超过此温度时，感到烫鼻；低于 30 ℃时，茶香低沉，有如烟

气、木气等气味,很容易随热气挥发而难以辨别。

③嗅香应以左手握杯,靠近杯沿用鼻趁热轻嗅或深嗅杯中叶底发出的香气。也可将整个鼻部深入杯内,接近叶底以扩大香气接触面积,增加嗅感。

④为了正确判断茶叶香气的高低、长短、强弱、清浊及纯杂等,嗅香应重复 2 次,每次 3 s 左右。但嗅香时间不宜过久,以免因嗅觉疲劳而不敏感。

❸ 品尝茶味 茶汤的滋味,以微苦中带甘为最佳。好茶喝起来甘醇浓稠,有活性,喝后喉头甘润的感觉持续很久。

舌头可以辨别口味好坏,它分为舌根、舌体和舌尖。舌根感受苦味,舌尖感受甜味,舌缘两侧后部感受酸味,舌尖与舌缘两侧前部感受咸味,舌心感受鲜味和涩味。

①品尝茶味时,舌头的姿势要正确。把茶汤吸入嘴内后,舌尖顶住上层齿根,嘴唇微微张开,舌稍向上抬,使茶汤摊在舌的中部,再用腹部呼吸从口慢慢吸入空气,使茶汤在舌上微微滚动,连续吸气 2 次后,辨出滋味。若初感有苦味的茶汤,应抬高舌位,把茶汤压入舌根,进一步评定苦的程度。有烟味的茶汤,应把茶汤送入口后,闭合嘴巴,舌尖顶住上颚,用鼻孔吸气,使空气与茶汤充分接触后,再由鼻孔把气排出。这样重复 2~3 次,对烟味的判别效果就很明显。

②品味茶汤的温度要适宜。品味茶汤的温度以 40~50 ℃ 为适合,高于 70 ℃,味觉器官容易烫伤,影响正常品味;低于 30 ℃ 时,味觉的灵敏度较差,且溶解于茶汤中与滋味有关的物质在汤温下降时,逐步被析出,汤味由协调变为不协调。

③品味茶汤的量要适宜。品味时,每一品茶汤的量以 5 mL 左右适宜。每次在 3~4 s,将 5 mL 的茶汤在舌中回旋两次,品味 3 次即可。

④其他注意事项:a. 品味要自然,速度不能快。b. 吸力不宜大,以免茶汤从齿间进入口腔时将齿间的食物残渣吸入口腔与茶汤混合,增加异味。c. 品味主要是品茶的浓淡、强弱、爽涩、鲜滞、纯杂等。为了真正品出茶的本味,在品茶前最好不要吃有强烈刺激味觉的食物,如辣椒、葱、蒜、糖果等,也不宜吸烟,以保持味觉与嗅觉的灵敏度。喝下好的茶汤后,喉咙感觉应是软甜、甘滑,有韵味,齿间留香,回味无穷。

(二)茶叶的储存

❶ 影响茶叶品质的因素 茶叶是疏松多孔的干燥物质,储存不当时很容易发生不良变化,如变质、变味和陈化等。造成茶叶变质、变味、陈化的主要因素有温度、水分、氧气和光照。这些因素互相作用可影响茶叶的品质。

(1)温度:温度越高,茶叶品质变化越快。温度平均每升高 10 ℃,茶叶的色泽褐变速度将增加 3~5 倍,如果把茶叶储存在 0 ℃ 以下的地方,较能抑制茶叶陈化和品质损失。

(2)水分:茶叶中的水分含量在 3% 左右时,能够较有效地把脂质与空气中的氧分子隔离开来,阻止脂质的氧化变质。当茶叶中的水分含量超过 5% 时,水分就会转变成溶剂,引起激烈的化学变化,加速茶叶变质。

(3)氧气:茶中多酚类化合物的氧化、维生素 C 的氧化及茶黄素、茶红素的氧化聚合都和氧气有关,这些氧化作用会产生陈味物质,严重破坏茶叶的品质。

(4)光照:光照会加速茶叶中各种物质产生化学反应,对储存产生极为不利的影响。植物色素或脂质的氧化素,易受光的照射而褪色。

❷ 茶叶保存方法

(1)最好准备一台专门储存茶叶的小型冰箱,设定温度在 -5 ℃ 以下,将茶叶封口紧闭,将其放入冰箱内。或将茶叶储存在一般冰箱的冷冻库,但不能再储存其他的东西。

(2)可用整理干净的水瓶,将拆封的茶叶倒入瓶内,塞紧塞子存放。

(3)可用干燥箱储存。

169

（4）可用陶罐存放。罐内底部放置双层棉纸，罐口放置两层棉纸，然后盖上盖子。

（5）可用有双层盖子的罐子储存，以纸罐较好，其他锡罐、马口铁罐等都可以，罐内先摆一层棉纸或牛皮纸，再盖紧盖子。

（6）最好少量购买茶叶或以小包装存放，减少打开包装的次数，避免频繁接触空气。这样就既能保证茶叶的品质，又方便冲泡。

（7）装茶叶时，要尽量装满不留空隙，减少储存空间内的空气，利于保持茶叶的品质。

（8）原则上，茶叶买回来之后，最好尽快喝完。绿茶在一个月之内，趁新鲜喝完最好。半发酵茶或全发酵的茶也要在半年内喝完。

（9）茶叶放太久后会有潮味，放在烤箱中稍微加热后，茶叶又会产生新生的风味。

二、茶具种类

我国的茶具，种类繁多，造型优美，既有实用价值，又富艺术之美，所以我国的茶具被历代饮茶爱好者青睐。在中国饮茶的发展史上，无论是饮茶习俗还是茶类加工，都经历了许多变化。作为饮茶用的专用工具，也有一个发展和变化的过程。主要的茶具种类有以下几种。

（一）陶土茶具

陶土茶具的佼佼者首推宜兴紫砂茶具，早在北宋初期就已崛起，成为别具一格的优秀茶具，明代大为流行。陶土茶具见图 8-9。

图 8-9 陶土茶具

紫砂壶和一般的陶器不同，其里外都不敷釉，采用当地的紫泥、红泥、团山泥焙烧而成。由于成陶火温高，烧结密致，胎质细腻，柴砂壶既不渗漏，又有肉眼看不见的气孔，经久使用，还能吸附茶汁，蕴蓄茶叶；且传热不快，不致烫手，若热天盛茶，不易酸溲；即使冷热剧变，也不会破裂；如有必要，甚至还可直接放在炉灶上煨炖。

紫砂壶具还具有造型简练大方、色调淳朴古雅的特点，外形有似竹结、莲藕、松段和仿商周古铜器形状等。

（二）瓷器茶具

我国茶具最早以陶土茶具为主。瓷器发明之后，陶土茶具就逐渐被瓷器茶具代替。瓷器茶具又可分为白瓷茶具、青瓷茶具和黑瓷茶具等。

（1）白瓷茶具（图 8-10）：以景德镇的瓷器最为著名，其他如湖南醴陵、河北唐山、安徽祁门的茶具也各具特色。景德镇原名昌南镇，景德三年宋真宗赵恒下令在浮梁县昌南镇建办御窑，并把昌南镇改名为景德镇。到元代，景德镇的白瓷茶具闻名于世，并远销国外。

（2）青瓷茶具（图 8-11）：宋朝时五大名窑之一的浙江龙泉哥窑生产的青瓷茶具达到了鼎盛，包括茶壶、茶碗、茶盏、茶杯、茶盘等，瓯江两岸盛况空前，群窑林立，烟火相望，运输船舶往返如梭，一派繁荣的景象。

（3）黑瓷茶具（图 8-12）：宋代斗茶之风盛行，斗茶者根据经验认为建安所产的黑瓷茶盏用来斗茶最为适宜。《茶录》中记载有：茶色白，宜黑盏，建安所造者绀黑，纹如兔毫，其坯微厚，燷之久热难冷，最为要用；其他处者，或薄或色紫，皆不及也；其青白盏，斗试家自不用。这种黑瓷兔毫茶盏，风格独特，古朴雅致，而且瓷质厚重，保温性能较好，故为斗茶行家所珍爱。

图 8-10　白瓷茶具　　　　图 8-11　青瓷茶具　　　　图 8-12　黑瓷茶具

（三）漆器茶具

漆器茶具始于清代，主要产于福建福州一带。福州生产的漆器茶具多样，有宝砂闪光、金丝玛瑙、釉变金丝、仿古瓷、雕填、高雕和嵌白银等品种，特别是创造了红如宝石的赤金砂和暗花等新工艺以后，更加鲜艳夺目，惹人喜爱，见图 8-13。

图 8-13　漆器茶具

（四）玻璃茶具

在现代，玻璃茶具有较大的发展。玻璃质地透明，光泽夺目，外形可塑性大，形态各异，用途广泛。

玻璃杯泡茶，茶汤的鲜艳色泽，茶叶的细嫩柔软，茶叶在整个冲泡过程中的上下穿动，叶片的逐渐舒展等，可以一览无余，可以说是一种动态的艺术欣赏。特别是冲泡各类名茶，茶具晶莹剔透，杯中轻雾缥缈，澄清碧绿，芽叶朵朵，亭亭玉立，观之赏心悦目，别有风趣。另外玻璃杯价廉物美，深受广大消费者的欢迎。玻璃茶具的缺点是易破碎，见图 8-14。

图 8-14　玻璃茶具

（五）金属茶具

用金、银、铜、锡等金属制作的茶具，尤其是锡作为储茶器具材料有较大的优越性。锡罐多制成小口长颈，盖为筒状，密封好，因此具有较好的防潮、防氧化、防光、防异味效果。

唐代时皇宫饮用顾渚茶等,便以银瓶盛水直送长安,主要因其不易破碎,但造价较昂贵,一般老百姓无法使用。金属茶具见图8-15。

图8-15　金属茶具

(六)竹木茶具

在历史上,广大农村包括产茶区,很多人使用竹或木碗泡茶。这种茶具物美价廉,经济实惠,但现代已很少采用。但用木罐、竹罐装茶,仍然随处可见,特别是作为艺术品的黄阳木罐和二黄竹片茶罐,既是一种馈赠亲友的珍品,也有一定的实用价值。

中国历史上还有用玉石、水晶、玛瑙等材料制作的茶具,但总的来说,在茶具史上地位不高。因为这些器具制作困难,价格高昂,并无多大实用价值,主要作为摆设,用来显示主人的富有,竹木茶具见图8-16。

图8-16　竹木茶具

三、茶点茶果的搭配

茶点茶果是饮茶过程中佐茶的茶点、茶果和茶食的统称。其主要特征是分量较少、体积较小、制作精细、样式清雅。

人们在品茶时佐以茶点茶果已成习惯。特别是在茶馆,大多采用自助式,许多茶点茶果任客人随意选用。品茶品的是情调,是意味,茶点不在多。在选择佐茶的茶点茶果时,应根据不同的茶、不同的季节、不同的日子和不同的人进行不同的选择,茶点茶果的搭配见表8-7。

表8-7　茶点茶果的搭配

选 择 依 据		茶点茶果配置
根据不同的茶进行选择	品绿茶	可选择一些甜食,如干果类的桃脯、桂圆、金橘饼等
	品红茶	可选择一些味甘酸的茶果,如杨梅干、葡萄干、橄榄等
	品乌龙茶	可选择一些味偏重的咸茶食,如椒盐瓜子、怪味豆、笋干丝、鱿鱼丝、牛肉干、咸菜干、鱼片、酱油瓜子等

续表

选择依据		茶点茶果配置
根据不同的季节选择	春天	可选择带有薄荷香味的糖果、桃酥、香糕、玫瑰瓜子等
	夏天	佐以鲜果,菠萝、西瓜、樱桃、龙眼、荔枝、草莓等水分多,味道甜的食物
	秋天	水晶饺、蒸饺儿、珍珠西米盏、烧卖等
	冬天	开心果、香酥核桃仁、栗子、茶香葵花子、蜜枣、桂花糖等
根据不同的日子选择	过生日	喝奶茶,选择糕糖甜点类
	端午节	品宁红,粽子是主打
	中秋节	品凤凰单丛茶,配鱼片、鸡丝、牛肉干等
	重阳节	品绿茶,用绿豆糕、云片糕类佐茶
根据不同的人选择	请老人	选择如汤圆、四喜饺子、绿茶粥之类
	请上司	选择奶油葵花子、奶油南瓜子、五香西瓜子之类
	请情人	应选甜点果奶冻、薯条、三丝卷、杏仁糕、开心果等
	请亲戚	多选花生、橄榄、核桃、葵花子

四、茶坊的类型

(一)茶坊的类型

茶坊虽然是在茶馆的基础上发展起来的,但它毕竟是现代社会生活的产物。尽管各地茶坊仍然保留有当地的一些特色,而且也提倡茶坊尽量保持当地的特有风情,但随着信息社会的发展和现代气息的渗透,地方特色已不像过去那么明显。因此,茶坊可以按照功能、经营内容、经营形态进行分类。

❶ **按照不同功能分类**　随着时代的发展和生活水平的提高,茶坊的社会功能进一步完善和强化,呈现出多元化的特点。不论何种类型的茶坊,都具有交际、信息、审美、展示、教化这五大功能。但是,茶坊由于经营目标的差异,又有不同的功能倾向,按照其功能大体划分为三大类茶坊:休闲型、娱乐型、餐饮型。

(1)休闲型:这类茶坊是最主要的,数量也是最多的。品茶是一种休闲的方式,人们可以到茶坊放松一下,同时找到各自的乐趣。休闲型茶坊的装修风格或华美、或新潮、或古典、或高雅、或简朴,但都以表现茶艺、品味茶文化、洽谈业务、谈天说地为活动的主要内容。

(2)娱乐型:这类茶坊是一种特色茶艺馆,与传统的"书茶馆"有血脉相承的关系。茶坊的活动包括听戏、听曲艺、下棋、打牌、猜谜等。近些年来,陶吧式、网吧式、咖啡吧式、布吧式、玻璃吧式茶坊纷纷涌现,这是现代休闲娱乐方式与茶坊相结合的新模式。

(3)餐饮型:这类茶坊是明清以来茶、酒兼营的茶馆的延续,又是在新起点上的提升和改进。

当然,上述三种类型的茶坊并不是截然分开的。休闲型茶坊也可有娱乐功能;娱乐型茶坊也有休闲功能;而餐饮型茶坊也有休闲品茗,有文艺表演。这里只是就其主导功能进行划分。

❷ **按经营内容分类**　就经营内容来说,茶坊可分为单一型、综合型和混合型三种。

(1)单一型:这类茶坊将茶与文学、艺术等功能相结合,经常举办各种讲座、座谈会,推广茶文化。茶坊内提供交谈、聚会、品茗,并兼营字画、书籍、艺术品等买卖,富有浓厚的文化气息,类似某些文化交流中心,也有些类似18世纪法国沙龙,靠经营的收入来维持,有创造文化、发扬文化的理念和功能。

(2)综合型:这类茶坊不但以茶文化为名,而且以此为包装,配合季节、庆典举办各种促销活动,综合经营茶叶、茶具及饮品等,服务周到。

(3)混合型:以品茗为主,但也以商业经营来创造利润。因此,该型茶坊也经营冰茶、葡萄酒、餐点等项目,类似茶餐厅。

❸ 按经营形态分类 从茶坊经营形态来看,又大致可分为以下五种类型。

(1)品茗型:崇尚中国传统的饮茶风尚,讲究茶的品饮艺术。

(2)文化型:兼具社交和文化性质,与文学、艺术、社交功能相结合,富有文化气息。

(3)休闲型:纯为休闲、聚会、聊天的客人提供一个场所,供客人休憩、交谈之用。

(4)茶庄型:原以卖茶叶或卖茶具为主,为便于客人选茶,或为了吸引客人买茶,附设茶座。

(5)艺术型:以卖书画或艺术品为主,设茶座作为媒介。

(二)茶坊的经营特点

茶坊的经营是利用空间场地、设备和一定消费性物质资料,通过人的服务活动来满足客人的需要,从而实现经济效益和社会效益。茶坊的经营管理是一项专业性比较强的工作,除了具有一般性服务行业的共同点外,它还有自身的特点和内容。

❶ 文化特色的民族性 茶坊表现的是茶艺和茶文化,其服务的内容也代表了中华民族文化精神的内容,可以说,茶坊是民族文化的浓缩。随着社会的发展,茶坊越来越成为人们社交的重要场所,茶坊里悬挂的字画、古朴典雅的家具、悠扬的民族音乐、具有民俗特色的挂饰和装饰、风格各异的民族服装、工艺品,再加上各种各样的名茶、引人入胜的茶艺表演,让人在领略茶文化风韵的同时,感受民族文化的丰富内涵。茶艺师也通过语言、形体动作、情感交流等向客人展示茶文化,诠释中国优秀的民族文化。

❷ 艺术的综合性 很多茶坊在装饰、陈列上突出了某一时代的特征,将该时代的各种艺术综合地渗透和融合,充分地展示其艺术魅力。这里不仅有茶艺,还有琴、棋、书、画、诗、词、歌、赋以及服装、工艺品、食品等,共同营造出一个和谐的艺术氛围。在这样的环境中,就要求服务员努力学习茶艺和茶文化知识,不断提高艺术修养,通过自己的不断努力来展示民族文化艺术的魅力。

❸ 产品的独特性 茶坊的核心产品是服务。服务产品具有无形性,随机性,服务的提供与客人的消费同时进行,客人的参与性等特点,使其与有形产品的消费表现出明显的不同。这不仅要求服务员知识全面、技能娴熟,而且还要独具慧眼,善于观察和分析客人,了解客人的真实需求,及时调节现场气氛,表现出服务的灵活性、随机性和亲和性,使客人与茶坊的气氛融为一体,积极主动地参与到茶艺过程中,更好地理解和接受茶坊的服务。

❹ 社会效益性 追求良好的经济效益,是茶坊生存和发展的必要条件。但是,由于茶艺行业的特殊性,在经营管理过程中,更要强调其社会效益。茶艺能净化心灵,美化人生,能促进人与人之间的和谐,推动社会文明的进步。茶坊在经营过程中,要注意茶文化的宣传和普及。同时,良好的社会效益也能促进茶坊经济效益的提高。

❺ 经营方式的灵活性 茶坊既有室内的雅座、普座、包房,也有室外的融茶园、景区、公园于一体的茶座;既有早茶、午茶、夜茶、自助茶,也有冰茶、暖茶、饮料茶、有机茶,各地名茶。在经营上,传统和时尚有机结合。可一人独饮,品茗养性,领略茶中真谛;也可与人同乐,在品茗中享受人间乐趣。

五、茶坊服务的基本要求

(一)服务标准化

服务标准化是保证茶坊服务质量的最基本要求。客人的需要有基本和共同的一面,茶馆要满足客人的需要,必须制订并执行茶坊服务基本规范,保证茶坊服务的水准。茶坊服务水准主要包括:迎宾服务标准、仪容仪表、言谈举止、礼仪礼节的标准;茶艺表演动作标准;有关的时间标准,如点茶、泡茶、结账的时间要求;茶叶、茶具、茶点等的质量控制标准;茶艺师的考核标准等。

（二）服务诚信化

诚信服务,简言之就是要求茶坊服务员对客人要以诚相待,正直坦率,讲究信誉。随着我国市场经济的不断推进,广大消费者的知识、阅历正在不断提高,盲目低估和欺骗消费者是极不明智的行为。相反,如果茶坊服务员诚信服务,则必为客人所信任。客人也会放心地进行交易,甚至会成为茶坊的忠诚客人。

（三）服务情感化

茶坊服务员的不同情感,往往会导致不同的服务行为:要么是行为积极,要么是行为消极。真挚而友善的情感,具有无穷的魅力和感染力;强烈而深刻的情感,可以促使自己更好地为客人服务。服务情感化要求茶坊服务员必须具有以下素质。

(1)健康的情感:只有用健康的情感服务客人,才能使自己的工作更加符合客人的心理需要。

(2)正确的待人情感倾向:必须使自己具有同情与恻隐之心,理解与宽容之心,尊重与体谅之心,关怀与友善之心。

(3)深厚而持久的积极情感:在工作岗位上,要将个人情感稳固而持久地控制在有利于服务方面,并不因为自己与顾客双方某种因素的影响而变化。茶坊服务员在自己的工作之中,必须有意识地树立"三心":一是要细心,即细心地观察客人;二是要真心,即真心替客人考虑;三是要热心,即热心为客人服务。唯有细心、真心、热心这"三心"并具,才能够实现茶坊服务员服务客人的目标,才能使客人动心、放心、省心。

（四）服务艺术化

实物产品给消费者带来生理上的基本满足,而服务产品则给消费者带来艺术上的享受,因此为能更好地展示茶艺之美,演绎茶文化的丰富内涵,茶艺服务员在进行服务时就要充分体现出礼、雅、柔、美、静的服务艺术要求。

1 礼　服务过程中,要注意礼貌、礼仪、礼节,以礼待人,以礼待茶,以礼待器,以礼待己。

2 雅　茶乃大雅之物,尤其在茶坊中,服务员的语言、动作、表情、姿势、手势等都要符合雅的要求,努力做到言谈文雅、举止优雅,尽可能与茶叶、茶艺、茶坊的环境相协调,给客人一种高雅的享受。

3 柔　茶坊服务员在进行服务时,动作要轻柔,讲话时语调要委婉、温和,展现出茶艺服务特有的柔和之美。

4 美　主要体现在茶美、器美、境美、人美等方面。

茶美,要求茶叶的品质要好,并且要通过高超的茶艺把茶叶的各种美感表现出来。

器美,要求茶具的选配要与冲泡的茶叶、客人的心理、品茗环境相适应。

境美,要求茶室的布置、装饰要协调、清新、干净、整洁,台面、茶具应干净、整洁且无破损等。茶、器、境的美,还要通过人美来带动和升华。

人美,体现在服装、言谈举止、礼仪礼节、品行、职业道德、服务技能和技巧等方面。

5 静　主要体现在环境安静、器静、心静等方面。茶坊最忌喧闹、喧哗、嘈杂,播放的音乐要轻柔、悦耳,交谈声音不能太大。茶坊服务员在使用茶具时,动作要娴熟、自如、轻拿轻放,尽可能不发出声音,做到动中有静,静中有动,高低起伏,错落有致。心静,就是要求心态平和。茶坊服务员平和的心态要在泡茶时能够通过语言、动作、表情等表现出来并传递给客人。如果表现不当,就会影响服务质量,引起客人的不满。

六、茶坊服务的服务程序

茶坊服务流程图见图 8-17。

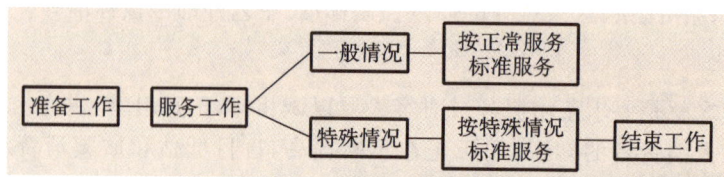

图 8-17　茶坊服务流程图

（一）营业前的准备工作

❶ 茶坊及个人卫生

（1）服务员进入茶坊前，要求工装整洁，无污垢、油渍、茶渍。

（2）手指干净，不留长指甲。女服务员不涂有色指甲油，不佩戴装饰物。头发要求男不过领、女不过肩（长发束起或盘在头上）。女服务员应化淡妆。

（3）进入茶坊前，服务员应将室温与灯光调节到适宜的温度和亮度。将茶桌的桌面整理干净，洗烫工作毛巾，洗烫并擦干净茶具，同时检查有无破损。

❷ 配好茶叶茶具　服务员应根据每日茶叶销售情况，领取当日所需的各类茶叶，备好配套的茶具。将清洗好的茶具及领取的茶叶放在固定的位置并摆放整齐。准备好托盘、壶垫、杯垫及清洗茶具的清洗剂和毛巾。准备好大保温瓶并注满开水。冬天还需准备加热器。

（二）营业中的服务

茶坊服务操作程序与标准见表 8-8。

表 8-8　茶坊服务操作程序与标准

操作程序	操作标准
待客服务	（1）客人来到茶坊，迎宾员应主动躬身微笑问好，表示欢迎，并视其人数或根据客人的要求，引领到合适的位置，拉椅让座
	（2）服务员应递上茶单接受客人点茶，并主动介绍各类名茶或该茶坊的特色茶，以供客人选择。客人点好茶后，服务员应复述一遍，确认无误后，方能离去
	（3）服务员应根据客人所选用的茶品配以相应的茶具。不同种类的茶品有不同的饮法，也使用不同的茶具。如绿茶一般用透明的玻璃杯冲泡，花茶宜用有盖瓷杯冲泡，工夫茶则使用陶瓷茶具饮用等
茶水服务	（1）服务员取来茶水时，先请客人欣赏干茶的做工与外形，并简明扼要地介绍。然后用开水把茶壶、茶杯冲洗干净，提高温度（冰茶则用冷开水冲洗），使茶叶的有效成分能充分释放
	（2）将适量的茶叶投入壶内，冲入少量的开水，不要一次冲满，约 2/3 的水即可
	（3）加盖焖 1～2 min，使茶叶展开
	（4）再冲入开水至满，使有效成分大量泡出
	（5）服务员将茶壶放在服务台上，用托盘将桌上的茶杯取下，左手托托盘，右手拿茶壶，将茶水斟入茶杯中，茶水以 4/5 为佳。然后将茶杯放在客人右手旁，有礼貌地示意客人，并说："先生/女士，请用茶。"
	（6）将带茶托的茶壶放在茶桌上，茶壶嘴不能对准客人。冬天需点燃加热器，将茶壶放在上面，然后再放在桌上

续表

操作程序	操作标准
添加茶水	（1）服务员应随时观察客人饮茶情况，随时按次序为客人斟茶，先宾后主，女士优先。当茶壶内的水只有1/3时，应及时添加开水
	（2）如果客人杯中的茶水已经很淡了，服务员应主动询问客人是否需要更换。如客人同意更换，其服务程序与标准同上
糕点服务	（1）客人在点茶或饮茶的过程中，服务员应主动询问客人是否需要配套的糕点（或小吃），并及时介绍和推销该茶坊特色糕点（或小吃）
	（2）当客人确认了糕点（或小吃）后，应立即送上，并搭配热毛巾和餐巾纸
结账	（1）在客人要求结账时，服务员去收银台通知收银员汇总账单。服务员在核实账单准确无误后，用账夹或小托盘递送账单请客人过目
	（2）客人付款后，服务员应站在客人身边将从客人处收到的现金清点复述，而后道谢
	（3）随即将现金送至收银台，找回的现金用呈账单的方式送回
送客	客人起身离座时，服务员要帮助拉椅，并提醒客人带上自己的物品，向客人道谢告别并请下次光临
收台	客人离去后，服务员应立即撤下茶具，清理桌面，放好椅子，准备迎接下一批客人

（三）茶坊服务员的素质要求

（1）热爱本职工作，热心为客人服务。树立客人至上、服务第一的思想，做到亲切主动，热情周到，谦虚礼貌，文明高雅。

（2）积极钻研业务，做到服务程序标准化，个性服务、特色化服务节奏高效快捷，服务姿态优美大方。

（3）勤学好问，提高文化素养。熟悉中外茶品和茶文化知识，不断充实自己，加强修养，陶冶情操。

（4）掌握2～3种茶艺表演的技能，做到既能服务，又能表演。

七、茶坊服务的注意事项

（1）面对客人讲话时，要保持适当距离（约1 m）。

（2）给客人递送物品，动作要轻，应直接送到客人手中。

（3）茶艺人员之间传递物品时，应手手相接，不可空中抛接。

（4）蹲起、俯身和起身速度一致，动作要轻，大方自然。

（5）对客人的提问，有问必答，话语诚恳，解释耐心，不高声喧哗，不指手画脚。

任务评价

技能考核

◆1.茶坊服务考核设计

将学生分成小组，分别扮演客人和茶坊服务员，按照程序和标准完成茶水服务，要求中文介绍茶品。

◆2.茶坊服务考核表（100分）

在线答题

茶坊服务
考核表

工作案例分析

【案例情境】

6月22日下午2:00左右,茶坊的客人很多。外场服务员都在不停地忙碌,有一桌客人点了五杯龙井茶,外场服务员小王在上茶时不小心把茶水杯打翻,倒在了客人的身上。滚烫的开水让客人一下子从椅子上跳了起来,也有一些水洒在了客人的手机上,服务员当时愣住了不知如何反应。领班与经理急忙过来向客人道歉帮客人擦拭并转台,客人的脾气很大,经理向他们一直道歉,倾听客人的诉苦并给客人重新换茶、赠送果盘。并且答应客人,如果事后手机发生故障由餐厅负责修理。这样客人才稍稍平息了一些怒气,还在结账时给客人打了八八折的优惠,客人对这个处理很满意,结账离去。

案例思考:这个案例给了我们什么启示?

任务五 咖啡厅服务

任务描述

咖啡厅就是为客人提供咖啡饮品的场所。通过咖啡厅西餐早餐、零点午餐和晚餐服务程序的学习,使学生掌握咖啡厅服务流程,能为客人提供规范、主动、周到的餐饮服务。

任务目标

了解咖啡厅的特点;熟悉常见的咖啡饮品;掌握咖啡厅西餐早餐、零点午餐和晚餐服务程序;能为西餐厅用餐提供规范、周到、礼貌、主动的接待服务。

任务实施

一、咖啡厅概述

咖啡厅,英文称作 Coffee Shop,字面意思就是为客人提供咖啡饮品的场所。由于社会工商业繁盛,人们的时间越来越宝贵,安排上也越来越紧,咖啡厅也就随之发展成为人们上班前用早餐的地方,也成为业余三五好友聊天和谈生意的好地方。现代酒店中的咖啡厅通常为 24 h 营业,主要为客人提供各式咖啡及其他饮料、各式早餐和简便午晚餐、自助餐服务。咖啡厅餐台多为方形台,通常将刀叉直接摆放在简易的垫纸上或餐具垫上,较少使用台布。咖啡厅客人流量大,要求服务快捷、简单方便。

(一)咖啡厅的布置与气氛

咖啡厅属于西餐厅中的一种,因此,在布置和气氛的设计上,应具有欧美的特色。

咖啡厅的布置,应注意以下问题。

(1)咖啡厅应确定一个主题,围绕该主题进行装饰布置。

(2)咖啡厅的主题一般比较清新、活泼。

(3)色彩一般以明快,开朗为主,多用大自然色彩,给人以赏心悦目的感觉,帮助解除旅途疲劳。

(4)采光:大多采用自然采光的手法,多有较大面朝花园和室外的景致。通常窗的装饰也比较别致,靠窗的座位一般是客人,尤其是享用早餐的客人喜爱的佳座。

(5)灯光与灯饰:咖啡厅的灯光比较明亮,除了餐厅照明外,还常饰有圣诞彩灯、西式油灯、蜡烛台灯等,以达到明快、活泼、神秘的效果。

(6)家具:咖啡厅的家具总体上比较简便,桌、椅、柜等排列整齐有序。现多不用台布,在光滑的台面上直接放上简易菜单垫,然后摆台,台面的材料也多种多样,如木质台面、人造大理石台面、塑料台面等,靠墙的座位多用沙发和二人对坐式小餐台。咖啡厅的餐桌多为方形,供3~4人就餐,可以拼合,椅子也比较简便、轻巧。

(7)壁画和装饰:壁画要为反映主题服务,一般以西洋油画为主,色彩鲜艳、明朗,甚至可以用抽象派和其他现代绘画艺术装饰。用大面积的镜子装饰墙面,使自然风景独美的一面反映到镜中来,既可以从人的感觉上扩大空间,又可使人如置身于自然之中,这种手法已被很多咖啡厅采用。

(8)盆景与区域分隔。咖啡厅的区域分隔常常是以盆栽、植物花草甚至葡萄架等形式进行的,它们与室外景致融为一体,给人以全新的感受。雕塑作为西方艺术的精华,也常常被用来装饰餐厅,还可起到自然分隔区域的作用。

此外,在餐桌上插放鲜花和室内别具风格的其他装饰都可为咖啡厅增添气氛,咖啡厅的位置一般在靠近大厅的客流路线上见图8-18。

图 8-18 咖啡厅

(二)咖啡厅服务员服装

咖啡厅服务员的服装色彩一般比较鲜艳,同时要注意与总体布置的基本色调相协调。

服装在式样上比较精干、活泼,常用西式短裙,前加一小围兜,窄袖方便操作。选料同样要挺括,不易起皱,服装要干净、整洁。

(三)咖啡厅菜单设计

咖啡厅最明显的特色是服务快捷、方便,餐厅通过快捷有效的服务,加大客流量而增加利润,所以菜单的设计要符合餐厅的经营方针。咖啡厅的菜单有以下几个方面的特点。

(1)菜肴品种以简便西餐为主,辅之以当地的各种风味小吃、甜点、咖啡和各种饮料,也是咖啡厅菜单的主要内容之一。

(2)为了体现快捷服务的特点,为经营方针服务,咖啡厅菜单中拥有较多的半制成品和简易制法的菜肴品种。

(3)菜单的制作也比较简便、轻巧,项目不宜太多,色彩和图案等要和餐厅主题与气氛相协调,更有一种纸张式的菜单放在餐桌上,方便客人入座后即可看菜单点菜,此举使客人占用座位的时间更短,服务也更加快捷。

(4)要了解咖啡厅厨房的设计,使用的工具和机器设备等,它们要为快出食品服务。开列菜单时,要与厨师长商讨哪些食品容易储藏、保留加热和加工,以保证实现咖啡厅的经营方针。

(5)咖啡厅菜单的构成主要有:①厨师特选:餐厅的一些特色菜。②开胃品。③汤类:大多是制成品,随时点用。④沙拉。⑤主菜:煎烤类,有牛、羊、猪排。⑥海鲜:包括鱼类。⑦风味小吃:地方特色精选。⑧三明治、汉堡包。⑨甜品:以各式蛋糕为主。⑩酒水饮料。

(6)咖啡厅通常是举行自助餐的场所,尤其是早餐,更能节省客人的时间,座位的周转率也会更高。自助餐的菜单和广告可采用招贴、电梯广告、门牌广告等形式进行宣传。

（7）咖啡厅菜单的形式同样有固定菜单，附加菜单、合卡式菜单、纸垫式菜单和招贴式菜单等。设计布置要与咖啡厅的总体气氛和格调相一致，维持一定的水准。

（8）咖啡厅的菜肴价格相对较低，根据其水准，餐厅管理者可计划平均每位客人消费金额，结合成本等因素制订合理的价格。

（四）咖啡厅娱乐活动

由于咖啡厅通常以服务快捷、座位周转率高为特点，所以一般不宜安排特别的娱乐活动，营业时以酒店背景音乐为主。但有时在特别的节日和活动期间，常在下午茶时间安排一些娱乐活动，如演唱会、演奏会、时装表演等活动，以达到促销的目的。

二、咖啡厅早餐服务程序

（一）餐前准备

1 准备工作

（1）准备好摆台用具：刀、叉、勺、咖啡杯、咖啡碟、咖啡勺、面包碟、黄油刀、花瓶、烟灰缸、椒盐瓶、糖缸、奶盅、餐巾等。

（2）准备好服务用具：包括菜单、笔（或电子点菜设备）、托盘、果汁杯等。

（3）准备好果汁，注意需冷藏；煮好咖啡，注意保温。备好充足的黄油、果酱、糖、牛奶等。

2 根据早餐摆台铺设方法摆台　咖啡厅早餐摆台流程见图8-19。

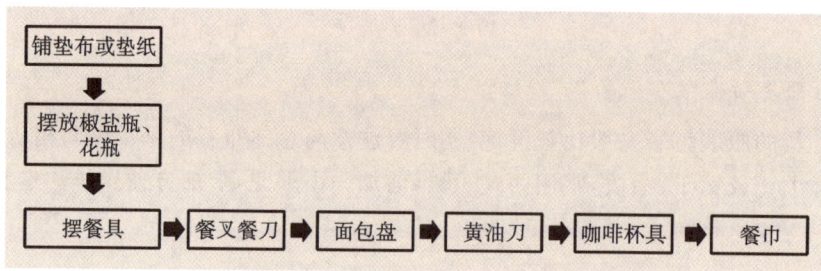

图8-19　咖啡厅早餐摆台流程

咖啡厅早餐摆台操作程序与标准见表8-9。

表8-9　咖啡厅早餐摆台操作程序与标准

操作程序	操作标准
垫布或垫纸	将垫布或垫纸摆放在餐位正中
餐勺、餐刀、餐叉	将餐勺放在垫布的最右侧，在餐勺内侧放置餐刀，刀刃朝内。在垫布的最左侧放置餐叉。勺柄、叉柄、刀柄下端在一条直线上
面包盘、黄油刀	视餐桌大小及就餐情况，将面包盘摆放在垫布左侧适当位置处。将黄油刀架于面包盘边缘靠近客人一侧，刀口朝左
咖啡杯具	将咖啡杯连同咖啡杯垫一起摆放在垫布右侧适当位置处。垫碟底线与餐席中心线在一条直线上；咖啡杯杯柄向右；将咖啡勺架在咖啡碟上与咖啡杯杯把平行
调味品、牙签盅等	按餐厅规定摆放调味品、牙签盅、糖缸、奶盅
餐巾	视餐桌大小及就餐情况，将折好的餐巾摆放于每个餐位的正中，即垫布的正中位置；或摆放于面包盘上，餐巾花正面朝向客人

③检查　检查餐厅设施设备、环境卫生、空调温度,检查桌椅是否整齐,检查摆台是否规范,检查背景音乐,检查个人仪表是否标准。

（二）餐中服务

①迎宾服务　看到客人,迎宾员应主动礼貌地问候客人,如"早上好！先生/女士。"迎宾员应面带微笑并注意目光与客人进行接触。引领客人进入餐厅,询问客人需要在吸烟区或非吸烟区就餐,为客人安排合适的餐桌并拉椅让座。

②服务咖啡或茶　在客人点菜前,先问客人需要咖啡或茶。

③点单服务　客人入座后,值台服务员上前问好并递上打开的菜单,从客人右侧为其铺上餐巾。记录客人所点内容,客人若点鸡蛋,应问清制作方法和老嫩程度,并在点菜单上注明。重复客人的点单,将点菜单送至厨房和收银台。如使用电子点菜机,直接输入客人所点菜肴及饮品品种,厨房及收银台将自动、及时收到点菜信息。

④调整餐具、准备配料　根据客人所点菜肴品种整理餐台,添加或减少餐具;准备好食物的配料并放在餐桌上,如烤面包应备果酱、黄油等。

⑤菜品服务　服务员根据酒店情况提供各式早餐服务。

⑥注意事项　服务迅速,技艺娴熟。熟记本餐厅提供的早餐种类,注意问清客人的特殊要求。面包要新鲜,咖啡和茶要热,及时更换烟灰缸。

⑦结账服务　提前准备好账单,检查无误。客人用餐完毕,送上账单,询问客人用餐满意度并感谢客人。

⑧送客服务　客人起身为其拉椅,感谢客人光临。

三、咖啡厅零点午餐和晚餐服务

咖啡厅零点午餐和晚餐服务内容复杂,服务技术要求高,其服务程序和要求见表 8-10。

表 8-10　咖啡厅零点午餐和晚餐服务程序与标准

操 作 程 序	操 作 标 准
准备工作	（1）按要求和工作任务做好备餐准备
	（2）做好卫生工作
	（3）按要求摆好餐台
	（4）再次整理仪容仪表,恭迎客人光临
餐前服务	（1）结束鸡尾酒或饮料。客人入座后,值台服务员首先向客人介绍几款鸡尾酒和餐前酒,如果客人不要鸡尾酒,应推荐其他饮料
	（2）服务鸡尾酒或饮料。从客人的右侧为客人上鸡尾酒或饮料
	（3）呈递菜单、介绍菜肴。主动为客人介绍餐厅当日特选菜肴
	（4）接受点菜。当客人看过菜单有意向点菜时,服务员应上前为客人点菜。记录客人所要点菜肴,适时推销酒水。推销时要注意菜肴与酒水的搭配。向客人复述一遍所点菜肴及酒水品种,以便客人确认
	（5）调整餐具。客人点完菜后根据客人所点菜肴收取或添加餐具

续表

操 作 程 序	操 作 标 准
席间服务	(1)席间上菜的顺序:头盘、汤、沙拉、主菜、甜点、咖啡或茶
	(2)上菜遵循先女后男、先宾后主的原则
	(3)上菜的方式由餐厅规定,具体方式及服务结合有关西餐服务方式的内容进行
	(4)根据客人进餐速度灵活掌握上菜的时间
	(5)上菜时要核对菜名和台号是否相符,上菜要报菜名,并祝客人用餐愉快
	(6)要勤巡台,及时为客人添加酒水、冰水、黄油、面包、收撤空酒杯
	(7)撤甜点盘后,推销餐后酒
	(8)服务迅速敏捷,细致周到
结账服务	(1)提前准备好账单,检查无误,按结账程序和规范进行操作
	(2)如果客人分单结账,要迅速准确
	(3)询问客人的用餐满意度并感谢客人
拉椅送客	当客人结账完毕,服务员应向客人道谢,拉椅送客,提醒客人带好随身物品,再次对客人表示感谢,欢迎客人再次光临
清理台面、重新铺台	当客人离开后,值台服务员应该迅速整理餐台,准备迎接下一批客人的光临,注意操作要轻避免影响其他客人

随着人们生活水平的提高,咖啡厅逐渐成为人们的主要社交场所之一,如业务会谈、商务洽谈、交朋会友、情人约会等。对于各种类型的客人,咖啡厅都要提供细心、周到的服务。

任务评价

技能考核

◆1.咖啡厅服务考核设计

(1)练习咖啡厅早餐、午餐、晚餐台面布置。

(2)分角色扮演客人与咖啡厅服务员,对早餐服务的程序进行演练。

◆2.咖啡厅服务考核表(100分)

工作案例分析

【案例情境1】

一天,某咖啡厅来了一位客人,点了一杯热咖啡。服务员刚将咖啡端上台,旁边的商务中心有该客人的电话,客人赶紧去接电话,约十几分钟才回来。回来后,客人发现咖啡是凉的,就投诉咖啡不热。服务员在征得客人同意后给他换了一壶热咖啡。

当服务员把热咖啡送到客人面前时,客人不好意思地说:"对不起,是我自己接电话时间太长了,所以咖啡才凉了的。"服务员与客人相视而笑。

案例思考:咖啡厅服务中,如何能更好地提供服务?

【案例情境2】

李教授和朋友对坐闲聊了一会儿,此时服务员端来一壶现磨咖啡,外加两盅牛奶和数块方糖,服务员对李教授说:"我送来了您喜欢喝的咖啡。"因为李教授是这里的常客,服务员几乎都很熟悉他的爱好,谁知那天是李教授的朋友做东,他不喜欢喝现磨咖啡,而是习惯喝雀巢速溶咖啡。

李教授的朋友面露不悦地对服务员说:"今天是我请李教授来此叙谈休息,您怎么如此不懂得待客的道理,竟自作主张要我们喝什么就喝什么?"服务员不肯认错,对李教授的朋友说:"我了解李教授平时喜欢喝现磨咖啡。"

　　李教授听到服务员这样讲,觉得对他的朋友有失尊重,于是批评这位服务员道:"你不应当没有弄清主客之前就主观地下结论,即便今天我是主人,你也应当先问客人需要什么饮料。"李教授的朋友接着讲:"我恰好是向来不喝现磨咖啡,而是喝惯了雀巢速溶咖啡。"服务员讨好不成,反而自讨没趣。这时大堂经理闻声前来,弄清情况后让服务员赔礼道歉,并答应现磨咖啡按一杯计价,另外补送一杯雀巢咖啡给李教授的朋友。

　　案例思考:在案例中你得到的启示是什么?

案例点评

任务六　客房送餐服务

任务描述

　　客房送餐服务是餐饮服务的一个重要组成部分,其目的是为住在酒店客房内的客人提供迅速、灵巧、方便的 24 h 餐饮服务。酒店可以根据客人的要求从不同的餐厅为客人提供正规的日常服务。通过基础知识的学习和技能的训练,使学生掌握客房送餐服务程序和要点,能够按标准完成客房送餐服务程序。

任务目标

　　了解客房餐饮服务;熟悉客房餐饮服务的内容和方法;掌握客房送餐服务的程序、规范与标准;能进行客房送餐服务。

任务实施

一、客房送餐服务的概念

　　客房送餐服务(room service)是酒店为方便客人、增加收入、体现酒店服务水准而提供的服务项目。客房送餐部通常为餐饮部下属的一个独立部门,一般提供全天 24 h 或不少于 18 h 的服务。服务内容有早餐、午餐、下午茶、晚餐、夜宵、点心、水果、各种饮料和酒类、房内酒会等。客房送餐部通常由电话预订组和送餐组组成,负责将客人预订的食品、饮料等送到客人房间并提供用餐服务。

　　客人预订客房送餐方式主要有两种:一种是客房里的早餐门把手菜单预订,客人根据自己的需要在门把手菜单上直接点菜,客房送餐服务员在指定的时间内收集订菜单;二是客人通过电话预订,临时通知客房送餐部送食品、饮料进客房。无论采取哪种方式送餐,服务员必须保证准时、准确无误地将客人所点的菜肴、食品、饮料送入客人房间,并以热情、有效的服务使客人满意。

二、客房送餐服务的内容

　　(一)饮料服务

　　(1)冷饮料服务:冷饮料包括汽水、果汁、可乐等。客人在房间点冷饮料时,客房送餐服务员要将冷饮料和杯具送到客人房内并将饮料倒入杯中。

　　(2)热饮料服务:热饮料包括咖啡、红茶、牛奶等。客人在房间点热饮料时,客房送餐服务员必须将方糖、袋糖、茶匙、垫盘一同备齐后与热饮料一道送至客人房间。在端送时,应越快越好,以保持其温度。

　　(3)酒类服务:酒类包括开胃酒、烈性酒、葡萄酒、香槟酒等。重要的客人在客房内配备酒水车。

（二）食品服务

（1）早餐服务：客房送餐部主要为客人提供欧陆式、英式、美式和零点式早餐。

（2）午餐、晚餐服务：提供烹调较为简单、快捷的西餐和快餐（图8-20）。

（3）点心服务：提供三明治、面条、饺子、甜点和水果等。

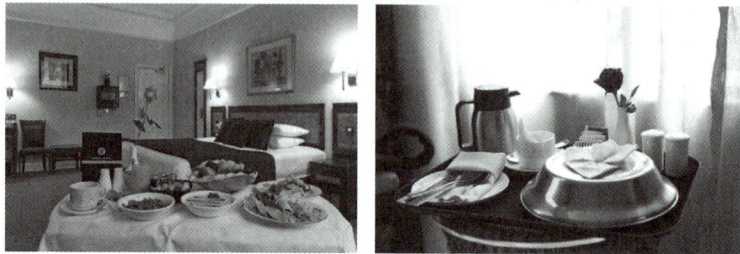

图 8-20　客房送餐

三、客房送餐服务程序

客房送餐服务形式不同于一般的餐厅服务，大多数是客人电话订餐或通过门把手菜单的形式来要求餐饮部提供餐饮服务。由于绝大多数客人订餐是通过电话与服务员进行沟通，这比在餐厅面对面服务增加了难度。

（一）客房送餐的预订

❶ 客房送餐预订的要求

（1）认真对待客人预订的每个细节。

（2）迅速将客人预订的食品、酒水在规定时间内送至客房。

（3）送餐服务中服务要熟练且有礼貌。

（4）使用保温设备时要执行安全规定。

（5）食品既要保证质量又要保证冷热温度要符合要求。

（6）餐具要及时撤走。

客房送餐服务要做到以上几点，就必须建立相应的服务程序。

❷ 客房送餐预订操作程序与标准

客房送餐预订操作程序与标准见表8-11。

表 8-11　客房送餐预订操作程序与标准

操 作 程 序	操 作 标 准
接受订餐	（1）接受客房送餐电话预订时，铃响不得超过三声，铃响三声以内，迅速拿起电话，敬语问候"您好，客房送餐，请问您需要什么？"语调亲切、自然。 （2）使用礼貌用语，语调亲切自然，吐词清晰。问清客人姓名、人数、订餐内容和送餐时间以及其他特别要求等
介绍推荐	（1）向客人推荐介绍，做好推销工作。 （2）重复客人具体要求和订餐内容，以获得客人确认
达成要求	（1）告诉客人等候时间。 （2）向客人表示感谢，礼貌道别。 （3）迅速填写好订单并将订单交给送餐员。 （4）详细认真填写客房送餐预订记录簿

客房送餐预订记录簿见表 8-12。

表 8-12　客房送餐预订记录簿　　　　　　　　年　　月　　日

房号	客人姓名	账单	接受预订时间	提供食品时间	订单内容	送餐时间	送餐员	收餐具时间	订餐员	备注

（二）客房送餐的服务

1　客房送餐服务要求

（1）使用敬语。

（2）走规定的行走路线。

（3）满足客人用餐时间的要求。

（4）在得到客人的允许后再进入客人的房间。

（5）确保所送的食品、饮料符合规定的温度要求。

2　客房送餐服务操作程序与标准　客房送餐服务操作程序与标准见表 8-13。

表 8-13　客房送餐服务操作程序与标准

操 作 程 序	操 作 标 准
送餐前准备	（1）接到订单后，根据时间要求及时将订单送至厨房或酒吧。 （2）根据订单内容，准备餐车或托盘。 （3）准备餐巾、餐具、用具等。 （4）准备好账单及签字用笔。 （5）点燃用于保温的石蜡。 （6）从厨房或酒吧取食品或饮料
送餐时	（1）按行走路线到客房门口，确保食品安全。 （2）确认客人的房号准确无误后，有节奏地敲门或按门铃，然后说：“您好，客房送餐员”。 （3）待客人开门后，礼貌地说：“您好，我可以进来吗？” （4）得到客人的允许后，进入客房，并面带微笑地说：“对不起，让您久等了，这是您订的早餐（午餐/晚餐），请用餐！” （5）征询客人的意见后，迅速将餐台布置好。 （6）将单用双手递给客人，请客人签字，然后说：“谢谢，还需要我为您做什么吗？”
送餐结束	（1）在客人说没有了后，热情地对客人说：“请慢用”。离开客房时，应面朝客人退三步，然后转身，出房时将门轻轻地关上。 （2）按规定路线迅速返回。 （3）账单立即交收银台结清，在客房送餐预订记录簿上签字

（三）客房收餐程序

（1）敲门征得客人同意后，方可进入房间。若客人不在房间，应找楼层服务员一起进入客房收餐；若门上挂有"请勿打扰"，应告诉楼层服务员此房间未收餐具，由楼层服务员去收。

（2）收餐完毕离开客房后应走员工通道。

（3）做好所收餐具的记录工作。

（4）清洁工作车，更换脏布件。

（5）领取物品，做好再次送餐的准备工作。

客房送餐
（早餐）服务

四、客房送餐的注意事项

（1）铃响三声内接听电话。

（2）重复客人点菜内容。

（3）与客人确认用餐人数、房号、有无宗教信仰、有无忌口菜品。

（4）菜单设计充分考虑到菜肴的烹饪时间，一般烹饪时间较长的菜肴不列入菜单；由于送餐路径较长，一般容易变色或改变口味的菜肴应避免列入菜单。

（5）送餐菜单必须使用中英文对照，对客源结构比较特殊的酒店，在外文翻译上应予以特殊处理。

（6）菜单上要明确标注供餐时间及相应的提醒性说明。

（7）送餐要及时。在接受客人预订时，预订员就必须告知客人需等候的时间。菜肴制作完成后应立即送至客人房间。

（8）送餐前要认真检查核对菜肴品种、数量是否与订单相符合，餐具、用具、调味品是否齐全。餐车上的保温灯点燃，确保菜品温度。

（9）送账单时要双手奉上。客人签过的账单并及时送至收银台销单，以免丢失。

（10）凡接受客人现金结账的，应当面点清钱款，并及时送交收银台结清。

（11）早餐 30 min、午餐和晚餐 60 min 后打电话征询客人是否收餐，以减少餐具的流失。将带回的餐具放洗碗间清洗（晚上 9 时以后不能收餐打扰客人，次日由专门收餐人员负责收回）。应注意加强和客房的沟通和联系，请其协助回收餐具。

在线答题

任务评价

☑ 技能考核

◆1. 客房送餐服务考核设计

模拟训练客房送餐的预订、送餐服务，设计出客房送餐的预订表、送餐记录表、餐具回收表等，并制订出完善的客房送餐服务程序。

◆2. 客房送餐服务考核表（100 分）

☑ 工作案例分析

【案例情境】

南方某大酒店的房内用膳办公室接到 1214 房客人来电，客人要求送 4 份红肠炒饭到房间。服务员放下电话后立即与厨房联系。

客房送餐服务考核表

这份差事落到服务员小张身上。不料正待他送去时，酒店电路出了故障。小张在昏暗的烛光照耀下，找到了一个方托盘盛放 4 碗炒饭。正欲举步时，念头一转，酒店断电后电梯不能运转，用两条腿走 12 层楼梯真够呛，何况还是在黑暗中摸索上楼。她犹豫一阵后猛然想到，此时正值寒冬，空调机不能使用，客人在漆黑的房间里一定饥寒交加，他们正渴望吃上一顿香喷喷的热饭。现在是客人最需要服务的时候，酒店员工没有任何理由让客人失望。想到此，她端起托盘便从消防通道绕去，一

Note

口气来到了 12 楼。她用手叩门时,两条腿好似灌了铅一般沉重。她正想请客人签单,不料又节外生枝。不知何故,这几位客人只肯支付现金,不愿签单。那就是说,她必须步行到一楼收银台替客人结账,然后再返回 12 楼交账单。小张虽然想到这些麻烦,但仍接过现金,转身向楼梯口走去。当她第二次出现在 1214 房时,差点瘫了下来。一位客人把她扶到椅子前,看到她满脸通红、气喘吁吁的模样,很不好意思。他说他压根儿忘了电梯不能使用,不然的话绝不会不通情理到这个地步。

　　"不,应该道歉的是我们,由于酒店断电给你们带来了不便,我上下走两次只能稍稍弥补酒店给你们增添的麻烦,感谢你们给了我提供服务的机会。"小张的话字字发自肺腑。

　　案例思考:1.你认为服务员小张做的对不对?

　　　　　　2.请阐述如果你作为服务员应该怎样做? 为什么?

案例点评

模块三

餐饮管理

餐饮人力资源管理

项目描述

餐饮人力资源管理的主要任务是正确地组织和处理餐饮企业或餐饮部门内部劳动者之间、劳动者与劳动手段之间、劳动者与劳动对象之间的关系,使之最经济、合理、有效地结合起来,用尽可能少的劳动消耗,生产出更多的劳动产品。同时,在生产不断增长的基础上,提高员工的专业知识和技术水平,改善员工的生活福利和劳动条件。餐饮人力资源管理的主要任务是根据国家关于劳动工资的方针、政策,结合本饭店工作的实际情况,确定各部门的劳动定额和员工的工作量,招聘、录用、分配每个员工具体工作和岗位,合理组织和调配劳动力,用恰当的激励措施激励员工的工作,保证餐饮经营活动正常进行。本项目从餐饮人力资源规划、招聘与录用、培训与开发三个方面入手,探讨提高餐饮企业运营效率,增强员工凝聚力和人才实力,降低员工流失率的方法。

项目目标

1.了解餐饮人力资源规划的概念和具体内容,能够合理安排餐饮企业人力资源规划工作。

2.了解餐饮人力资源招聘与录用的概念和意义,以及餐饮人力资源招聘与录用的程序,能够合理安排餐饮人力资源招聘与录用工作。

3.了解餐饮人力资源培训的意义;熟悉人力资源培训的方式方法;掌握人力资源培训计划制订的内容和要求,能够合理安排餐饮企业人力资源培训工作。

项目内容

```
                    餐饮人力资源管理
    ┌──────────────────┼──────────────────┐
餐饮人力资源规划   餐饮人力资源招聘与录用   餐饮人力资源培训
```

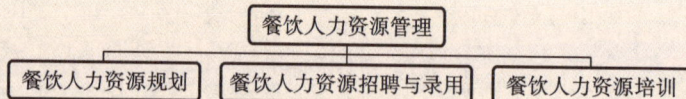

任务一 餐饮人力资源规划

任务描述

餐饮人力资源是当前餐饮企业发展过程中最为重要的资源,是现代企业发展的关键。餐饮企业战略布局和运营发展需要对人力资源数量进行相应的规划设计工作。对人力资源进行规划的主要目的在于合理控制人员数量变化，从餐饮企业发展的实际出发，结合各个部门的实际需求，优化人员结构布局，在满足公司发展人员数量需求的基础上，不断提高员工工作效率，对整个公司的未来发展具有重要的作用。本任务针对餐饮人力资源规划进行简单的介绍，力求在学习的过程中提供感性认识，在训练的过程中掌握各个步骤的操作方法和工作重点，进一步升华餐饮企业管理水平。

任务目标

了解餐饮人力资源规划的概念和作用；熟悉餐饮人力资源规划的原则和内容；掌握餐饮人力资源规划各个步骤的工作重点；能够合理安排餐饮企业人力资源规划工作。

任务实施

餐饮企业的管理工作首先从规划（计划）开始，规划有助于减少未来的不确定性。人力资源管理的重要性在于它的战略地位，而战略地位的保证则是人力资源规划的制订与实施。人力资源规划是酒店及餐饮企业计划的重要组成部分，是各项具体人力资源管理活动的起点与依据。有效的人力资源规划可以预防组织的臃肿，使资源的配置达到最优化。

一、餐饮人力资源规划的概念和作用

餐饮人力资源规划（human resource planning，HRP），是指企业从战略规划和发展目标出发，根据其内外部环境的变化，预测企业未来发展对人力资源的需求，以及为满足这种需要所提供人力资源的活动过程，是一项长期的动态规划项目。

餐饮人力资源规划的作用，主要表现在以下五个方面。

①满足餐饮企业在生存发展过程中对人力的需求　餐饮企业的工作性质决定了人员的高流动性，人力资源需求和供给的平衡不可能自动实现，需要分析供求的差异，并采取适当的手段调整差异。

②餐饮企业管理的重要依据　在大型酒店及餐饮企业中，人力资源规划的作用特别明显。无论是确定人员的需求量、供给量，还是职务、人员以及任务的调整，不通过一定的计划显然都是难以实现的。人力资源规划为酒店人员的录用、晋升、培训、调整以及人工成本控制等活动，提供准确的信息和依据。

③人事决策方面　人力资源规划的信息往往是人事决策的基础，人事决策对管理的影响非常大，而且持续的时间长，调整起来也困难。在没有明确信息的情况下，决策是难以客观的。

④调动员工的积极性　只有在人力资源规划的条件下，员工才可以看到自己的发展前景，从而积极地努力争取。

⑤其他　控制人工成本。

二、餐饮人力资源规划的原则

①符合内外环境变化　餐饮人力资源规划只有充分地考虑了内外环境的变化，才能适应需要，真正地做到为餐饮企业发展目标服务。内部变化主要指销售的变化、开发的变化或者说企业发展战略的变化，还有公司员工的流动变化等；外部变化指社会消费市场的变化、政府有关人力资源政策的变化、人才市场的变化等。为了更好地适应这些变化，在餐饮人力资源规划中应该对可能出现的情况做出预测，最好能有面对风险的应对策略。

②符合人力资源保障　餐饮人力资源保障问题是餐饮人力资源规划中应解决的核心问题。它

人力资源
管理之道

Note

包括人员的流入预测及流出预测、人员的内部流动预测、社会人力资源供给状况分析、人员流动的损益分析等。只有有效地保证了对餐饮企业的人力资源供给，才可能去进行更深层次的餐饮人力资源管理与开发。

③ 符合组织的长期利益 餐饮人力资源规划不仅是面向餐饮企业的计划，也是面向员工的计划。餐饮企业的发展和员工的发展是互相依托、互相促进的关系。如果只考虑企业的发展需要，而忽视了员工的发展，则会有损企业发展目标的达成。优秀的餐饮人力资源规划，一定是能够使企业和员工达到长期收益的计划，一定是能够使企业和员工共同发展的计划。

三、餐饮人力资源规划的内容

餐饮人力资源规划须根据计划的人力资源目标对各细分项目进行具体规划。一般的细分项目包括各项人力资源管理政策及如下内容。

① 人力资源费用预算 员工工资费用、员工福利费用、招聘费用、培训费用、易耗品费用、办公费用、行政费用、法律咨询费用等。

② 员工培训计划 培训项目与目标，培训费用，培训收益预测，培训时间、地点、对象，培训内容与方式，培训评估，外拓培训项目，培训合同，培训员培养及培训管理方案等。

③ 员工补充计划 招聘及录用费用，岗位设置的必要性评估，岗位需求人数及人员素质要求，招聘的方式方法，各招聘媒介的广告定版，企业良性形象的营造，录用条件，面试指引，各岗位的面试者资格，录用确定权的归属者，招聘与录用的效果评估，离职面谈指引，人员流动分析方法等。

④ 员工评估与激励计划 评估与激励成本费用，评估方法及执行者，员工满意度调查及改善，激励方法与目标，工资及福利政策，员工提升方案，工作环境改善方案，员工集体活动方案等。

⑤ 员工合同管理计划 法律咨询及诉讼费用，合同管理及延续费用，劳动法规宣传教育方案等。

⑥ 临时用工计划 临时用工需求的必要性评估，临时用工人数及素质要求，临时用工费用，临时用工管理方法，临时工作人员的培训方案等。

⑦ 人才储备计划 交叉培训，轮岗培训，外派学习，校企联合培养人才方案等。

四、餐饮人力资源规划的步骤

餐饮企业人力资源规划针对人力资源活动的特点，战略性地把握人力资源的需求与供给，动态地对人力资源进行统筹规划，努力平衡人力资源的需求与供给，从而促进组织目标的实现。由于各企业的具体情况不同，所以进行人力资源规划的步骤也不尽相同。

① 搜集准备有关信息资料 包括餐饮企业的经营战略和目标、职务说明书、餐饮企业现有人员情况、员工的培训及教育情况。

② 餐饮人力资源需求预测 对餐饮人力资源需求的结构和数量进行预测。

③ 餐饮人力资源供给预测 包括内部拥有量和外部现有人力资源的预测。

④ 确定餐饮工作人员净需求 既包括人员数量，又包括人员结构、人员标准。

⑤ 确定餐饮人力资源目标 目标可能是定量的、具体的，也可能是定性的、比较抽象的。

⑥ 制订具体规划 包括制订晋升规划、补充规划、培训开发规划、配备规划等。

⑦ 对餐饮人力资源规划的审核与评估 对餐饮人力资源规划所涉及的有关政策、措施以及招聘、培训发展和报酬福利等方面进行审核和控制。

没有人力资源规划的企业没有未来

在编制餐饮人力资源规划时,应注意两个问题:第一是在编制人力资源规划时,应注意到不同地区社会成员价值观的取向、就业政策和有关劳动法规的差异性、变化和调整;第二是为保证人力资源与人力资源政策和经营计划的协调,除了编制短期的人力资源规划外,还应编制动态的中长期人力资源规划。

五、餐饮人力资源规划需要考虑的特殊因素

1 劳动者人数众多　餐饮业属于劳动密集型行业,其劳动者的数量要高于社会上许多其他行业。劳动者多也意味着餐饮业的人力资源管理工作量较多、工作难度较大,表现在员工招聘、培训、考核及管理的每一个环节上。

2 劳动者文化程度普遍较低　餐饮业从业准入标准不高,劳动者的受教育程度普遍低下,就全国平均水平而言,餐饮业从业人员的受教育程度大约在初中文化水平。这不仅给餐饮业的工作服务质量的提高带来了许多问题,同时也给餐饮人力资源规划提出了要求,在进行人力资源规划时要充分考虑到劳动者文化程度问题给招聘、岗位设计、培训等带来的影响。

3 劳动者年龄普遍较轻　餐饮业大部分员工在三十岁以下,由于年轻人的不稳定性,存在其面对着社会丰富的就业选择而频繁跳槽,一整天忙闲不均的劳动节奏,到了一定的年龄大部分劳动者会被行业淘汰等问题,这些都是进行餐饮人力资源规划时必须考虑的。

4 劳动者因工作部门不同而性别特征明显　在服务部门,几乎是年轻貌美的女性;在产品制作、生产的厨房,员工又都是年轻力壮的男性。这种性别上的特征,首先对餐饮企业的人力资源管理提出了如何依据性别不同,进行针对性管理的问题;其次,对女性占绝大部分的服务部门,也提出了一系列需要妥善加以解决的矛盾和困难,如怎样根据女性的生理、心理特征合理地安排岗位和工作,调动其积极性、解决其矛盾,怎样处理好群体性的同时段的恋爱、婚姻、生育、哺乳等女性特有现象及劳动保障问题。

5 劳动者的地域、文化背景差异较大　随着中国日益融入国际社会大家庭以及国内地区间的交流日趋频繁,境外人员在国内开办的餐饮企业中,也有相当一批餐饮企业跨地区连锁经营,这使得我国的餐饮人力资源管理带有明显的地域跨越性特征,员工的招聘、培训、调配,都深深地带有地域性的印记。现实的情况要求人力资源管理人员在餐饮人力资源规划等工作方面应注意因地制宜、因势利导,把培养锻炼员工的适应能力和应变能力放在餐饮人力资源管理工作的首位。

任务评价

技能考核

◆1.餐饮人力资源规划考核设计

以小组为单位,通过考察当地的某餐厅或者查阅相关资料,根据人力资源规划步骤,制订出本企业的人力资源规划方案。

◆2.餐饮人力资源规划考核表(100分)

工作案例分析

【案例情境】

某酒店集团最初只是一家普通的国有宾馆,由于地处国家著名的旅游景点附近,故迅速发展扩大重建,成为一家五星级酒店。集团在尝到此甜头后,先后在四个旅游景点附近收购了四家三星级酒店。对于新收购的酒店,集团只是派去了总经理和财务部全班人马,对其他人员都采取本地招聘的政策。因为集团认为服务员容易招到,而且经简单培训后就可以上岗,所以只对他们进行了简单

协调人力资源供求平衡的措施

在线答题

餐饮人力资源规划考核表

Note

的面试。同时,为了降低人工成本,服务员的工资比较低。

赵某是集团新委派的一家下属酒店的总经理,刚上任就遇到酒店西餐厅经理带着几名老员工跳槽的事情。他急忙叫来人事部经理商谈此事,人事部经理满口答应,立即解决此事。第二天,赵某去西餐厅视察,发现有的西餐厅服务员摆台时把刀叉摆错,有的不知道如何开启酒瓶,领班根本不知道如何处理顾客的投诉。紧接着仓库管理员跑来告诉赵某说发现丢失了银质的餐具,怀疑是服务员小张偷的,但现在小张已经不见了。赵某一查仓库的账本,发现很多东西都写着丢失。赵某很生气,要求人事部经理解释此事,人事部经理辩解说因为员工流动性太大,多数员工都是才来不到 10 天的新手,所以做事不熟练,丢东西比较多。赵某忍不住问:"难道顾客不投诉吗?"人事部经理回答说:"投诉,当然投诉,但没关系,因为现在是旅游旺季,不会影响生意的。"赵某对于人事部经理的回答非常不满意,他又询问了一些员工后,发现人事部经理经常随意指使员工做各种私事。如果员工不服从,立即开除。赵某考虑再三,决定给酒店"换血",重新招聘一批骨干人员。于是他给集团总部写了一份有关人力资源规划的报告,申请高薪从外地招聘一批骨干人员,并增加培训投入。人事部经理同时也给集团总部写了一份报告,说赵某预算超支,还危言耸听造成人心惶惶,使管理更加困难,而且违背了员工本地化的政策。

案例思考:如何看待案例中的问题?如何做好人力资源规划?

案例点评

任务二　餐饮人力资源招聘与录用

任务描述

在餐饮企业中,涉及经理、经理助理、厨师长、财务部、领班以及各个班组的划分,存在着不同的分工。同时各个不同的岗位对员工学历、教育层次等内容均有不同的要求,需要不同的服务技术和要求。能聘用到好的员工、相宜的员工是每一家餐饮企业所期盼的,而在现实的运作当中,却未必能如人意,甚至相去甚远。面对激烈的市场竞争,如果没有较高素质的员工和恰当的人事安排,餐饮企业便不能持续运营,更谈不上发展。所以,员工的选录、培训、督导等用人制度至关重要,而员工的招聘与录用,正是其中的首要任务。本任务针对餐饮人力资源招聘与录用进行简单的介绍,力求在学习的过程中提供感性认识,在训练的过程中掌握各个步骤的操作方法和工作重点,进一步升华餐饮人力资源管理水平。

任务目标

了解餐饮人力资源招聘与录用的概念和意义;熟悉餐饮人力资源招聘与录用的原则,掌握餐饮人力资源招聘与录用的程序,能够合理安排餐饮人力资源招聘与录用工作。

任务实施

招聘是企业人力资源管理活动的基础,有效的招聘工作能为以后的培训、考评、工资福利、劳动关系等管理活动打好基础。因此,餐饮人力资源招聘与录用是餐饮人力资源管理的基础性工作。

一、餐饮人力资源招聘与录用的概念和意义

餐饮人力资源招聘与录用,指餐饮企业为满足自身发展的需要,为一定的工作岗位选拔出合格人才而进行的一系列活动,是把优秀、合适的人员招聘进企业,并安排在合适的岗位上工作的过程。

员工招聘是餐饮人力资源管理的经常性工作,因为随着餐饮企业的发展和员工素质能力的变

化,员工素质与工作岗位要求的对应一致经常被打破。特别是在当前餐饮经营环境迅速变化的情况下,员工招聘工作更是常见。员工招聘又是人力资源管理的基础性工作,新员工的素质直接影响到人力资源管理的效率与效果。因此,餐饮企业员工的招聘与录用是人力资源管理的一项重要工作。

餐饮人力资源招聘与录用对企业的意义主要体现在以下几个方面。

①员工招聘是餐饮企业增补员工的重要途径　为了满足企业的经营需要,有计划地从社会上招收录用一定数量的新员工是人事管理的基本任务,人员及时、合理的补充是餐饮企业顺利经营的重要保证。

②员工招聘是确保员工队伍良好素质的基础　餐饮企业只有招聘到合格的人员,将其安排到合适的岗位上,并在工作中注重员工队伍的培训和发展,才能确保员工队伍的素质。

③员工招聘能使餐饮企业员工队伍相对稳定　通过科学的招聘,使新聘员工胜任工作,并在所从事的工作中获得满意,有利于员工的稳定、发展。

④员工招聘能保障餐饮企业的正常运行　有计划地从社会上招聘与录用一定数量的新员工,将"新鲜血液"不断输入企业,将竞争机制引入企业人事管理,是促进企业员工合理流动,不断提高员工素质,从而不断提高服务质量,使其顺利经营的重要保证。

⑤其他　员工招聘能节省人员基础培训与能力开发方面的开支。

二、餐饮人力资源招聘与录用的原则

(一)效率优先的原则

不管餐饮企业采用何种方法招聘,都是要付出费用的,这就是雇佣成本,主要包括招募广告的费用,对应聘者进行审查、评价和考核的费用等。一个好的招聘系统,表现在效益上就是以最少的雇佣成本获得适合职位的最佳人选的过程,符合效率优先的原则,即力争用尽可能少的招聘费用,录用到高素质、适应组织需要的人员;或者可以说,以尽可能低的招聘成本录用到同样素质的人员。

值得特别指出的是,要充分发挥招聘效率,首先必须要在内部拥有一套健全的管理制度,正如台湾某企业负责人所言:寻找人才是非常困难的,最主要的是,自己企业内部的管理工作先要做好,管理上了轨道,企业内部人员都能认真地去工作,单位主管有了知人之明,有了伯乐,人才自然就被发掘出来了。自己企业内部先行健全起来,是一条最快最好的寻求人才之道。

(二)双向选择的原则

双向选择的原则是目前市场上人力资源配置的基本原则。它指餐饮企业根据自身发展的需要自主选择人员,同时劳动者又根据自身的能力和意愿,结合市场劳动力和供求状况自主选择职业,即单位自主择人,劳动者自主择业。

招聘中双向选择的原则,一方面能使餐饮企业提高效益,改善自身形象,增强自身吸引力;另一方面,还能使劳动者为了获得理想的职业,努力提高自己科学文化知识和技术业务等方面的素质,在招聘竞争中取胜。

(三)公平公正的原则

餐饮人力资源招聘与录用必须遵循国家的法律、法规和政策,面向全社会,公开招聘条件,对应聘者进行全面考核,公开考核结果,通过竞争择优录用。这种公平公正的原则是保证餐饮企业招聘到高素质人员和实现招聘活动高效率的基础,是招聘的一项基本原则。招聘过程中,不公正情况是很容易出现的。比如,不能对应聘者一视同仁,甚至对不合格人员给予照顾,而歧视某些类别人员等。这种违反公平公正的做法,有的是以公开的歧视表现出来,如男性35岁以下人员可以应聘,有的则以隐蔽的形式加以表现,如不公开拒聘女性,但实际上使女性成为男性的"陪考"。

招聘,不仅仅是招员工,更要笼络人心

三、餐饮人力资源招聘的程序

餐饮企业人员招聘是一个非常复杂的过程,主要程序如下。

（一）制订招聘计划

在对餐饮工作岗位设计、工作分析的基础上,依据工作规程和职位说明书,确定具体的用人标准和聘用人员的种类及数量。其操作步骤是通知各部门上报各岗位空缺人数并做统计;对照职务说明书明确各岗位的任职要求;分析饭店内部人力资源供给情况,确认空缺岗位是否能在饭店内部员工中补充;确定需从外部招聘的岗位和人数。

（二）确定招聘途径

确定是内部选拔还是外部聘用,是采用刊登广告的方式还是企业员工推荐的方式或是同步进行,是一般要求还是特殊要求等。

（三）应聘者填写求职申请书

求职申请书一般应包括求职者的一般情况、学历和受教育情况、工作经历等内容。这是了解应聘者情况最常用的方法。

（四）初步面谈

初步面谈是企业与应聘者第一次直接接触,也是企业通过直观印象在招聘过程中对应聘人员的第一次筛选。通过初步面谈,企业招聘人员对应聘者的仪表、外观形象和语言表达能力等获得初步印象,了解应聘者对待遇、工作环境、工作时间的要求及其经历和学历等大致情况。

（五）审核材料

经过初步面谈并认为基本合格后,需要进一步对应聘者的有关材料进行审核和综合分析。必要时需要到应聘者原来所在单位、学校或街道去了解其一贯表现、同事关系、技术熟练程度等,以核实应聘者的基本情况。

（六）正式面谈与测试

通过面对面的全面接触,对应聘者做进一步了解;对任职资格进行能力测试;初步了解应聘者的潜在能力;进一步加强双向沟通和联系;深刻了解应聘者及其所申请工作的情况,从而尽量达到工作与人的最佳组合。

（七）面谈结果的处理与体检

正式面谈结束后,应立即将各种记录汇集整理,结合背景资料,做出综合判断决定是否录用。对于初步确定录用的人员,还要进行体格检查。餐饮是服务行业,直接面对客人服务,因此,健康的体格是胜任工作的基本条件之一。

（八）审查批准

将应聘者的申请书、参考资料、面谈记录、健康卡统一汇总,交由企业最高管理者做最后的审查及批准。

（九）录用报到

通过以上环节,确定录用人员之后,颁发书面录用通知,以示郑重。

四、餐饮人力资源录用的程序

应聘人员经餐饮企业录用后,主要程序如下。

（一）录用通知

通过各种途径招聘并经过测试和面试等系列环节而最终确定录用的人员,由企业人力资源部向其颁发书面的"录用通知书"。

录用通知书应包括的内容有。

❶ 有关工作和聘用条件的详细说明　使员工感到企业考虑周到。

❷ 有关企业的人事制度和规定　使员工感到企业管理规范、秩序井然。

❸ 明确报到时间和注意事项　使员工感到企业办事严谨。

（二）正式体检

组织被录用人员统一到指定的医疗卫生机构进行体检,其目的是最终确定新员工的身体素质是否符合餐饮工作的基本要求,体检的重点是确保新员工无任何传染性疾病、无影响正常工作的生理缺陷、无影响正常工作的慢性疾病等。

（三）签订劳动合同

劳动合同一经签订立即具有法律约束力,当事人必须履行劳动合同规定的义务。劳动合同签订后报劳动管理部门备案,或请劳动管理部门对合同进行确认。通过备案或确认,促使劳动合同力求完善,符合国家有关的法律、法规和政策,便于维护餐饮企业和被录用人员双方的合法权益。

（四）建立新员工档案

员工持"录用通知书"到企业报到后,人力资源部应该为新员工建立员工档案,并妥善保管。员工档案的内容,除求职申请表（含员工的简历）以外,还应包括的信息有姓名,家庭住址,身份证号码,工作职称,工作说明书,核实证明,与录用、提拔、调动、解雇、薪水、教育和培训相关的记录,绩效评估,推荐信,受罚记录,退出面试和终止面试的记录,体检记录等。

五、餐饮人力资源招聘与录用的困境

在餐饮行业,多数企业都面对着无人可用的局面,尤其是以服务员岗位更为明显。

（1）工资福利待遇相对偏低,缺乏科学的薪酬管理体制,难以吸引优秀人才。

同行业、同区域间的薪酬水平分布不均衡,且餐饮行业普遍缺乏科学的薪酬晋级体系,导致很多待业的人才在择业的时候对餐饮行业避而不谈。基层员工工资普遍偏低,严重打击了青年从业人员进入这个行业的积极性,成了餐饮服务员紧缺的重要原因之一。且另一个重要原因是大部分餐饮员工的工资和福利待遇靠老板"拍脑袋"来决定,员工看不到一个透明的可以进行自我激励的薪酬体制,还有的服务员名义上工资很高,但七罚八扣的,最后实际也所剩无几了,甚至原来应聘时餐饮经理承诺的"红包""奖金"也杳无音讯,感觉"被骗"的员工选择"逃离"就是情理之中的事了。

（2）缺乏相关福利保障,有后顾之忧,导致餐饮企业员工不能安心为企业服务。

现在大多数餐饮企业在改善员工福利待遇方面都做了很大的努力和改变,最为明显的是基本上所有餐饮企业都提供住宿。而且随着人们生活水平的提高,对生活环境的需求也越来越高,很多企业为了吸引外地优秀人才,把宿舍选在中高档精装修的小区或自身物业专门设置员工宿舍,并着手打造家文化,无论是硬环境还是软环境,都保证了员工的生活舒适度。如某集团公司,为员工提供员工宿舍,为标准大学寝室式 4 人寝,提供独立卫浴、24 h 热水、中央空调及高速 WIFI。但是能达到这样标准的毕竟是少数,仍然有很多企业还是让员工感到"安无定所、居无定处、干牛马活儿、吃牛马的餐",试问换位思考,在这样恶劣的工作环境下,服务员的招聘难度可想而知。

（3）做餐饮服务低人一等的陈旧观念仍然普遍存在。

虽然随着社会经济体系的发展,大部分人们的观念都有了很大的变化,但是仍有许多偏见占据着很多人的思想。受各种因素影响,大部分人不愿意让孩子从事餐饮服务行业,认为低人一等,且总

餐厅店长在招聘和挑选员工过程中的工作

是在伺候人,没什么发展前景,这种根深蒂固的观念也是餐饮业跳槽率高的最重要原因。

(4)"餐饮服务员都是底层人"式的思维使高学历人才对餐饮服务员岗位不屑一顾。

从在职的餐饮服务员学历来看,尽管进入二十一世纪以来有了较大改观,但和其他行业相比还是偏低的,"考不上学就让你去饭店端盘子"成了很多家长的口头禅。这使很多年轻人认为,做餐饮服务员就是学校差生的归宿,导致很多大学毕业生就是没有工作也不和"差生"为伍,去做"端盘子"的工作。从各方面统计数据来看,国内餐饮从业人员的整体综合素质偏低,形成了一个"低学历职业群体",这种错误的思维定式导致了许多大学毕业生宁愿待岗"啃老"也不愿做服务员。

(5)远期职业发展极度受限,导致餐饮服务业从业人员职业生涯不明朗。

由于餐饮业服务员重复的都是一些日常性的工作,各项操作都是比较单调、重复甚至是机械的。长期从事一种单一的工作,很容易产生疲劳和厌倦,会使年轻人感到个人发展受到限制;服务员得不到进修和培训,认为自己在此餐饮企业工作没有前途。这种现象的发生,挫伤了服务员的进取心,认为升职无望,从而产生更换工作的想法。

任务评价

技能考核

◆1.人力资源招聘与录用考核设计

请为麦当劳设计一份点菜员的招聘与录用方案。

◆2.员工招聘与录用考核表(100分)

工作案例分析

【案例情境】

餐厅服务员小王今天上早班,她像往常一样走进更衣室换工作服。早到的几个女孩子也还是像以前那样喜欢在一起闲聊。然而今天她们见到小王后立即走开了。敏感的小王察觉到了问题。一个老员工悄悄地告诉她,主管已经决定将她调去管事部了。这个消息对她来说犹如晴天霹雳,她一直都很喜欢直接为客人提供服务,看到客人满意的表情便是她最大的享受,况且她正等着晋升领班。而现在,她却没心情工作了。下午,主管也许是看到她一整天没精神,便将她叫到了办公室。她说出了自己的想法,但主管却对她说,要调岗是没有的事,还开玩笑地说他也想找到造谣的人。得到主管确认的答案后,她深深地松了一口气,愉快地回去了。

然而第二天早上,还是在主管的办公室里,主管神态自然、郑重地告知她,她被调到了管事部。放下的心一下子又被提到了嗓子眼,她懵了。她不知道主管为什么要捉弄她,于是便向主管询问原因,但主管只是敷衍她说是内部的工作需要,然后便不再细说,并让她尽快到新岗位工作。她很生气,但又别无选择。从此以后,人们便再也看不到那个爱说爱笑、对工作充满激情和干劲的小王了,她仿佛一下子失去了工作热情。这次的调动对她打击实在是太大了。

案例思考:1.请分析案例中管理人员出现了哪些问题?

2.餐饮企业管理者与员工沟通时应注意什么? 这个案例给我们什么启示?

任务三 餐饮人力资源培训

任务描述

一名称职的服务员由见习到转化为一名合格的服务员,要经过选聘、实习培训、合格顶岗三个阶段来过渡,经过细致的部门培训及考核方可成型,并且通过企业培训给予持续不断的全面素质教育。

解决"招人难、留人难"问题的方法

在线答题

员工招聘与录用考核表

案例点评

Note

餐饮人力资源培训是一项持续不断的长期工作,但很多餐饮企业存在"集中突击",无条理地来完成这项工作。本任务针对餐饮人力资源培训进行阐述,力求在学习的过程中提供感性认识,在训练的过程中掌握培训操作方法和技巧,进一步升华餐饮人力资源管理水平。

任务目标

了解餐饮人力资源培训的意义;熟悉餐饮人力资源培训的内容;掌握餐饮人力资源培训的方法和技巧;能够合理安排餐饮企业人力资源培训与开发工作。

任务实施

员工培训是指餐饮企业及其有关部门根据餐饮市场发展变化,以及餐饮实际工作的需要,通过各种教导或经验的方式在知识、技能、态度等方面对员工进行培养和训练的活动。其目的是提高员工知识水平和从业能力,以适应当前的岗位工作和未来发展的需要。

对员工培训含义的理解应该注意把握以下几点:第一,员工培训是一项经常性的活动;第二,员工培训是企业的一项有计划、有组织的工作;第三,员工培训是一项以岗位培训和技能训练为重点的活动。

一、餐饮人力资源培训的意义

餐饮产品的特性、人力资本的有效性及餐饮业发展的需要,决定了餐饮业对员工开展培训的必要性和紧迫性。

(一)培训可以提高员工的文化与技术素质

通过对员工进行着装、谈话技巧、电话服务、各种通用礼仪的培训等可以提高员工的个人素质。同时这些素质的提高也有利于员工更好地做好对客服务工作,提高服务质量。通过培训能使员工不断掌握新技术和先进、正确的工作方法,改变落后、错误的工作方法并补充和增长新的知识,造就高素质员工队伍。

(二)培训可以减少浪费和降低劳动力成本

餐饮企业许多服务工作都有一定的浪费与损耗,据国外有关专家研究结果显示,经过培训的员工可以减少 73% 左右的不必要浪费。如果员工在工作中时常感到有压力而又缺乏正确的疏导,他们就会寻找畸形的宣泄渠道,例如迟到、工作马虎、服务态度差、人为加大原材料的损耗等,这无疑会加大企业的成本费用。如果能够有计划、有针对性地进行员工培训、提高员工技能,减缓员工的工作压力,就有可能减少人员流动、降低劳动力成本,通过培训还可以有效地减少事故的发生、保证员工人身和财产安全。

(三)培训对于员工个人的发展也颇有益处

员工通过培训可以拓宽视野,学到新知识和更先进的工作方法和操作技能、技巧,提高工作能力和服务效率,进而增加个人收入。员工通过培训扩大了知识面和工作领域,接受了新的管理理论,为将来的晋升发展创造了必要的条件。通过培训,员工熟悉了业务,对工作充满自信和自豪感,甚至可能成为某些专业技术领域的人才,这些都能增强员工的职业安全感,提高其工作效率。

二、餐饮人力资源培训形式和方法

培训形式和方法是为培训内容服务的,它直接影响受训员工对培训内容的接受程度。一般来说,培训方法有以下几种。

我国餐饮企业在培训方面的不足

（一）课堂讲授法

这是传统的培训方法，它围绕一个特定的主题，由培训者系统地向众多的受训员工传授知识、传播信息，使受训员工从中受益。

（二）研讨法

所谓研讨法，是指为了使学员能更好地理解、掌握某项学习内容，在培训者的指导下，主要以讨论方式实施的教学法。

（三）案例教学法

它是围绕一定的目的，把真实的情景加以典型化处理，形成供受训员工思考、分析和决断的案例，通过独立研究和相互讨论的方式，提高受训员工分析及解决问题的能力。

（四）头脑风暴法

头脑风暴的原意是突发奇想，是一种无限制的自由讨论形式。它的目的就是通过讨论，使受训员工的思维共振，激发受训员工的创造力，从而形成众多的方案。

（五）项目学习法

项目学习法是由培训者设定项目主题，让受训员工以分组的形式对该项目进行策划、实施、评价的学习模式。这种模式集中关注中心概念和原理，旨在把受训员工融入有意义的任务完成的过程中，让受训员工积极学习，自主进行知识的建构。

（六）角色扮演法

这种方法是由培训者为受训员工提供一种特定的情景，让受训员工在担任各个角色的过程中体验不同角色的心理，从而达到理解对方的作用。

（七）操作示范法

为了使受训员工了解和掌握工作的程序和正确的操作方法，在工作现场或模拟的工作环境中利用实际使用的设备及材料边讲解边演示。这是餐饮企业在技能培训中最常用也是最有效的方法。

（八）四步培训法

四步培训法是指把一项培训活动分为四个步骤，从而达到培训目标的方法，其特点是实践性强，培训者应用起来简便易行，受训员工容易掌握。四步培训法的具体步骤如下。

❶ 讲解 "告诉你如何做"。

❷ 示范 "演示做一遍"。

❸ 实习 "跟我做"。

❹ 辅导巩固 "检查纠正提高"。

三、餐饮人力资源培训计划的制订

明确了培训需求以后，餐饮企业即可确定具体的培训目标和计划。目标的确定为培训工作提供了方向和框架，计划的确定则可使培训的目标得以实现，使培训真正为餐饮企业的发展服务。

（一）培训计划的内容

培训计划是企业培训工作的实施依据。完善的培训计划有助于培训工作的顺利开展，有助于培训涉及的各部门和人员更清晰地掌握培训的要求。一般来说，培训计划必须要具备以下内容。

❶ 培训项目名称 对将要开展的培训工作性质的高度概括，它能让大家对于培训的主题有个直观的认识。比如，"××新员工培训方案""××2005年第二季度'管理者给管理者'培训计划"。

②培训目的　培训计划必须明确培训要解决的问题和达到的目的,这是培训工作的努力方向。

③培训需求　要明确为什么要开展相关的培训,让参与培训的人员在思想上重视培训工作。同时,指出企业在哪些方面存在差距。

④培训对象及要求　确定参加相关培训项目的人员构成,包括部门、岗位、学历以及参加培训活动的纪律、服装、装备等要求。

⑤培训内容　这是培训计划的核心,是培训部门解决相关问题的工具。它列明了培训课程体系的构成。

⑥培训方法　列明培训的作息时间、课时的安排、地点、教材、训练的方法及教具等。

⑦培训师资　明确培训计划中每个培训项目的培训教师,以及明确是由外聘教师担任还是由内部人员担任。

⑧培训考评方式　规定每个培训项目实施后,企业对受训人员采取的考评方式。

⑨其他　培训计划负责人和审批人。

（二）培训计划制订的要求

①要及时制订　在每年的最后一个月内,培训部要广泛收集信息,按照企业发展计划的基本内容,形成规范的培训计划书面材料,上交并公布。这样做有两个好处:一是使全体员工了解下一年度要干什么事情,要实现什么目标;二是便于企业领导督促检查。

②要有针对性　培训计划要有的放矢,要体现餐饮特色。如果不同餐饮企业的计划没有什么区别,不同年份的计划没有什么两样,这样的计划就很难起指导作用。同时,培训计划还必须明确取得工作绩效应具备的知识和技能。

③要切实可行　培训计划既要反映酒店经营的统一要求,又要符合部门的实际情况,不能偏高也不能偏低,尽可能照顾到集体和每一个个体。

④要主次分明　培训部门把职业道德教育、礼仪知识、外语培训、服务心理知识、服务技巧、管理基础知识、督导技巧、沟通技巧等,全面纳入培训计划。在不同的时期,酒店应针对经营的具体情况,设定不同的内容作为主要解决的问题来处理,这样才能集中资源解决突出问题。

四、餐饮人力资源培训的技巧

培训技巧主要是指培训者的教学技能,它是培训者提高培训质量,使培训达到预期效果的保证。一次培训成功与否,不仅要看培训内容对学员是否具有吸引力,更重要的是看培训者对培训技巧的巧妙运用。培训有多种技巧,课堂讲授是最常用的方法。在讲授过程中,培训者应特别注意采用以下几个方面的技巧。

（一）准备阶段

（1）要了解、分析学员的基本情况,如存在哪些培训需求,学员各自的文化程度、知识水平如何,有无工作经验等。

（2）在了解学员情况的基础上,制订授课计划与教案。

（3）准备好讲授过程中要使用的各种视听教具,并选择好培训场地。

（4）根据拟订的授课计划、教案等编印提纲或讲义供学员参考。

（二）开场介绍阶段

①明确意义　培训者应向学员指明培训的必要性,在开场介绍时要特别强调为何让学员接受培训以及培训以后对个人有什么好处,以便激发学员的学习自觉性和积极性。

酒店开业前的员工培训

②阐明主题 培训者在开场介绍时应开宗明义地告诉学员本次培训的主题是什么。最好一次培训确定一个主题,因为一次培训不可能解决餐饮企业运行中存在的所有问题,一次培训确定一个主题,切实解决一个问题,这样的培训才有效果。

③指定范围 告诉学员培训包括哪些内容,不包括哪些内容,使学员对培训内容有一个大概了解。

④明确目标 告诉学员,通过本次培训活动,自己在知识、能力上会有何种程度的提高。

⑤激发兴趣 开场介绍时,培训者可通过讲笑话、提问、操作示范或展示物品、引用某一案例、讲述个人的经历等方法来吸引学员的注意力。当然,在采用上述各种方法时,其内容必须与所授课程内容有关,不能离题太远。

(三)授课阶段

①知识性培训的授课技巧 培训者在知识性培训的授课过程中,应采取各种方法来提高学员的记忆功效,具体应注意以下几点。

(1)培训者在授课前应先复习下上次学过的内容,然后从已学过的内容过渡到新的培训内容,使学员对知识有一个较系统的认识,对授课内容有一个适应过程。

(2)培训者要紧密结合学员的实际情况,加强培训内容的针对性与实用性,防止单纯的就理论讲理论,脱离实际。培训者可根据学员的需求,在次序安排、重点及详略的处理方面发挥更大的主动性和灵活性。

(3)授课内容要有逻辑顺序,循序渐进,由易到难。对授课内容做到分门别类进行讲授,同时注意层次步骤。

(4)培训者在授课时要不断利用提问、做游戏、做练习等方法激励学员积极参与,同时可利用各种教具或图片资料、实物等冲击学员的视觉、听觉,使学员的大脑随着授课内容得到充分的开发、利用,让学员的思维紧跟培训者的思维。

(5)在授课过程中,要总结概括出最基本、最主要的内容,在授课时反复加以强调,以便学员掌握。另外,还可准备一些补充资料,以备在多余时间里加以传授。

(6)培训者应具有良好的仪表仪容和语言表达能力,在授课过程中注意使用恰当的语言或非语言沟通技巧,及时了解学员对培训内容的理解掌握情况。

②技能性培训的授课技巧 技能性培训是学员按照岗位需要进行的技能方面的训练和教育。其目的是通过培训使学员掌握并运用所传授的技能,而掌握技能的关键是实际操作练习。培训者在技能培训过程中可采用的技巧有讲解示范和练习操作。培训者在讲解示范完毕时,应对学员的理解、掌握程度进行检查,比较常用而且较为有效的考核方法是提问;每位学员在理解操作要求与标准,掌握操作步骤方法的基础上,进行反复练习,培训者则在现场加以指导,以提高学员的操作技能,达到培训的目的。

(四)结尾阶段

(1)根据培训目标,培训者在授课完毕后用几分钟的时间对本次培训的主要内容进行归纳总结。

(2)根据归纳的要点,可留几分钟的时间进行答疑。

(3)如果学员没有任何疑问,培训者应对学员的学习情况进行考核,考核的要点是学员必须要掌握的知识技能,即授课的重点。

(4)根据考核情况,培训者应对本次讲授和学员学习情况进行点评,肯定好的方面,指出存在的不足之处,以利于今后培训工作的改进。

(5)可准备一些资料供学员参考使用,同时可对下次培训的内容做一个简单介绍,以引起学员的兴趣,起到承上启下的作用。

总之,培训必须要有计划,明确培训要达成一个怎样的目的。培训结束需考试,不合格人员淘汰。依据个人的培训考试成绩与薪资挂钩,做到赏罚分明,才能提高员工的积极性。培训工作不是简简单单的上课而已,而应该是通过培训来提高员工的素质、修养及岗位意识。这一切,都需要餐厅的高层主管积极配合以及方方面面的努力,并通过科学的培训来实现。

任务评价

技能考核

◆1.人力资源培训考核设计

请设计一个意在增强前台服务员接待客人时微笑表情的培训方案。

◆2.人力资源培训考核表(100分)

工作案例分析

【案例情境】

十月的一个下午,某酒店的歌剧院人潮涌动。全酒店不值班的员工几乎都来了,大厅坐满了人。在这里要进行一场消防知识抢答赛。两旁的观众是各个部门前来助威的"拉拉队"。只见舞台上,排开两列7桌的席位,分别是保安部、康乐部、房务部、财务部、餐饮部、娱乐部、工程部,每个部门将派三名代表上阵。

随着主持人张经理的一声令下,消防知识抢答赛拉开了帷幕。第一个回合是必答题,以轮流回答的形式依次派代表回答,每题10分,几乎所有的部门都获得了加分。随后是抢答题,一道道题目报出来,各个部门的代表都摩拳擦掌、跃跃欲试。几个回合后,各部门的比分便拉开了距离。在领先的部门中,参赛者一个个神情紧张、严肃,不时嘀嘀咕咕,商量作战的对策;在落后的部门中,大家也不甘落后,仍精神饱满地努力争取下一个胜利。接下来的是操作比赛,将由各部门派一名代表,分别演练如何戴消防面具和接驳消防水带枪头。由于是现场操练,酒店的陈总经理、刘总经理及各部门经理也都在现场观看,因此,上阵演习的员工有个别出现心慌手乱的现象。最后一轮比赛的内容是风险题,有10分、20分和30分的题。每部门均有同等的机会,但是可以根据自己部门目前的状态选择。回答正确固然可喜,万一答错了,也要被扣除相同的分数。"回报"很高,但风险也大,于是各部门很明显地分出各种不同的心态了。其中酸甜苦辣、幽默机智的场面,不时令台下观众或捧腹大笑、或长吁短叹。

一晃两个多小时过去了,三个部门获取了这次比赛的前三名。竞赛结束了,消防知识也已深入人心。

案例思考:如何在培训方式方法上创新?

在线答题

人力资源
培训考核表

案例点评

餐饮服务质量管理

项目描述

　　餐饮服务质量管理就是餐饮企业围绕其产品质量开展的一系列管理活动的总和,是餐饮管理的一个中心环节。服务质量是餐饮企业生存与发展的基础,餐饮企业之间的竞争,本质上是服务质量的竞争,因此,不断提高服务质量,以质量求效益是每一家餐饮企业发展的必经之路。而随着餐饮业竞争的日趋激烈,人们对餐饮服务质量的要求越来越高,餐饮企业必须不断探索、提高和完善自身服务质量的途径和方法,以取得良好的经济效益和社会效益。

项目目标

　　1.了解餐饮服务质量的定义;理解有形产品质量和无形产品质量的主要内容。
　　2.掌握餐饮服务质量的构成要素。
　　3.了解餐饮服务质量控制的基础工作;掌握餐饮服务质量的控制方法。
　　4.培养学生良好的职业素养,提高学生解决问题、分析问题的能力,具有人际交流沟通能力和团队协作精神。

项目内容

```
          餐饮服务质量管理
      ┌──────────┴──────────┐
  餐饮服务质量构成        餐饮服务质量控制
```

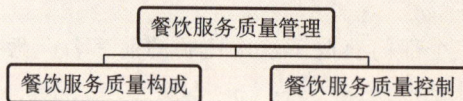

任务一　餐饮服务质量构成

任务描述

　　餐饮服务质量是决定餐饮企业能否成长壮大的生命线,它直接关系到餐饮企业的声誉、客源多少和经济效益的高低。随着经济的发展和人们生活水平的提高,人们对餐饮服务质量的要求也越来越高,酒店餐饮部门必须不断探索提高和完善自身服务质量的途径和方法,以取得良好的经济效益和社会效益。而对餐饮服务质量的含义、构成等的正确理解和把握,则是进行餐饮服务质量管理的最基本前提。

扫码看课件

Note

任务目标

　　了解餐饮服务质量的定义；理解有形产品质量和无形产品质量的主要内容；掌握餐饮服务质量的构成要素；培养学生良好的职业素养，具有良好的人际交流沟通能力和团队协作精神。

任务实施

一、餐饮服务质量的含义

　　餐饮服务质量是指餐饮企业以其所拥有的设备设施为依托，为顾客所提供的服务在使用价值上适合和满足顾客物质和心理需求的程度。餐饮企业提供的服务既要在使用价值上适合和满足顾客生活的基本需求（即物质上的需求），又要满足顾客的心理需求（即精神上的需求）。适合是指餐饮企业为顾客提供服务的价值能为顾客所接受和喜爱；满足是指该种使用价值能为顾客带来身心愉快和享受。因此，餐饮服务的使用价值适合和满足顾客需要程度的高低即体现了餐饮服务质量的优劣。适合和满足顾客的程度越高，服务质量就越好；反之，服务质量就差。

　　对于餐饮服务质量的理解通常有两种：一种是广义上的餐饮服务质量，它包含着餐饮服务的三要素，即设施设备、实物产品和劳务服务的质量，是一个完整的服务质量的概念。另一种是狭义上的餐饮服务质量，它指的是餐饮劳务服务的质量，纯粹指由餐厅服务员的服务劳动所提供的，不包括实物形态部分所提供的价值。我们这里是从广义上去理解餐饮服务质量，它包括了有形产品质量和无形产品质量两个方面。

质量的概念

二、提高餐饮服务质量的意义

　　（一）提高餐饮服务质量能打造餐饮企业形象

　　优质服务能提高顾客满意度，企业的信誉也会随服务质量的提高而不断上升；相反，服务质量差，消费者不满意，企业信誉将随之不断下降。在市场经济条件下，企业的形象是企业无形资产，企业信誉越高，形象越好，其市场价值也越高。因此，优质服务是提高企业形象、创造企业品牌的基础。

　　（二）提高餐饮服务质量具有一定社会效益

　　对顾客来说，餐饮服务质量关系着人们的健康与安全。餐厅食品不卫生，服务人员服务态度差，不仅影响企业经营，而且会对行业和社会产生负面影响。相反，服务质量优异，不仅使顾客的物质、精神需求得到满足，使企业利润不断增加，而且能带动同行业创服务新风，促进全行业服务水平的整体提高。

"SERVICE"
（服务）的具体分析

　　（三）提高餐饮服务质量可以促进餐饮产品的销售

　　餐饮企业经营的直接目的是取得最大的经济效益。顾客需求的满足程度是随着服务人员服务质量的优劣而上下波动的。服务质量优异，顾客的满意程度就会提高，餐饮企业产品和品牌对顾客就有吸引力，他们继续光顾的频率会随之提高，企业的产品销售量就会增加，市场占有率必然上升。同时，由于顾客处在一定的社会群体中，所以其对餐饮产品和服务的评价会影响到周围的人。一个提供优质服务的餐饮企业，会因顾客的宣传而使客源增多，销售量增大，企业的利润也会随之增加；反之，无人光顾，生意清淡，利润就会下降。

　　（四）提高餐饮服务质量有利于降低餐饮企业的质量成本

　　为提高产品质量而投入的物质资料和劳动力称为质量成本。优质服务能降低质量成本。一般来说，凡能创造优质产品的员工，不仅技术水平高而且责任心强，对待工作一丝不苟、精益求精。他们既能创造优质产品，又能创造较高的劳动生产率，促进企业降低成本，创造更高的经济效益。

（五）提高餐饮服务质量能够提高餐饮产品的价格

供求状况确定的情况下，餐饮产品的价格是以产品使用价值为基础的。价值是一种经济关系，人们看不见、摸不着。在具体确定某企业餐饮产品价格时，要比较产品的质量。质量成为餐饮产品销售价格的决定因素。在市场经济条件下，各餐饮企业间现代化设备的投放，原材料的质量、加工手段及用餐环境越来越接近，从而服务质量日益成为餐饮产品质量竞争的主要因素，服务质量优劣将直接影响价格的确定。优质优价是服务企业制订价格的基本原则，优质高价，劣质低价则不应采取。

（六）提高餐饮服务质量是评估餐饮管理水平的重要标志

餐饮经营管理是项复杂而细致的工作。服务人员的劳动对象是人不是物，实物产品仅是联系餐厅和顾客之间的中介物，餐饮服务工作最终是人对人的服务。有良好的服务才能招揽并留住顾客，而顾客是餐饮企业生存与发展的基础和条件。能为顾客提供优质服务的餐饮企业是成功的，反之则是失败的。因此，提高服务质量是餐饮经营管理的中心工作。要提高服务质量，必须使管理的各种职能部门充分发挥作用并相互配合协调。可以说，服务质量水平是餐饮企业管理水平的综合反映，从服务质量的优劣表现可以判断出餐饮经营者管理水平的高低。

三、餐饮服务质量的构成

餐饮服务是有形产品和无形产品的有机结合，餐饮服务质量则是有形产品质量和无形产品质量的完美统一。有形产品质量是无形产品质量的凭借和依托，无形产品质量是有形产品质量的完善和体现，两者相辅相成，构成完整的餐饮服务质量的内容。

（一）餐饮服务有形产品质量

餐饮服务有形产品质量是指餐饮企业提供的设备设施和实物产品以及服务环境的质量，满足顾客物质上的需求。主要包括餐饮设备设施质量、餐饮实物产品质量、餐饮服务环境质量等方面。

❶ 餐饮设备设施质量　餐饮企业是凭借其设备设施来为顾客提供服务的，所以餐饮设施设备是餐饮企业赖以生存的基础，是餐饮劳务服务的依托，它反映出一家餐厅的接待能力。同时餐饮设备设施质量也是服务质量的基础和组成部分，是餐饮服务质量高低的决定性因素之一。餐饮设备设施包括客用设备设施和应用设备设施。

客用设备设施也称前台设备设施，是指直接供顾客使用的设备设施，如餐厅、酒吧的各种设备设施等。它要求做到：设置科学，结构合理；配套齐全，舒适美观；操作简单，使用安全；完好无损，性能良好。其中，客用设备设施的舒适程度是影响餐饮服务质量的重要方面，舒适程度的高低一方面取决于设备设施的配置，另一方面取决于对设备设施的维修保养。因此，随时保持设备设施完好率，保证各种设备设施正常运转，充分发挥设备设施的效能，是提高餐饮服务质量的重要环节。

应用设备设施也称后台设备设施，是指餐饮经营管理所需的生产性设备设施，如厨房设备设施等。它要求做到：安全运行，保证供应。所以，餐饮企业只有保证设备设施的质量，才能为顾客提供多方面的感觉舒适的服务，进而提高餐饮企业的声誉和服务质量。

❷ 餐饮实物产品质量　餐饮实物产品可直接满足顾客的物质消费需要，其质量高低也是影响顾客满意程度的一个重要因素，因此餐饮实物产品质量也是餐饮服务质量的重要组成部分。餐饮实物产品质量通常包括菜点酒水质量、客用品质量和服务用品质量。

菜点酒水质量是餐饮实物产品质量的重要构成内容之一。餐饮管理者必须认识到饮食在顾客的心目中占有的重要位置以及不同顾客对饮食的不同要求。如有的顾客为满足其新奇感而品尝名品菜肴，而有的顾客只为了寻求符合口味的食品而喜爱家常小菜。但无论哪种顾客，他们通常都希望餐饮饮食产品富有特色和文化内涵，要求原料选用准确、加工烹制精细、产品风味适口等。另外，还必须保证饮食产品的安全卫生。

客用品质量也是餐饮实物产品质量的一个组成部分。它是指餐饮服务过程中直接供顾客消费的各种生活用品，包括一次性消耗品（如餐巾纸、牙签等）和多次性消耗品（如棉织品、餐酒具等）。客用品质量应与酒店星级相适应，避免提供劣质客用品。餐饮企业提供的客用品数量应充裕，能够满足顾客需求，而且供应要及时。另外，餐饮企业还必须保证所提供客用品的安全与卫生。

服务用品质量是指餐饮企业在提供服务过程中供服务人员使用的各种用品，如托盘等。它是提高劳动效率、满足顾客需要的前提，也是提供优质服务的必要条件。服务用品质量要求品种齐全、数量充裕、性能优良、使用方便、安全卫生等。管理者对此也应加以重视，否则也难以为顾客提供令其满意的服务。

❸ 餐饮服务环境质量　餐饮服务环境质量就是指餐饮设施的服务气氛给顾客带来感觉上的享受和心理上的满足。它主要包括独具特色的餐饮建筑和装潢，布局合理且便于到达的餐饮服务设施和服务场所，充满情趣并富于特色的装饰风格，以及洁净无尘、温度适宜的餐饮环境和仪表仪容端庄大方的餐饮服务人员。所有这些构成餐饮所特有的环境氛围，它在满足顾客物质需求的同时，又可满足其精神享受的需要。通常对服务环境质量的要求是整洁、美观、有秩序和安全。在此基础上，还应充分体现出有鲜明个性的文化品位。第一印象的好坏，很大程度上是受餐饮环境气氛影响而形成的，为了能够产生这种良好的效果，管理者应格外重视餐饮服务环境的管理。

（二）餐饮服务无形产品质量

餐饮服务无形产品质量是指餐饮企业提供的劳务服务的使用价值的质量，即劳务服务质量，主要是满足顾客心理上、精神上的需求。劳务服务的使用价值使用以后，其劳务形态便消失了，仅给顾客留下不同的感受和满足程度。

劳务服务质量也是餐饮服务质量的主要内容之一，主要包括以下几个方面。

❶ 礼貌礼节　礼貌礼节是以一定的形式通过信息传输向对方表示尊重、谦虚、欢迎、友好等态度的一种方式，礼节偏重于形式，礼貌偏重于语言行动，它表明了餐饮服务的基本态度和意愿。餐饮礼貌礼节主要要求服务人员具有端庄的仪表仪容、文雅的语言谈吐、得体的行为举止等。餐饮服务人员直接面对顾客进行服务的特点使得礼貌礼节在餐饮管理中备受重视，因为它直接关系着顾客满意度，是餐饮企业提供优质服务的基本点。

❷ 职业道德　在餐饮服务过程中，许多服务是否到位实际上取决于员工的素质和责任感，因此遵守职业道德也是餐饮服务质量的最基本构成，它不可避免地影响着餐饮服务质量。作为餐饮企业员工，应遵循"热情友好，宾客至上；真诚公道，信誉第一；优质服务，文明礼貌；不卑不亢，一视同仁；团结协作，顾全大局；遵纪守法，廉洁奉公；钻研业务，提高技能"的职业道德规范，真正做到敬业、乐业和勤业。

❸ 服务态度　服务态度是指餐饮服务人员在对客服务中所体现出来的主观意向和心理状态，其好坏是由员工的主动性、创造性、积极性、责任感和素质高低决定的，因此要求餐饮服务人员应具有"宾客至上"的服务意识，并能够主动、热情、耐心、周到地为顾客提供服务。餐饮服务人员服务态度的好坏是很多顾客关注的焦点，尤其当出现问题之时，服务态度常常成为解决问题的关键，顾客可以原谅餐饮服务中的许多过错，但往往不能忍受餐饮服务人员恶劣的服务态度。因此，服务态度是无形产品质量的关键所在，直接影响餐饮服务质量。

❹ 服务技能　服务技能是提高服务质量的技术保证，是指餐饮服务人员在不同场合、不同时间对不同顾客提供服务时，能适应具体情况而灵活恰当地运用不同的操作方法和作业技能以取得最佳的服务效果，从而所显现出的技巧和能力。服务技能的高低取决于服务人员的专业知识和操作技术，要求其掌握丰富的专业知识，具备娴熟的操作技能，并能根据具体情况灵活运用，从而达到具有艺术性、给顾客以美感的服务效果。只有掌握好服务技能，才能使餐饮服务达到标准，保证餐饮服务质量。

某酒店中餐厅标准十句用语

⑤ **服务效率** 餐饮服务效率有三类：其一，是用工时定额来表示的固定服务效率，如摆台用 5 min 等；其二，是用时限来表示服务效率，如办理结账手续不超过 3 min，接听电话时响铃不超过三声等；其三，是指有时间概念，但没有明确的时限规定，是靠顾客的感觉来衡量的服务效率，如点菜后多长时间上菜等。服务效率问题在餐饮工作中大量存在，若使顾客等候时间过长，很容易让顾客产生烦躁心理，并会引起不安定感，进而直接影响着顾客对餐饮企业的印象和对服务质量的评价。但服务效率并非仅指快速，而是强调适时的服务。服务效率是指在服务过程中的时间概念和工作节奏，它应根据顾客的实际需要灵活掌握，要求在顾客最需要某项服务时即时提供。

⑥ **安全卫生** 餐饮安全卫生状况是顾客外出旅游时考虑的首要问题，因此，餐饮企业在环境气氛上要制造出一种安全的气氛，给顾客心理上提供安全感。餐饮安全卫生主要包括餐饮环境卫生、食品饮料卫生、用品卫生、个人卫生等。餐饮安全卫生直接影响顾客身心健康，是优质服务的基本要求，所以必须加强管理。

劳务服务质量除上述内容外，还包括员工的劳动纪律、服务的方式方法、服务的规范化和程序化等内容，同样应为餐饮管理者所关注。

任务评价

技能考核

◆1. 餐饮服务质量构成考核设计

某酒店开业一年有余，尤其餐饮部，开业初期顾客络绎不绝，但慢慢生意冷淡。请你为该酒店餐饮部设计一份调查问卷，查找生意冷淡的原因。

◆2. 餐饮服务质量构成考核表（100 分）

工作案例分析

【案例情境】

某饭店的餐厅里，一位客人指着刚上桌的鳜鱼，大声对服务员说："我们点的是鳜鱼，这个不是！"他这么一说，同桌的其他客人也随声附和要求服务员退换。正当服务员左右为难时，餐厅领班张某走了过来。张某走到客人座位旁仔细一看，发现服务员给客人上的确实是鳜鱼，心里便明白是客人弄错了。当她看到这位客人的反应比较强烈，其余的客人多数含混不清地点头，主人虽然要求服务员调换，但却显得比较难堪时，立即明白这鳜鱼是他点的，而他对那位客人的错误又不好指出。于是，张某对那位投诉的客人说："先生，如果真是这样，那您不妨再点条鳜鱼。请您亲自到海鲜池挑选好吗？"客人点头应允。张某陪着客人来到海鲜池前，并不着急让客人点鱼，而是先和他聊起天来。稍稍站了一会儿，恰好有其他的客人也点鳜鱼，看到服务员将鱼从池子里捞出，客人的脸上立即露出了惊诧的神情。等点鱼的客人走后，张某对这位投诉的客人说："这就是鳜鱼。"接着，她指着海鲜池前的标签和池中的鱼简要地介绍了一下鳜鱼的特征。最后，她征求客人的意见："您看您现在点还是等一会儿再点？""这……等一会儿吧。"客人答道。客人回到座位，认真观察了一下，确定是自己弄错了。客人面带愧色地向张某及服务员道歉，而主人则向张某投来了感激的目光。

案例思考：1. 你是如何理解"顾客永远都是对的"？
　　　　　2. 应该如何发现解决此案例出现的问题，并避免餐饮服务质量问题的发生？

任务二　餐饮服务质量控制

任务描述

做好餐饮服务质量的控制和管理是提高餐饮服务质量的重要一环，也是在餐饮有形产品高度同质化的今天赢得顾客、提高顾客满意度的重要手段。目前,餐饮服务工作在追求标准化和个性化两大目标的同时,仍旧存在一些有待解决的问题。但只要确定了所要达到的质量水平,并制订出相应的控制方法,就能达到最终的管理目的。

任务目标

了解餐饮服务质量控制的基础工作;掌握餐饮服务质量的控制方法;培养学生分析问题、解决问题的能力。

任务实施

一、餐饮服务质量控制的基础工作

要进行有效的餐饮服务质量控制,必须具备以下三个基本条件。

(一)制订服务规程

餐饮服务质量标准即服务规程。服务规程是餐饮服务所应达到的规格、程序和标准。为了保证和提高服务质量,我们应该把服务规程视为工作人员应当遵守的准则和服务工作的内部法规。

餐饮服务规程必须根据消费者生活水平和对服务需求的特点来制订。如西餐厅的服务规程要适应欧美顾客的生活习惯。另外,还要考虑到市场需求、餐厅类型、餐厅等级、餐厅风格、国内外先进水平等因素的影响,并结合具体服务项目的内容和服务过程制订出适合本餐厅的标准服务规程和服务程序。餐厅工种较多,各岗位的服务内容和操作要求各不相同。为了检查和控制服务质量,餐厅必须分别对零点餐、团体餐和宴会以及咖啡厅、酒吧等的整个服务过程制订出迎宾、引座、点菜、传菜、酒水服务等全套的服务程序。

制订服务规程时,首先要确定服务的环节和顺序,再确定每个环节服务人员的动作、语言、姿态、质量、时间以及对用具、手续、意外处理、临时措施的要求等。每套规程在开始和结束处应有与相邻服务过程互相联系相互衔接的规定。在制订服务规程时,不能照搬其他餐厅的服务程序,而应该在广泛吸取国内外先进管理经验、接待方式的基础上,紧密结合本餐厅大多数顾客的饮食习惯和本地的风味特点等推出全新的服务规范和程序。同时,要注重服务规程的执行和控制,特别要注意抓好各服务过程之间的薄弱环节。要用服务规程来统一各项服务工作,使之达到服务质量的标准化,服务过程的程序化和服务方式的制度化。

❶ 标准化 标准化是指在向顾客提供各种具体服务时所必须达到的标准。第一,设施设备的质量标准必须与餐厅的等级和规格相适应;第二,产品质量标准必须和价值相吻合,体现质价相符的原则;第三,服务质量标准必须以"宾客至上,服务第一"为基本出发点,做出具体规定。

制订标准是一项非常复杂的工作,主要有以下八个方面内容:设备设施质量标准;产品质量标准;接待服务标准;安全卫生标准;服务操作标准;礼节、仪容标准;语言、动作标准;工作效率标准。

❷ 程序化 程序化是指接待服务工作的先后次序以标准化为基础,通过服务程序使各项服务工作有条不紊地进行。制订接待程序,应做好下列基础工作。

(1)要研究服务工作的客观规律,即在制订标准程序的同时,要分析各项工作的先后次序,使之形成一个整体。

(2)要考虑企业的人、财、物,尽量扬长避短。

(3)程序化是规范化而不是公式化,因此要有相对灵活性。

(4)分析顾客的风俗习惯和生活需求,根据不同接待对象和服务项目来制订。

(5)各项服务工作程序的制订和执行要有一个过程。

总之,服务程序的制订要以顾客感到舒适、方便满意为原则,而不能仅以服务人员自己的方便、轻松为基点。因此,程序要经试行,并逐步修改使其完善,最后达到科学合理提高服务质量的目的。

❸ 制度化　制度化是指用规章制度的形式把餐饮服务质量的一系列标准和程序固定,使之成为质量管理的重要组成部分。餐饮制度分两种:一种是直接为顾客服务的各项规章制度,如餐饮产品检验制度,餐具更新、补充制度等。这些制度全面而具体地规定了各项服务工作必须遵循的准则,要求餐饮工作人员共同执行。另一种是间接为顾客服务的各项规章制度,如餐饮交接班制度、工作记录制度、客史档案制度、考勤制度等。这类规章制度主要用以维护劳动纪律、保证直接对客服务制度的贯彻执行。

（二）收集质量信息

餐饮管理人员应经常对服务的结果进行评估,即顾客对餐饮服务是否感到满意,有何意见或建议等,从而采取改进服务、提高质量的措施。同时,根据餐饮服务的目标和服务规程,通过巡视定量抽查、统计报表、听取顾客意见等方式来收集服务质量信息。

（三）抓好全员培训

餐饮企业之间竞争的实质是人才的竞争、员工素质的竞争。员工素质的高低对服务质量的影响很大。只有经过良好训练的服务人员才能提供高质量的服务。因此,新员工在上岗前,必须进行严格的基本功训练和业务知识培训,不允许未经职业技术培训的人员上岗操作。对在职员工,必须利用淡季和空闲时间进行培训,以不断提高业务技术、丰富业务知识,最终达到提高素质和服务质量的目的,使企业竞争更具实力。

二、餐饮服务质量控制的类型

根据餐饮服务的三个阶段——准备阶段、执行阶段和结束阶段,餐饮服务质量的控制可以按照时间顺序相应地分为预先控制、现场控制和反馈控制。

（一）预先控制

所谓预先控制,就是为使服务结果达到预定的目标,在开餐前所做的一切管理上的努力。预先控制的目的是防止开餐服务中所使用的各种资源在数量和质量上产生偏差。预先控制的主要内容包括人力资源、物资资源、卫生质量与事故。

❶ 人力资源的预先控制　餐厅应根据自身的特点灵活安排人员班次、保证开餐时有足够的人力资源。那种"闲时无事干,忙时疲劳战",开餐中顾客与服务员在人数比例上大失调等都是人力资源使用不当的现象。

开餐前,必须对员工的仪容仪表做一次检查。开餐前数分钟,所有员工必须进入指定的岗位,姿势端正地站在最有利于服务的位置上。女服务员双手自然叠放于腹前或自然下垂于身体两侧,男服务员双手背后放或贴近裤缝线。全体服务员应面向餐厅入口等候顾客的到来,给顾客留下良好的印象。

❷ 物资资源的预先控制　开餐前,必须按规格摆好餐台,准备好餐车、托盘、菜单、点菜单、预订单、开瓶工具及工作车小物件等。另外,还必须备足相当数量的"翻台"用品,如桌布、餐巾、餐纸、刀叉、调料、牙签、烟灰缸等。

❸ 卫生质量的预先控制　开餐前半小时,对餐厅的环境卫生从地面、墙面、柱面、天花板、灯具、通风口到餐具、餐台、台布、台料、餐椅、餐台摆设等都要做一遍仔细检查。发现不符合要求的地方,要安排迅速返工。

❹ 事故的预先控制　开餐前,餐厅主管必须与厨师长联系,核对前后台所接到的客情预报或宴会通知单是否一致,以免因信息的传递失误而引起事故。另外,还要了解当日的菜肴供应情况,如个别菜肴缺货,应让全体服务员知道。这样,一旦顾客点到该菜,服务员就可及时地向顾客道歉,避免

事后引起顾客不满和投诉。

（二）现场控制

现场控制是指监督现场正在进行的餐饮服务，使其程序化、规范化，并迅速妥善地处理意外事件。这是餐厅管理者的主要责任之一。

餐厅经理也应将现场控制作为管理工作的重要内容。餐饮服务质量现场控制的主要内容包括服务程序、上菜时机、意外事件及开餐期间的人力。

1 服务程序的现场控制 开餐期间，餐厅主管应始终站在第一线，通过亲自观察、判断、监督，指挥服务员按标准程序服务，发现偏差，及时纠正。

2 上菜时机的现场控制 掌握好上菜时机要根据顾客用餐的速度、菜肴的烹制时间等，做到恰到好处，既不要让顾客等候太久，也不能将所有菜肴一下全上。餐厅主管应时常注意并提醒服务员掌握上菜时间，尤其是大型宴会，每道菜的上菜时间应由餐厅主管亲自掌握。

3 意外事件的现场控制 餐饮服务与顾客面对面直接交往，极容易引起顾客的投诉。一旦引起投诉，主管一定要迅速采取弥补措施，以防止事态扩大，影响其他顾客的用餐情绪。如果是服务员方面原因引起顾客投诉，主管除向顾客道歉之外，还可在菜肴饮品上给予一定的补偿。发现有醉酒或将要醉酒的顾客，应告诫服务员停止添加酒精性饮料；对已醉酒的顾客，要设法让其早点离开，以保护餐厅的和谐气氛。

4 开餐期间的人力控制 一般餐厅在工作时实行服务员分区看台负责制，服务员在固定区域服务（可按照每个服务员每小时能接待 20 名散客的工作量来安排服务区域）。但是，主管应根据客情变化，对服务员在班中进行第二次分工、第三次分工……如果某一个区域的顾客突然来得太多，应该从其他服务区域抽调人力来支援，待情况正常后再将其调回原服务区域。当用餐高峰期已经过去，主管则应让一部分员工先休息一下，留下另一部分员工继续工作，到了一定的时间再进行交换，以提高员工的工作效率。这种方法对于营业时间长的散席餐厅、咖啡厅等特别有效。

（三）反馈控制

反馈控制就是通过质量的信息反馈，找出服务工作在准备阶段和执行阶段的不足，采取措施，加强预先控制和现场控制，提高服务质量，使顾客更加满意。质量信息反馈由内部系统和外部系统构成。内部系统，指信息来自服务员、厨师和中高层管理人员等。在每餐结束后，应召开简短的总结会，以利于不断改进服务水平，提高服务质量。外部系统，指来自就餐顾客的信息。为了及时获取顾客的意见，餐桌上可放置顾客意见表；在顾客用餐后，也可主动征求顾客意见。顾客通过大堂、旅行社、新闻传播媒介等反馈回来的投诉，属于强反馈，应予以高度重视，切实保证以后不再发生类似的服务质量问题。建立和健全两个信息反馈系统，餐厅服务质量才能不断提高，从而更好地满足顾客的需求。

三、餐饮服务质量控制的方法

（一）PDCA 管理法

餐饮的服务质量和工作质量的提高，需要不断地认识、实践和总结。因此，运用餐饮的质量保证体系来控制和提高质量是一个循环的过程。可以对质量管理活动按照计划（plan）、实施（do）、检查（check）和处理（act）四个阶段来开展。"计划—实施—检查—处理"四个阶段组成一个循环，称为PDCA 管理法。

1 PDCA 循环的步骤 PDCA 循环是科学的质量管理工作程序。运用 PDCA 循环来解决质量问题，可分成四个阶段八个步骤进行，见图 10-1。

服务补救

戴明环

（1）计划阶段

步骤一：对餐饮服务质量或工作质量的现状进行分析，找出存在的质量问题。运用 ABC 分析法分析存在的质量问题，从中找出对质量问题影响最大的主要问题。

步骤二：运用因果分析法分析产生质量问题的原因。

步骤三：从分析出的原因中找到关键的原因。

步骤四：提出要解决的质量问题，确定解决质量问题要达到的目标和计划。提出解决质量问题的具体措施、方法以及责任者。

（2）实施阶段

步骤五：按已定的目标、计划和措施执行。

（3）检查阶段

步骤六：在执行步骤五以后，再运用 ABC 分析法对质量情况进行分析，并将分析结果与步骤一所发现的质量问题进行对比，以检查在步骤四中提出的提高和改进质量的各种措施和方法的效果。同时，要检查在完成步骤五的过程中是否还存在其他问题。

（4）处理阶段

步骤七：对已解决的质量问题提出巩固措施，以防止同一问题在每次循环中重复出现。对已解决的质量问题应给予肯定，并使之标准化，即制订或修改服务操作标准或工作标准、制订或修改检查和考核标准以及各种相关的规程与规范。对已完成步骤五，但未取得成效的质量问题，也要总结经验教训，提出防止这类问题再发生的意见。

步骤八：提出步骤一所发现而尚未解决的其他质量问题，并将这些问题转入下一个循环中去求得解决，从而与下一循环的步骤衔接起来。

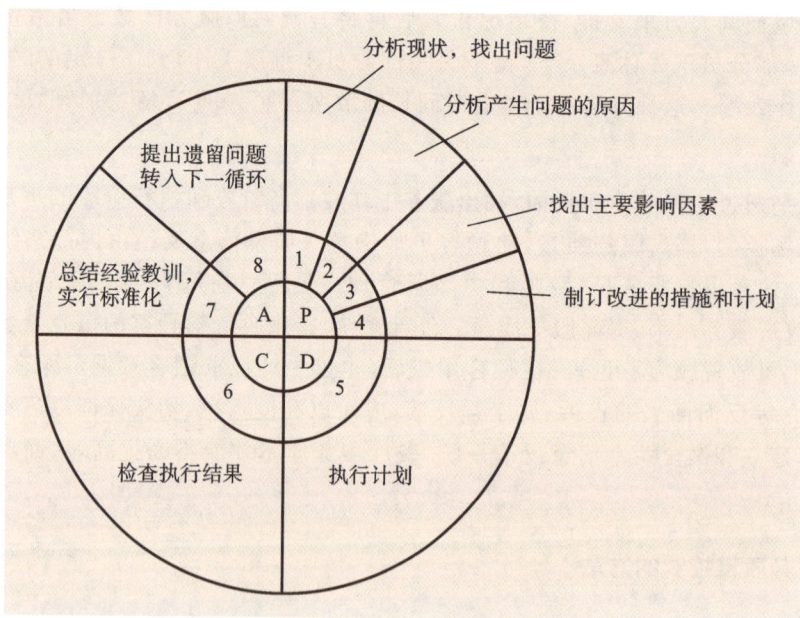

图 10-1　PDCA 循环的步骤图

❷ PDCA 循环的特点

（1）周而复始。PDCA 循环的 4 个过程不是运行一次就完结的，而是周而复始地进行。一个循环结束了，解决了一部分问题，可能还留有问题没有解决，或者又出现了新的问题，这样就应再进行下一个 PDCA 循环，依此类推。

（2）大环套小环，小环保大环，互相促进，推动大循环，见图 10-2。

（3）阶梯式上升。PDCA 循环不是停留在一个水平上的循环，不断解决问题的过程就是质量水平逐步上升的过程,见图 10-3。

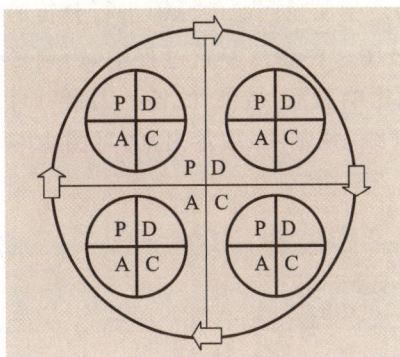

图 10-2 PDCA 大环套小环

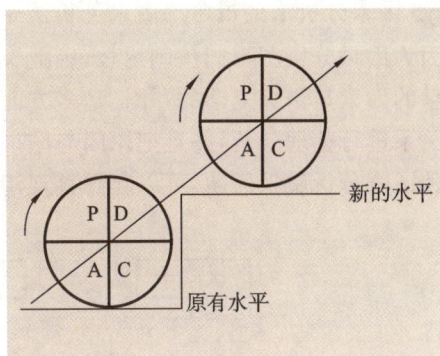

图 10-3 质量水平上升

(二)ABC 分析法

ABC 分析法是意大利经济学家巴雷特分析社会人口和社会财富的占有关系时采用的方法。美国质量管理学家朱兰把这一方法运用于质量管理。ABC 分析法又称 ABC 管理法或重点管理法。运用 ABC 分析法,可以找出餐饮企业存在的主要质量问题。

❶ ABC 分析法的概念 ABC 分析法以"关键的是少数,次要的是多数"这一原理为基本思想,通过对影响餐饮质量诸方面问题的分析,以质量问题的个数和质量问题发生的频率为两个相关的指标,进行定量分析。先计算出每个质量问题在质量问题总体中所占的比重,然后按照一定的标准把质量问题分成 A、B、C 三类,以便找出对餐饮质量影响较大的一至两个关键性的质量问题,并把它们纳入餐饮企业当前的 PDCA 循环中去,从而实现有效的质量管理,既保证解决重点质量问题,又照顾到一般的质量问题。

❷ ABC 分析法的程序 用 ABC 分析法分析餐饮质量问题的程序共分三个步骤。

(1)确定关于餐饮质量问题信息的收集方式。具体方式有质量调查表、顾客投诉和各部门的检查记录等。

(2)对收集到的有关质量问题的信息进行分类。如把餐饮服务质量分为服务态度、服务效率、语言水平、清洁卫生、菜肴质量、设备设施等几类,然后统计出每类质量问题出现的次数并计算出每类质量问题在质量问题总体中所占的百分比。

(3)进行分析,找出主要质量问题。通过对现存的质量问题进行分类,按问题存在的数量和发生的频率,把各类质量问题分为 A、B、C 三类。

A 类问题的特点是项目数量少,但发生的次数多,约占投诉总数的 70%。

B 类问题的特点是项目数量一般,发生次数也相对少一点,占投诉总数的 20%~25%。

C 类问题的特点是项目数量多,但发生次数少,占投诉总数的 10% 左右。

分类以后,我们可先解决 A 类问题,这样做可使质量有明显进步。同时,防止 B 类问题增加,并对 C 类问题加以适当注意。因为 C 类问题往往带有偶然性或不可控性,如失窃现象和设备破损的现象等。

在运用 ABC 分析法进行质量分析时要注意:在划分 A 类问题时,包括的具体质量问题项目不宜太多。最好是一两项,至多只能有三项,否则将失去突出重点的意义。划分问题的类别也不宜太多,对不重要的问题可设立一个其他栏,把不重要的质量问题都归入这栏内。

(三)因果分析法

用 ABC 分析法找出了餐饮企业的主要质量问题。可是这些主要的质量问题是怎样产生的呢?对产生这些质量问题的原因有必要进行进一步的分析。因果分析法是分析质量问题产生原因的简单而有效的方法。

1 因果分析法的概念 因果分析法是利用因果分析图对产生质量问题的原因进行分析的图解法。因为因果分析图形同鱼刺树枝,因此又称为鱼刺图或树枝图。在餐饮经营过程中,影响餐饮服务质量的因素是错综复杂的,并且是多方面的。因果分析图对影响质量(结果)的各种因素(原因)之间的关系进行整理分析,并且把原因与结果之间的关系用带管线(鱼刺图)表示出来,见图 10-4。利用这种图表分析质量问题,可以起到直观清晰、准确的效果。

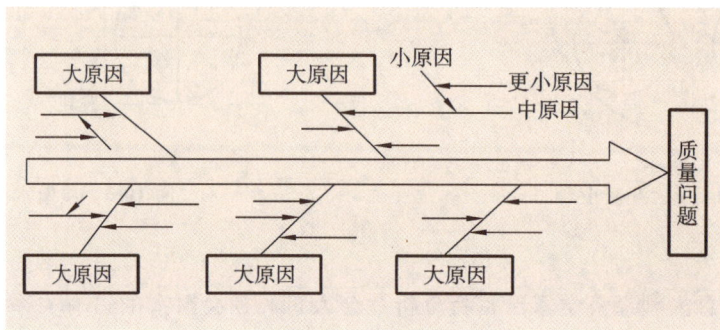

图 10-4 因果分析图

2 因果分析法的程序

(1)确定问题。确定要分析的质量问题,即通过 ABC 分析法找出 A 类问题。

(2)寻找原因。发动餐饮企业全体管理人员和员工共同分析,寻找产生 A 类问题的原因。各种原因找出以后,还需进一步分析,即查明这些原因是怎样形成的。在分析时,必须请有关方面的专业人员共同参加,听取不同的意见。对原因的分析应深入细致,直到对引起质量问题的各种原因能够找到相应的防止措施为止。

3 分析因果关系 整理找出的原因,按结果与原因之间的关系画在图上。对找出的原因应进一步确定主要原因。确定主要原因可采用加权评分法,或以原因为分析对象采用 ABC 分析法。

(四)餐饮服务质量控制案例分析

某餐厅就菜肴质量方面的问题进行顾客意见调查,收集得到 350 份调查问卷。其中反映口味不佳的有 235 份;菜肴色泽不好的有 62 份;卫生感差的有 29 份;分量不足的有 17 份;服务效率低的有 7 份。运用 PDCA 循环法对该餐厅实行质量控制。

1 第一阶段——计划阶段(plan)

(1)根据以上调查结果,运用 ABC 分析法对餐厅服务质量的现状进行分析,并找出存在的主要问题。以上调查结果见表 10-1。

表 10-1 服务质量问题统计表

质 量 问 题	问 题 数 量	频率/(%)	频率累计/(%)
口味不佳	235	67.1	67.1
色泽不好	62	17.7	84.8
卫生感差	29	8.3	93.1
分量不足	17	4.9	98.0
服务效率低	7	2.0	100.0
合 计	350	100.0	100.0

画出巴雷特曲线图找出服务质量的主要问题,见图 10-5。

该餐厅目前存在的质量问题主要是菜肴"口味不佳"的问题（A 类问题）。此类问题占餐厅服务质量问题总量的 67.1%，必须设法尽快给予解决。

（2）针对餐厅服务质量的主要问题，分析问题产生的原因。影响餐厅服务质量的原因可以归结为五大因素，即人（man）、设施（machine）、材料（material）、方法（method）和环境（environment），称为"4M1E"因素分析法。餐饮企业管理者可以借助因果分析法（鱼刺图）这一管理工具来寻找服务质量问题产生的原因，见图 10-6。

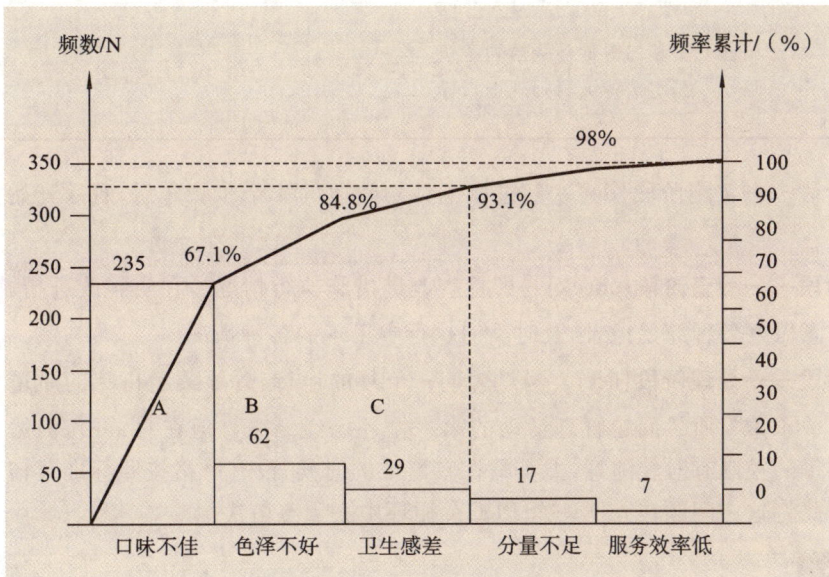

图 10-5 巴雷特曲线图

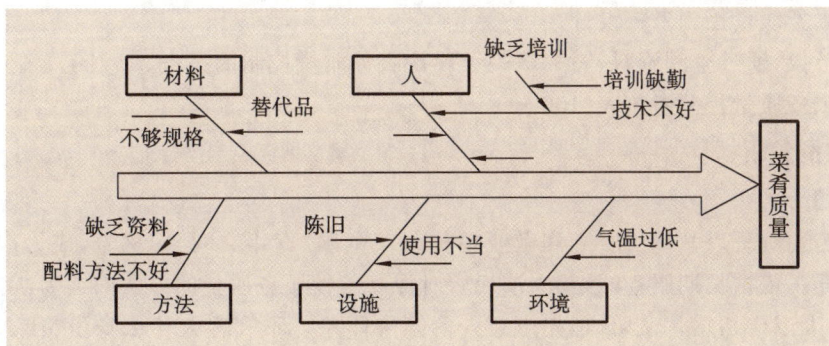

图 10-6 菜肴质量问题因果分析

（3）从分析出的原因中找到关键的原因。

（4）根据质量问题产生的原因，制订具体的、切实可行的改进措施。餐厅借助于提高菜肴质量对策表改进服务质量，来控制措施的实施过程，见表 10-2。

表 10-2 提高菜肴质量对策表

序号	问题	现状	对　　策	负责人	进度（号）					
					1～5	6～10	11～15	16～20	21～25	26～30
1	原料不符规格	菜肴外形不美观	①制订采购规格标准 ②严格原料入库手续	张××						

序号	问题	现状	对　策	负责人	进度（号）					
					1～5	6～10	11～15	16～20	21～25	26～30
2	无标准菜谱	菜肴份额不均	①制订"标准菜谱" ②增设厨房配菜员	李××						
3	技术水平低	菜肴花色单调	①参加厨师等级培训考核 ②聘请特级厨师现场指导	王××						

❷ 第二阶段——实施阶段（do） 　经过以上计划阶段的 4 个步骤之后，餐厅开始具体实施改进措施。

❸ 第三阶段——检查阶段（check） 　即检查改进措施执行情况。在实施改进措施过程中，要边实施边检查，注意做好各种原始记录，及时反馈执行中出现的各种情况。

❹ 第四阶段——处理阶段（act） 　经过为期一个月的运行，餐厅菜肴口味的质量已有明确改善和提高，该餐厅关于菜肴质量问题管理活动的第一循环已经结束。但在总结中，仍然发现厨师在投放调味品时，数量的控制有时较随意，尤其是在较繁忙的时候，没有严格按照标准菜谱的规定投放原料和调味品，因此将这一问题转入下一个 PDCA 循环中去重点解决。

任务评价

技能考核

◆1.餐饮服务质量控制考核设计

以小组为单位，通过查阅资料，写一篇关于餐饮服务质量控制的报告。

◆2.餐饮服务质量控制考核表（100 分）

工作案例分析

【案例情境】

广西某饭店餐厨班以其优质服务和敬业精神荣获全国"青年文明号"称号，成为广西旅游界、餐饮界学习的榜样。依据长期服务的经验，该饭店对提高餐饮服务质量的方法归纳为八点体会。

第一，给客人以亲切感。亲切，是先声夺人的第一印象。不管客人什么身份、什么心情、从哪儿来，亲切是饭店与宾客沟通的第一要素。我们坚持微笑迎宾，客人进楼，问候致意，陪同领座，并尽可能提前了解客人（至少是主要客人）姓名，并给予恰到好处的身份称呼。

第二，仔细观察。服务不只是脚勤手快，还得用眼用心。从客人就座到餐毕的全过程中，既要悉心观察每位客人的特点和爱好，也要随时发现客人的即时需求，有的客人对某几个菜下箸少，说明他不爱吃，第二天就改换。有时刚准备上菜，但发现客人要敬酒而酒杯已空，就赶快先斟酒。

第三，加强各环节的沟通，尤其是服务员与厨师的沟通。搞好餐饮服务，光靠一线的服务员是不够的。各个服务环节必须及时沟通，才能从整体上为客人提供满意的服务。如客人不愿吃韭黄，就通知厨房换；客人咸蛋夹得多，第二天就多上。至于客人临时提出什么特殊要求，厨房则尽力及时配合烹制或调换口味。传菜也要配合好，客人用餐从半小时到两小时不等，做菜和上菜做到间隔均匀，热菜热吃；尤其是厨师与服务员相互尊重、理解和配合，服务员转达客人要求，厨师不仅从来没有拒绝刁难，而且总是想方设法热情解决服务员在前台遇到的困难。有了厨师的全力配合和支持，餐饮服务质量就有了绝对可靠的保证。

第四,建立客人档案。饭店有许多常客,必须把他们的习性、爱好、口味等记录在案。可以这么说,仔细观察是经验,而建立客人档案则是科学。有了客人档案,就可大大提高工作效率,也减少了疏漏和失误。同时,记住客人的爱好,表现了对他们的尊重和关注,对 VIP 客人来说,这是非常敏感的心理服务。

第五,分工之中注意协作。饭店作为企业,在管理中进行分工当然必不可少。但饭店不同于工厂流水线,不能刻板地按照流程操作。客人有很大的随意性,协作至关重要。譬如说,一桌餐最忙是开餐前,客人往往三三两两到达,要接应招呼、斟茶上毛巾,又要出筷套、递餐巾、上菜点饮料,容易顾此失彼。在分工盯桌的前提下,坚持协作原则,谁忙就帮谁,领班主管可以帮,其他有空闲的服务员也可以主动上来帮,利用“时间差”,保证每个包房、餐桌的服务到位。

第六,强化培训及“练兵”。培训是学习知识,“练兵”是练习技能技巧,两者缺一不可。员工必须全面掌握菜肴知识、酒水知识、烹饪知识、外语知识和服务知识。“练兵”则强调准确性和效率。有的同志在家还反复练,做到又快又准。如目测距离、折花、摆台、斟酒、倒酱油,都需经过“千锤百炼”,方能达到“从心所欲而不逾矩”的水平。

第七,抓好班前会。班前会的作用有三:一是岗位继续培训,二是针对季节时令和当天货源指出服务要求,三是纠正昨天服务中出现的问题。如饭店当天的进货原料、水果备货、新到的饮料品种、新推出的菜肴特点,如何及时向客人推荐、介绍,既扩大销售,又满足宾客需求。班前会每天持续5~10 min,从不间断。

第八,服务档次和品种到位。到位不仅是指高低之分,不同的客人需求大相径庭,不是摆上金银餐具就能说明全部问题的。有的要放鲜花,应注意鲜花的品种。外国客人不太讲究排场,但对造型颇为讲究。饮料也要适合他们的国情,足够的冰块更是必不可少。同时,还宜搞些气氛烘托,如民族歌舞、民族礼仪、民族服饰、民族菜肴。对国内企业宴请,则要显示气派,或以庄重取胜,并多备酒和饮料的品种,以供选择。

案例思考:1. 全国“青年文明号”班组是如何做好服务质量的预先控制的?

　　　　2. 请你谈谈全国“青年文明号”班组有关服务质量反馈控制的措施。

案例点评

217

餐饮原材料管理

项目描述

　　餐饮原材料是餐饮企业生产核心产品的重要基础,企业根据自身所面向的客源群体,制订具有针对性的实用菜单和生产项目书后,需要进一步为餐饮菜品的生产准备所需的各类原材料,在购买回的基础上通过企业验收,采用适合的保管方法进行管理,根据实际使用情况进行原材料的领用及发放,从而保证餐饮产品生产的顺利进行。因此,餐饮企业在原材料的管理过程中必须做好原材料的采购、验收、储存及发放等方面的工作。

项目目标

　　1.了解原材料采购管理体系及采购人员应该具备的素质和能力;熟悉原材料的采购步骤流程;能够结合不同标准要求确定原材料的采购形式及采购数量;培养学生的独立实践能力。

　　2.了解原材料验收体系的组成;熟悉原材料验收方法、验收程序;掌握原材料验收控制的方法;培养学生认真仔细的工作态度。

　　3.了解原材料验收储存的目的;了解储藏仓库管理的基本要求;熟悉原材料发放的基本形式;熟悉原材料发放的基本程序;掌握库存管理的方法;掌握库房安全管理的基本内容。

项目内容

```
              餐饮原材料管理
 ┌──────────────┬──────────────┬──────────────────┐
 餐饮原材料采购管理   餐饮原材料验收管理   餐饮原材料储存与发放管理
```

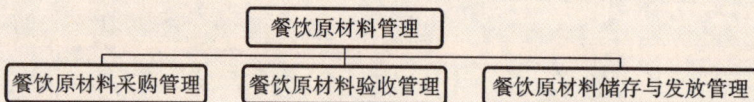

任务一　餐饮原材料采购管理

任务描述

　　采购管理是餐饮原材料管理中的首要环节。通过采购行为的完成,为餐饮企业提供满足需要数量、质量符合使用要求、采购价格能够为企业所接受的餐饮企业生产原材料。餐饮原材料的采购质量直接影响着餐饮企业能否有序开展厨房生产活动,同时优质的原材料也是餐饮菜品质量的重要保证条件之一。反之,采购管理水平不高,会促使成本提高,失去市场经营先机。

了解原材料采购管理体系及采购人员应该具备的素质和能力;熟悉原材料的采购步骤流程;能够结合不同标准要求确定原材料的采购形式及采购数量;培养学生的独立实践能力。

任务实施

餐饮原材料采购管理是餐饮企业为了达到企业最佳的经营目标,使用较为合理的采购价格,对购买企业所需的原材料在其自身的质量标准、采购价格和数量要求等方面进行管理。餐饮原材料的采购直接影响着餐饮产品的利润、流动资金的周转及餐饮产品质量的好坏,因此加强采购管理对于提高企业竞争力具有积极的推动作用。

无论是何种类型的餐饮企业,只有最具可行性的采购方案才能帮助企业运用适量的资金购买称心如意的原材料,并使其通过厨房菜品生产制作,转化成为餐饮产品进行销售,从而为企业带来最佳的经济效益。因此只有建立行之有效的采购管理体系,才能保证采购科学化管理工作的实施。

一、确定采购人员

❶ 采购人员的基本素质和能力　采购人员是保证原材料采购管理活动顺利开展的重要因素。合格的采购人员能够帮助企业获得质优价廉的原材料,减少此环节中不必要的成本损耗及原材料浪费。通常一名采购人员需要具备以下基本素质和能力。

(1)熟悉了解餐饮产品生产各个环节,具有丰富的专业知识。采购人员应当懂得原材料的粗加工、细加工等操作环节的流程内容及原材料的质量要求;能够掌握与原材料有关的各类专业知识。

(2)熟悉原材料的采购渠道。采购人员应当了解企业所在地原材料的主要购买地,如超市、批发市场等。同时,也应当掌握各类原材料的最佳购买地、购买价格等一些基本信息。

(3)了解进货价与销售价之间的关系。采购人员在购买原材料之前,应先对菜单中的菜品分量、销售价格等信息进行了解。在购买原材料的同时,能够结合餐厅的实际毛利率,迅速明确购买某种原材料的最佳适宜价格。

(4)熟悉财务方面的各项制度。采购人员结合所在企业的实际运营及管理情况,对采购过程中所涉及的各类现金、支票、发票等的使用规定,应事先有所了解及熟悉,以便采购过程中减少不必要的麻烦。

(5)热爱祖国,热爱本职工作,具有高尚的职业道德。采购人员应具有诚实可靠的基本品质,要具有国家、集体利益高于一切的觉悟及认识,热爱自己所从事的职业,在采购中不收取任何形式的礼物和回扣,不损公肥私。

(6)不断提升自己的业务水平。随着餐饮的国际化发展,新的原材料、新的调味料、新的烹调技术等都随之出现。这也为采购人员提出了新的素质要求,能与时俱进熟悉新原材料的特性,能够运用多种语言顺利完成原材料采购活动。

❷ 采购人员的构成　采购人员是原材料采购管理活动开展的基本保证。采购人员的素质高低直接影响到餐饮采购成本率,是餐饮成本控制的重要一环。通常餐饮企业中的采购人员有兼职和专职之分,具体表现为企业的总经理或厨师长兼任采购人员,也有个别企业聘用专职采购人员负责采购。无论何种形式的任职,都需要对菜品的生产制作及成本核算有一定程度的了解和认识。

二、确定采购标准

为了保证采购人员完成原材料采购工作,企业应制订适合自身实际情况的采购标准,对于原材料的各项要求以具体的标准加以体现。其中包括针对某种原材料的建议采购地点、具体质量标准要求(包括大小、色泽、外形方面)、数量要求、原材料的最高限价及最低限价,并最终以表格或文档的形式加以体现。

1 制订采购标准需要考虑的要点

(1)餐饮企业的类型。主要是由于各餐饮企业对自身食品原材料的质量要求不同会导致差异存在。

(2)餐饮企业的设施设备。主要涉及餐饮企业用于日常生产制作及储存的设备设施,因此也就决定了采购品种及具体采购数量。

(3)菜单内容。菜单是餐饮企业的生产任务书,也决定了日常原材料哪些最为常用。因此制订菜单内容标准更有利于进行统一质量管理。

2 制订采购标准的原则和方法

(1)采购标准制订原则。此标准应符合行政管理部门的标准要求及厨房实际用料要求,同时采购标准必须根据测试结果制订。

(2)采购标准制订方法。可考虑借鉴高星级酒店的采购标准,灵活参考有关质量标准,借用供应商的原材料标准。

3 制订采购标准的内容 采购标准内容的确定,应考虑所适用的餐饮企业自身实际情况。通常情况下应包括以下必要的基本内容:原材料的编号、产地、品名、等级、性能、大小、个数、色泽和入库时间要求、建议采购地点、质量要求、数量要求、最高限价、以往最低限价、填表人、使用部门。采购质量标准的表现形式,多以采购申请单、采购标准手册为主。

三、选择原材料采购方式

结合餐饮企业的业态类型及各自特点,各企业应选择适合自身经营及管理的最佳采购方式。比较常见的采购方式主要包括以下几种。

1 竞争价格采购 此种采购方式比较适合采购次数比较频繁、采购数量较多的原材料。具体表现为餐饮企业将自己所需要原材料信息通过多种信息渠道,传递给供货单位,其中包括数量、质量等基本信息。对于所需报价的原材料,应不少于三家供货商提供价格以做参考,餐饮企业结合自身采购标准进行筛选,从中选出质量最好、价格最低或最为合理的供货单位进行采购。

2 分类采购 由于餐饮产品所用到的原材料有多种类型,因此可以考虑将其中的某一类原材料集中由一个供货商来进行提供。餐厅或餐饮企业下单,供货商按订单准备相应的物资原料,并在规定时间内送达餐厅或餐饮企业,完成原材料采购活动的实施。

3 固定供货商采购 通过选定一个或是多个原材料供货商,来为餐厅或餐饮企业固定提供各类所需原材料,供货商根据企业所需原材料订单,进行各类物资的提供,并根据要求按时按质送到,以保证餐饮产品的顺利生产。

4 集中采购 集中采购形式多应用于大型的餐饮集团或是餐饮企业,在其内部设有专门的采购机构或是部门,为餐饮企业本身或是其下属的各类型子企业集中购买各类原材料。具体的操作形式为由各厨房或是餐饮企业将自身经营所需的原材料物资的种类、数量、采购规格等信息集中上报给采购机构或部门,由该部门将所有采购信息汇总后,再向供货商统一订货;可以结合自身条件或具体情况,将物资分别送到各厨房或是下属餐饮企业,完成采购工作。

5 招标采购 餐饮企业将自己所需原材料明细,通过多种渠道向暂无合作关系的供货单位进行公布,组织备选供货单位对所需原材料的采购成本进行整体报价,餐饮企业从中选出与企业给出的采购报价最为接近的供货单位作为最终原材料供应商。此种采购方式在餐饮行业中应用较为普遍。

四、确定原材料采购数量

采购数量的确定直接影响餐饮企业能否正常经营运作。如果采购数量过多,在原材料未能转化成为餐饮产品销售出去之前,会占用餐饮企业的流动资金,容易导致企业流动资金不足;如果采购数量不足,则会无法保证餐饮产品的正常生产制作,从而影响餐饮企业的整体服务质量,遭到顾客的各种投诉。因此,采购数量的正确界定,必须经过采购人员或采购部门的慎重考虑或准确计算后,方能将订货单发给供货商。

比较常见的确定采购数量的方法,主要有以下几种。

❶ 按照原材料的实际使用情况确定 一个餐厅或餐饮企业可以根据过去某一时间周期内原材料的实际使用量作为参考标准,确定下一次采购数量。其中可以结合企业实际经营需要的时间周期进行准确确定。此种采购方法需要餐厅或企业长期对原材料消耗情况进行登记录入,记录信息越详细,对采购数量的确定也就越准确。

❷ 按照仓库内原材料盘点的结果确定 通常仓库对于各类原材料的存放数量有一定的规定。通过仓库盘点,可以让采购人员清楚知道各类原材料已消耗多少,还剩余多少,因此只要补齐与消耗数量同等的物资就可保证餐饮产品的正常生产。此种确定方法,需要仓库的盘点数据翔实准确,不应有偏差,否则会影响采购数量的准确度。

❸ 按照采购原材料的供货期长短确定 各类原材料的供货时间根据供货商的具体情况不同会有所差别,如距离的远近、原材料物资的紧缺程度等因素都会造成影响。因此需要餐厅或企业在确定采购数量的同时,要考虑订货单发出时间到采购的原材料抵达的时间内,每日各类原材料的日消耗量,必须依据具体的供货日期,预订足量的原材料。

❹ 按照季节转变的情况确定 由于餐厅或餐饮企业所使用的菜单会受到季节、应季原材料的供应等因素的影响,同样也会直接影响到原材料的采购数量。采购人员需要与原材料使用人员进行积极有效的沟通,从而准确及时地确定采购数量,以达到采购的最高效益。

❺ 按照预计的营业额确定 对于一个餐厅或餐饮企业而言,营业额的高低直接影响着原材料的使用量。营业额高,说明原材料的使用量也会随之增加。因此需要在采购前应考虑采购的原材料能够做什么,预估营业额,以此来反推需要准备多少原材料。

五、原材料采购流程

(1)用料部门确定领取物资种类及数量,按需填写领料单。餐饮用料部门结合日常经营需要,确定需补充添加的各类原材料明细后,填写领料单。领料单需在拟领原材料部门的主管领导签字确认后,方可向储藏仓库进行领料申请。

(2)根据储藏仓库库存物资,领取原材料。储藏仓库根据仓库中的原材料实际库存情况,对用料部门提交的领料单进行原材料配置。发放的原材料可以是仓库本身保管储存的,也可以是当天验收合格的新鲜新到的原材料。

(3)根据储藏仓库实际原材料储存情况,决定是否重新采购。如果储藏仓库中无用料部门所领取的原材料,可由仓库进一步通过采购申请单向采购部门提出订货要求。

(4)提出订货申请,正确填写订货申请,并将单据保存。采购部门接到订货申请后,可通过正式的订购单手续向供货单位订货,同时给验收部一份订购单,以备验收货物时进行相关内容的核对确认。

(5)组织相关部门及人员进行验收,完成验收管理环节的各项工作。订货后,供货单位或是原材料供货人能够将原材料送到储藏仓库,则由验收部门对物资进行验收,验收合格后方可入库并进行登记。如果供货方不能提供送货上门服务,则由采购部门承运回来后,交由验收部门进行验收后方可入库。

Note

(6)通知相关部门领取原材料,以避免原材料质量发生变化。验收部门在用料部门所需原材料入库后,可在第一时间通知用料部门领取原材料,尤其是一些新鲜食品,以避免存放时间过长导致原材料质量发生变化。

任务评价

技能考核

◆1. 制订、填写食品原材料采购标准规格书

以小组为单位,每组不超过 3 人。讨论制订食品原材料采购标准规格书中需体现的表格内容,并结合某一具体餐饮企业具体情况完成食品原材料采购标准规格书内容的撰写。

◆2. 制订食品原材料采购标准规格书技能考核表(100 分)

工作案例分析

【案例情境】

拥有 76 家大中型餐馆的北京某餐饮有限公司为使下属公司企业在激烈的市场竞争中掌握市场主动权,决定从源头抓起:在保证货源质量的前提下,减少成本,把菜品价格降下来,服务大众,让利于民。基于此种做法,集团推出了进货招标的方案,这个方案得到了供应商的积极响应,前来报名竞标的经销商、厂家有 100 多家。经过筛选有近 50 家供货商获准参加竞标。中标原则:同等质量下,选择价格最低的;同等价格下,选择质量最好的。最终 28 家供货商以质优价廉的优势取得了向该企业供货的资格证书。这次招标成功,该企业不但货源质量有了保证,供货价格也降了下来。

案例思考:请问本案例采用了哪几种采购方式?

任务二 餐饮原材料验收管理

任务描述

餐饮企业以合理的价格订购所需要数量与质量的原材料后,并不能够完全保证所订购的原材料完全符合企业餐饮产品生产要求,并且不存在其他质量问题。因此规定相应的验收程序与标准,运用多种有效的方法、设备和器具,对所购买回的原料进行监督控制,使其能够最大限度地符合实际用料需要。验收工作主要是将所采购的原材料按照实际情况核实其质量标准是否与订货单所规定一致、实际的送货量及价格是否与发货单里的相关信息相一致。

任务目标

了解原材料验收体系的组成;熟悉原材料验收方法、验收程序;掌握原材料验收控制的方法;培养认真仔细的工作态度。

任务实施

原材料验收管理主要作用有两个方面:其一,根据餐饮企业实际需要对所购原材料的数量、质量和价格等进行核实确定;其二,验收所购原材料可以最大限度避免供货商所提供原材料出现数量、质量、价格等方面的问题,从而对餐厅或餐饮企业造成一定的经济效益和社会效益的损失。

一、原材料验收体系

(一)验收部门

验收部门的专业化程度需要根据餐饮企业的规模及自身特点而进行适当设置。通常在大型的

餐饮企业中,会有专门的验收部门存在。而中型的餐饮企业往往由于自身规模限制,并没有独立存在的验收部门,更多的则是以独立存在的验收人员来完成相应的验收工作。而对于小型的餐饮企业来说,原材料验收工作则是由厨师长或是经理来进行担任。

（二）验收人员

作为一名验收人员,首先应具有较强的责任心,能够发自内心喜欢自己所从事的工作;为人诚实、守信,热爱集体;同时还应当具有较强的专业知识,能够清晰懂得各种原材料的感官质量鉴定的标准内容,验收过程中准确分辨出原材料质量的优劣。为不断提高自身的业务素质及能力,验收人员应主动向厨师、仓储人员及各级主管领导学习,从而丰富自己的知识和经验。

1　验收人员的配备　　餐饮企业中的验收人员应设置专人专岗,忌与采购人员的工作职能合二为一。如因特殊情况人员不够,可由储藏仓库保管人员兼任。

2　验收人员的基本素质要求

（1）热爱祖国,诚实守信,对企业忠心。

（2）具有较强的专业知识,尤其是食品原材料的相关知识。

（3）责任心强,具有较高水平的业务素养和品德修养,能够独立完成日常验收工作,做到严格把关。

（4）熟悉企业的各项规章制度及财务会计制度,具备基本的成本核算能力。

二、原材料验收管理

所采购的原材料在抵达企业后,需要企业对其进行严格的验收审核。原材料供应商在其具体发货时会有意无意对即将发货的原材料,在其数量方面出现超过或少于原采购数量的现象;又或质量方面不符合原采购质量标准等现象也时有发生。因此,采购后的验收管理环节能够对于餐饮原材料的采购起到监督的作用,避免餐厅或企业在此方面出现不必要的经济损失。

（一）原材料验收原则

原材料由供应商送达企业后,需要企业完成对原材料的验收入库工作。为了能够尽量提高验收后原材料的最大使用值,在对原材料验收时应按照企业的验收规则予以重视,主要有以下四个方面。

1　必须按照食品营养与卫生的基本要求选择原材料　　由于原材料是餐饮产品的主要组成部分,因此原材料的质量卫生直接关系到消费者所获取食物的营养价值情况。即原材料在验收时应无明显外皮破损;未受到任何外界有害物质的污染;具有正常的色泽及其他感官检验所应具备的基本素质。

2　必须按照食品不同的质量、数量要求选择原材料　　由于企业的订购单中已经对所采购原材料的相关采购数量、采购质量标准进行了明确规定,因此,验收过程中应严格按照既定的采购标准对原材料进行检验;同时根据采购标准验收原材料,可以减少供货商与企业间的不必要摩擦,保证验收工作的顺利进行。

3　按照原材料本身的属性选择原材料　　验收原材料的过程中,需要验收人员在充分了解和掌握原材料验收标准的基础上,结合每种原材料的自身特性,如质地嫩滑、松软、坚实等特点,对原材料进行验收;加强验收工作的有效性。

4　按照公平、公正、公开的原则对原材料进行验收　　验收原材料应当选择在空间大、视野较为开阔的地带进行。与此同时,除专职验收人员外,还应由企业内的相关财务人员及用料部门人员,在有序的工作流程下完成原材料的验收工作。

（二）原材料验收方法

由于餐饮企业的管理制度、管理办法都具有较大的差异,因此在具体确定采用哪种验收方法的时候,也会因此有所不同。目前,企业中采用的较为常见的验收方法主要有以下两种。

❶ 按发货票及发票进行验收 此种验收方法是目前较为快捷、简单的一种,即将订货单与供货商的发货票及发票依次进行核对检查。此方法需要供货商在企业验收前提供齐全、准确的发货票及发票,并在验收时与企业的订货单进行一一比对,待确认订货单与发货票上数据明细准确无误,即可认为本次采购原材料无误,并直接入库。

优点:使验收时间大幅度缩短,方便快捷。

缺点:如果供货商所提供的原材料掺杂存在质量问题或数量问题的原材料,未经逐件验收容易使企业蒙受一定损失。

❷ 按填写单据进行验收 此种验收方法是对原材料进行逐一验收,并于验收后进行验收单的登记工作。具体为:原材料在验收开始后,由验收人员对所采购的原材料逐一清点,在数量、质量、价格等方面进行有序验收,并结合验收进度及时做好相关验收数据的整理工作。

优点:验收程序严谨,逐件验收、逐件登记;避免遗漏待验收物资。

缺点:验收过程较细,所需时间较长。

验收过程中常用的各类报表

(三)原材料验收程序

原材料的验收工作,直接影响着餐饮企业原材料管理工作的有序开展。因此,步骤清晰明确的验收程序,将会极大提高企业的验收工作效率。通常餐饮企业的验收程序主要包括以下七个方面。

❶ 根据订货单检查进货 在餐饮企业进行原材料验收工作之前,验收人员应提前准备好企业的订货单明细;在正式开始验收时,查验所到原材料是否与订货单中物资相一致。

❷ 根据供货商所提供的采购发票及发货票检查进货 对新采购的原材料进行验收时,也应要求供货商出具采购发票及发货票;并同时与订货单进行采购明细的核实,看是否存在明细差异。

❸ 对原材料进行数量、质量和价格方面的检查及核对 在验收人员开始进行验收时,应加强对所采购原材料的数量、质量和价格的当面信息核对。查看是否存在数量不一致、质量存在问题及采购价格等信息不符等情况。如有问题及时进行验收登记或停止验收。

❹ 根据验收结果,受理所采购货物 根据验收人员的验收结果,对于验收过程中无任何问题的原材料,由验收部门的验收人员进行明细登记。根据原材料的使用缓急程序选择是将原材料直接入库或是直接发放。

同时,验收部门需要向供货商出具验收合格的单据,并在单据上加盖验收章,以方便供货商到财务部门去支取采购费用。

❺ 根据验收结果,拒收所采购货物 如在验收中发现个别原材料的数量或价格等存在问题,需要马上停止验收,进行相关数据的核对,直至找出存在的问题并加以处理解决才可以继续验收。

如在验收中发现个别原材料质量方面存在问题,也应立即停止验收工作;验收部门有权利对存在质量问题的原材料做出部分退回或全部退回的决定;同时应同步出具原材料拒收通知单,并在其中写明拒收的原因,加盖验收部门专用章。

❻ 送储藏仓库进行货物储存 所有新采购原料,经过验收部门验收后,需要根据不同原材料的特点及应用情况,进行原材料的分类储存。储存过程中也可以根据不同的储存要求,将原材料分入不同储藏仓库存放。

食品原材料验收单

❼ 填写相关的各类报表、原材料验收单 验收工作结束后,需要验收部门对已经完成的验收工作,进行相关数据的整理和归档,其中包括食品原材料验收单、食品验收日报表等各种表单。

同时,对于验收过程中有直接发放的原材料也要进行数据的登记录入,以避免出现登记录入信息错误。

（四）原材料品质的基本要求和标准

原材料的品质直接关系到是否可以直接加工并制作成菜肴，因此确定原材料的品质标准，有助于使餐饮企业提高原材料的使用率。

❶ 原材料品质的基本要求 原材料应无较为明显的腐烂变质外表面存在，能够由生产人员最大限度制作成餐饮产品并销售给餐饮消费者。

❷ 原材料品质鉴定的依据和标准 根据原材料品质的基本要求，企业对原材料的品质鉴定确立基本要求，对其鉴定的依据和标准主要有以下几点。

（1）视觉检验。通过验收人员用肉眼对原材料的外部特征进行检验，以确定原材料是否符合质量要求。如新鲜原材料的外部表现、瓶装类原材料的清浊程度等。

（2）触觉检验。通过验收人员的手指作用于原材料表面，去感知原材料的多种特性，如粗细、弹性、硬度等，以确定其品质优劣。

（3）嗅觉检验。通过验收人员的嗅觉器官对原材料的独有气味进行检验。如出现不符合其特点的气味，则说明原材料已经变质，不能使用及食用。

（4）味觉检验。通过验收人员使用味觉器官，对个别原材料进行检验。

（5）听觉检验。通过验收人员的听觉器官，对原材料进行相应检验，以判断其品质优劣。如生活中常用的鸡蛋，可用听觉检验法进行检验。

（五）食品原材料验收质量标准

食品原材料是餐饮产品的主要来源，通常包括蔬菜类原材料、猪肉类原材料、牛肉类原材料、禽类原材料、蛋类原材料、鲜鱼类原材料、虾类原材料、干货类原材料、米面类原材料、食用油脂类原材料等。

❶ 蔬菜类原材料验收质量标准描述 对于蔬菜类的原材料，对其进行验收主要工作内容是鉴别其新鲜度，判断品种的优越性。一般可以从蔬菜类原材料的含水量、形态、色泽等方面来检验。如对大白菜的验收标准是新鲜洁白，表面无黑色斑点，里面无烂心，无开花。

❷ 猪肉类原材料验收质量标准描述 通常对于猪肉的验收质量标准为猪肉新鲜、肉嫩；凡经过正规屠宰场宰杀的猪肉应盖有专门的检疫章和检验单；皮薄，肉质好，手感要有黏性，不能有淤血，严防注水肉。

❸ 牛肉类原材料验收质量标准描述 新鲜牛肉类应呈鲜红色或深红色，有一定的光泽，脂肪通常呈乳白色或微黄色。牛肉应有正常气味，无异味；肉质紧密、有弹性、表面湿润不黏手；瘦肉切面纹理清晰，皮下脂肪适度、均匀。

❹ 禽类原材料验收质量标准描述 禽类原材料验收质量标准，主要也是针对新鲜度进行检验。在检验时可以从家禽类原料的嘴部、眼部、皮肤组织及脂肪状况等方面来判断品质好坏。例如，禽类嘴部的验收质量标准是：新鲜的家禽嘴部应有光泽、干燥、有弹性、无异味。而对眼部的验收标准是新鲜家禽的眼珠充满整个眼窝，角膜有光泽。

❺ 蛋类原材料验收质量标准描述 蛋类原材料验收质量标准，主要可以从外观清洁、透视程度、嗅觉气味、摇晃反馈等方法进行判断。通常新鲜蛋类外壳表面稍显粗糙，有层霜状粉末，同时略有光泽；如果将蛋对着光亮照射，能透光，呈橘红色，蛋黄轮廓清晰，无斑点则表明此蛋较为新鲜。新鲜的鸡蛋如果用鼻子闻，清晰无异味；如果将蛋拿起摇动，听不到声音或感觉不到震动的则为新鲜蛋。

❻ 鲜鱼类、虾类原材料质量验收标准描述 对于鲜鱼类原材料的验收质量标准，主要是通过感官来鉴别，具体表现为对其眼睛、鳃、鱼鳞等来判断质量的好坏。新鲜的鱼主要有以下感官表现：眼

睛凸起,澄清有光泽;鳃部紧闭,鳃片呈鲜红色,无黏液和污物;鳞片整齐,排列紧密,有黏液和光泽,层次明显。不新鲜鱼类的感官描述则与上述正好相反。虾类原材料的验收质量标准,主要从其外在形态、色泽和肉质三个方面加以鉴别。新鲜虾类头尾完整,有一定的弯曲度、虾身较挺;虾皮壳发亮,呈青白色;肉质坚实、细嫩。

❼ 干货类原材料验收质量标准描述 对于各类干货原材料制品,鉴别其验收质量标准主要从三个方面检验。质优的干货制品应干爽、不霉烂;干货规格整齐、均匀、完整;无明显杂质、无虫蛀,保持其应有的色泽。

❽ 米面类原材料验收质量标准描述 通常对于稻米的验收质量标准,主要从其颗粒形状、米粒腹白、米粒硬度及米粒新鲜度来确定。新鲜的稻米其米粒大小均匀、整齐、重量大无碎米。米粒上有明显的呈乳白色状态则为正品。反之,则为差品。与此同时,新鲜的米有清香味和光泽、无米糠和其他杂质、无异味、无霉味,用手摸时滑爽、干燥。反之则为陈米或差米。

面粉类验收质量标准:通常对于面粉的品质好坏有较明显的区别,主要从含水量、颜色、面筋质和新鲜度四个方面进行检验。质优面粉类的主要表现:含水量正常的面粉用手捏会有滑爽的感觉;面粉储存时间长短不同,致其颜色也会有所不同,通常颜色较深则品质就会较差;新鲜的面粉通常有正常气味,颜色较淡。

❾ 食用油脂类原材料验收质量标准描述 食用油脂类主要包括植物类油脂和动物类油脂。一般常采用感官检验的方法作为其验收检验的标准。

通常情况下,油脂闻起来不应含有酸败、焦煳等异味;除芝麻油外,品质正常的食用油脂多无任何滋味。各种油脂本色正的为质量好,如猪油为白色、豆油为深黄色、花生油为淡黄色。

三、原材料的验收控制

原材料的验收控制,对于餐饮企业而言至关重要。有效的验收控制,可以帮助餐饮企业提高成本控制效率,减少不必要的成本损耗。具体控制方法有以下几种。

（一）数量验收控制

验收人员在对原材料进货数量进行验收时,应先将餐厅或企业的订货单、供货商的发货票及实际到仓库的原材料数量进行统一核查。对于有外包装的原材料应结合实际情况采取打开包装进行数量检查的方式完成此项操作;对于以箱子或盒子包装的原材料,应检查箱子或盒子中的原材料是否装满。

（二）质量验收控制

验收人员在对原材料进行质量验收检验时,应考虑结合不同种类原材料,有针对性进行验收检查。首先,应对所有已到原材料的质量和规格与餐厅或企业的采购质量标准进行核对,以避免出现偏差。其次,对于不同类别的原材料,验收检验应有不同侧重点。对于盛于玻璃瓶身金属盖的原材料,应检查盖子是否有突起或内陷;金属罐装食品类原材料,应检查金属罐是否变形,同时是否已经过保质期等。再次,对于蔬菜、水果类的原材料,需要检查是否发生腐败变质的现象等。

（三）价格验收控制

验收人员应仔细检查供货商所提供的发货票及发票上的原材料价格,是否与订货单上的价格相一致,无论是单价、总成本都需要进行仔细核算。

（四）程序验收控制

❶ 核实进货原材料的明细是否与订货单相符合 验收人员进行原材料采购数量的核实,应严格按照订货单与发货票及发票明细进行验收审核。对于订货单上没有而实际到货多出部分,应坚决

予以退回,并要求供货商重新开具发货票及发票;对于实际已到原材料中,凡是有出现质量问题、数量问题或是价格问题的,应坚决予以退回,并由验收人员根据实际情况填写退料通知单;对于实际已到原材料中,数量不足的原材料,由验收人员通知其补回缺少部分的原材料或是重新开具发票。

2 检查账单上面的各种信息是否与实物相符　供货商所开出的账单,通常与采购的原材料一起交付给餐厅或餐饮企业,它是财务部门支付采购费用的重要凭证依据。验收人员在检查过程中如果发现账单上面的信息与实物不符合,应出具相应的通知单告知供货商。同时,在验收原材料时应主动要求送货员在现场,协助验收原材料,以避免当验收过程中发现问题时供货商逃避或不认可类事情的发生。

3 验收合格后加盖公章　原材料经过验收人员的验收后,如无任何问题,需要由验收人员在账单中签字确认,同时应加盖验收部门的验收章,并根据实际需要在餐厅或餐饮企业的验收管理工作相关表格中进行相应登记。

4 填写验收日报表　验收日报表是餐厅或餐饮企业加强原材料验收管理的有效手段之一。通过对验收日报表中的各项信息内容进行完善,可为编制相关财务报表提供可以借鉴的数据资料,同时也便于计算统计每日的原材料成本。

📖 任务评价

📝 技能考核

◆1. 制订食品验收日报表,并完成任务行为的实施

以小组为单位,每组不超过 3 人。通过对餐饮企业进行调研,形成关于食品原材料验收工作管理现状的报告,并在此基础上讨论制订食品验收日报表模板;通过行为模拟进行储藏仓库的原材料验收工作。

◆2. 食品验收日报表制作及验收行为模拟实施考核表(100 分)

📝 工作案例分析

【案例情境】

李先生是一家酒店的新老板,他刚刚购买了这家酒店,当时觉得很划算,购买时也没有在意原来的设施设备。酒店仓库的底层有一个储藏室,他进入储藏室之后,发现这间储藏室很暖和,仔细查看才发现在储藏室的天花板上安装有暖气管。而在酒店运营过程中,他发现储藏室的水果、蔬菜和罐头有腐烂、鼓胀的现象,有的甚至还破裂。

案例思考:这个酒店的储藏室有什么问题呢?

任务三　餐饮原材料储存与发放管理

📖 任务描述

餐饮原材料的储存与发放管理,也是餐饮原材料管理的重要组成部分。加强原材料储存管理能够最大限度做到物尽其用,减少原材料在储存过程中发生不必要的成本损耗。同时加强原材料发放管理,能够有效帮助餐厅或餐饮企业进行生产过程质量控制及成本控制。

📖 任务目标

了解原材料验收储存的目的;了解储藏仓库管理的基本要求;熟悉原材料的发放基本方式;熟悉原材料发放的基本程序;掌握库存管理方法;掌握库房安全管理的基本内容。

食品验收
日报表

在线答题

食品验收日
报表制作及
验收行为模
拟实施考核
表

案例点评

任务实施

一、原材料储存管理

原材料储存管理是维持餐厅或餐饮企业正常经营与生产的重要环节。搞好此项环节的工作，能够有效控制或降低餐饮企业成本和经营费用。

（一）原材料储存的目的

原材料经采购后，个别原材料直接被发放使用，而另一些原料则需要先存放在储藏仓库中等待进一步使用。通常进行原材料储存主要为了达到以下的目的。

（1）保证菜单中的菜品原材料能够得到足数足量的供应。由于餐饮企业的生产特点是无法提前预知顾客的数量及原材料的消耗数量，因此储存足够量的原材料可以避免出现突然"缺菜""断菜"情况的发生。

（2）弥补生产季节和现场消费的时间差。原材料储存可以延长应季原材料使用期限，从而进一步将应季原材料的使用时间范围延长，提高使用时限。

（3）从食品卫生角度讲，适宜的储藏条件，能够提高原材料的使用寿命，延缓其腐败变质的时间。例如鲜猪肉如果在适宜的冷藏温度（$-1\sim1\ ℃$），相对湿度要求在$60\%\sim80\%$，则其储存时间为$10\sim20$日。

（4）利用储存条件降低原材料的腐败变质的速度及数量。随着餐饮企业的各类设施设备的全面应用，原材料的使用寿命也正逐步延长，有效隔绝阳光暴晒、改变储存环境等措施都能降低原材料腐败变质的速度，从而延长其使用时间。

（二）储藏仓库的管理要求

（1）做好各种各类防患工作，确保原材料安全。

在储藏期间，储藏仓库应做好防火、防盗、防毒等安全保卫工作，针对不同原材料做好定期通风、清扫等日常工作，改善储存环境条件，确保原材料的安全使用。

（2）原材料进入储藏仓库前，应仔细检查其质量；存在质量问题的原材料应拒绝其入库。

结合前期验收入库工作开展，在原材料存放之前，再次确认是否有质量问题；如在检查中发现存有问题应拒绝将其放入储藏仓库中，以免对存储环境及其他存储原材料造成影响。

（3）充分合理地使用储藏仓库场地，尽量做到场地物尽其用。

由于储藏仓库的场地有限，因此需要在设计其场地格局时事先做好规划。尽量充分利用每一处空间，从而达到场地物尽其用的目的。

（4）制订严格地出入库制度，充分运用表单管理法进行有效管理。

根据餐饮企业的实际管理情况，制订好各项储藏仓库的管理制度，并结合日常管理中的重要节点，制作设计相关的表格。如关于验收、进货、出货等方面的各类表格，并由专人负责完成表格中相关数据的填写工作。

（5）定期进行库房盘点工作，准确掌握库房内原材料的各类信息。

为了准确掌握储藏仓库中各类原材料的信息，仓库管理人员应做好仓库的盘点工作。可考虑采用实地盘存法或是账面盘存法，对每种原材料的出库、入库、数量、时间等进行登记，从而通过数字来对原材料进行准确把控。也可以采用建立库存卡制度，加强对其管理。

（6）严格遵守库房管理制度。

为了做好仓库管理，餐饮企业应制订多项多类仓库管理制度，其中包括以原材料采购保管环节为内容的管理制度；也包括仓库管理中所涉及的岗位或个人工作职责和工作任务等管理工作的描述。

库房盘点

Note

（三）库存管理方法

❶ 做好库房盘点工作管理

（1）库房盘点

①每日盘点：即在每天固定时间进行盘点，例如每天下午 14 时。

②每周盘点：即以每周的周一至周日共七天为一周期。在每一周期的第一天或是最后一天进行库房物资盘点。

③每月盘点：在每月的最后一天，进行仓库物资盘点。

（2）建立库房物资档案：根据物资的种类、储存环境特点等为物资建立完善的档案制度。

（3）严格制订及遵守库房管理制度。根据库房实际管理特点，应严格制订库房物资出入库管理制度，并可通过表单管理法对其进行控制。

（4）做好日常管理工作。按部就班完成物资日常管理工作，其中包括库房卫生清洁打扫、原材料出入库登记、原材料发放等。

❷ 原材料的保管方法

（1）干藏原材料储存方法

①四号定位法：在日常管理过程中，对于每种原材料进行四位数字编号，其表现形式主要呈现为"仓库号—货架号—层数号—位置号"形式。此种方法能够帮助库房管理员依据四号定位法快速找到原材料。

②五五摆放法：此种方法比较适用于包装比较完整规范的箱子、罐装品、瓶装品、盒装品等原材料。结合原材料的不同，可以采用五五成行、五五成排、五五成堆等具体方法。

（2）低温库房储存方法

①微冻法：指原材料储存环境温度为 −3～0 ℃，原材料部分微有冻结。一般企业中适用于鱼类和肉类的短期储存，比冷藏方法保鲜期要长。

②冷藏法：指原材料储存温度范围为 2～5 ℃，比较适用于讲求使用新鲜的原材料种类。如水果类、蔬菜类、畜类、水产类等产品。

③高温灭菌储存法：对于液体状的果汁类及啤酒，采用 80～90 ℃的高温灭菌储存法。

④酸渍储存法：指利用食用酸或酸发酵产生的酸性，改变微生物生存环境的酸碱度，从而抑制微生物、细菌、酶类的活性，达到储存的目的。

⑤盐腌、糖渍储存法：指利用盐水或糖液在食品中产生高渗透压的作用而使食品内所含水分析出，并造成微生物生理干燥，细胞原生质收缩、脱水，促使微生物停止活动或死亡。

❸ 库房的安全管理　库房在保证原材料日常管理的同时，还需要加强安全管理方面的工作。

（1）严格钥匙保管制度：库房钥匙应由专人保管，同时还应配置万能钥匙及备用钥匙，以便出现突发情况时及时进行处理。

（2）四禁止制度：禁止闲杂人等进入库房；禁止任何人在库房内吸烟及饮酒；禁止在库房内存放私人物品；禁止在库房区域内放置易燃易爆物品。

（3）四隔离制度：坚持库房内生熟原材料隔离；坚持成品与半成品隔离；坚持食品与杂物、药物隔离；坚持食品与天然冰隔离。

（4）四不制度：采购员不能购买变质原材料；库房管理员不收变质原材料；厨房人员不能使用变质原材料；销售人员不出售变质原材料。

（5）三先一不制度：要先购进先出库；易腐败易变质先出库；原材料有效期短先出库；腐败变质原材料不出库。

（6）三防制度：防火、防盗、防毒工作。

（四）原材料储存安排与管理

储存原材料的仓库，应选择建立在厨房与验收处之间区域，以便于原材料及其他物资出入库方便、快捷，减少发货的时间。对于原材料储藏位置的要求主要包括：确保储藏发放要迅速；将劳动强度减少到最低；要确保安全。

原材料的储藏安全与管理需要建立在餐饮企业拥有与之相配套的库房对原材料进行储存的基础上。通常仓库的储藏条件可以有以下几种：一是按照地点分类，可以分为中心储藏仓库及厨房储藏仓库；二是根据原材料对储藏条件的要求，可以分为普通干货储藏仓库、阴凉储藏仓库、冷藏仓库、冷冻仓库等。

常见的仓库主要有以下几种。

❶ 中心储藏仓库和厨房储藏仓库　每个餐饮企业通常会有一个或多个用来放置原材料的储藏仓库。但在功能上通常会设有一个中心储藏仓库和其他各级仓库。通常中心储藏仓库存放储藏期较长、体积较大的原材料，因此相比较而言库房的面积较大，储存的原材料也会因为具体品种不同，而进行分类存放。通常会有专门的仓库管理员对其进行日常管理，拥有较为完整的管理体系，制订所需的各种管理制度，如库存卡制度。

厨房储藏仓库则是设于餐饮企业生产厨房周围的面积较小的房间。其储存的空间不会太大，里面多存放当日所用各类原材料，如各类调味品及当天所用原材料等。通常厨房储藏仓库的管理没有中心储藏仓库管理严格，未设有专人进行库房管理。

❷ 普通干货储藏仓库　普通干货储藏仓库，一般多存放日常生产中常用的各类物资原材料。粮食类：如米类、面类、豆类食品；调料类：如油、盐、醋等液体佐料以及盐等较为常用的调料；瓶装食品：各类罐头或瓶装的鱼肉、蔬菜、水果等；其他类：如香烟、糖果、饼干类等。

普通干货储藏仓库通常不需要供热和制冷设备，对于干货类原材料，最适宜的储藏温度为 15～21 ℃，最高温度不能超过 37 ℃。此类仓库应多选择防晒并远离热源的位置修建。与此同时，普通干货储藏仓库的湿度应保持在 50%～60%，尤其特别需要注意的是如果仓库的墙壁或是地面返潮，也都会对房间造成一定的温度提升。因此，日常中在对普通干货储藏仓库进行管理时，应使其保持良好的通风状态，每天应保证不能少于四次的日常通风管理。

❸ 阴凉储藏仓库　与干货储藏仓库不同的是，阴凉储藏仓库通常温度要求不能低于 0 ℃，且同时具有通风能力。

❹ 冷藏仓库　冷藏仓库是目前餐饮企业使用率较高的仓库种类之一。它主要是利用降温设施为存储的原材料创造适宜存放的湿度和低温条件，从而最大限度延长其新鲜程度。同时也是加工、储存农畜产品的场所，又被称为冷库。

❺ 冷冻仓库　冷冻仓库是一种设定温度低于 0 ℃ 以下的，不通风的储藏仓库。放入此仓库的原材料会在最短时间内进入"僵硬状态"。而制作菜品前，则需要对原材料做些基本的解冻处理。

二、原材料发放管理

原材料的发放是由备货、审核手续及凭证、编配、分发等流程环节所构成，因此库存管理工作的重点主要放在发放上。

（一）原材料的发放方式

原材料的发放工作不单是把原材料从库房中取出，提供给用料部门去使用，更是对所发放处的原材料进行全程控制的过程。对原材料发放过程的控制，主要是为了保证用料部门的原材料正常供应，并控制好其用料数量，最终正确记录厨房用料成本。

原材料的发放方式主要有直接发放和库房发放两种。

干货原材料的储藏管理

1 直接发放　直接发放指验收的原材料直接进入到用料部门,而未经过储藏环节。通常适合直接发放的原材料多为新鲜的蔬菜、牛奶、面包等容易变质的食品或是鲜活的各类原材料。此类原材料往往都能在当天被消耗掉。

鲜活原材料的发放流程:

(1)验收部门根据请购单所提供的信息,通知用料部门派人领货。

(2)仓库管理员核对发票和请购单相关明细确认无误后,按量发给部门领料员。

(3)领料员填写相应单据,并签署自己的名字。

(4)凡直接发放原材料价格按进货价格直接记入当日食品成本。

2 库房发放　库房发放主要是指原材料经过验收后,直接收入库房中,再由用料部门凭领料单到库房中取回。

库房中发放货物需要注意的问题有以下几点。

(1)领料员领取原材料,需要由主管人员签字批准,否则库房不能出库。

(2)库房应当按照实际需要量进行发货。

(3)库房发放应当守时、准时。

(4)库房应按领料单发放。

(二)原材料发放程序

原材料发放管理的目的,第一是帮助厨房完成生产菜品的需要,第二则是帮助厨房有效控制各种原材料的使用数量,进行成本的记录。因此发放流程至关重要。

1 填写领料单　领料人根据用料部门实际所需,需要认真填写领料单,完成相应文字内容的填写工作。

2 审批人员签字　领料人首先需要在领料单中的领料人一项,填写上自己的姓名;再持领料单由所在部门的审批人完成审批签字。领料单中的审批人,通常为厨师长、管理员或餐厅经理。如果领料单上无任何审批人签名,则领料单无效,无法从库房中取出任何原材料。

审批人应在领料单中的最后一项原材料名称后面标注一条横线或斜线,防止领料人在审批人签字后再领取其他原料。

3 发料并填写实际发料数及金额　库房管理员根据领料单上的具体明细,进行数量和种类上的配齐。如由于包装等影响因素,使得实际数量和申请数量可能存在差异,发货数量应填写在"实际数量"处,并要填写"金额"一栏。

4 库房管理员签字　库房管理员根据领料人所提交的领料单,准备好相应的各类原材料物资。将物资按时按量交到领料人手中,并在领料单中的相应位置上,签上自己的名字。通常领料单一式三联,一联随原材料同时交回领料部门,一联则由库房管理员转交给成本控制员,一联仓库留存,作为盘存和进货的重要依据。

任务评价

技能考核

◆1.设计制作储藏仓库的库存卡及货品标牌

以小组为单位,每组3人,小组讨论确定库存卡及货品标牌的内容及样式,并将其制作成实物进行展示。

◆2.设计制作储藏仓库的库存卡及货品标牌技能考核表(100分)

食品原材料
领料单

在线答题

设计制作储
藏仓库的库
存卡及货品
标牌技能考
核表

工作案例分析

【案例情境】

某餐饮企业共有 3 个仓库,按原先的设计布局,有放账单物品及消耗品的杂物仓库,有放食品及酒水饮料的原材料仓库,还有专放电脑用品及监控的信息仓库。按理说,应该够用了,但事情并非如此。信息仓库里每天都要存放一大堆收银单、点菜单,几天就是一蛇皮袋,没多久,蛇皮袋堆满了仓库。于是,办公室又为其腾出了一个仓库。可是月初腾出的仓库,到下旬时,会计部又打报告要求增加仓库了。

原材料仓库、杂物仓库的情况也大同小异,库存量越来越大,常常有超过库存标准几倍的物品堆放。而且,由于原材料仓库里的物品是有保质期的,经常是想用的时候找不到,不用的时候又找到了,有的已过期不能使用。仓库的混乱既占用了资金,又占用了大量空间,而且,还增加了仓库管理员。

原材料仓库和杂物仓库已形成恶性循环。首先,没有控制好购买物品的数量,造成仓库里物品越积越多;其次,因为层层相压,那些被压在下层或塞在角落里的物品寻找起来非常麻烦,常常为找一样东西费时费力。最终无功而返,只好重新购买,为防止一次次购买,只好加大购买量,造成新一轮的新货压旧货,库存量更大了。有时,当在原材料仓库找别的物品时,以前百寻不到的物品会不经意地出现,但大多已变质过期,造成了资金的大量浪费。而信息仓库的单据亦以迅速递增。

案例思考:请你结合案例中的表述,提出该仓库的整改意见。

案例点评

餐饮产品生产管理

扫码看课件

项目描述

　　餐饮产品的生产管理是现代餐饮企业管理的重要组成部分,厨房作为向餐饮消费者提供食品的主要生产部门,它的产品生产质量的好坏直接影响着消费者对其服务质量评价的好坏,也会直接影响到企业的经营状况。餐饮产品生产管理实际上是对厨房食品原材料在加工制作菜肴过程中的各阶段工作内容进行计划、组织、指挥、监督和控制。具体而言,包括了餐饮厨房的组织机构设置、餐饮产品原材料加工过程管理、餐饮产品制作过程管理、厨房卫生和安全管理等工作内容。

项目目标

　　1.了解餐饮厨房组织机构设置的基本原则;了解厨房各生产岗位的职责内容;熟悉不同规模餐饮厨房的组织机构的组成部分;能掌握餐饮生产人员数量确定的基本方法。

　　2.了解餐饮产品备料加工阶段的质量标准内涵;熟悉各类原材料加工程序的基本步骤和主要内容;能够结合不同原材料的特点初步掌握加工处理方法;培养学生的创新实践能力。

　　3.了解餐饮产品制作过程中配份阶段、餐饮产品烹调阶段的主要管理内容;熟悉餐饮产品配份质量控制的方法;熟悉餐饮产品烹调阶段管理的主要内容;掌握餐饮产品烹调阶段质量控制的方法。

　　4.了解厨房卫生管理的重要影响因素;了解厨房安全管理常见问题的成因;熟悉和掌握厨房卫生管理规范的主要内容;熟悉和掌握厨房安全管理监督防范措施的主要内容;培养学生的实践能力。

项目内容

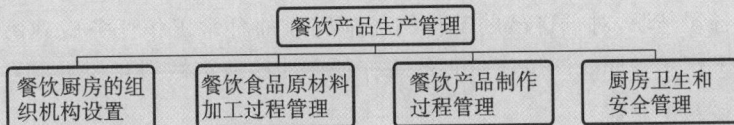

餐饮产品生产管理

| 餐饮厨房的组织机构设置 | 餐饮食品原材料加工过程管理 | 餐饮产品制作过程管理 | 厨房卫生和安全管理 |

任务一　餐饮厨房的组织机构设置

任务描述

由于现代餐饮企业的经营业态多种多样,为了适应不同经营业态的需要,厨房组织机构也会随之发生变化,做出相应的调整。如根据加工制作精细程度不同,增加厨房岗位或是缩减岗位。

任务目标

了解餐饮厨房组织机构设置的基本原则;熟悉不同规模餐饮厨房的组织机构的组成部分;能掌握餐饮生产人员数量确定的基本方法。

任务实施

一、餐饮厨房的组织机构设置原则

为了提高厨房生产的工作效率,厨房部门在人群分工和职能分化的基础上,结合不同职位的权利和职责来协调人们的行动,发挥集体优势,厨房组织机构的设立则应运而生。不同餐饮企业的厨房组织机构在设置过程中,共同遵循着以下的设置原则。

（一）组织精简原则

在竞争日益加剧的现代,更多的餐饮企业在注重生产成本控制的同时,也更加注重劳动成本的总量把握。具体表现为以减少员工总数来达到降低劳动成本的目的,这就迫使餐饮生产部门如厨房,在原有的工作时间内提高劳动生产效率,以较为精简的组织机构设置完成原有既定工作量。经济方面则降低人工费用,节省了人力资源成本的开支。

（二）统一指挥原则

为了避免出现多头领导,厨房内的每位员工只接受上级领导的指挥;而其他管理者也只能根据管理层次向自己管辖的员工发布指令,这样便于明确各自应尽的权利和义务。如若出现多头领导,导致员工不知道该听从哪位管理者的指令安排,会降低领导者的威信,也降低了厨房整体的工作效率。

（三）职能分工明确原则

餐饮厨房由于岗位众多,因此需要厨房内的领导及员工明确厨房的岗位,以及各岗位的具体岗位职责。能够做到各司其职,对于自己的工作岗位应完成的日常工作任务应熟悉了解,并能在规定的时间内完成此项工作。各职能岗位应负责的工作任务能够基本做到互相不重复,相互能帮助。

（四）权利和责任相等原则

厨房内的管理者应对厨房内的各岗位工作权限进行适当授权,明确各岗位自身的权利和职责范围,同时应当注意权责的分配不能影响到各岗位各员工之间的协调与配合,即有权必有责,有责必有权。

二、餐饮厨房的具体组织结构形式

（一）大型厨房组织机构

由于现代餐饮企业经营业态及规模等因素的影响,厨房组织机构也各不相同。传统大型厨房组

织机构中,厨房主要作为餐饮企业中的子部门存在于其中,并根据职能不同,又细分为多个子部门,见图 12-1。

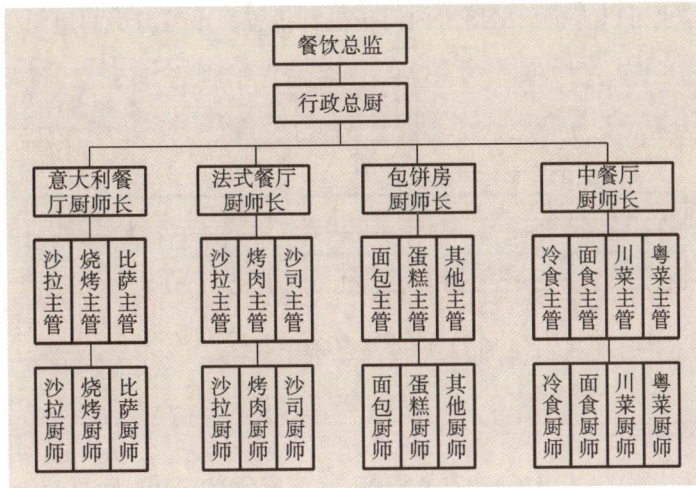

图 12-1　大型厨房组织机构

现代大型厨房组织机构,是设立一个集中进行加工处理的主厨房(也叫加工厨房),主要负责所有经营产品的原材料加工和切割。这种新型的加工方式有别于传统的普通加工,简单来说,是由加工厨房直接将各种原材料加工成可以直接用于烹调制作的半成品,并且按照产品规格进行配份,根据使用的时间及顺序,可考虑进行冷藏处理,以便于随时供应给各厨房进行菜品制作。

(二)中型厨房组织机构

结合餐饮企业厨房的实际设置情况来看,中型厨房通常分为中式菜品制作部门和西式菜品制作部门。部门内厨房的规模相比较而言会小一些,每个厨房中又根据操作特点的不同可细分为更多个子部门,其各自又有相对独立、全面的生产功能。中型厨房组织机构如图 12-2 所示。

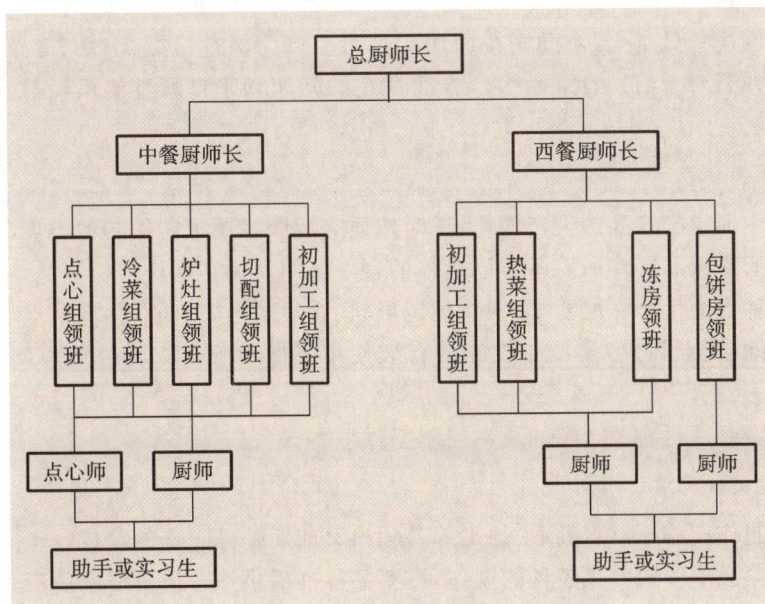

图 12-2　中型厨房组织机构

（三）小型厨房组织机构

小型厨房由于受其所在餐饮企业本身规模所限,因此其厨房组织机构也较为精简。其既可以直接设置主要职能部门,也可以直接根据厨房内岗位进行设置。小型厨房的组织机构如图 12-3 所示。

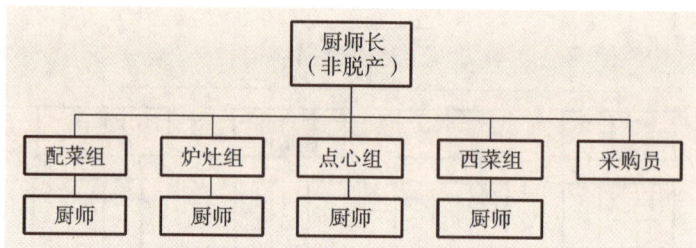

图 12-3　小型厨房组织机构

三、厨房生产岗位职责

厨房中的生产岗位主要包括厨师长、点心厨师、冷菜厨师、切配厨师、打荷厨师、炉灶厨师。各岗位的具体岗位职责如下。

（一）厨师长岗位职责

（1）统筹安排厨房的各项工作,按厨房生产所需的成本要求生产优质产品。

（2）不定期听取厨房各部门的工作及意见汇报,并根据各部门所反映的问题,及时处理出现的各类情况,避免向不良影响方向发展。

（3）定期对厨房生产及菜品销售情况进行总结,对于出现的各类问题需及时纠正进行改进。

（4）组织厨房内生产人员加强菜品创新研发工作的开展,鼓励菜品生产人员创新菜品,建立一定的激励机制。

（5）根据前厅和厨房的促销计划,以及季节性和产品特点,计划菜品的生产工作,不断更新和丰富菜肴的品种和质量。

（6）组织参加厨房每日早会,协助安排厨房的运行生产。检查切配、炉灶、冷菜、点心,以及各个部门的操作程序,并且对于前一日菜品生产方面存在的问题和来自顾客的反馈意见进行通报,并进一步提出整改措施。

（二）点心厨师岗位职责

（1）负责菜品中面点类产品的生产制作,按时按质完成顾客要求制作的各类点心。

（2）负责顾客所点菜品制作所需各类原材料的仓库领用及加工制作。

（3）按各类品种点心生产标准要求,制作规定形状、质量的各式点心,并保证点心产品按时供应。

（4）负责点心间(面点间)各类设备设施的有效使用及保养工作。确保点心间各项工作的顺利进行。

（5）协助厨房做好原材料及产品的成本控制工作。

（三）冷菜厨师岗位职责

（1）负责冷菜制作所需原材料领取、加工等各项出菜前期基础工作的完成。

（2）负责厨房菜品中各式冷菜品种的制作,按菜品标准提供符合质量要求的厨房产品。

（3）按不同冷菜产品类型的具体要求,切配好各式冷菜并装盘,适时加以点缀装饰。

（4）根据厨房菜品制作需要,完成冷菜食品如花色拼盘、盘饰制作、食品雕刻等制作工作。

（5）结合冷菜厨房内设备设施的使用情况,做好各类冷菜汁液、各类调味汁的保存冷藏工作。按规定周期定时检查设备设施内卫生整理情况。

(6)结合冷菜厨房工作环境,做好冷菜间的消毒工作。创造适合冷菜生产、制作及保存的良好工作环境。

（四）切配厨师岗位职责

(1)根据餐饮顾客的实际订餐情况,合理准确做好菜品制作前的原材料切配工作。

(2)切配过程中严格按照厨房生产的菜品标准做到按规格切配、合理使用各类原材料,准确配份。

(3)做好菜品配料前的备料工作,同时负责对冰箱、冰柜、冷藏仓库、冷冻仓库内的原材料进行使用及清理。保证配份所用原材料卫生情况符合使用要求。

(4)配合炉灶厨师做好协调工作,以保证菜品出菜及时。

(5)负责每日清扫切配区域内的地面及周边公共区域卫生;注意个人卫生并按规定着装。

（五）打荷厨师岗位职责

(1)负责各类出菜盛器的准备及必要的盘饰美化点缀工作。

(2)负责做好菜肴烹制顺序的合理安排工作,以保证菜品出菜顺序流畅,及时准确。

(3)根据菜单的出菜顺序,将已经切配好的各式原材料及时传递给炉灶厨师进行菜品烹制。

(4)与炉灶厨师配合,为菜品准备相匹配的盛器并加以装饰,及时送菜至出菜口。

(5)负责厨房内打荷台及周边的卫生清洁工作;合理摆放盛装菜品所需的各式盛器。

（六）炉灶厨师岗位职责

(1)根据菜品既定口味及质量要求,做好每日各式菜品的烹制工作。

(2)熟练合理调制各式菜品所用调味汁,准确使用各种调味料赋予菜品不同口味。

(3)减少烹制菜品过程中所出现的原材料浪费现象的发生。

(4)在相互配合前提下,合理调配打荷、切配等岗位的各项工作。

(5)做好炉灶岗位周边的卫生清洁及物品整理工作,井然有序开展各项工作。

厨师长的
选配

四、厨房生产人员的选配管理

具体来说,厨房生产人员有两种形式的构成。其中一种应当包含厨房生产所需的所有员工(包含厨房管理人员及普通员工)的配备,而另一种形式则是具体指代生产人员的分工定岗,即厨房内各岗位的选择。无论哪种形式的构成,都会直接影响到厨房劳动力成本的开支,以及对餐饮生产效率、产品质量等有着不能忽视的影响力。

（一）确定生产人员的数量

不同类型的餐饮企业厨房,按照其不同的定员影响因素,具体配备的数量也各不相同。而厨房生产人员的配备影响因素主要包含以下 5 个方面。

❶ 厨房生产规模　厨房的大小及厨房数量的多少,都会影响着厨房生产人员储备数量的确定。当厨房的规模较大,餐饮厅面服务的接待能力较大,相应厨房配备的生产人员岗位人数也较多。反之,则配备的岗位人数则较少。

❷ 厨房的布局设计与设备应用　厨房布局如果合理,结构紧凑又较为流畅,可适当考虑减少厨房生产人员。反之,如果厨房布局不合理,各子部门的位置过于分散,通道狭窄不通畅,则只能增加人手。

厨房设备的应用熟练程度也能够决定厨房生产人员的数量。厨房内的生产人员如果能熟练使用厨房的各类设备,不仅能提高工作效率,还可以节省厨房人员的人数。反之,如果现有厨房生产人员不能熟练操作各类厨房设备,势必需要增加相应操作人员完成其工作,增加厨房生产人员的总人数。

③ **生产人员的操作能力**　厨房内的生产人员,如果其实际操作能力较强,熟练程度高,自然工作效率也就高,厨房可以考虑适当减少人员。反之,如果厨房生产人员动手能力较弱,对所从事的具体工作内容不是很熟练,缺少工作的技巧性,厨房则需要考虑增加工作人员,以确保每个具体岗位的工作任务的完成。

④ **菜单与产品标准**　菜单是餐饮企业厨房生产的任务书。如果内容全面,品种较为丰富,加工产品的标准要求越高,都会需要增加厨房生产人员数量。反之,厨房生产人员数量可适当减少。

⑤ **餐饮企业营业时间**　由于现阶段不同的餐饮企业营业时间各不相同,因此生产人员配备的数量也各不相同。营业时间延长的同时,就涉及厨房内的工作班次也需相应增加。

(二)确定生产人员数量的方法

厨房生产人数的确定,不同企业选择的方法各不相同。比较常见的确定方法有如下几种。

① **按行业比例确定**　以比例确定生产人员数量,国内的高星级酒店一般为 15 个餐位配备 1 名生产人员;规模小一些的或者价格高的特色餐饮部门,7～8 个餐位配备 1 名生产人员的情况也较为常见。如一条热菜生产线包括 1 名炉灶厨师、1 名切配厨师、1 名打荷厨师、1 名初加工厨师、1 名上杂厨师共 5 人,如再加冷菜和面点小吃配置人员各 1 名,至少需要 7 名生产人员。

而国外的酒店,与国内情况则完全不同,具体表现为 30～50 个餐位配备 1 名生产人员;之所以会存在这样的差异,主要与餐饮产品的结构、品种、生产制作的繁简程度等因素有较为直接的关系。

② **按工作量确定**　对生产规模、生产品种既定的厨房,全面分解测算每天所有加工生产制作菜品所需时间,即算出完成当天所有生产任务的总用时,再乘以一个员工轮休和病休等缺勤的系数,除以每个员工规定的日工作时间,便能得出餐饮生产人员的数量。

任务评价

☑ 技能考核

◆1.完成餐饮企业调研及制作厨房组织结构框架图

以小组为单位,每组不超过 3 人。结合某一具体餐饮企业(星级酒店或社会餐饮企业均可),通过前期实地调研,完成该餐饮企业厨房组织结构的框架图。

◆2.厨房组织结构框架图技能考核表(100 分)

☑ 工作案例分析

【案例情境】

某餐馆拥有 300 个餐位,坐落于市中心,主要吸引当地客人。该餐馆开业后,营业状况不佳,营业额呈持续下滑趋势,餐馆经理为此进行了一次顾客调查,发现主要问题是顾客对餐馆的上菜速度极其不满。其中 60% 的顾客感到上菜速度太慢,还有 20% 左右的顾客抱怨经常上错菜。为了解决这一问题,扭转营业颓势,餐馆成立了以经理、厨师长为正、副组长,以厨房各班组组长、餐厅主管及领班为组员的工作小组,共同研究对策。

工作小组在分析了菜单和正常生产过程的原因后,发现厨房布局存在严重影响工作效率的缺陷。打荷与划菜员的工作距离太长,打荷的大部分时间花在将烹制好的菜肴运送到划菜处,而很少有时间来组织菜肴的最后烹制。再次,打荷的工作区域面积小,工作繁忙时,没有足够的工作桌面来摆放墩头传过来的待烹制菜肴,造成这些菜肴胡乱堆积,无法确定哪些菜应先炒,哪些菜应后炒。上菜速度受到很大影响。

案例思考:面对这些问题,你认为工作小组应该采取什么措施进行改进呢?

任务二　餐饮食品原材料加工过程管理

任务描述

食品原材料加工是厨房生产人员将原材料根据菜品的制作要求,通过原材料选择及初加工等环节,将其进行基本处理,以满足菜品制作等需要。初加工通常是指对冰冻原材料解冻,对鲜活原材料进行宰杀、摘除、洗涤、初步整理、分档取料及干货涨发。这一阶段是整个餐饮食品原材料生产过程的起始阶段,这一阶段加工质量的高低及出品的时效不仅影响着下一阶段的生产,而且还与餐饮产品的成本控制有着密切的联系。

任务目标

了解餐饮产品备料加工阶段的质量标准内涵;熟悉各类原材料加工程序的基本步骤和主要内容;能够结合不同原材料的特点初步掌握加工处理方法;培养学生的创新实践能力。

任务实施

餐饮食品原材料经过采购、验收、储存到发放过程后,下一阶段的主要工作则是根据菜品制作的需要,对原材料进行初加工以便原材料能够更适合菜品生产制作的需要。原材料的加工阶段管理重点如下。

备料加工阶段对于生产菜品来讲是一项基础工作。通常来讲这一阶段主要是包括了原材料的选择及粗加工(又称初加工阶段)。初加工阶段主要是指针对不同性质的原材料,对其进行有针对性的加工,从而为后期菜品制作做一些基础工作。其中包括:对于冰冻性原材料来讲,初加工阶段主要对冰冻的各类原材料进行解冻处理;对于鲜活类原材料,初加工阶段主要对鲜活原材料进行对应的宰杀、摘除、洗涤、初步加工直至分档取料过程。因此,备料加工阶段,餐饮厨房应当积极做好以下几个方面工作。

一、制订加工质量标准

这一阶段的加工质量标准主要包括解冻质量标准、加工数量标准以及卫生指标。

1 解冻质量标准　主要能够说明原材料解冻所需要的条件和程度。例如原材料解冻的自然环境温度及解冻程度。

2 加工数量标准　主要是指结合原材料加工后的质量效果,对其进行质量控制。此标准在实际加工过程中,主要与原材料的净料率及涨发率有较为密切的联系。

(1)净料率:通常是指原材料经过初加工后符合烹调制作的要求的原料重量的比值,即原材料加工后的重量与原材料加工之前的重量的比值。如果净料率数值越高,说明原材料的使用率越高,菜肴的单位成本则越低;反之,如果净料率数值越低,则说明原材料的使用率就越低,菜肴的单位成本则越高。

(2)涨发率:通常是指原材料经过采用不同涨发方法,其涨发后所得到的重量与涨发前原材料重量之间的比值。涨发率越高,说明原材料恢复到新鲜程度的状态也就越高,原材料的质感越好,从而也就说明原材料的利用率越高。

3 卫生标准　主要是指原材料本身固有的各种指标符合食品烹饪的卫生标准规定。通常以感官指标和理化指标为主。感官指标主要是通过工作人员自身的眼睛目测,鼻子闻嗅及手指触碰等方式判断食品的新鲜程度等指标。而理化指标则是食品在原料的加工过程中带入有毒及有害等物质或腐败变质后而产生的各种有害物质。

作为厨房内的加工人员应了解和熟悉各类原材料的保质时间和保鲜时间。不符合要求的一定不能进行细加工。对涉及食品解冻的原材料要求应采用正确解冻方法，尽量缩短解冻的时间，以避免原材料在解冻过程中受到来自外界的各类污染，从而发生腐败变质。

二、制订标准加工程序

餐饮厨房应根据生产加工条件，对各类原材料制订标准的加工程序，预期达到控制加工质量的目的。

（一）禽类原材料加工程序

❶ 加工要求 放尽禽血，煺净羽毛，洗涤干净，剖口正确，物尽其用。

❷ 加工程序描述

（1）准备所需要的基本工具，包括刀具及各种规格的盛装器皿。

（2）将禽类进行宰杀处理。选择适当部位宰杀，放尽禽血于适合容器内。

（3）用适当容器将冷水进行热处理，温度应控制在 70～80 ℃，并将禽类整身置于其中，以便于煺净羽毛。

（4）根据禽类的自身结构，选择适当部位确定剖口，将禽类内脏取出，并做留用或舍弃处理。

（5）根据菜品的实际需要，进行分档取料；将分档取料后的原材料进行盛装备用处理。

（二）肉类原材料加工程序

❶ 加工要求 分档正确，整理干净，物尽其用。

❷ 加工程序描述

（1）准备所需要的基本工具，包括刀具及各种规格的盛装器皿。

（2）对整型原材料进行分档取料，便于后续操作。

（3）将分档后的原材料进行洗涤处理，去掉其自身的各类血渍或污渍。

（4）根据实际使用需要，对加工后的肉类原材料进行分类存放。

（三）水产类原材料加工程序

❶ 加工要求 除尽原材料自身杂质，选择恰当加工方式，及时盛装，避免污染。

❷ 加工程序描述

（1）根据水产类原材料的具体品种，选择适合盛装的器皿盛器。

（2）根据不同类别的品种，选择适合的宰杀方式。

（3）去除掉水产类原材料的各种血渍或其他杂质，进行必要的原材料洗涤。

（4）结合水产品原材料的使用顺序，对原材料进行适当的保鲜包装处理。

（5）对已经包装好的原材料进行分类存放，以便后期菜品制作的使用。

（四）蔬菜类原材料加工程序

❶ 加工要求 按规格进行整理，洗涤方法正确，保证卫生，合理储存放置。

❷ 加工程序描述

（1）根据蔬菜类原材料，选择适合洗涤盛装的器皿盛器。

（2）根据蔬菜类原材料的实际感官性状，摘除掉原有的腐烂变质原材料，保留完好无损的原材料。

（3）将摘洗后的蔬菜类原材料选择适合的洗涤方法进行清洁处理，并根据实际应用情况，沥干水分。

（4）将沥干水分后的蔬菜类原材料进行盛装，以便菜品制作的备用。

（五）油发原材料涨发程序

❶ 涨发要求　熟悉原材料的性质特点，正确掌握油温，完全浸透。

❷ 涨发程序描述

（1）根据油发原材料，选择适合洗涤盛装的器皿盛器。

（2）将需要涨发的原材料先用清水进行洗净处理，去除掉表面的各类杂质。

（3）使用温油对原材料进行浸泡，使原材料内部充满温油，适合后期涨发。

（4）使用热油对原材料进行涨发，使原材料内部充分吸收油脂颗粒。

（5）根据涨发需求，达到标准形态后，将原材料表面的油脂进行去除处理，使得表面清洁。如适当使用盐或碱等辅助原材料。

（6）将油发后的原材料用清水进行适当浸泡、漂洗干净，处理后留存备用。

三、明确加工管理阶段的基本要求

餐饮厨房在做好基础厨房生产工作的同时，也同样需要对厨房全面工作进行自我监督及管理，通常此阶段基本要求有以下几个方面。

❶ 合理加工保持原材料营养成分　各种原材料都含有丰富的营养成分，但同时也容易在后期的加工及制作过程中，将营养成分损失掉。因此，原材料加工过程中的摘洗、去壳（皮）、涨发、解冻、切配处理及挂糊上浆等工作步骤，都需要采用较为合理的方法，充分运用原材料，最大限度保持原材料本身的营养成分不受损失或少受损失。

❷ 配合选用正确烹调方法　各种菜品所使用的烹调方法各不相同，原材料在加工过程中所采用的方法和所要注意的要求也就各不相同。特别是原材料加工过程中的刀工处理，需要根据菜品的不同要求选用适合的刀工技法进行切配处理。如急火（旺火）烹调的菜肴，加工时原材料刀口要小，块状轻薄；慢火（小火）加工时原材料刀口则要较大，块状适宜。通常同一品种和规格的产品原材料加工中应当做到整齐、规格均匀统一。

❸ 制订菜点标准配料量　餐饮厨房应根据企业的实际经营管理的特点，考虑是否对所经营销售的菜品进行量化管理。具体表现：为所销售的诸多菜品制订标准，其中包括主料、配料、调辅料的品种、形状、数量等数据信息。以保证所加工的原材料大小一致、样式一致、厚薄程度相同。

❹ 注意加工过程中原材料清洁卫生　加工过程是菜品制作的一道重要工作内容，也是避免和预防餐饮企业发生食物中毒和疾病传染的重要环节。因此，应当重视此过程中基础清洁卫生工作。厨房加工生产人员应牢固树立安全卫生意识，并将其贯穿于整个生产加工过程。日常工作中积极做好厨房加工及生产环境中的卫生操作，保持厨房区域内的场地、人员、各种设施设备的卫生清洁，从而达到预防和避免食物中毒及疾病传染情况的发生。

❺ 重视原材料加工阶段质量检查　原材料加工由于原材料的种类、用途和菜品不同而存在差异。因此需要结合不同加工阶段的质量要求对其进行全过程控制。通常粗加工阶段主要是检查原材料在加工中的清洗、摘除、去壳（皮）、宰杀、分档取料、涨发、解冻等加工方法是否正确、合理。而细加工阶段则主要检查原材料在加工后的形状、规格、厚度是否符合菜品的实际需要；原材料的净料率是否符合厨房加工制作要求。

厨房原材料
加工数量管
理

在线答题

任务评价

技能考核

◆1. 撰写厨房食品原材料加工过程管理现状调研报告

以小组为单位,每组不超过 3 人。可对学校食堂、星级酒店及其他社会餐饮企业原材料加工过程进行观察调研,从中发现存在的问题并提出解决方案。

◆2. 撰写厨房食品原材料加工过程管理现状调研报告技能考核表(100 分)

任务三 餐饮产品制作过程管理

任务描述

餐饮产品的制作过程主要包括原材料的配份阶段的管理、烹调阶段的管理、出品备餐阶段的管理三大方面。通过完成前期原材料加工阶段的基础性工作后,本阶段主要将原材料进行适当切割并完成配菜等工作,并在此基础上进行菜品的制作烹调,以确保餐饮产品质量不出现差错,同时它也决定了餐饮产品用料及其成本。

任务目标

了解餐饮产品制作过程中配份阶段、餐饮产品烹调阶段的主要管理内容;熟悉餐饮产品配份质量控制的方法;熟悉餐饮产品烹调阶段管理的主要内容;掌握餐饮产品烹调阶段质量控制的方法。

任务实施

一、餐饮产品配份阶段管理

餐饮产品配份阶段的主要工作内容包括对原材料的切割成形、按照标准进行配菜等工序。此阶段的管理质量的水平高低直接决定了餐饮企业经营盈利的情况。

(一)配份数量控制

餐饮产品的配份主要是根据餐饮企业针对菜单中的各式菜品进行用料的数量确定配伍。其中包括主料、配料及调辅料的种类及数量的确定。配份数量的确定可以保证每份菜品原材料的数量整体合乎规格标准;由于原材料经过前期的加工阶段已经去除部分原材料,因此使得其单位成本增加,如果加工阶段原材料的数量不能严格控制,会使得成本继续增加,从而降低餐饮企业的获利能力。

因此,此阶段严格按照既定的菜品配份标准执行,严格称重量,严格进行数量的确定,以确保菜品的整体分量符合配份要求。

(二)配份过程控制

1 正确使用称重、计量和计数等控制工具 厨房配份岗位应长期备有各类计量等控制工具。通常做法是每配份二至三次就称量一次,如果称量后显示配份量无差错,则可继续配份;如果称量后发现配份量存在差异,则需要立即重新称量,直到配份量合格为止。

2 配份应凭单配发 配份人员应在接到顾客订餐单后方可开始因菜配份。不能在无单情况下私自配份。要做到凭单配份有据可查。

3 提高配份工作效率 厨房配份工作需要认真对待及完成。因此需要配份人员认真对待此项工作,减少工作中错误的出现,减少配份错误的出现及杜绝顾客投诉事件的发生。

4 配份应专人专岗 厨房内的配份工作应由专人负责。在大多数餐饮企业中,此项工作由砧板岗位厨师负责完成。因此为加强质量管理,此岗位不宜安排非计划内生产人员从事此项工作,以避免出现配份错误问题。

(三)配份质量管理

配份质量具体应包含两个方面的含义:一是各种原材料的重量等符合既定的配份标准要求;二是原材料加工后的形态及搭配比例更符合餐饮产品的烹调制作需要。同一道菜品中的主料、配料和料头等都应有同一的标准规格,而相互之间的比例关系也应有明确的规定。

应根据餐饮企业的实际管理情况,制订严格的配餐工作程序及相关的规章制度,建立健全厨房出菜标准及配套制度,以此来防止和控制配错菜、配重菜和配漏菜现象的发生。具体可以考虑从以下方面进行控制。

(1)切配人员负责接受和核对各类订餐单(或点菜单),明确各单中所需用到的原材料。

(2)切配人员在收到订餐单后,结合菜单中各个菜式的配料要求,准确及时地进行配份。在配份过程中按"先接单先配,紧急特殊情况先配"的原则处理订餐单菜品的配份工作。

(3)排菜必须及时准确,能够根据菜品的制作技法合理安排制作的先后顺序。

(4)制作好的菜品应及时送到备餐间,并及时提醒服务员上菜,以避免出现菜品迟上而遭到顾客的投诉。

(5)所有的订餐单应在配份后进行妥善保存,出菜完毕后交到厨房的主管人员处备查。

二、餐饮产品烹调阶段管理

(一)烹调阶段管理工作重点

烹调阶段是餐饮产品的最终完成阶段,它包含了原材料初步熟处理、菜品调味、原材料上浆挂糊、炉灶的菜品烹制等工序,是保证菜品质量的最后一个环节,同时也决定了餐饮产品最终的质量水平。因此,餐饮产品烹调阶段的管理工作应从如下方面进行。

(1)加强生产人员的操作规程培训,统一制作标准和规格。结合厨房实际情况,应组织厨房生产人员对菜品制作的流程、原材料及调料的投放比例等进行规范的培训指导,同时在实际应用中加以督导。

(2)明确各菜式的制作标准。生产人员应结合单次烹制菜品的数量、成菜速度以及出菜的先后顺序等方面,明确具体的时间要求及流程要求。

(3)厨房对成品的盛装及必要的盘饰设计等都应制订明确的标准,如各类菜品盛装容器的形状及大小等要素。

(4)对厨房烹调阶段后不合格的产品或餐厅退回的产品,应进行相应的登记处理,并积极主动查找原因,提出解决的措施。

(二)餐饮产品烹调阶段控制方法

1 菜品标准原材料单控制法 在日常工作管理中,厨房管理人员应将厨房内菜品制作所需用到的各种原材料进行烹饪加工制作的质量标准汇编成手册。其中包括各式菜品的名称、所使用的原材料、具体的配份标准数额、质量标准等内容,使厨房生产人员以此质量标准手册为参考依据,并在厨房产品的配份及烹调阶段按照此标准进行执行,从而提高菜品烹调阶段的管理水平。

2 重点控制法 餐饮厨房各生产人员需将日常工作中容易出现生产问题的环节作为质量控制的重点,进行常规性的监督检查并加以控制,以便问题得以解决。此过程中易出现的生产问题往往

厨房生产工
艺流程之菜
点生产制作
区域

Note

是动态的,需要厨房内生产人员不断发现问题,并加以解决,以确保整体提高烹调阶段的质量管理水平。

❸ 程序控制法　餐饮产品的生产制作是从厨房的加工生产环节开始,它包括原材料的初加工、细加工、切配、烹调、调味、装盘造型直至出菜。每一个工序都是前一道工序的控制点,也就是说需要对前一个控制点的完成质量进行把关。对于不符合要求的工序或是操作,都要及时上报给厨房管理人员,以起到时时监督、时时控制的有效管理。

❹ 责任控制法　根据厨房内各岗位的具体分工,使得每个厨房岗位的工作人员都要承担相应的责任,即生产责任。各个岗位的责任人,都应对其工作组的生产质量进行检查控制,并对其承担责任。而厨房管理人员则主要整体把握好菜品的出菜质量。

三、餐饮产品厨房生产标准控制说明书

厨房生产是餐饮产品销售的一个重要组成部分,经由厨房生产而制作的各式菜品是顾客评价餐饮服务质量好坏的重要依据。而厨房内的厨师众多,让不同的厨师烹制出相同风格、相同口味的菜品,则是保证餐饮产品质量的关键。现在越来越多的厨房采用标准化菜谱这一厨房生产标准控制说明书,能够最大限度为用餐顾客提供满意产品。

(一)标准化菜谱

标准化菜谱,通常是餐饮企业将所经营销售的菜品以较为翔实的信息,用以规范餐饮产品的制作、产品的质量及成本核算。菜品信息中主要包括菜品制作所需各种原材料的名称、数量、规格、制作方法、装盘要求以及标准的成本等内容。

标准化菜谱与传统菜谱相比较适用范围更广、菜品信息更为翔实。传统菜谱中常常只含有菜品名称、原材料用量,个别还含有制作方法的描述。而标准化菜谱则在传统菜谱基础之上丰富了更多菜品及其相关信息。对于规范厨师菜品制作、加强厨房菜品制作管理等都具有积极的推动作用。

(二)标准化菜谱的常见内容、格式

❶ 菜品名称　标准化菜谱中的菜品名称需要与销售用菜单中菜品名称相一致。应采用传统菜品命名的方法,如"主料+烹调方法"形式来进行命名,简单又通俗易懂。

❷ 产量　标准化菜谱中的产量,通常是指描述菜品的制作量。如500 g原材料可以制作出多少道菜;又或是500 g原材料制作完成后供多少人食用。

❸ 分量　标准化菜谱中的分量通常是指一份菜品的大小。通常在西餐菜品中常用重量单位如盎司来描述;也有使用容量单位如杯等进行描述。而在中餐菜品中则是用例份、中份、大份等来进行分量的描述。

❹ 原材料名称　标准化菜谱中的原材料名称,应该以大家众所周知的名称为准。不能使用带有明显地域色彩的名称来进行命名。

❺ 原材料用量　标准化菜谱中的原材料用量,应以通用、适用面广的计量单位为主。如"克""斤"等单位。忌用传统菜谱中较为模糊的表述方式,如"少许""一勺""适量"等词语。应在现代厨房生产制作中杜绝此类厨房用语的出现。

❻ 操作程序　标准化菜谱中对于操作程序的描述,应尽量言简意赅,词意表述准确。所表述内容应包括菜品制作的步骤过程。

❼ 烹制时间与温度　标准化菜谱中对于烹制时间与温度的描述,应当结合所采用的烹调方法进行。时间描述应以量化描述为主,如具体的"5 min""30 min"等。与此同时,在针对烹饪过程中温

Note

度的描述也应做到准确描述,如"150 ℃油温"等。避免温度表达采用模糊不清的词语。

❽ **盛装器皿与装饰说明** 标准化菜谱中的盛装器皿应是菜品上桌时所需使用器皿,一般多以器皿的材质为表述词语,如瓷盘、银盘等。装饰说明通常是指菜品上餐桌之前,如何让餐盘更美化,如采用糖艺、面塑等方式。

(三)标准化菜谱在企业经营管理中的作用

(1)标准化菜谱通常对于产品的分量、制作方法等均有明确规定,因此会使得总体质量和成本等多方面事项能够保持一致。

(2)便于餐饮企业的生产管理人员根据标准化菜谱来制订安排生产计划。

(3)即使烹调水平不高的厨师使用标准化菜谱,也能烹制出符合企业要求的菜品。

(4)可以减少厨房生产管理人员的督导管理工作量。

(四)应用标准化菜谱需要注意的问题

(1)对拟使用标准化菜谱的厨房生产部门及相关部门工作人员进行专项培训,统一思想。

(2)需要将录入标准化菜谱中的菜品相关文字信息进行前期收集、整理形成初稿,并在此基础上进行数次试验获得相关数据后,方可制订正式标准化菜谱。

(3)制订标准化菜谱并不意味着餐饮企业所使用的菜品将一成不变,而是鼓励生产厨房将菜品创新后进行标准化管理。即创新后的菜品经过试销售后,顾客反应较好,可将创新菜品增补入标准化菜谱中进行推广。

(4)在应用标准化菜谱过程中,可能出现个别厨师对标准化菜谱的推广应用有抵触情绪。生产部门管理者应积极做好思想工作,安抚其情绪。讲明标准化菜谱为餐饮企业及厨房生产人员所带来的好处及优势。

🥚 任务评价

📋 技能考核

◆1. 制订餐饮厨房标准化菜谱

以小组为单位,每组不超过 3 人。可以学校食堂、星级酒店及其他社会餐饮企业为对象(大排档及路边摊档除外),结合该企业实际销售菜品制订标准化菜谱,菜品数量 10 道。

◆2. 制订餐饮厨房标准化菜谱技能考核表(100 分)

📋 工作案例分析

【案例情境】

世界 500 强中处在第 321 位的麦当劳,在全世界有 3 万多家店面,在它的任何一个餐厅,柜台都是 92 cm 高(因为最适合人们从口袋里掏出钱来的高度是 92 cm);店铺内的布局也基本一致,壁柜全部离地,装有屋顶空调系统;其厨房用具全部是标准化的,如用来装袋用的"V"形薯条铲,可以大大加快薯条的装袋速度;用来煎肉的贝壳式双面煎炉可以将煎肉时间减少一半;所有薯条采用"芝加哥式"炸法,即先炸 3 min,临时再炸 2 min,从而令薯条更香更脆;与汉堡一起卖出的可口可乐,据测在 4 ℃时味道最甜美,于是全世界麦当劳的可口可乐温度,统一规定保持在 4 ℃;面包厚度在 17 cm 时,入口味道最美,于是所有的面包做 17 cm 厚;面包中的气孔在 5 mm 时最佳,于是所有面包中的气孔都为 5 mm。

案例思考:请结合本案例尝试分析厨房生产制作诸多环节中,是否可以采用部分标准化生产模式。

菜品品质标准化

在线答题

制订餐饮厨房标准化菜谱技能考核表

案例点评

任务四　厨房卫生和安全管理

任务描述

厨房的卫生管理及安全管理是保证厨房菜品生产质量的基础,同时也是餐饮产品赖以生存的生命线。在日常管理中重视和加强此方面的管理工作内容,是厨房管理的管理人员和其他工作人员不能够忽略的重要管理环节。

任务目标

了解厨房卫生管理的重要影响因素;了解厨房安全管理常见问题的成因;熟悉和掌握厨房卫生管理规范的主要内容;熟悉和掌握厨房安全管理监督防范措施的主要内容;培养学生的实践能力。

任务实施

厨房卫生管理是保护餐饮消费者人身安全的基本职责所在,它所面对的是就餐的顾客,在经营中厨房卫生也就显得尤为重要。厨房卫生管理不仅直接影响着员工的工作环境,同时还与提高产品质量、树立餐饮企业形象等有直接的关系。就餐顾客所食用的菜品,首先应当保证其干净、清洁、卫生,而不能给就餐顾客带来身体健康方面的伤害。

厨房卫生包括来自烹饪原材料本身的卫生安全、食品生产和销售等经营环境方面的卫生,也包括就餐顾客食用过程及食用后的身体健康安全。如果餐饮企业厨房生产及销售出来的菜品卫生不达标,更为严重的是还有卫生安全隐患,对消费者来讲,轻者身体受到伤害,心理受到伤害;重者则会危及生命安全。

一、厨房卫生管理的影响因素及卫生管理规范

(一)厨房卫生管理的影响因素

❶ 厨房生产人员的卫生规范　厨房生产人员是菜品制作过程中接触菜品最为直接、最为频繁的人员;因此,厨房生产人员的身体健康和卫生状况在生产制作中就显得尤为重要。良好的个人卫生状况,可以保证自身身体健康及高效率的工作。更为主要的是可以避免食品原材料被污染,防止食物中毒事件的发生。

❷ 厨房作业卫生规范　厨房加工阶段的卫生管理是整体卫生管理工作的重点所在。如果缺乏相关的卫生标准操作程序,同样会给就餐顾客和厨房生产人员带来身体健康方面的伤害。

❸ 厨房原材料卫生规范　厨房内的各种餐饮产品原材料由于菜品制作的需要,按要求加工成成品或半成品并备用。在未使用过程中如果不注意存放环境的卫生情况,或未对暂不使用的原材料进行保鲜或冷藏等处理,容易使厨房内的原材料发生腐败变质,食用后对人体造成伤害。

❹ 厨房设备用具及餐具卫生规范　厨房内设备用具的使用可以高效率完成餐饮产品的制作。但设备用具或餐具如果在使用后未能及时清理干净,则容易滋生细菌等有害物质,从而极易造成食物中毒等危险事故的发生。

(二)厨房卫生管理规范具体内容

❶ 厨房生产人员的卫生规范

(1)厨房生产人员应具备良好的健康意识,注意养成个人清洁卫生习惯;进入岗位前后,工作服

一定要穿戴整齐,工作服的穿戴应符合厨房菜品制作的基本要求。不穿带有明显污渍的工作服到岗,做到及时更换。

(2)在进入工作岗位后,应该更加注意个人卫生与菜品制作之间的联系。应尽量避免在岗位上吸烟、在水龙头附近随便吐痰等不良个人卫生习惯事件的发生。随时注意良好个人卫生习惯的养成。

(3)厨房生产人员应避免出现个人的卫生"死角"。双手是厨房生产人员的重要"生产工具",同时它也是与食品直接近距离接触的"物体"。因此,一定要保证双手的干净卫生,不得以任何理由留长指甲、涂抹指甲和佩戴任何首饰,避免与食物进行直接接触。

(4)厨房生产人员应持健康证上岗。

(5)厨房生产人员不得带病上班,尤其是各种类型的传染病,以免留下各种安全隐患。

❷ 厨房作业卫生规范

(1)厨房内的刀具、砧板与抹布,应进行生熟原材料切配的区分,以避免细菌交叉污染。

(2)在配制食品过程中,盛具要干净。配制后的食品应保持新鲜、卫生和清洁。使用适当的保鲜工具对其进行保存处理,并根据储存环境的具体条件,选择采用冰箱或是冰柜进行冷藏或是冷冻处理。

(3)食品原材料在制作加工成菜肴的过程中,应当注意运用高温等措施,将细菌充分杀灭;厨房生产人员忌用自己的手或是自身准备的筷子或汤匙直接尝试制作中的菜品温度或味型,而是应当使用公筷或是公共汤匙进行,并且在完成后第一时间,用清水迅速洗净。

(4)厨房中冷菜食品的制作,首先要考虑在厨房布局、使用的设备及各种工具的使用上注意生熟分开。厨房生产人员应在操作过程中自觉佩戴口罩或是用于遮挡口水喷溅的简易塑料挡板,还有一次性手套。所使用的各种设备、器皿及工具应当注意及时清洗、及时消毒。

(5)厨房生产的剩余原材料应及时储藏。绝对不可以和新鲜原材料混合摆放。

(6)各类餐具应注意严格清洗和及时消毒,尽量不用自己的手接触餐具上顾客可能入口的位置。

(7)厨房菜品进行装盘时,厨房生产人员应避免用抹布擦拭盘子边沿,无论是内侧还是外侧。

❸ 厨房原材料卫生规范

(1)食品原材料在进行加工前应进行质量的鉴别,一旦发现有腐败变质现象的发生,应第一时间予以丢弃,不应继续使用。

(2)对已经盛装了变质原材料的器皿盛器,应在最短时间内快速清洗掉,并进行适当的消毒处理。

(3)对于容易腐败变质的原材料,应做好及时的保鲜防腐处理,可考虑根据实际情况放入冷藏柜或是冷冻柜。

(4)原材料在储存过程中,应做到生熟分开、分类存放,避免原材料之间因储存容器密封性不好而导致相互串味。

❹ 厨房设备用具及餐具卫生规范

(1)厨房管理者应选购制作材料符合食品卫生安全材质的设备及餐具。

(2)厨房设备或餐具应比较容易清洗,不容易存污垢。

(3)厨房设备或餐具应有专人负责清洗及消毒;根据清洗消毒的标准完成该项工作。

(4)厨房管理者应加强工作人员的卫生教育,养好良好的卫生习惯,并应用于日常的厨房设备及餐具的卫生清洁。

二、厨房安全管理监督重点环节与防范

厨房安全是餐饮企业正常经营的基本保证,也是餐饮企业经济效益的根本保证。厨房安全不仅

关系着消费者的生命安全,同时更关系着厨房内生产工作人员的生命安全。因此营造安全、舒适的工作环境,不但利于员工开展各项餐饮产品的制作,而且更利于企业良性发展。因此厨房安全管理是厨房管理过程中的一个重要管理环节。

厨房常见的安全问题主要表现为跌伤、扭伤与撞伤、割伤、烧烫伤、电击伤及火灾、盗窃等。

(一)厨房安全管理常见问题及其成因

1 跌伤、扭伤与撞伤 厨房里发生跌伤、扭伤与撞伤等安全事故,主要原因是厨房工作环境安全隐患较多。厨房的地面由于工作原因,有少许水渍或油渍,如果不能及时清理干净,就容易为后续的安全行走留下隐患,从而容易发生跌伤。除此之外,扭伤与撞伤也多发生在厨房通道或门口处。

2 割伤 厨房中造成割伤的事故,多见于厨房的初加工岗位、切配岗位以及冷菜厨房的工作岗位。而造成此项安全事故发生的原因有厨房员工工作过程中注意力不够集中、工作姿势不够得体或操作程序不符合既定标准、刀具钝或刀柄滑以及对厨房工作环境观察不够仔细,被凸起的铁皮等划伤或割伤。

3 烧烫伤 厨房中造成烧烫伤的事故,主要是厨房生产人员工作粗心不认真所引起的。例如,操作时聊天、想工作之外的事情以及自认为很熟练而忽视操作规程的规定。此类事故在厨房安全事故中所占比例较大。

4 电击伤 厨房中造成电击伤事故,主要是因为厨房内的电线老化,使得一些电线裸露在外,厨房生产人员使用时未注意而导致发生电击伤;偶尔也有因为使用沾有水的手去触碰电源设备而导致。

5 火灾 厨房内发生火灾事故,主要有以下原因:首先,厨房生产人员操作过程中未按固定程序操作,如炒菜油加热过度,加热至燃点而发生着火,厨房工作人员处理不得当会助燃使火苗增大,最终酿成火灾。其次,厨房内设备电线老化或电器超负荷运作,使得电线使用中有火苗出现,如未能及时发现,也容易酿成火灾。

6 盗窃 厨房内的被盗物品一般多是储藏仓库中的物品或是一些餐饮服务中的高级餐具用品。而犯罪分子采用的盗窃多以内外盗及内盗为主。物品被盗后会给厨房及餐饮企业造成巨大的经济损失。

(二)厨房安全管理监督防范措施

1 跌伤、扭伤与撞伤安全问题的防范措施

(1)厨房应时刻保持地面清洁无水渍。

(2)保持厨房通道的畅行无阻。

(3)在较为显眼的位置放置安全告示,以提醒厨房生产人员注意安全。

2 割伤安全问题的防范措施

(1)厨房管理者应对厨房区域内定期进行安全检查,将安全隐患查找出来。

(2)对厨房生产人员进行安全意识培训,提醒其日常工作要多加注意,尤其是禁止在厨房工作区域内跑跳打闹。

(3)对厨房内的各种刀具进行规范管理,如设立专门的刀库或是柜子。

(4)提醒厨房生产人员在进行操作时,应集中注意力,不能做与工作无关的事情。

(5)加强厨房生产人员对刀具的熟练使用程度。

3 烧烫伤安全问题的防范措施

(1)加强员工安全意识的培训,让员工能够认真对待厨房内的安全问题。

(2)要求厨房生产人员严格按照设备设施的正确使用方法进行操作。

（3）厨房管理者应该提醒厨房内员工不能在操作台或热源区域附近嬉戏打闹,以免发生安全事故。

4 电击伤安全问题的防范措施

（1）厨房管理者应定期检查厨房内设备设施电线使用情况,避免有电线因老化裸露在外。

（2）悬挂显眼的安全警示标志或是警示牌,提醒厨房内员工多加以注意。

（3）加强对厨房生产人员安全常识的培训,避免出现较为低级的安全错误。

5 火灾安全问题的防范措施

（1）厨房管理者应加强对员工安全知识的专题培训。

（2）落实安全防火责任制,具体到人。

（3）定期对厨房内的区域进行安全防火专项检查。

（4）建立健全安全防火各项规章制度,将安全防火常态化。

6 盗窃安全问题的防范措施

（1）厨房管理者应加强厨房员工的安全防盗意识,树立"企业安全靠大家"的全局意识。

（2）在厨房等产品生产公共区域内,适时安装监控设备,以加强下班后厨房区域的安全保障工作。

（3）根据餐饮企业厨房区域内的实际管理情况,加强对于厨房区域内原材料及餐饮器具物资储存处的配锁控制。

（4）可增加下班后厨房区域内的安全保卫工作,增加巡查次数。

任务评价

技能考核

◆1.厨房卫生与安全调研报告书

以小组为单位,每组不超过 3 人。以学校食堂及周边其他社会餐饮企业为对象,调研该企业厨房卫生与安全,并形成纸质调研报告 1 份。

◆2.厨房卫生与安全调研报告书技能考核表(100 分)

工作案例分析

【案例情境】

央视"3·15"晚会曝光在某外卖平台网站上,存在着商家虚构地址、上传虚假实体照片等情况。并且一些商家店面卫生状况堪忧,甚至是无照经营的黑作坊。"扬州炒饭吃出蟑螂""小馋猫吃出木炭"等系列事件,一下子将外卖卫生推到了风口浪尖。

案例思考:请你分析厨房生产环节如何提高餐饮产品生产安全和食品卫生安全。

厨房安全管理规定

在线答题

厨房卫生与安全调研报告书技能考核表

案例点评

餐饮成本控制管理

项目描述

　　餐饮产品成本的认知、餐饮成本核算是餐饮成本控制及管理的基础和前提,直接关系到餐饮成本核算的准确性及管理的有效性。加强成本核算及控制,能帮助管理人员及时掌握产品成本消耗,提高企业的经济效益。本项目以工作任务形式即餐饮成本构成、餐饮成本核算及餐饮成本控制的知识和技能进行学习、训练,力求在学习的过程中提高学生的餐饮成本管理意识。

项目目标

　　1.了解餐饮成本的分类;掌握餐饮成本的构成要素;根据餐饮成本构成要素,初步估算餐饮成本。

　　2.了解餐饮成本核算的作用;掌握餐饮成本核算的方法和步骤;根据餐饮成本核算的方法和步骤,初步制订餐饮成本核算方案。

　　3.了解餐饮成本控制的原则;熟悉餐饮成本控制的程序;掌握餐饮成本控制的内容;根据餐饮成本控制的内容,初步制订餐饮成本控制方案。

　　4.培养学生良好的职业素养,提高学生对餐饮成本的认知能力,同时进行有效的餐饮成本管理。

项目内容

```
                    餐饮成本控制管理
        ┌────────────────┼────────────────┐
   餐饮成本构成      餐饮成本核算      餐饮成本控制
```

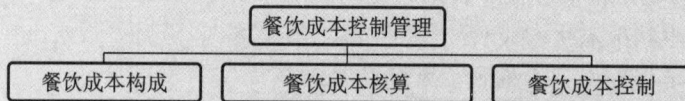

任务一　餐饮成本构成

任务描述

　　餐饮成本构成反映餐饮成本的各个项目,各个国家经济水平和经营观念以及生产效率都影响着餐饮成本的构成要素。明确餐饮成本的构成,是餐饮企业进行成本控制的前提。通过基础知识的学习和技能的训练,掌握餐饮成本的构成要素,使学生能初步估算餐饮成本。

任务目标

了解餐饮成本的概念、餐饮成本的特点；熟悉餐饮成本的分类；掌握餐饮成本的构成要素；能初步估算餐饮成本。

任务实施

一、餐饮成本的概念

餐饮成本是指餐饮企业在一定时期内生产和销售餐饮产品过程中所发生的费用支出总和，即餐饮营业额减去利润的所有支出，是餐饮企业在生产经营过程中耗费的全部物化劳动价值和活劳动消耗中为自身劳动的价值的货币表现。物化劳动价值是指食品原材料和生产过程中的厨房、餐厅设备、餐茶用具、水电消耗等的价值。活劳动消耗中为自身劳动的价值主要指维持餐饮经营者劳动力的生产和再生产所需要的价值，它们以劳动工作和奖金福利的形式计入成本。

二、餐饮成本的构成

餐饮成本的构成，一般来说可分为直接成本和间接成本两大类。所谓直接成本，是指餐饮成本中具体的食品原材料成本，包括食物成本和饮料成本，也是餐饮业务中最主要的支出；所谓间接成本，是指操作过程中所引发的其他费用，具体包括三个方面。

❶ 食品原材料成本　食品原材料成本是餐饮成本核算的主要部分，食品原材料有主料、配料和调辅料之分。在餐饮产品生产过程中主料是餐饮产品中的主要材料，一般成本份额较大，如鸡、鸭、鱼、肉等；配料是餐饮产品中的辅助材料，其成本份额相对较小，如蔬菜、瓜果等；调辅料也是餐饮产品中的辅助材料，主要起色、香、味、形的调节作用，如油、盐、酱、醋等。餐饮经营过程中要同时销售各种酒水饮料，故菜肴成本、酒水成本和饮料成本共同构成了餐饮经营活动中的全部食品原材料成本。

❷ 劳动力成本　劳动力成本是指餐饮生产经营活动中消耗的活劳动的货币表现形式，具体包括工资、奖金、餐费、住宿费、服装费等。

❸ 管理费用成本　管理费用成本包括水电燃料、固定资产折旧、餐茶具消耗、服务和卫生用品消耗、管理、维修、装饰、交际等餐饮部经营中消耗的所有费用。

三、餐饮成本的特点

根据餐饮企业的运作规律，结合餐饮成本的构成及相关要素，餐饮成本具有以下特点。

❶ 变动成本比重大　餐饮企业的成本费用中，除餐饮产品饮料外，在营业费用中还有物料消耗等一部分变动成本。这些成本和费用随销售数量的增加而增加。这个特点意味着餐饮产品价格折扣的幅度不能特别大。

❷ 可控成本比重大　除营业成本中的折旧、大修理费、维修费等不可控制的费用外，其他大部分费用成本以及食品饮料成本都是餐饮管理人员能够控制的费用。这些成本发生额的多少与管理人员对成本控制的好坏直接相关，并且这些成本和费用占营业收入的很大比重。

❸ 成本泄漏点多　餐饮成本和费用的多少受经营管理的影响很大。菜单的计划、食品和饮料的成本控制、餐饮的推销和销售控制，以及成本核算的过程中涉及许多环节：菜单计划—采购—验收—储存—发料—加工切配—烹调制作—餐饮服务—餐饮推销—销售控制—成本核算。

菜单计划和菜单的定价直接影响顾客对菜品的选择，决定菜品的成本率。对食品和饮料的采购、验收控制不严格，或者采购的价格过高、数量过多会造成浪费；采购的原材料不能如数入库，采购

餐饮成本
构成表

的原材料质量不佳等都会引起成本的提高；储存和发料控制不当，会造成原材料变质或被偷盗、丢失和私用；对加工和烹调控制不严不仅会影响食品的质量，还会增加原材料的折损和流失量。对加工和烹调的数量计划不好也会造成浪费；餐饮服务不仅影响顾客的满意度，也影响顾客对高价菜的挑选，从而影响成本率。餐饮推销搞得好不好不仅影响收入，也影响成本率，如加强宴会和饮料的推销会降低成本率；销售控制不严，售出的食品和饮料得不到收入也会使成本率增大；企业若不加强对成本的核算和分析就会放松对各个环节的成本控制。

总之，成本控制的每一个环节都可能产生成本泄漏。其原因主要是工作效率低和不负责任，从而造成原材料的丢失和浪费。

四、餐饮成本的分类

餐饮成本与其他成本一样，可以按多种标准进行分类。餐饮成本分类的目的在于根据不同成本采取不同的控制策略，餐饮成本根据其考虑问题的角度不同，分类方法也不同。

❶ 按成本与产品的形成关系划分，可分为直接成本和间接成本

（1）直接成本是指在餐饮产品生产中因直接耗用加入餐饮产品成本中去的那部分成本，如直接食品原材料、直接人工工资、直接耗费等。直接成本可以从改进生产工艺、降低消耗额等入手来降低。

（2）间接成本是指需要通过分摊才能加入产品中去的各种耗费，如销售费用、维修费用、管理费用等。间接成本则可从加强费用的预算管理、过程控制，降低消耗单位的费用总额等策略来降低。

❷ 按成本管理的控制程度划分，可分为可控成本和不可控成本

（1）可控成本是餐饮管理中通过部门职工的主观努力可以控制的各种消耗，如食品原材料、水电燃料、餐茶用品等消耗，通过部门职工人为的努力是可以控制的，可控成本具有相对性。

（2）不可控成本是指通过部门职工的主观努力很难加以控制的成本开支，如还本付息分摊、折旧费用和劳动工资等，通过部门职工人为的努力，在一定经营时期是很难控制的，不可控成本也具有相对性。

❸ 按成本性质划分，可分为固定成本、变动成本和半变动成本

（1）固定成本是指在一定时期和一定经营条件下，不随餐饮产品生产和销售量的增减变化而相应变化的成本，如餐厅的折旧费、大修理费、管理费等。但固定成本也并不是绝对的不随产量的变化而变化，当产量增加到超出现在生产需要添置新设备时，某些固定成本就会增加。

（2）变动成本是指随着餐饮产品生产量或销售量的变化而变化的那些成本，如餐饮原材料、洗涤费用、水电燃料费、人工费用等都属于变动成本。

（3）半变动成本是随着产品销售量的变动而部分相应变动的成本，它与销售量不是成比例变动的，它是由固定和变动的两部分成本组成，以人工总成本为例，餐饮部员工可分为固定员工和临时员工，临时员工的人数不确定，随业务量的变化而变化，其中第一类员工工资总额不随业务量的变动而变动，而第二类员工的工资总额随业务量的变动而变动，因此，餐饮部的人工总成本就是半变动成本。

❹ 按成本与餐饮产品经营状况划分，可分为标准成本和实际成本

（1）标准成本是指在正常和高效率经营情况下，餐饮生产与服务应占用的成本指标。为了有效控制成本，餐饮管理者通常要确定单位标准成本，如菜单上每份菜的标准成本等。

（2）实际成本是指在餐饮经营过程中实际消耗的成本。在实际操作中，标准成本与实际成本往往存在一定的差额，这个差额叫成本差异。实际成本超过标准成本，其差额为逆差，反之为顺差。

❺ 按成本和决策的联系划分，可分为边际成本和机会成本

（1）边际成本是增加一定产销量所追加的成本，在餐饮管理中，经营者一方面要增加餐饮产品的产销量,以增加收入,但同时其成本也会相对增加。当固定成本得到全部补偿时,成本的增加又会相对减少,从而增加利润,但产销量的增加不是无限制的。当超过一定限度时,市场供求关系变化,成本份额也会发生变化,从而使利润减少。从经营决策来看,当边际成本和边际收入相等时,利润最大。所以,边际成本是确定餐饮产品产销量重要的决策依据。

(2)机会成本是从多种方案中选择一个最佳方案时,被放大的次优方案所丢失的潜在利益,如餐饮经营中要购买某种设备,现有两种设备可以选择,购买 A 种设备预计增收为 1 万元,成本 0.8 万元,利润 0.2 万元;购买 B 种设备,预计增收为 1.15 万元,利润为 0.21 万元。当然以选择 B 种设备为好,但选择 B 种设备时要考虑放弃 A 种设备失去的 0.2 万元利润,这 0.2 万元就是机会成本。所以,机会成本并不是实际发生的成本,它仅仅是选择决策方案时所放弃的方案的成本,如果所放弃的方案的机会成本低于决策方案时,决策方案就应重新选择。因此,机会成本虽然并没有实际发生,但它仍然可以为企业决策提供参考。

任务评价

技能考核

◆1.餐饮成本构成技能考核设计

以小组为单位,通过查阅资料,写一篇关于餐饮成本构成的报告。

◆2.餐饮成本构成技能考核表(100 分)

工作案例分析

【案例情境】

某四星级酒店餐饮部经营日渐清冷,为改变不利局面,领导们商议并且重新制订了部门考核制度,对餐饮部根据成本、卫生、质量、进度等指标每月进行考核,连续三个月不达标,则予以免职。结果,餐饮部的成本确实控制在允许范围内,但酒店总成本并未有明显下降,而顾客的投诉率却大大增加。

案例思考:请你结合餐饮成本构成要素,试分析本案例中问题的症结所在。

任务二　餐饮成本核算

任务描述

餐饮成本核算是餐饮成本控制的必要手段,通过每日、每月的统计、盘点、调整、编制食品及饮料报表,可以为成本分析提供准确依据。通过对基础知识的学习和技能的训练,掌握餐饮成本核算的步骤和方法,使学生能初步制订餐饮预算方案。

任务目标

了解餐饮成本核算的定义;知道餐饮成本核算的作用;掌握餐饮成本核算的方法和步骤;能初步制订餐饮成本核算方案。

任务实施

一、餐饮成本核算的概念

成本核算是指将企业在生产经营过程中发生的各种耗费按照一定的对象进行分配和归集,以计算总成本和单位成本。

在线答题

餐饮成本构成技能考核表

案例点评

253

餐饮业在生产产品时所耗用的原材料费用及经营费用，称为餐饮成本；用于制作单件或单个产品耗用的原材料价值，称为单个成本；用于制作整批产品所耗用的原材料价值及劳动量价值，称为总成本。因此，对餐饮业的生产和经营所耗用的费用、成本进行计算，称为餐饮成本核算。餐饮企业进行成本核算，就是通过对购进的原材料进行登记（记清数量、重量、单价），对加工制作产品所用原材料的增加或损耗进行计算，以及对劳动量及其他费用的开支等进行一系列核算，从而计算出餐饮产品生产成本和销售成本。企业在生产中加强成本控制，以达到降低成本、提高经济效益的目的。

二、餐饮成本核算的作用

餐饮成本核算是餐饮成本管理的重要组成部分，对于餐饮企业成本预测和餐饮企业的经营决策等都有积极作用和直接影响。

①为合理制订餐饮产品销售价格打基础　餐饮部门生产制作各种菜点，首先要选料并测算净料的单位成本，然后按菜点的质量、构成内容确定主料、配料、调辅料的投料数量，各种用料的净料单位和投料数量确定后，菜点的总成本才能算出。因此，要想制订合理的销售价格，必须依赖于准确的成本核算。

②为生产操作规范配料提供标准　餐饮企业都有自行设计和较定型的菜谱，菜谱规定了原材料配方，规定了各种主、配料和调辅料的投料数量以及烹调方法和操作过程等，因此成本核算为厨房各个工序操作的投料数量提供了一个标准，以此达到标准化。

③可以加强管理降低成本　成本核算的目的是控制成本，降低消耗，提高企业的经济效益。餐饮产品的成本要素是原材料，要想降低餐饮成本，必须从降低原材料的成本着手，从餐饮原材料的采购、验收、储存、发放、生产、销售、结账等经营的每一个环节入手对餐饮产品生产的全过程进行控制，寻找餐饮产品成本升高或降低的原因，加强管理设法降低原材料的成本和其他消耗，及时解决问题，达到控制成本、降低成本，提高经济效益的目的。

④改善企业的经营与管理　成本核算能及时掌握餐饮部门的营业收入、劳动效率、菜肴质量及数量，原材料采购以及各种费用开支等情况，以全面考察企业的经营是否合理，管理水平是否先进，从而为财务和管理部门提供及时的、准确的成本和各项费用资料。没有正确完整的会计核算材料，财务管理的决策、计划、管理、控制、分析就无从谈起，只有以核算方法、核算结果为根据，科学的成本核算为手段，进行科学管理，企业才能达到提高经济效益的目的。

三、餐饮产品成本核算的方法

餐饮产品成本核算根据厨房产品生产方式和花色品种不同，有不同的核算方法，具体方法主要有四种类型。

①顺序结转法　顺序结转法是根据产品生产步骤来核算成本，适用于分步加工、最后烹制的餐饮产品成本核算，方法是将产品的每个生产步骤都作为成本核算对象，依次将上一步骤的成本转入下一步骤的成本，逐步计算出产品成本。在餐饮管理中，大多数热菜食品都是分步加工的。

如鱼香肉丝，其成本核算的过程是先核定出肉丝、木耳、胡萝卜等的成本，然后相加，最后加上调辅料成本，从而能核算出餐饮产品成本。

②平行结转法　平行结转法主要适用于批量生产的产品成本核算，它和顺序结转法又有区别。生产过程中，批量生产产品的食品原材料成本是平行发生的。原材料加工一般是一步到位，形成净料或直接使用的食品原材料。这时，只要将各种原材料成本相加，即可得到产品成本。

如冷荤中的酱牛肉、酱猪肝；面点中的馅料食品，如三鲜馅的饺子、包子等，这些食品在加工过程中，其各种原材料成本是平行发生的，只要将各种同时发生的原材料成本汇总，即可得到产品总成本

成本核算的
基础工作

和单位成本。

❸ **订单核算法** 订单核算法是按着顾客的订单来核算产品成本,主要适用于会议、团队、宴会等大型餐饮活动,这些类型的顾客用餐前都会预订,且用餐标准十分明确。在成本核算时,首先必须根据订餐标准和用餐人数确定餐费收入,然后根据预订标准高低确定毛利率高低,计算出一餐或一天的可容成本,最后在可容成本的开支范围内组织生产,而这一过程都是以订单为基础和前提的。

❹ **分类核算法** 分类核算法主要适用于餐饮成本核算员和餐饮成本会计的成本核算,如成本核算员每天核算成本消耗,先要将各种单据按餐厅和厨房分类,然后在每一个厨房或餐厅内将成本单据按食品和饮料分类,再按食品原材料种类分类记账,最后才能核算出每个餐厅或厨房的各类成本。

此外,在月度、季度成本核算中还可以分别核算出蔬菜、肉类、鱼类成本或冷菜、热菜、面点、汤类等不同种类的成本。

餐饮产品成本核算方法的分类为实际管理过程中的成本核算指明了方向,可以帮助管理人员根据厨房产品生产和花色品种不同,分别采用不同的成本核算方法,以提高成本核算的准确性和科学性。

四、餐饮成本核算的工作步骤

餐饮成本核算可以分为收集成本资料、成本核算分类、做好成本分析和提出改进建议四个环节。

❶ **收集成本资料** 收集成本资料是成本核算的前提和基础。成本资料包括食品原材料采购、入库验收、入库单、出库单、领料单、转账单、耗损率加工单等各种资料。根据成本核算的内容和目的不同,这些资料还要从不同的角度分类,使成本资料为不同的成本核算目的服务,如采购成本核算和厨房成本核算,库房盘点核算和菜单成本核算等所需要的资料就不完全相同。在收集成本资料时,要以原始记录和实测数据为准,不能用估计值,以保证成本核算的准确性。

❷ **成本核算分类** 餐饮产品的成本核算分为采购成本核算、库房成本核算、厨房成本核算、餐厅成本核算和会计成本核算等多种,各种核算之间应互相联系,互相依存,往往前一步的成本数据是后一步成本核算的依据。因此,成本核算往往要分类进行,人员分工和数据处理必须与此相衔接。

❸ **做好成本分析** 成本核算的目的,一是准确掌握成本消耗,形成成本报表,考核经营效果;二是为餐饮产品的生产经营活动提供决策参考,引导管理人员降低成本消耗。成本核算往往要分类进行,各个环节数据互相联系,在成本核算的基础上,应定期对成本核算的结果及其核算资料进行成本分析,提出分析报告。一般说来每周、每月都应进行一次成本分析,以指导餐饮生产经营活动的顺利开展。

❹ **提出改进建议** 依据成本核算和分析的材料,对采购、储存、出库、领用以及库房、厨房、餐厅等各个环节、各个部门进行分析,找出影响成本的原因,并针对主要原因提出改进建议,以便为中高层管理者加强成本控制、降低成本消耗提供客观依据。

餐饮企业采用现代化的信息管理系统进行成本核算要更简捷、方便。

任务评价

技能考核

◆1. 餐饮成本核算技能考核设计

以小组为单位,通过查阅资料,写一篇关于餐饮成本费用核算的报告。

◆2. 餐饮成本核算技能考核表(100 分)

工作案例分析

【案例情境】

小刘和小于大学毕业后打算自主创业商定合伙开一家餐馆,共同创业。经过前期准备,他们的

餐饮成本核算的原则

在线答题

餐饮成本核算技能考核表

餐馆开张营业了。一开始生意红红火火,宾客赞扬、亲朋夸奖,小刘和小于满心欢喜,很有成就感。但是月底核算亏损,考虑到新店开张1~2个月亏损是正常的,他俩不太在意。但经营1年下来,已亏损严重,这时他俩有些慌神了:店里的人员、设备都发挥了积极的作用,采购、生产、销售都很顺畅,为何还亏损呢?经过餐饮管理行家指点,小刘和小于才明白,问题出在他们自己身上:一个好"友",重仁义、轻钱财;一个好"酒",醉后不用顾客结账。平日不重视成本核算,盲目生产、盲目经营,餐馆怎么能盈利?等小刘和小于明白时,餐馆亏损至资不抵债的境地,无奈只得关门歇业。

案例思考:作为老板的小刘和小于在餐饮企业经营过程中,需要如何进行餐饮成本核算?

案例点评

任务三　餐饮成本控制

任务描述

餐饮成本控制,是指按照规定的成本标准,对餐饮产品的各成本因素进行严格的监督和调节,及时揭示偏差并采取措施加以纠正,将餐饮实际成本控制在计划范围之内,保证实现成本目标。通过基础知识的学习和技能的训练,掌握餐饮成本控制的内容,初步制订餐饮成本控制方案。

任务目标

了解餐饮成本控制的定义和原则;熟悉餐饮成本控制的作用和程序;掌握餐饮成本控制的内容;能初步制订餐饮成本控制方案。

任务实施

一、餐饮成本控制的概念

餐饮成本控制就是指以餐饮成本作为控制的手段,是餐饮企业根据一定时期预先建立的成本管理目标,由餐饮成本控制主体在其职权范围内,在生产耗费发生以前和餐饮成本控制过程中,对各种影响餐饮成本的因素和条件采取的一系列预防和调节措施,以保证餐饮成本管理目标实现的管理行为,通过制订餐饮成本总水平指标值、可比产品成本降低率以及餐饮成本中心控制成本的责任等,达到对经济活动实施有效控制目的的一系列管理活动与过程。

二、餐饮成本控制的原则

餐饮成本是餐饮企业(或酒店)成本管理的重点,成本的高低直接影响餐饮企业(或酒店)餐饮经营的好坏,也对餐饮企业(或酒店)的竞争能力产生巨大的影响,成本的高低也反映了餐饮企业(或酒店)餐饮的经营管理水平。餐饮成本控制过严、过松都会影响餐饮企业(或酒店)的经营效果,因此管理者在成本控制过程中应当遵循三个基本原则。

❶ 经济原则　经济原则是指因推行成本控制而发生的成本,不应超过因缺少控制而丧失的收益。经济原则要求成本控制能起到降低成本、纠正偏差的作用,具有实用性,同时要求在成本控制中贯彻"例外管理"原则及重要性原则。

❷ 制度原则　餐饮企业建立健全餐饮成本控制制度,有效地控制餐饮成本,如各项开支的审批制度,原材料的采购、验收、库存、发放等制度,同时要加强监督检查,保证制度的贯彻执行。

❸ 全员参加原则　成本控制是全体员工的共同任务,只有通过全体员工协调一致的努力才能完成。

三、餐饮成本控制的作用

餐饮成本控制是餐饮经营的重要组成部分,是餐饮企业经营者在管理中的核心内容。成本控制的好坏,直接关系到餐饮企业的生存与发展,决定着经营的成功与失败。

❶ **成本控制可以增加企业利润**　餐饮企业的利润取决于营业收入和成本两大要素,即提高餐饮利润的基本途径是增收节支。成本控制是一项集体的努力过程,不是个人活动,必须在共同目标下同心协力;能够正确理解和使用成本控制的信息,据以改进工作,降低成本。在收入一定的情况下如果能有效控制成本,才能保证利润不断增长,保证企业的生存和发展。

❷ **成本控制可以提高餐饮企业市场竞争力**　有效控制成本对提高餐饮企业竞争力有三个方面的重要作用:一是当餐饮收入处于成长时期时,通过有效控制成本能使利润更快速增长;餐饮收入处于下降时期时,控制成本能抑制利润下降。二是目前餐饮经营状况表现为用餐人数快速增长,营业收入小幅增长,此时只有严格成本管理,控制成本才能使利润与收入保持同方向变化。三是随着生活节奏的加快,人们外出就餐的社会需求逐渐增长,若餐饮经营成本控制工作做好了,产品有降低价格的能力,就能吸引越来越多的消费者。可见,成本水平的高低,直接决定着企业的经济效益,也影响着企业的生存与发展。一个成本水平较高的企业,将会因为成本的原因而丧失市场竞争力。因此,餐饮企业要在竞争激烈的时代处于优势,在经营中应适应时代,严格控制成本,降低成本,使自己的餐饮经营成本低于社会平均成本,使餐饮经营具有更大的灵活性,这不仅可以帮助餐饮企业在不景气的时期渡过难关,还可以在市场上具有较强的竞争力。

❸ **成本控制可以衡量企业管理水平**　餐饮成本控制可以让企业在保证硬件产品和软件产品质量的前提下,通过预算核对实际成本的记录与标准成本差异的分析,对餐饮经营过程采取约束、促进、指导和干预等手段来实现降低成本的目的。成本控制关系到餐饮管理的各个方面,从采购、验收、入库、领用、加工、烹饪、服务、收款到薪资控制、人员调配、水电燃料等经费的控制。正所谓"细节决定成败",良好的餐饮成本控制会使企业管理更加有序、规范。

❹ **成本控制可以实现经营计划**　每个餐饮企业都有自己的经营计划,但计划的实现是不容易的,餐饮管理人员应按照规定的成本标准,对餐饮产品的各成本因素进行严格的监督和调节,及时发现问题,分析问题,纠正偏差,解决问题,以将餐饮实际成本控制在计划范围之内,保证实现企业成本目标。

❺ **成本控制可以使企业良性发展**　成本控制措施得当,企业利润就有可能成倍增加。利润上去了,企业就能大刀阔斧地利用资金进行再生产、再投资,使企业规模不断扩大,并进入一个良性循环发展系统。企业富裕了,员工的待遇就会得到提高,员工的积极性就会得到提升,这将又是一个良性循环的形成。

四、餐饮成本控制的程序

现代餐饮企业要想在日趋激烈的市场竞争中生存和发展,就必须建立和实施合理且有效的控制程序。

❶ **制订标准成本,提供控制的依据**　在餐饮成本控制中,制订出生产和经营餐饮产品中的各项标准成本。标准成本是对各项成本和费用开支所规定的数量界限,是餐饮成本控制的依据。注意,制订出的标准成本必须在市场上具有一定的竞争力。

❷ **加强实际控制,掌握成本消耗**　标准成本制订后,要切实用来约束食品用料等原材料采购成本、生产加工中各种菜点的成本、餐茶用品成本、水电燃料费用等的消耗。加强对这些成本的统计、比对,及时发现问题并采取措施。

❸ **分析成本差额,评价控制绩效** 在餐饮业务运行过程中,各项实际成本消耗不可能与标准成本完全一致,这时管理人员要根据各项成本的实际发生额,同标准成本比较,分析成本差额。通过成本差额分析,管理人员即可发现有关部门或事项成本管理的好坏,对成本控制做出业绩评价。

❹ **结合实际业务,提出改进措施** 成本差额分析对成本控制业绩做出了评价,但对造成成本差额的原因还要结合实际业务进行具体分析。例如价格差是市场物价变动造成的,还是采购价格控制不当造成的;数量差是标准成本制订不合理造成的,还是实际消耗数量不遵守标准成本规定造成的。只有结合实际,分析具体原因,才能有针对性地提出改进措施,不断做好餐饮成本控制工作。

五、餐饮成本控制的内容

餐饮成本控制是餐饮成本管理的关键。针对可能引起成本差异的原因,制订相应的改进措施,以减少成本中不合理之处,成为餐饮成本管理的根本任务。餐饮成本控制主要包括食品原材料成本控制、劳动力成本控制、管理成本控制三个方面。

(一)食品原材料成本控制

食品原材料成本控制主要包括采购控制、验收控制、库存控制、发放控制、生产控制和销售控制六个环节的内容,见图 13-1。

采购控制 ➡ 验收控制 ➡ 库存控制 ➡ 发放控制 ➡ 生产控制 ➡ 销售控制

图 13-1 食品原材料成本控制过程图

❶ **采购控制** 食品原材料成本控制的第一步是控制采购环节。采购环节的控制不仅是以最低价格进行采购,还是从总体上以最小的投入获得最大的产出,采购工作是成本控制的重要环节。要想降低餐饮采购成本,需要考虑如下四个因素。

(1)餐饮人员要具有丰富的商品知识,掌握市场供求状况、生产变化动态;懂得国家有关法律政策,懂得餐饮企业内部的规章制度;生鲜食品采购员应具备一定的烹调知识;具有鉴定采购商品质量的能力,以及必要的保管知识;具有数字计算能力,最重要的就是为人正直、可靠。

(2)严格控制采购数量,确定食品采购最佳经济订货量。采购数量过多,会占用大量资金,影响资金周转,增加存储成本,导致原材料质量下降和损耗;采购数量过少,增加订货和验收的费用,同时失去大批量采购所享受的折扣,因此应尽量降低食品原材料的采购所发生的费用。

(3)严格控制采购质量,原材料采购环节的质量控制做得越好,预期的目标利润就越有可能实现。为了使采购的原材料质量达到使用要求,保证最经济地使用各种原材料,必须对所需原材料制订明确的规格标准,制订原材料采购规格书并加以说明,作为申购、订购、供货和验收的依据,以预先确定原材料的质量要求,统一规格,保证质量,便于供货商供货和验收,减少差错和浪费,符合生产使用的要求。

(4)采购控制环节中最关键、最困难的是实施价格的控制。控制采购价格的主要手段有两个:一个是掌握市场价格行情;另一个是采购方式的选择。餐饮企业经营者必须进行深入而全面的市场调查,掌握市场价格行情,以便对原材料采购价格实行控制。

❷ **验收控制** 原材料的验收是成本控制流程中的重要环节,尽管餐饮企业花了时间和精力制订了完整的采购规格,采购人员有足够的专业知识并且严格地遵照各项规定,按质按量并以合理的价格订购了原材料物品,但如果缺少相应的进货验收控制,那么先前所做的各种努力都会前功尽弃,因此应加强验收环节的控制管理。

(1)准备验收

①人员准备。安排好负责验收的技术人员或单位负责人员,以及配合数量验收的装卸搬运

人员。

②资料准备。收集并熟悉待验物品的有关文件,如技术标准、订货合同等。

③器具准备。准备好验收用的检验工具,如衡器、量具等,并校验准确。

(2)检查货物:根据供货发票的价格质量和数量对货物进行检查。

①可数的物品,必须逐件清点,记录下正确的数量。

②以重量计数的物品,必须逐件过秤以确保实际重量与购物单据的重量相符。

③按照采购规格标准,检查原材料的质量是否符合要求。

④对包装物品进行抽样检验,开包检验数量、质量、重量是否一致。

⑤发现原材料重量不足,质量不符合要求,需要退货时应填写退货单,并由送货人签字,将退货单随同发票副页退回供货单位。

(3)受理验货手续:验收人员要在供货发票上签字,确认收到货物,并接受原材料同时填写验收单。

(4)妥善处理物品

①原材料验收完毕,需要仓库保管人员进行原材料的储藏,要使用双联标签,注明进货日期、名称、重量,单价等,并及时送仓库储藏。

②部分鲜活原材料直接进入厨房,由厨房有关人员开领料单。

(5)填写验收日报表:验收人员应填写验收日报表,汇总当日收进的原材料,作为进货的控制依据。财务成本核算员可凭此报表进行原材料成本的核算,财务人员也可据此报表保证不重复付款。验收日报表应分别由厨师长或仓库保管员核签确认收货。

❸ 库存控制　为了保证库存食品原材料的质量,延长有效使用期,减少和避免因原材料腐败变质引起食品成本增高,杜绝偷盗损失,原材料储存应着重以下四个方面的控制。

(1)人员控制:要有专人负责,具有一定文化程度和商品知识,能写会算,懂得运用电脑,有较强的责任心,保证仓库的物资安全,做好防火、防盗、防鼠、防虫、防潮湿发霉等工作。

(2)环境控制:不同的原材料应有不同的储存环境,提供干货库、冷藏库、冷冻库等不同的存储环境,一般原材料和贵重原材料应分开保管。

(3)时间控制:原材料在验收合格后,要及时运送到适宜的存储环境。按先进先出的原则分类定点放置,尽量减少原材料的变质及损耗。

(4)统计成本:仓库负责人每天须及时、正确统计领料单上各种原材料的成本,以及全天的领料成本总额。

❹ 发放控制

(1)使用领料单:任何食品原材料的发放,必须以已经审批的领料单为凭据,以保证正确计算各领料部门的食品成本。同时,应明确规定,要求各部门应提前交送领料单,使仓库保管员有充分的时间正确无误地准备各种原材料。

(2)记录准确:原材料及物品从仓库发出后,仓库保管员有责任在领料单上列明产品名称、单位名称、数量并注明物料类别。发放时,如遇到储藏室缺货,应在领料单上标注,发料人员不得随意涂改单据。

❺ 生产控制

(1)制订生产计划:餐饮企业应根据业务量预测,制订每天各种菜肴的生产计划,确定各种菜肴的生产数量和供应份数,并据此决定需要领用的原材料数量。生产计划应提前数天制订并根据情况变化进行调整,以求准确。

(2)设施配备齐全:厨房不仅应配备足够的案台、刀具、灶台、炊具、餐具、厨具。还需配备电冰箱、绞肉机、和面机、高压锅、微波炉、电烤炉、电蒸锅、电煎锅等。炊具应配备液化气、猛火炉、电火

退货单

验收单

各类食品冷藏温度、湿度要求

储存食品的六点注意事项

领料单

锅、自动控制配套锅等,这些设备可以帮助厨房工作人员提高生产效率。

(3)控制菜肴分量:餐饮企业中有不少食品菜肴是成批烹制生产的,因而在成品装盘时必须按规定的分量进行。也就是说,应按标准菜谱所规定的分量进行装盘,否则就会增加菜肴的成本,影响利润。

(4)材料综合利用:生产制作产品时,应根据原材料的实际情况整料整用,大料大用、小料小用、下脚料综合利用,以降低食品成本。

(5)提高专业人员技术素质:厨师技术素质提高,熟练程度增加,无疑会减少事故发生,提高产成率。努力提高技术,还有利于扩大原材料、调辅料的综合利用,充分发挥其食用价值,降低原材料成本开支。

6 销售控制

(1)下单时的菜单控制:接受顾客点菜时,服务员必须首先将菜品名称填写在订单上,厨师应严格按照点菜单上的菜品烹制,未记录的坚决不做;各个餐厅和酒吧使用不同颜色的订单,订单必须编号,以便出现问题后,立即查明原因,并采取措施,防止问题再次发生。

(2)服务过程中的控制:餐饮企业应建立并健全各项管理制度,以防止或减少由员工工作失误、贪污、盗窃等引起的成本上升。要开展经常性的业务培训及加强对员工的职业道德教育,使工作人员端正服务态度,树立良好的服务意识,提高餐饮服务技能,严格按照服务规程为顾客服务,力求不出或少出差错。

(3)结账收款时的控制:服务员主要应做到在顾客点菜时,防止漏记或少记菜点的价格;在顾客消费即将结束时,防止漏账或逃账;在结账时,要在账单上准确填写每个菜点的价格,账单核算要正确。另外,管理者要严防收款员或其他工作人员的贪污舞弊行为,认真审核原始凭证,以确保餐饮部的收益。

(二)劳动力成本控制

劳动力成本控制主要包括用工人数和员工的工资控制。现代化的餐饮经营和管理应从实际生产和经营技术出发,合理地进行定员编制,控制非生产和经营用工,防止人浮于事,以先进合理的定员、定额为依据控制餐饮用工人数,使工资总额稳定在合理的水平上。

1 用工人数控制

对岗位的人员选配时,首先要考虑岗位人员的素质要求,即岗位认知条件。要充分了解员工的意愿,使员工在工作中发挥聪明才智,获得施展才华的机会,真正为企业创造最大的利益。除此之外要力戒因人设岗,否则会给餐饮经营留下隐患。

2 工资总额控制

为了控制好人工成本,管理人员应控制好工资总额,包括基本工资、奖金工资、社会统筹、员工福利,并逐日按照每人每班的工作情况,进行实际工作时间与标准工作时间的比较和分析,并做出总结和报告。

(三)管理成本控制

在餐饮成本中,除原材料成本和人工成本外,还包括水、电、燃料等能源成本,以及洗涤费用、餐茶用品消耗费用、餐饮管理费用、装饰费用、维修费用、折旧费用等,它们都属于餐饮营业费用的范围。在餐饮管理中,这些费用都要事先做出预算,作为标准费用,然后每月将核算的实际消耗额与标准费用比较,分析费用差额,提出改进措施。加强对员工节约精神的培训和教育,并制订长期检查制度,促进员工养成节约的习惯。

任务评价

技能考核

◆1.餐饮成本控制技能考核设计

以小组为单位,通过查阅某酒店的厨房,写一篇厨房成本控制的调查报告。

在线答题

◆2.餐饮成本控制技能考核表(100分)

工作案例分析

【案例情境 1】

邓女士和田先生各自开了一家中型餐馆,规模相当。三年后,邓女士的餐馆生意红红火火,店内员工工作积极性高涨,而田先生的餐馆虽然生意还不错,但店内的员工情绪不佳,产品质量难以保证。究其原因,原来邓女士对餐饮企业管理和厨房管理特别细心,对餐饮企业的成本核算更是常抓不懈,店方盈利后,及时缴纳税金,按时给员工发薪金、奖金,员工的积极性被充分调动起来。而田先生的餐馆虽然营业额可观,但是经营费用过高,纯利少,进而影响按时发放员工工资、奖金,员工心不安、气不顺,导致产品质量难以保证。所幸田先生意识到了这些,并逐渐开始注重抓全过程生产和经营管理,经过一段时间的调整后,终于扭转了被动局面。

案例思考:餐饮企业经营过程中,餐饮成本应当从哪些方面进行控制,最终才能使利润最大化?

【案例情境 2】

上海某餐饮企业采购部经理遇到了在采购管理中采购与验收的矛盾问题。具体表现为餐饮企业采购的物品,因为没有成文的标准和明确的分工,收货组只管收货不管质量,而到了使用时才发现货品的质量不好要退货,这样就产生了一个弊病,需要经常与供应商扯皮,尤其是鲜活产品。这样既浪费时间和人力,又不能保证食品的质量。

案例思考:你认为解决采购与验收工作矛盾的措施有哪些?

餐饮成本控制技能考核表

案例点评

案例点评

餐饮营销管理

项目描述

　　餐饮营销不仅仅只是向顾客推销产品,还是为实现餐饮企业经营目标而展开的一系列有计划、有组织的活动。餐饮营销是依靠餐饮企业的一整套营销活动,不断地跟踪顾客的需要和要求的变化,及时调整餐饮企业整体经营活动,努力满足顾客需要,获得顾客信赖,通过顾客的满意度来实现餐饮企业经营目标,达到顾客利益和餐饮企业利益一致的过程。本项目以工作任务形式针对餐饮营销概述、餐饮营销策略和餐饮品牌营销进行简单的介绍,培养学生良好的职业素养,为其未来餐饮企业的工作做好准备。

项目目标

　　1.了解餐饮营销管理的基本概念和意义;熟悉餐饮营销需求层次的细分;掌握餐饮营销面临的挑战和营销成功的条件。

　　2.了解餐饮营销分析内容;熟悉餐饮营销要素和餐饮营销组合;掌握餐饮营销策略方案。

　　3.了解中国餐饮品牌的发展现状和发展方向;熟悉餐饮品牌营销技术的发展;掌握餐饮品牌营销的方法。

　　4.培养学生良好的职业素养,提高学生的独立学习能力、营销策划能力。

项目内容

```
                    餐饮营销管理
        ┌──────────────┼──────────────┐
    餐饮营销概述      餐饮营销策略      餐饮品牌营销
```

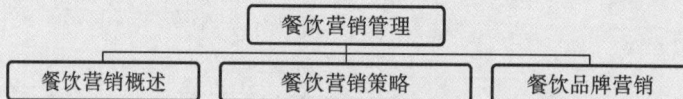

任务一　餐饮营销概述

任务描述

　　餐饮营销是一个复杂又充满艺术性的课题,严格来说,在当今市场竞争极其激烈的背景下,餐饮营销是餐饮企业经营者规划、建设、运营餐饮企业的出发点之一。本任务简单地对当今市场环境下的餐饮营销进行了介绍。

任务目标

了解餐饮营销管理的基本概念和意义,熟悉餐饮营销需求层次的细分,掌握餐饮营销面临的挑战和营销成功的条件,能对餐饮营销管理相关知识有初步了解。

任务实施

餐饮营销是餐饮企业立足于市场的基础。好的餐饮营销策略可以帮助企业提高地区影响力,稳定客源,提高声誉,从而帮助餐饮企业实现盈利。

一、餐饮营销管理的概念

餐饮营销是研究餐饮企业在激烈竞争和不断变化的市场环境中如何识别、分析、评价、选择和利用市场机会,如何开发适销对路的产品,探求餐饮企业生产和销售的最佳形式和最合适途径。它是一个完整的过程,而不是一些零碎的推销活动。

餐饮营销管理是指餐饮企业通过一系列的营销手段,以合适的价格提供餐饮产品和服务,满足顾客的需求,实现餐饮经营目标的一种综合性管理。餐饮营销管理的工作分为分析、计划、组织和执行以及控制四个方面。

①餐饮营销分析 主要包括餐饮营销策略环境分析,餐饮企业消费者购买及消费行为分析,餐饮企业市场分析,餐饮企业服务分析及竞争分析五个方面。

②餐饮营销计划 主要包括餐厅营销形势的概括性总结;餐饮企业经营机会、威胁、优势、劣势的确定和评价;营销目标、策略的制订;餐饮企业长期和短期营销计划的制订;进行准确的销售预测五个方面。

③餐饮营销的组织和执行 主要包括餐饮企业营销观念在全体员工中的灌输;以营销导向的组织机构的建立;选择合适的营销人员;对新老营销人员的培训;餐饮企业各种促销活动的开展(如人员推销、广告宣传、特殊促销、公共关系等活动);餐饮企业营销部内部及营销部与其他各部门之间的广泛交流和密切配合;营销信息系统的建立;新产品开发;价格制订及销售渠道的建立。

④餐饮营销控制 主要包括用既定的绩效标准来衡量和评价餐厅营销活动的实际结果;分析各种促销活动的有效性;评估营销人员的工作成绩;采取必要的纠正措施四个方面。

二、餐饮营销管理的意义

在当前餐饮业激烈的市场竞争中,营销管理非常重要。

①餐饮营销管理是联结企业与市场的重要桥梁 餐饮企业通过广告、宣传、公关等营销手段将企业、产品及服务的信息传播给消费者,并通过市场调研了解消费者的需求,以此将企业与消费者联系起来。正是由于有了联系,才使经营者了解市场,确定市场营销活动中存在的问题,并提出解决问题的方案,从而增强企业对市场的反应能力和应变能力。

②帮助企业发现市场机会并为企业发展创造条件 餐饮企业若想在一个新的地区开辟自己的业务,就得了解该地区的供求状况、现实或潜在的竞争对手,以及其他影响经营的各种因素,并对未来经营进行分析和预测。这些工作要通过各种分析手段来完成。因此,通过加强营销管理,了解顾客对餐饮产品和服务的要求,了解市场发展的态势和竞争者的情况,有利于餐饮企业根据市场需求不断发展新的餐饮产品,提高餐饮服务质量,改善经营管理,并灵活地采取各种营销策略、手段和方法,增强餐饮企业的应变力,提高市场竞争能力。就这点而言,公司的规模越大,市场研究工作也就越显得重要,也就越需要在市场研究与策划方面进行大量投资。

③餐饮营销管理是提高餐饮业经济效益的必要条件 要提高餐饮企业的经济效益,就必须把

餐饮产品和服务销售出去,这样才能收回资金,补偿成本支出,保证再生产过程不断进行。因此,餐饮营销是实现餐饮企业经济效益的必要条件。只有加强营销管理,促进餐饮产品和服务的销售,加快资金周转,提高资金利用率,才能提高餐饮企业的经济效益。

④ 帮助企业发现经营中的问题并找出解决办法 经营中的问题范围很广,包括企业、企业责任、产品、销售等各个方面。造成某种问题的原因也不是那么简单,尤其是当许多因素相互交叉作用的时候,市场分析就显得格外重要。例如,餐饮营业额大幅下降的原因,是由于菜品价格下调还是宣传不够,或是来自竞争对手的原因等,许多问题都需要依靠市场调研和分析来加以澄清并解决。

⑤ 餐饮营销管理能够帮助企业走向国际市场 经济发展的国际化已成为大趋势。旅游餐饮业是一项国际性产业,其营销和服务对象是来自世界各地区的旅游者。因此,餐饮营销管理必然要面向国际市场。开拓国际市场,通过吸引国内外众多旅游者,扩大餐饮营销服务,增加外汇收入。同时,通过面向国际市场的竞争和经营,有利于开阔餐饮员工的视野,增长他们的见识,提高员工对钻研业务技术、学习各种知识的积极性和主动性,促进餐饮业更好地与国际市场接轨,按照国际惯例和要求有效地进行经营活动。

三、餐饮营销成功的条件

① 资深员工 必须选拔资深员工担任餐饮营销工作。因为餐饮营销工作是项专业性非常强的工作,首先要熟悉环境,熟悉顾客,熟悉操作程序,掌握目标客源定位,对熟客、常客、消费大户、领导以及周边竞争状况等应非常清晰和了解。餐饮营销人员一上岗就要立即进入角色,要用心、专心,具备较强的沟通技巧,要有委曲求全的事业心和宣传、组织能力,同时也要是公关营销的强手,能注意信息反馈和部门间的沟通,处事及时、迅速、敏捷,有节奏感,操作上要规范、正确、高效、诚实守信及创新。

② 收集信息 当今是信息时代,信息也是生产力。有了信息,餐饮行业的营销才有相应的对策及方式,才能迎接挑战,取得营销的成功。通过信息能了解消费者的心理需求,取得合理化建议,同时和相关部门一起实行营销措施,能在服务上、产品上得以不断改进和完善。通过信息也可以拉近与顾客之间的距离,提高顾客满意度。

③ 营销意识 餐饮营销人员始终要有强烈的营销意识,为达到推销产品的目的,首先应掌握顾客的需求动机,了解顾客的消费能力、层次、身份、条件特点、特殊需求以及个性化需求,并协调相关服务部门,尽可能满足顾客的需求。在接待过程中,也可适当推销其他部门的产品。在与顾客面对面交流中,应保持良好的精神状态,以真诚热情的微笑和主动负责的态度迎接。接待中,必须正确了解顾客的需求细节,如人数、餐标、用餐目的、电话、姓名、单位、主宾饮食偏好、特殊情况等。注意观察,正确判断主人和主宾,把信息及时反馈到相关部门。

④ 服务态度 让顾客受到尊重、关爱,获得宾至如归的感觉,使其在接受服务中感到物有所值。餐饮营销人员应该具备引导消费的能力,首先要主动和顾客沟通,平时要熟记顾客的消费习惯,"好记性不如烂笔头",把顾客习惯及偏好记在本上,如爱吃的酒菜、对服务的要求等,都要牢牢记住。其次要在菜肴上做好文章:老人吃的菜要烧透;妇女儿童喜欢吃甜品和水果等。在服务过程中,服务员要"真情服务、用心做事",做到人不动,眼睛动,注意每个变化,确保服务质量的到位和补位。

⑤ 客史档案 记录客史档案,可以跟踪服务,了解信息,掌握顾客的动态。引进此项服务举措,将在培养会员式顾客中起到关键作用。要设法了解主宾的姓名、电话、地址、单位及生日、家庭住址等,然后锁定目标采取相应的营销策略,定期进行拜访慰问,参与、融入顾客生活,与顾客建立起比较深的感情和较好的合作关系,使企业在市场竞争中立于不败之地。

四、餐饮营销面临的挑战

与其他行业产品相比,餐饮企业的市场营销存在着许多特殊性,这些特殊性使餐饮营销有别于其他行业的营销,同时这些特殊性又加大了餐饮营销的困难。

1 有形商品和无形商品的组合 餐饮产品是组合型的,它包括有形产品和无形产品两大类。有形产品主要指餐厅设施、菜肴等能看得见摸得着的具体东西;无形产品主要指服务、餐厅气氛等。在进行营销时,营销人员必须不断地与顾客进行交流,为他们提供可靠、有效的产品信息,通过餐厅广告、宣传小册子等宣传资料来展示餐饮产品,尽量使餐厅设施形象、服务水平以及产品能带给顾客的利益等充分地、真实可信地向顾客传达。

2 餐饮产品不可储存性的挑战 餐饮产品不像其他行业的产品可以长期储存,如果今天营销人员没把产品推销出去,储存起来改日再卖会影响食物的质量和口碑,而且餐厅销售额随着不同季节、不同的日期和不同的营业时间会产生很大的波动。这样,餐饮产品的不可储存性和需求波动性合在一起,向营销人员提出了挑战。营销人员必须通过创造性的定价,促销和有计划的营销活动来加强餐厅产品的销售。

3 餐饮产品标准化难度高的挑战 餐饮企业的工作人员——无论是厨师还是服务员的素质、知识、技巧和态度各不相同,他们所提供服务产品的质量、水平很难达到完全标准化,这为营销工作带来了很大的不确定性。为此必须特别重视对人员的培训和激励工作,使产品标准化,同时通过各种检查制度来衡量顾客对产品的满意程度,来减少餐饮产品不一致性和服务质量不稳定性。

五、餐饮营销需求层次的细分

餐饮产品是由餐饮实物和劳务服务即烹饪技艺、服务态度,以及环境、气氛等因素组成的有机整体,它不仅能满足顾客的物质和生理需求,还能满足顾客许多心理上、精神上和情感上的需求。因此,要想留住顾客,培育顾客的忠诚度,必须深入了解顾客的各种需求,特别是在餐饮方面不同层次的需求。只有彻底地了解顾客不同层次的需求之后,才能针对不同层次的需求,有针对性地提供或者改进现有的企业营销,增强顾客的满意度,建立忠诚的顾客关系,为企业的长远发展打下坚实的基础。

餐饮服务的内容为提高整体餐饮服务水平提供了直接依据,依据马斯洛需求层次理论,把餐饮营销需求的层次进行细分,其实也就是把餐饮营销进行细分,以便更好地满足顾客的需求。

（一）满足顾客生理需求方面

1 食品质量 食品质量是餐饮服务的基础,顾客主要通过用餐来享用服务。因此,餐厅提供的菜肴选料要精细,品质要优良,品种应多样,适合各种顾客的风俗习惯和口味,菜肴的制作过程中要注重色、香、味、形。

2 设备设施 要注意设备的保养和维修,保证为顾客提供的一切设备设施运转良好,使顾客得到方便、舒适的享受。

（二）满足顾客安全需求方面

1 整洁卫生 餐饮服务首先要保证餐饮卫生,包括服务人员的衣着及个人卫生、菜肴卫生、环境卫生等。服务制作过程中的清洁卫生是人们外出用餐时最为关心的问题。

2 安全服务 注意防火、防盗、防毒,保证顾客安全;尊重顾客隐私权;让顾客用餐时有安全感。

（三）满足顾客社会需求方面

1 社会交往 为顾客提供各式各样的用餐环境,满足不同顾客的用餐需求,使顾客享受到不同的用餐感受,也使餐厅具有社会交往功能,如增进友谊、交流情感等。

2 商业功能 在顾客谈生意过程中,和谐幽雅的环境可以淡化彼此的敌意,优美的音乐使人情绪缓和,增加彼此之间的了解,愉快地达成协议,完善餐厅的商业功能有利于招揽更多的商务顾客。

(四)满足顾客尊重需求方面

1 礼仪礼貌 服务人员的语言、行为和仪表,反映餐厅对顾客的基本态度,也反映员工的文化素质和业务修养,是吸引顾客的重要方面。

2 服务态度 服务人员应主动、热情、周到、细致、耐心、诚恳地为顾客服务,理解顾客的消费需求并提供个性化服务。

(五)满足顾客自我实现需求方面

1 审美功能 菜品的设计制作及餐饮消费过程之中应具有审美功能,形成独具特色的烹饪艺术与饮食审美价值。借助餐饮活动使顾客得到美的享受和艺术的陶冶,提高审美水平。

2 自我实现 餐厅可以为前来就餐的顾客提供自我展示的机会与平台,使消费者在享受美味佳肴时,还能使其自我实现心理得到相应的满足。

🍳 任务评价

🪑 技能考核

◆1. 餐饮营销概述考核设计

请模拟设计一个以"××美食节"为主题的活动方案。

◆2. 餐饮营销概述考核表(100 分)

🪑 工作案例分析

【案例情境】

一天中午,餐厅里来了一位老先生,这位老先生自己找了一个不显眼的角落坐下,对面带笑容前来上茶、点菜的服务员小秦说:"不用点菜了,给我一份面条就可以,就三鲜面吧。"服务员仍然微笑着对老先生说:"我们饭店的面条口味不错,您请稍等,喝点茶,面条很快就做好。"说完,小秦又为他添了点茶才离开。

十分钟后,热气腾腾的面条端上了老先生的餐桌,老先生吃完后,付了款,就离开了餐厅。

晚上六点多,餐厅里已经很热闹了,小秦发现中午的那位老先生又来了。他还是走到老位置坐下,小秦连忙走上前去,笑盈盈地向老先生打招呼:"先生,您来了,我中午没来得及向您征询意见呢,面条合您的口味吗?"老先生看着面带甜美笑容的小秦说:"挺好的,晚上我再换个口味,吃炒面,就肉丝炒面吧。"小秦填好点菜单,顺手拿过茶壶,给他添好茶,说:"请您稍候。"老先生看着微笑着离开的小秦,忍不住点了点头。

用餐完毕,小秦亲切地笑着询问老先生:"先生,炒面合您口味吗?"老先生说:"好,好,挺好的。我要给我侄子订 18 桌标准高一些的婚宴,所以到几家餐厅看看,我看你们这儿服务真好,决定就放这儿啦。"小秦一听只吃一碗面的客人要订 18 桌婚宴,愣了一下,马上恢复了笑容,对老先生说:"没问题,我这就领您到宴会预订处去办理预订手续。"

案例思考:请结合所学知识和本案例分析服务对销售的重要性。

任务二   餐饮营销策略

🍳 任务描述

餐饮营销策略是一个复杂又充满艺术性的课题,严格来说,在当今市场竞争及其激烈的背景下,

马斯洛需求
层次理论

在线答题

餐饮营销概
述考核表

案例点评

Note

餐饮营销是餐饮企业经营者规划、建设、运营餐饮企业的出发点之一。本任务简单对当今市场环境下的餐饮营销策略进行了介绍，对餐饮营销策略的发展、基本步骤和操作方法进行了简要回顾。本任务先围绕顾客相关问题，讨论可行性研究和市场调研问题，再讨论制订餐饮营销策略的主要方案。

任务目标

了解餐饮营销分析的内容；掌握餐饮营销要素和餐饮营销组合；掌握餐饮营销策略方案。

任务实施

一、餐饮营销分析

（一）餐饮营销环境分析

餐饮营销的第一步就是对所在市场的营销环境进行调查和分析。调查与分析的模型可以参考PESTEL（policy/economic/society/technology/environment/law）。在调查中要注意客观原则、数据原则，用实事求是的态度考察市场。

（二）餐饮消费者购买及消费行为分析

消费者购买行为具有一定的模式和规律。对餐饮企业来讲，只有通过系统的市场调查，分析研究目标市场消费者购买行为特点，才能有针对性地制订餐饮营销策略，使用有效的餐饮营销手段，激发起餐饮消费者对餐饮产品的购买行为。研究影响消费者购买行为的主要因素及其购买决策进程，对展开有效的餐饮营销活动相当重要。在调查中，可以使用6W1H模型，即由谁购买（who）、购买什么（what）、为什么购买（why）、为谁购买（for whom）、什么时候购买（when）、何地购买（where）、怎样购买（how）。在此基础上，还要考虑当地文化气氛和社会消费气氛对餐饮消费者决策行为的影响。

（三）餐饮市场分析

对当地餐饮市场的总量和各品类的市场情况进行调查，并根据调查出的客观数据结果对餐厅在当地市场的情况做出数据化预测。

（四）竞争分析

对当地同品类餐饮市场竞争情况进行测量，可以使用SWOT模型。

二、餐饮营销要素

餐饮营销与其他行业的营销在要素上是相同的，即产品、价格、渠道和促销。餐饮产品即产品的实体、服务、品牌和包装等餐饮促销方式包括广告、人员销售、营业推广、公关关系。

三、餐饮营销组合

美国著名营销学家在《饭店营销学》一书中，就将营销因素组合概括为以下六个部分。

1 宾客　宾客（people）指顾客或市场。企业的任务是通过市场调研确定本企业的消费者，然后详尽地了解他们的需要和愿望，即了解所服务的对象。

2 价格　价格（price）一方面要适应顾客的需要，另一方面要满足企业对利润的要求。

3 实绩　实绩（performance）指产品的传递。这是使顾客再来购买产品的方法，使在店顾客花费最大量金钱的方法，并使顾客在离店后为本企业进行口头宣传并成为活广告。

4 产品　产品（product）指企业的建筑、商品、设备和服务。企业应根据顾客的需要，向他们提供所需的产品和服务。

5 包装　饭店、餐馆的"包装"（package）是指把产品和服务结合起来，在顾客心目中形成本企业的独特形象。"包装"包括外观、外景、内部装修布置、维修保养、清洁卫生、服务人员的态度和仪表、广告和促销印刷品的设计,以及分销渠道等。

❻ 促销　促销(promotion)的任务是使顾客深信本企业的产品就是他们所需要的,并促使他们来购买和消费。

四、餐饮营销策略方案

通过市场调查,确定餐饮企业的经营方向,然后深入进行市场细分,对竞争对手及形势进行分析,确定营销目标,最后达到宾客(people)、价格(price)、实绩(performance)、产品(product)、包装(package)、促销(promotion)等诸多因素的最佳组合,这是餐饮营销的基本策略。具体餐饮营销策略方案有以下几个方面。

(一)广告营销

广告营销是通过购买某种宣传媒介的空间或时间,来向餐饮公众或特定的餐饮市场中潜在的宾客进行推销或者宣传的营销工具,它是餐饮营销的常见手段。餐饮广告一般可分为以下几种。

❶ 电视广告　其特点是传播速度快,覆盖面广,表现手段丰富多彩,可声像、文字、色彩、动感并用,可谓感染力很强的一种广告形式。但此种方法成本昂贵,制作起来费工费时,同时还受时间、播放频道、储存等因素的限制和影响,信息只能被动地单向沟通。

❷ 电台广告　它是适于本地或者周边地区的消费群体的一种餐饮广告形式。其特点是成本较低、效率较高、大众性强。但是这种方式同样也存在着不少缺陷,如:传播手段受技术的限制;不具备资料性、可视性;表现手法单一;被动接受性等。

❸ 报纸、杂志刊物广告　这类广告适于做食品节、特别活动、小包价等餐饮广告,也可以登载一些优惠券,让读者剪下来凭券享受餐饮优惠服务。此种方法具有资料性的优点,成本也较低,但是形象性差、传播速度慢、广告范围也较小。

❹ 线上广告　这类广告的特点是成本低,传播速度快,传播范围广,有社交属性,企业与顾客可以进行双向交互,是现在中国餐饮企业最常用的手段之一。但是由于信息的大爆炸与消费者注意力的极度分散,单纯的在线网络广告营销的获客成本越来越高,信息鱼龙混杂真假难辨。

(二)店内宣传营销

餐饮企业不仅需要通过高品质美食和优质服务来吸引顾客,还应积极做好餐饮营销和宣传。例如可以印制一些精美的定期餐饮活动目录单,介绍本周或本月的各种餐饮娱乐活动;特制一些可让宾客带走以作留念的"迷你菜单";制作各种图文并茂、小巧玲珑的"周末香槟午餐""儿童套餐"等介绍,将它们放置于餐厅的电梯旁、餐厅的门口,或者前厅服务台等处,供宾客取阅。

(三)菜单营销

菜单营销即通过各种形式的菜单向前来餐厅就餐消费的宾客进行餐饮推销。可通过各种形式各异、风格独特的固定式菜单、循环式菜单、特选菜单、今日特选菜单、厨师特选菜单、每周特选菜单、本月新菜、儿童菜单、中老年人菜单、情侣菜单、双休日菜单、美食节菜单等来进行宣传和营销。

各种菜单也可以根据情况来选择不同质地,设计出意境不同、情趣各异的封面,格式、大小可灵活变化,并可以分别制作成纸垫式、台卡式、招贴式、悬挂式、帐篷式等等;色彩或艳丽、或淡雅,式样或豪华气派,或玲珑秀气,都可让宾客在欣赏把玩之中爱不释手,无形中产生了购买欲,并付诸行动。这些菜单实际上起了无言的广告作用。

（四）人员营销

1 专人推销　一般餐饮业可设专门的推销人员来进行餐饮产品的营销工作,但要求他们必须精通餐饮业务,了解市场行情,熟悉饭店各餐饮设施设备的运转情况,宾客可以从他们那里得到确定的预订和承诺。

2 全员推销　餐饮企业所有员工均为现实的或潜在的推销人员。第一层次是由专职人员如营销总监、餐饮销售代理、销售部经理、销售人员等组成的;第二层次由兼职的推销人员构成,如餐饮总监(或餐饮部经理)、宴会部经理、餐厅经理、预订员、迎宾员以及各服务人员等。经理们可在每餐前至餐厅门口迎候宾客;餐中巡视,现场解决各种投诉疑难问题;餐毕向宾客们诚恳道谢,并征询宾客对菜点、酒水以及服务的看法和意见;服务人员则通过他们热情礼貌的态度、娴熟高超的服务技巧、恰当得体的语言艺术,向宾客进行有声或无声的推销;第三层次则由各厨师长以及其他人员组成。

（五）餐厅形象营销

对餐厅的形象进行设计策划,比如在店徽的设计、餐厅主题的选择、餐厅的装饰格调、家具、布局、色彩灯饰等方面下功夫,使之起到促销的功用。如可营造出三十年代旧上海情调的上海餐厅;越南风情的芭蕉别墅;傣族风格的竹楼餐厅;富有浪漫、高雅艺术气息的西餐扒房;以红木(或仿红木)家具呈现的太师椅、清宫服饰等面貌呈现的高档中餐厅;以蒙古包、小方桌、花地毯作为主题形象,散发着粗犷、野味气息的蒙古餐厅;在餐厅门口的小黑板上以手写菜单以示古韵的方式招徕顾客,餐厅内到处可见红、白、绿三种鲜艳国旗色的意式餐厅都属于餐厅形象营销成功的例子。不鸣则已,一鸣惊人。博观而约取,厚积而薄发。

（六）特殊营销活动

要列出全年的特别日子,然后再分月列出活动的内容,制订组织活动的计划。例如:中国的法定节假日和西方的各种节日,或可以创造出各种特别的日子,包括餐厅本身的特别日子,都可以成为活动的内容。

餐厅可利用的节日有中国传统的春节、元宵节、端午节、中秋节以及国庆节、劳动节、教师节、儿童节等,非中国传统的母亲节、父亲节、情人节、圣诞节、复活节等。

除了各类节庆日期,餐厅还可以根据当地文化特征和消费者敏感点设计一些与当地消费者生活结合紧密的各类型活动主题,创造餐饮企业与消费者的价值连接点和各类有趣的消费场景,利用吸引来的人流来进行产品的促销、品牌的提升、影响力的扩大。

任务评价

☑ 技能考核

◆1.餐饮营销策略考核设计

以小组为单位,为当地某酒店餐饮部制作一份"端午节"营销策划方案。

◆2.餐饮营销策略考核表(100 分)

☑ 工作案例分析

【案例情境】

某法式料理店建立了一套新颖的"午餐餐友"顾客管理系统。针对填写电子邮件地址和会员名等个人信息的顾客赠送"午餐餐友卡"。顾客来店消费时,只需出示此卡,就能享受各种优惠。这家餐饮店的周边分布着多家外资企业,日常工作中使用电脑的人很多。针对这种情况,该店面向"午餐餐友"会员定期(每周 2～3 次)发送电子邮件,通过邮件让顾客了解最新优惠资讯。另外,在每月发送一次的"最新资讯"中,还配有优惠活动和季节时令菜等图文信息。这种营销方式的优点是与手机

一本"好菜单"＝精美的出品≠消耗品

在线答题

餐饮营销策略考核表

邮件相比,电脑邮件的信息存储量大、内容全面。申请加入"午餐餐友"会员的人很多,不需要刻意宣传,只在由于企业迁址等原因而导致会员流失时开展招募活动。外资企业的人员流动相对频繁,所以停止发送电子邮件的情况时有发生。一般情况下,店里每天需要发送 2300 份邮件,而注册会员的实际人数是邮件数的 1.5 倍。该店面向"午餐餐友"会员提供的优惠种类很多。比如"午餐甜品优惠""每周四鲜鱼料理全品优惠""晚餐优惠"等。顾客来店消费时,只需从摆在餐位上的优惠卡中抽出一张,就能享受相应的折扣服务。午餐客中,将近 1/3 是会员。每到用餐时间,店里人气超旺。因为口碑好,所以这家店的知名度越来越大,每天都有人申请办卡。

案例思考:1. 该法式料理店"午餐餐友"细分市场有什么特点?

2. 为什么该法式料理店选择电子邮件广告的方式来进行营销?

任务三 餐饮品牌营销

任务描述

随着社会经济的稳步发展和人民生活水平的不断提高,我国餐饮行业近 20 年一直保持着高速增长态势,行业规模和经营领域不断扩大,成为国内消费需求市场增长幅度较高、发展速度较快的行业之一。相对其他行业,投资餐饮行业具有发展前景好、技术含量不高、进入门槛较低等优势,这直接导致我国餐饮行业竞争激烈的局面。品牌竞争是当前餐饮市场竞争手段中的高级形式,但并不代表只要拥有品牌就可以在竞争中立于不败之地,其原因不在品牌竞争手段本身,而在于餐饮企业能否正确理解和运用品牌来进行品牌建设。本任务从餐饮品牌竞争的方式和竞争情况入手,探讨提高餐饮品牌竞争力的营销理念和营销方法。

任务目标

了解中国餐饮品牌市场格局和中国餐饮品牌的发展方向;熟悉餐饮品牌营销技术的发展;掌握餐饮品牌营销的方法,使用这些方法进行餐饮品牌提升。

任务实施

一、中国餐饮品牌的发展现状和发展方向

中国餐饮文化源远流长,百年餐饮老店比比皆是。民以食为天,餐饮消费成为拉动我国消费需求增长的重要力量,为我国的经济增长做出了重要贡献。我国餐饮业的多种经济形式,多种风味,多种经营模式,加上不断发展和竞争,其格局必然在不同时期呈现出不同的、合理的结构。

在"大众创业、万众创新"的时代背景下,互联网科技企业对传统餐饮业的加速渗透,不仅在改变行业的格局,也冲击着每一个餐饮人的大脑。很多的餐饮企业不断跟随脚步更新产品、升级品牌、升级运营来适应快节奏的新餐饮时代。敏锐的创业者也守正出新,精耕很多细分品类,创造了很多有社会知名度、影响力的品牌来开拓餐饮市场。

新一轮的餐饮创业也由此应运而生,2015 年 1 年内广州餐饮企业注册净增长约 64240 家,平均每日增长约 176 家企业,此增长速度在 2016 年和 2017 年略有下滑,但 2018 年再创新高。与此同时,受反腐运动、"八项规定"的影响,传统餐饮企业特别是高端餐饮企业遭到营业额和曝光率的双重重创,大众餐饮品牌崛起的时代就此开始。

(一)中国餐饮品牌概况

随着信息化的发展,互联网变革的不断深入,市场竞争的形式也发生了许多新的变化。餐饮行业已经告别了 80 年代的野蛮增长、90 年代的迅速增长、新千年的高利润，进入了以"消费升级、消费者升级"的新时代。对于餐饮品牌来说，将面临更加严峻的市场竞争，更加细分的市场受众，更加个性化的消费人群，以及一个利润更加微薄的时代。这些变化使很多餐饮品牌旧的观念和操作方法都受到市场的挑战。

（二）消费升级以及消费者升级的双重升级

如今餐饮品牌面对的消费行为发生了巨大变化，消费的已经不仅是产品本身，在消费升级的过程中，产品的交易价值开始往使用价值上转换，甚至有相当大的一部分消费者在消费过程中更看重情感消费。与此同时，消费者的年龄层也发生变化。旧日老一代消费者忠诚的特性一去不返，新一代消费者不同于老一辈人的消费习惯，对于餐饮，他们有着自己个性化、娱乐化的兴趣领域，并愿意为相关体验买单；他们对品牌没有忠诚度可言，他们一直在追求更新奇、更时尚、更有趣的消费体验；他们的餐饮消费口味也不再局限于传统地方菜口味的分类，而是更具有精细化的品味，在各自的小众领域，对娱乐化、多元化、小众化品牌的兴趣越来越大。正是年轻消费群体对个性化餐饮体验的需求升级，使得餐饮细分市场逐渐浮出水面，餐饮文化消费已经成为一种生活方式，餐饮行业的消费升级和消费者升级的双重升级已是餐饮经营者面临的市场现实。

（三）尊重消费者，从经营产品到经营人群

以前的餐饮品牌的成功之道往往依赖着某个"绝招"菜品，谓之为"人无我有，人有我优"。旧日的消费者为了品尝到这个独特菜品纷纷慕名而来，因为某个出色的大厨培养出品牌忠诚度。但是现在的消费者往往对一成不变的商品失去了兴趣，他们可以选择的品牌品种更多，品牌忠诚度更低，做出选择的时间更短，他们的踪迹从街上转移到云端，"一招鲜"式的品牌经营失去了魅力。为了赢得更多的消费者，餐饮品牌必须从"经营产品"的思路转移到"经营人群"的思路上来。利用大数据技术和舆情分析技术，时刻掌握目标受众的心理状态，确立符合目标受众的文化，制订与之相符的经营战略，一切从目标受众的兴趣与需求出发，推出符合甚至超出受众期望的具有社交属性的一系列产品，进行新潮有趣的品牌营销，运用异业合作等品牌推广新思路等，都是新一代餐饮品牌需要学习和实践的。

（四）标准化、品牌化、公司化

传统餐饮品牌的经营目标是门店盈利最大化，其产品先稳定依托于某个或某一批金牌厨师的手艺。但是现在的餐饮行业"洗牌"十分激烈，大型连锁餐饮品牌的迅速扩张渗透，逼得小型餐饮企业无处可逃。为了以最快的速度夺取市场份额，连锁经营是目前餐饮企业的最佳选择。标准化是连锁经营的基础，只有在管理制度、管理模式、企业文化、日常运营流程、服务管理、产品线以及供应链管理等各方面实现标准化，餐饮品牌才有机会以极快的速度扩张经营。但标准化不等于管理僵化，餐饮品牌必须在标准化与个性化之间找到属于自己的位置，走出有品牌特色的、符合受众需求的扩张之路。

品牌化是赋予产品和服务一种品牌所具有的能力，品牌化的根本是创造差别使自己与众不同。我国的传统餐饮企业集中化程度不高，普遍零散经营，规模较小，大多以粗放式经营、被动式营销为主，对本身的标准化操作体系建设不完善，也没有一个较高的品牌建设意识，对未来的企业发展规划不清，经营管理不规范。想要在激烈的市场竞争中赢得竞争优势，品牌化是餐饮企业势在必行的。

公司化运作是与家族化运作及行政化运作相对应的概念，公司化运作是中小民营企业走向现代化的方向。餐饮品牌通过制订战略性经营目标、明确责任归属、制订职业化薪酬体系，使员工个人利益与公司利益相结合，形成协同效应。

（五）扩张资本化

餐饮品牌化、连锁化发展也已经成为整个行业的主流发展趋势。加之支付方式的改变，餐饮企业的现金交易越来越少，以及营业税改增值税的政策利好，促使了餐饮品牌的正规化发展，财务方面，和资本市场对接的条件更加契合，让越来越多餐饮企业具备引进资本的前提条件。餐饮品牌要健康发展，甚至要通过上市获取资金，就要致力于提高管理水平、塑造品牌影响力、制订完善的人才发展体系、改革企业管理流程、探寻供应链以及运营成本的系统化管理体系等。餐饮品牌加上资本运营，就如同插上了飞翔的翅膀，才能让餐饮品牌在这个大吃小、快吃慢的商业世界中换取巨大的品牌优势和时间优势，迅速占领用户认知，成为品类冠军。

（六）互联网的介入

互联网、移动通信将给餐饮品牌带来巨大冲击，甚至会改变餐饮业"游戏规则"与行业格局。互联网餐饮的第一个战场是餐饮O2O行业。互联网技术、电子支付技术、GPS定位技术、物流可视化发展和餐饮管理电子技术的发展使得餐饮O2O有了非常迅速的发展和突出的表现。众多餐饮O2O平台迅速渗入城市乡镇，成为餐饮行业的重要部分。2010年餐饮O2O市场规模只有约92亿元人民币，而到了2015年餐饮O2O市场规模就达到了约1615.5亿元人民币，5年增幅达到1755%。越来越多的餐饮品牌开发出制作时间短、携带方便、保温时间长的适合外卖的商品加入餐饮O2O大军。外卖业务成为餐饮企业收入的重要来源。与此同时，由于竞争愈加激烈，品牌竞争力、包装的美观性、产品的社交属性成为O2O竞争的重要部分。

餐饮品牌互联网化的表现还在于经营模式与互联网的结合。大数据的运用、全网营销、用户肖像分析、舆情分析、基于云技术的餐饮管理系统和收银系统、基于网络的客户关系营销、可视化供应链管理、跨地域行业联盟交流等能够大大提高餐饮品牌运营效率，这些技术手段无不依托互联网技术的发展而发展。从PC端服务向移动端服务转移是餐饮行业互联网服务的发展趋势。大型餐饮品牌逐渐淡化官网运营，强调移动端互联网服务运营，如：微信公众号、服务号和私人号的运营及微博手机版的特别优惠价格等，无不体现了品牌与互联网发展的贴合性。

二、餐饮品牌营销技术的发展

在过去50年里，餐饮品牌营销理论和营销技术发生了巨大的变化。餐饮品牌营销理论把市场营销的导向分为生产阶段、产品阶段、推销阶段、销售阶段、营销阶段和社会营销阶段。菲利普·科特勒博士将餐饮品牌营销技术在不同时期中的战略营销导向分为产品导向、客户导向、品牌导向、价值导向以及价值观与共创导向。在不同的阶段，都提出了重要的品牌营销策略，见图14-1。

图14-1 战略营销导向的变化

科特勒将营销分为1.0、2.0、3.0（图14-2），以及未来社会的营销4.0。

餐饮品牌营销1.0就是工业化时代以产品（菜品）为中心的品牌营销技术。营销1.0始于工业革命时期的生产技术开发。当时的营销就是把工厂生产的产品无差别地卖给有支付能力的人。这些产品通常都比较初级，其生产目的就是满足大众市场需求。在这种情况下，企业尽可能地扩大规模、使产品标准化，不断降低成本以形成低价格来吸引顾客。我们常见的"苍蝇店""路边摊"就是这种表现形式。在这种品牌营销模式里，低廉的价格、稳定的质量是获得顾客的关键。

	营销1.0 （产品为中心的营销）	营销2.0 （客户为中心的营销）	营销3.0 （价值驱动的营销）
目的	产品销售	客户满意和留存	使得这个世界更美好
能动力	工业革命	信息技术	社交媒体
市场视角	建立在满足物质需求 上的大众购买	抢占聪明顾客的心智	人类的心智和精神
营销关键	产品开发	差异化	价值
营销方针	产品规格	企业和产品定位	愿景、价值
价值主张	功能	功能、情感	功能、情感、心灵
互动方式	一对多	一对一联系	多对多协同

图 14-2　营销 1.0～3.0

餐饮品牌营销 2.0 是以消费者为导向的品牌营销技术。其核心技术是信息科技,餐饮企业向消费者诉求情感与形象。营销 2.0 的目标是满足并维护消费者,餐饮企业获得成功的黄金法则就是"客户即上帝"。这个时代里,餐饮企业眼中的市场已经变成有思想和选择能力的聪明消费者,餐饮企业需要通过满足消费者特定的需求来吸引消费者。在餐饮行业里我们常说的"人无我有,人有我优",就是营销 2.0 的餐饮品牌营销策略。在这种品牌营销策略里,差异化的产品(菜品),精准的市场定位和合适的价格就是获得顾客的关键。另外,餐饮企业细分市场品牌营销策略也由此诞生。

餐饮品牌营销 3.0 就是合作性、文化性和精神性的品牌营销,也是价值驱动的营销。和以消费者为中心的 2.0 营销时代一样,营销 3.0 也致力于满足消费者的需求。但是,营销 3.0 时代的企业必须具备更远大的,服务整个世界的使命、远景和价值观,它们必须努力解决当今社会存在的各种问题。换句话说,餐饮企业不止要在产品定位的差异化上下功夫,更要关注企业的社会责任感、正向的社会价值观,挖掘产品的艺术性和文化特质,打造让人流连忘返的餐饮全体验,积极参与到更多的社会事务中来。

三、餐饮品牌营销的方法

(一)4P 品牌营销战略

杰罗姆·麦卡锡于 1960 年在其《基础营销学》一书中第一次将企业的品牌营销战略归结为四个基本策略的组合,即著名的"4P's"理论:产品(product)、价格(price)、渠道(place)、促销(promotion),由于这四个词的英文字头都是"p",再加上战略(strategy),所以简称为"4P's"。

随后,菲利普·科特勒在其畅销书《营销管理:分析、规划与控制》进一步确认了以 4P's 为核心的营销组合方法。

❶ 产品(product)　注重开发的功能,要求产品(菜品)有独特的卖点,把产品(菜品)的功能诉求放在第一位。对于餐饮企业来说,既存在有形的产品,也存在无形的产品。在餐饮品牌的营销中,由于市场营销环境已经进入"营销 3.0"或者"营销 4.0"时代,在产品设计时,菜品口感、摆盘、营养价值一定要在市场平均水平以上,并要符合消费者的文化需求和审美需求。

❷ 价格(price)　根据不同的细分市场定位,制订不同的价格策略,产品(菜品)的定价依据是餐饮品牌细分市场可以承受的价格区间以及竞争对手的价格区间,定价既要获得足够的利润,也要注重市场竞争力。

❸ 渠道(Place)　与其他企业不同,餐饮企业直接面对消费者,产品生产和产品消费几乎是同时的,所以餐饮品牌营销比其他行业更加注重消费体验,餐饮店内的装潢、服务的细致程度、卫生情况、排队情况都会成为餐饮品牌营销的内容。另外,互联网 O2O 行业的兴起,为餐饮产品的销售、餐饮

科特勒的"营销 4.0"是什么?

品牌形象成为品牌传播的关键

273

品牌的传播提供了第二战场,与各大在线外卖品牌的合作情况,在外卖平台上客户关系维护和获得客户的能力是餐饮品牌营销的重要因素。

④ **促销(promotion)** 餐饮企业注重销售行为的改变来刺激消费者,以短期的行为(如让利、买一送一、营销现场气氛等)促成消费的增长,设计有系统的、有吸引力的餐饮门店活动,吸引其他品牌的消费者或引导提前消费来促进销售的增长。

(二)4C品牌营销战略

4C品牌营销战略,也称"4C营销理论",是由美国营销专家劳特朋教授在1990年提出的,是与传统营销的4P理论相对应的4C理论。它以消费者需求为导向,重新设定了品牌营销组合的四个基本要素:即消费者(customer)、成本(cost)、便利(convenience)和沟通(communication)。它强调企业首先应该把追求顾客满意放在第一位,其次是努力降低顾客的购买成本,然后要充分注意到顾客购买过程中的便利性,而不是从企业的角度来决定销售策略,最后还应以消费者为中心实施有效的营销沟通。

① **顾客(customer)** 主要指顾客的需求。餐饮企业必须首先了解和研究顾客,根据顾客的需求来提供产品。同时,餐饮企业提供的不仅仅是产品和服务,更重要的是由此产生的顾客价值(customer value),并且让顾客能够意识到这种价值,从而成为餐饮品牌的忠实粉丝。

② **成本(cost)** 不单是餐饮企业的生产成本,或者说4P's中的price(价格),它还包括顾客的购买成本,同时也意味着产品定价的理想情况,应该是既低于顾客的心理价格,又能够让企业有所盈利。此外,这中间的顾客购买成本不仅包括其货币支出,还包括其为此耗费的时间、体力和精力,以及购买风险。顾客在购买某一产品时,除耗费一定的资金外,还要耗费一定的时间、精力和体力,这些构成了顾客总成本。所以餐厅要努力降低顾客购买的总成本,如降低商品进价成本和市场营销费用从而降低商品价格,以减少顾客的货币成本;努力提高工作效率,尽可能减少顾客的时间支出,节约顾客的购买时间;通过多种渠道向顾客提供详尽的信息、为顾客提供良好的售后服务,减少顾客精神和体力的耗费。

③ **便利(convenience)** 即所谓为顾客提供最大的购物和使用便利。餐饮企业在选择地理位置时,应考虑地区抉择、区域抉择、地点抉择等因素,尤其应考虑"消费者的易接近性"这一因素,使消费者容易达到商店。即使是远程的消费者,也能通过便利的交通接近餐饮企业。同时,在餐厅的设计和布局上要考虑方便消费者进出、上下,方便消费者参观、浏览、挑选,方便消费者付款结算等。

④ **沟通(communication)** 则被用以取代4P's中对应的promotion(促销)。4C营销理论认为,餐饮品牌应通过同顾客进行积极有效的双向沟通,建立基于共同利益的新型企业/顾客关系。这不再是餐饮品牌单向的促销和劝导顾客,而是在双方的沟通中找到能同时实现各自目标的通途。餐饮品牌为了创立竞争优势,必须不断地与消费者沟通。与消费者沟通包括向消费者提供有关餐厅地点、产品、服务、价格等方面的信息;影响消费者的态度与偏好,说服消费者光顾餐厅、消费产品;在消费者的心目中树立良好的企业形象。在当今竞争激烈的餐饮市场环境中,餐饮品牌的管理者应该认识到:与消费者沟通比选择适当的产品、价格、地点、促销更为重要,更有利于餐饮品牌的长期发展。

任务评价

技能考核

◆1.餐饮品牌营销考核设计

以小组为单位,通过查阅资料,用4P's理论分析麦当劳开心乐园餐系列的品牌营销战略,写一篇关于餐饮品牌营销的报告。

◆2.餐饮品牌营销考核表(100分)

在线答题

餐饮品牌营销考核表

工作案例分析

【案例情境】

所谓数据分析,就是依托用户点餐数据、地理位置、评价等综合分析,提炼出针对特定对象的有效数据,并以此辅助相关产品的运营和推广。一个人就餐的数据价值综合了地理数据、人文数据和行为数据等,具有极大的使用价值。目前,国内餐饮企业在O2O业务发展到一定阶段后,都要建立自己的客户数据库,拥有专属网络平台,以便掌握数据的真实性,并有效利用数据。

近年来,餐饮业成本很高,毛利率很低,是不争的事实。互联网时代,有流量的地方就有生意。金百万在大数据研发方面投入很大,取得了显著的效果。据悉,在餐饮行业整体低迷的情况下,金百万实现了逆势扩张,在北京、山东、天津等地加速开店,仅在北京的大型直营连锁门店就达到了30家。这都是大数据带来的商业价值。

案例思考:1.分析本案例,说说餐饮大数据对营销会产生哪些影响。

2.餐饮企业如何根据餐饮大数据制订销售计划?

案例点评

附录

附录 A 常用餐饮服务英语

Part One Make a Reservation for the Guest 预订服务

1. Hello，this is . . . restaurant，×××speaking，what can I do for you? 您好,这里是……餐厅,我是服务员×××,有什么能为您做的?

2. Good morning / afternoon/ evening. May I help you? 上午/下午/晚上好,我能为您做些什么?

3. How many people are there in your party? /How many guests are coming? 请问您一共有多少人来用餐?

4. What time would you like to arrive? 请问您几点到?

5. May I have your name，please? 请问您贵姓?

6. May I take your telephone number，please? 可以留下您的联系方式吗?

7. Is there anything special you would like us to prepare? 请问您有什么特殊需求需要我们做准备的?

8. If you have further requirements，please let us know. 如果您有什么要求,请通知我们。

9. I'm afraid that we only can guarantee the table before ×××in the evening. 恐怕我们餐厅只能给您留座到晚上×××。

10. Thank you for calling，see you. 感谢您的致电,再见。

Part Two Show the Guest to the Table 领位服务

1. Welcome to. . . Chinese/western restaurant. 欢迎光临……中/西餐厅。

2. This way please，sir/madam. 这边请,先生/女士。

3. How many people are there in your party? 你们一共有几位?

4. May I have your room number，please? 我能知道您的房号吗?

5. Do you have any reservation? 您有预订吗?

6. Under whose name did you reserve? 请问您是用谁的名字预订的?

7. Do you prefer the smoking or non-smoking area? 您喜欢吸烟区还是非吸烟区?

8. A table for how many? 您想要几个人的桌子?

9. A table for two，please. 请准备两个人的桌子。

10. Over there would be a nice seat. 那边的位子不错。

11. The table near the window is still vacant. 靠窗的那桌子还空着。

12. I'd rather sit at the window / in the corner / at the entrance. 我想坐在窗边/角落里/入口处。

13. I'm afraid all our tables are taken, sir. Would you mind waiting until one is free. 先生,恐怕所有的位子都坐满了,您介意等到有空位吗?

14. We have a table for you now, sir. This way, please. We're very sorry for the delay. 先生,现在有位子了,这边请。非常抱歉耽误了您的时间。

Part Three　Take a Beverage Order　点酒水

1. What would you like to drink, sir? 您要喝点什么呢,先生?

2. What may I bring you to drink? 您想喝点什么?

3. I can recommend our special of the month. 我推荐本月的特别饮料.

4. Can I bring you some Chinese tea? 我可以给您一些中国茶吗?

5. May I suggest to bring you a cup of coffee? 我建议您来一杯咖啡。

6. How about some Oolong Tea? 乌龙茶怎么样?

7. You care for a red wine, do you? 您喜欢红酒,对吗?

8. What would you like to drink, sir? 您想喝点什么,先生?

9. What would you like to drink with dinner? 晚餐您想喝点什么?

10. We serve juice, soft drink, beer, wine... 我们餐厅提供果汁,软饮,啤酒,红酒……

11. With or without ice please, sir? 先生,请问您需要加冰吗?

12. Here are the wine list. Would you like to order an aperitif? 这是酒单。您需要点一些开胃酒吗?

13. What do you think of the wine? 您觉得这酒怎么样?

14. A bottle / can of beer please. 请给我来瓶/罐啤酒。

15. I'm very sorry. Qingdao beer is not available at the present moment. 真对不起,青岛啤酒已经售完了。

16. It is free of charge. 这是免费的。

17. You'd better have some Shaoxing wine. It's very popular among the Chinese people. 您可以来点绍兴黄酒,中国人很喜欢喝。

18. Give us four jasmine teas and four lemon teas, please. 请给我们四杯茉莉花茶和四杯柠檬茶。

Part Four　Order Food　点菜

1. Here is the menu, please. 这是菜单。

2. The waitress will take your order. 服务员马上来给您点菜。

3. May I take your order now? 可以点菜了吗?

4. Sorry to have kept your waiting. 对不起,让您久等了。

5. What kind of dish do you prefer? 您喜欢什么口味的菜?

6. What kind of seafood do you prefer? 您喜欢什么样的海鲜?

7. We specialize in Hangzhou, Sichuan and Cantonese style. 我们专门做杭州、四川、广东菜。

8. How do you find the beef with pepper? 您觉得尖椒牛柳怎样?

9. How is the seafood today? 今天的海鲜新鲜吗?

10. Cantonese food is lighter while Beijing food is heavy and spicy. 广东菜清淡一些,北京菜比

较味重辛辣。

11. Do you think the food I ordered will be enough for us? 你觉得我点的菜足够我们吃了吗？

12. Your fish / food takes 10 minutes to prepare. 您的鱼/菜需要 10 min 的时间。

13. No MSG in the dishes, please. 菜里不要放味精。

14. It's the specialty of our restaurant. Would you like to have a try? 这是我们餐厅的特色菜，您想尝尝吗？

15. May I suggest special spicy chicken? Many guests like it very much. 我建议您尝尝辣子鸡，很多客人喜欢这道菜。

16. The main condiments are generally bean paste and pickled pepper. 以豆瓣、泡椒为主要调味品。

17. Chinese food is known for its variety and abundance. 中国菜肴以其种类繁多而著称。

18. I will suggest to steam it to retain its freshness. 我建议清蒸来保持它的鲜味。

19. I'll check with the chef right now. 我跟厨师长核对一下。

20. May I suggest today's specialty? 我可以介绍今日特选吗？

21. It takes about 20 minutes to prepare the food. 做好这道菜需要大约 20 min 时间。

22. I'm very sorry. That dish is not available now. 真对不起，这个品种刚卖完。

23. Can I arrange a snack for you if time is pressing for you? 如果您赶时间的话，我给您安排一些快餐好吗？

24. Would you like some more rice? 给您再添点饭好吗？

25. May I take this plate away? 我可以撤掉这个盘子吗？

26. Is there anything else you need? 您另外还需要点什么吗？

27. May I clear your table now? 请问我现在可以清理桌子了吗？

28. Please give me some chili sauce. 请给我一些辣椒酱。

29. I need one more plate. 再给我一个盘子。

30. Do you have baby chair? 有没有婴儿椅？

31. I'll bring it to you immediately. 我马上给您送过去。

32. The dish tastes salty / hot / sour. 这道口味偏咸/辣/酸。

33. How do you like the food here? 您觉得我们这儿的菜肴如何？

34. Here are all the dishes you ordered. If you need anything more, please let me know. 您的菜上齐了，如果还需要别的，请告诉我。

35. Please enjoy your dinner. 请享用您的晚餐。

Part Five　Settle the Bill　结账

1. I'd like to settle(pay)my bill. 我要买单。

2. Your bill comes to 500 RMB including 15％ service charge. 一共是 500 元人民币，包括 15％ 服务费。

3. How would you like to settle your bill, by cash, credit card or charge to your room? 您想怎样付款，现金、信用卡还是挂房账？

4. What is this 80 Yuan for? 这 80 元是什么费用？

5. I'm sorry. There might be some mistakes, let me have a check. 对不起，可能出差错了，让我来检查一下。

6. Please sign here. 请在这里签名。

7. I'm afraid we do not accept this credit card. 我们恐怕不能接受这种信用卡。

8. What kind of card have you got? 您用哪一种信用卡？

9. Here is your change. 找您的钱。

10. Here is your receipt/invoice. 给您收据/发票。

11. Thanks for your coming and looking forward to seeing you soon. 谢谢您的光临，期待下次再见。

Part Six　Vocabulary　餐饮基本词汇

Fish	鱼类		
clam	蛤蜊	mandarin fish	鳜鱼、鲑鱼
perch	鲈鱼	pomfret	鲳鱼
eel	鳝鱼	salmon	三文鱼
trout	鳟鱼	cod	鳕鱼
carp	鲤鱼	grouper	石斑鱼
tuna	金枪鱼	black carp	青鱼
cat fish	鲶鱼	jelly fish	海蜇
sardine	沙丁鱼		

Seafood	海鲜		
lobster	龙虾	shark fin	鱼翅
sea cucumber	海参	conch	海螺
mussel	贻贝	sea eel	海鳗
prawn	对虾	crab	螃蟹
abalone	鲍鱼	squid	鱿鱼
crab roe	蟹黄	scallop	扇贝
turtle	甲鱼	red crab	红花蟹
shrimp	河虾	sea crab	海蟹
fish maw	鱼肚	oyster	生蚝
geoduck	象拔蚌		

Vegetable	蔬菜		
peanuts	花生	walnut	核桃
oyster mushroom	平菇	bitter melon	苦瓜
bean	豆角	chili	辣椒
cashew nut	腰果	bean curd	豆腐
almond	杏仁	garlic	大蒜
raisins	葡萄干	bamboo shoot	竹笋
lentil	扁豆	sesame	芝麻
snow bean	荷兰豆	cucumber	黄瓜
chestnut	栗子	carrot	胡萝卜
lettuce	生菜	asparagus	芦笋
pickle	泡菜	tomato	西红柿
corn	玉米	green pepper	青椒
celery	芹菜	potato	土豆
cauliflower	菜花	turnip	萝卜
cabbage	卷心菜	leek	韭菜
spinach	菠菜	water spinach	空心菜
coriander	香菜	towel gourd	丝瓜
chive	细香葱	pea shoot	豌豆苗

bean sprout	豆芽	garlic sprout	蒜苗
onion	洋葱	mushroom	蘑菇
broccoli	西兰花	watercress	西洋菜
egg plant	茄子	sweet potato	地瓜
Fruit	**水果**		
star fruit	杨桃	papaya	木瓜
apple	苹果	honey melon	哈密瓜
grape	葡萄	blueberry	蓝莓
mango	芒果	strawberry	草莓
pear	梨	orange	橘子
kiwi	猕猴桃	apricot	杏
coconut	椰子	plum	梅子
banana	香蕉	pomegranate	石榴
pineapple	菠萝	watermelon	西瓜
peach	桃	cherry	樱桃
persimmon	柿子	dragon fruit	火龙果
date	枣	plum	李子
lychee	荔枝	longan	龙眼
currant	醋栗	durian	榴莲
mandarin	柑橘	grapefruit	西柚
lemon	柠檬	fig	无花果
lime	青柠	mangosteen	山竹
Meat / Poultry	**肉，家禽**		
pork	猪肉	sirloin steak	西冷牛排
beef	牛肉	T-bone steak	T-骨牛排
pigeon	鸽子	duck web	鸭掌
chicken wing	鸡翅	black chicken	乌鸡
chicken feet	凤爪	Beijing duck	北京鸭
snake	蛇	quail	鹌鹑
chicken leg	鸡腿	ham	火腿
frog	青蛙	chicken liver	鸡肝
duck	鸭子	lamb leg	羊腿
lamb	羊	hot dog	热狗
snail	蜗牛	kidney	腰子
pork chop	猪柳	tongue	舌头
short rib	排骨	fillet	里脊肉
baby chicken	仔鸡	sausage	香肠
oxtail	牛尾	diced chicken	鸡丁
brain	脑子	rabbit	兔子
bacon	咸肉	sausage roll	香肠卷
chicken breast	鸡胸	meat skewer	肉串
lamb chop	羊排	fried chicken	炸鸡
hamburger	汉堡包	chicken finger	炸鸡肉条
turkey	火鸡	BBQ pork	叉烧
beef kebab	牛肉串	chicken fillet	鸡柳
pork knuckle	猪肘子	boiled seafood dumpling	海鲜水饺

Flavor	味道		
sour	酸的	spicy	辛辣的
sweet	甜的	aromatic	芳香的
salty	咸的	strong	强劲的
bitter	苦的	weak	淡的
hot	辣的		

Desert	甜点		
black forest cake	黑森林蛋糕	tiramisu	提拉米苏
fruit cake	水果蛋糕	strawberry mousse	草莓慕斯
mango mousse	芒果慕斯	baked cheese cake	烤芝士蛋糕
chocolate brownie	巧克力布朗尼蛋糕		

Basic Utensil	基本器具		
straw	吸管	tissue	纸巾
cigarette	香烟	tea cup	茶杯
cigar	雪茄	tea pot	茶壶
lighter	打火机	towel	毛巾
pepper mill	胡椒磨	flower vase	花瓶
service station	服务台	baby chair	婴儿椅
toothpick	牙签	bill folder	账单夹
table cloth	台布	ball pen	圆珠笔
napkin	餐巾	chopsticks stand	筷架
ashtray	烟灰缸	shark fin bowl	鱼翅碗
wine basket	酒篮	chinaware	瓷器
spoon	勺子	glass ware	玻璃器皿
plate	盘子	silver ware	银器
garbage bin	垃圾箱	soup ladle	汤勺
ice bucket	冰桶	log book	记事本
tray	托盘	newspaper	报纸
bottle opener	开酒器	dessert fork	甜品叉
water jug	水罐	dessert spoon	甜品勺
beer glass	啤酒杯	dessert knife	甜品刀
wine glass	葡萄酒杯	silver spoon	银勺
champagne glass	香槟杯	silver plate	银盘子
cocktail glass	鸡尾酒杯	silver chopsticks stand	银筷架
juice glass	果汁杯	tray	托盘
coffee cup	咖啡杯	tea spoon	茶勺
fork	叉子	coffee cup	咖啡杯
service trolley	服务车	milk jar	奶缸
buffet dress	自助餐台裙	finger bowel	洗手盅
sauce dish	酱油碟	sugar jar	糖缸
lazy Susan	转盘	match	火柴
candle	蜡烛		

Condiment	调味品		
wasabi	青芥末	Maggi liquid seasoning	美极鲜酱油
mustard	黄芥末	cinnamon powder	肉桂粉
salt	盐	olive oil	橄榄油
pepper	胡椒	vinegar	醋

oil	油	soya sauce	酱油
tobasco	辣椒籽	cream	炼乳
fish sauce	鱼露	sesame oil	芝麻油
cumin powder	孜然粉	onion powder	洋葱粉
Cuisine	烹饪方法		
steam	蒸	boil	煮
fried	煎	scramble	炒
baked	烘焙	deep fried	炸
roast	烘烤	stew	炖,焖
saute	炒的，嫩煎的		

附录 B　全国职业院校技能大赛（高职组）
"西餐宴会服务"赛项规程（节选）

一、竞赛内容

比赛内容以西餐宴会服务为主，调酒服务为辅，涵盖西餐宴会摆台、台面创意设计、餐巾折花、调酒、西餐服务、西餐服务英语运用以及西餐服务知识问答等内容，重点关注选手操作技能水平以及操作过程中的职业礼仪与职业规范。

比赛分四部分，即西餐宴会摆台、英语台面主题介绍及知识问答、西餐服务、鸡尾酒调制。

❶ **西餐宴会摆台**　选手现场摆一个 6 人西餐宴会台，并围绕西方传统节日进行台面主题设计与布置。主要考察选手操作的熟练性、规范性，台面布置的美观性、实用性，以及对西餐文化的理解等专业知识的掌握。

❷ **英语台面主题介绍及知识问答**　选手用英语介绍台面设计主题、设计思路，并现场回答 1 个根据台面主题设计提出的问题。考核选手西餐服务英语的综合运用能力。

现场抽签，用英语回答一个西餐服务基础知识问题。考察选手对西餐基础知识的掌握程度。

❸ **西餐服务**　选手根据现场提供的菜单，为 3 个餐位的客人斟倒冰水、调整餐具。提供侍酒服务。包括撤掉多余的餐具，开红葡萄酒瓶，并进行红白葡萄酒斟酒服务。考察选手对西餐服务知识和技能的掌握程度，以及服务的规范性。

❹ **鸡尾酒调制**　每位选手现场调制一杯抽签鸡尾酒和一杯可以用作开胃酒的自创鸡尾酒。考察选手对鸡尾酒调制方法的掌握程度和操作的基本规范，以及鸡尾酒的创新能力。

二、比赛成绩

本赛项总成绩满分 100 分，其中：西餐宴会摆台（含西餐礼仪、摆台操作）45％；英语台面主题介绍及知识问答 15％；西餐服务（含撤换餐具和侍酒服务）20％；鸡尾酒调制（含服务礼仪）20％。

三、比赛时间

❶ **西餐宴会摆台**　每位选手比赛时间为 17 min。具体时间为：准备时间 2 min，宴会摆台 15 min。操作时间到即停止操作，按选手完成部分打分，未完成部分不计成绩。

❷ **英语台面主题介绍及知识问答**　每位选手 5 min。具体时间为：英语台面主题介绍 3 min，英语台面知识问答 1 min，西餐服务基础知识问答（英语）1 min。

❸ **西餐服务**　每位选手操作时间为 15 min，包括准备时间、调整餐具、斟倒冰水、开红葡萄酒、斟酒操作。

❹ **鸡尾酒调制**　每位选手比赛时间为 14 min。具体时间为：抽签鸡尾酒调制 7 min（含准备时间 2 min），自创鸡尾酒调制 7 min（含准备时间 2 min）。分项分别计时，操作时间到即停止操作，按选手完成部分打分，未完成部分不计成绩。

四、技术平台

西餐宴会服务赛项所使用设施及用品。

① 设备设施

品 名	型 号	技 术 参 数	备 注
餐台	长方形	长 240 cm,宽 120 cm,高 75 cm	统一提供
餐椅	软面无扶手	椅子总高度 95 cm,椅面 45×45 cm	统一提供
工作台	正方形	120 cm×90 cm,高 75 cm	统一提供
调酒操作台	正方形	120 cm×90 cm,高 75 cm	统一提供
调酒工作台	正方形	120 cm×90 cm,高 75 cm	统一提供

② 耗材

品 名	型 号	技 术 参 数	备 注
红葡萄酒	长城特制干红	750 mL	统一提供
白葡萄酒	长城特制白葡	750 mL	统一提供
鸡尾酒酒水		规定鸡尾酒用酒根据提供的配方确定	统一提供

③ 用具

品 名	型 号	技 术 参 数	备 注
台布	自定	200 cm×162.5 cm,2 块	自备
餐巾	正方形	边长 45~60 cm	自备
主题装饰物	自定	突出设计主题	自备
展示盘、面包盘、黄油碟	6 套(可选)	展示盘 10.5 寸、面包盘 6.5 寸、黄油碟 3.5 寸	统一提供
胡椒、盐瓶、牙签盅	6 套(可选)	与餐具协调,符合主题创意	统一提供
玻璃杯	2 套(可选)	两种规格(水杯、红葡萄酒杯、白葡萄酒杯)	统一提供
餐具(刀叉勺)	2 套(可选)	摆台用开胃刀叉、汤匙、鱼刀叉、主菜刀叉、甜品叉匙	统一提供
烛台与蜡烛	自定		自备
主题创意说明牌	自定	摆放主题创意说明	自备
托盘	圆形或长方形防滑托盘	圆形直径 40~50 cm,长方形 35 cm×45 cm	统一提供
平盘	圆形	18 寸	统一提供
调酒壶		250~500 mL	统一提供
量酒杯		30 mL/45 mL	统一提供
吧勺			统一提供
海马刀			统一提供

附录 C 全国职业院校技能大赛(高职组) "西餐宴会服务"赛项评分细则(节选)

为保证全国职业院校技能大赛西餐宴会服务赛项的顺利进行,本着"公正、公开、公平"的竞赛原则,特制订本细则。

一、评分方式

①西餐宴会摆台 西餐宴会摆台比赛裁判员由 5 人组成。裁判员负责参赛选手仪表仪容检查,比赛过程中操作规范、台面主题创意及整体台面等的评判。评判得分计算办法:去掉 5 个裁判中的一个最高分和一个最低分,算出每位选手的该项平均分,小数点后保留两位。

②英语台面主题介绍及知识问答 英语台面主题介绍及知识问答裁判员由 5 人组成。裁判员负责英语解说的评判,并现场根据主题台面提问 1 个问题由选手解答。同时,进行西餐基础知识理论问答。评判得分计算办法:去掉五个裁判中的一个最高分和一个最低分,算出每位选手的该项平均分,小数点后保留两位。

③西餐服务 西餐服务(含撤换餐具和侍酒服务)裁判员由 5 人组成。裁判员负责选手撤换餐具、调整餐具、冰水斟倒、葡萄酒开瓶、葡萄酒斟酒服务等内容的评判。评判得分计算办法:去掉 5 个裁判中的一个最高分和一个最低分,算出每位选手的该项平均分,小数点后保留两位。

④鸡尾酒调制 鸡尾酒调制比赛裁判员由 5 人组成。裁判员负责参赛选手调酒规范、操作流程、成品酒质量的评判。得分计算办法:去掉五个裁判中的一个最高分和一个最低分,算出每位选手的该项平均分,小数点后保留两位。

裁判员对每位选手的评分将于每场比赛结束后现场公布,如有异议请直接向大赛仲裁工作组申请复核。

竞赛名次按照得分高低排序。当总分相等时,按照西餐宴会摆台得分、西餐服务得分、鸡尾酒调制得分、英语成绩得分排序。

二、竞赛规则与评分标准

①西餐宴会摆台 西餐宴会摆台包括西餐宴会摆台、餐巾折花、台面主题设计与布置。主要考察选手操作的熟练性、规范性,台面布置的美观性、实用性,以及对西餐文化的理解等专业知识的掌握。比赛要求:

(1)按西餐宴会摆台(6 人位),参赛选手利用自身条件,创新台面设计。

(2)宴会摆台操作时间 15 min(15 min 停止操作,提前完成不加分)。

(3)选手必须佩戴参赛号提前进入比赛场地,裁判员统一发布口令"开始准备"进行准备,准备时间 2 min。准备就绪后,举手示意。

(4)选手在裁判员宣布"比赛开始"后开始操作。

(5)比赛开始时,选手站在工作台前。比赛中所有操作必须按顺时针方向进行。

(6)所有操作结束后,选手应回到工作台前,举手示意"比赛完毕"。

(7)摆台操作中根据西餐服务特点合理使用托盘。

(8)按西餐服务标准和规范铺台布。台布准备按行业规范熨烫,不得故意进行定位式熨烫。

（9）不得将餐椅拉出在内圈进行操作。

（10）餐巾准备无任何折痕；餐巾折花为盆花，须突出主位花形，整体挺括、和谐，符合台面设计主题。

（11）餐巾折花和摆台先后顺序不限。

（12）比赛评分标准中的项目顺序并不是规定的操作顺序，选手可以自行选择完成各个比赛项目。

（13）物品掉落每件扣 3 分，物品碰倒每件扣 2 分，物品遗漏每件扣 1 分。

（14）选手须提前准备中英文西餐宴会摆台主题创意书面说明稿（包括主题名称、主题内涵等），说明稿提前打印好 12 份，另准备 2 张 7 寸彩色台面全景照片，并在检录时统一上交。

西餐宴会摆台评分细则(45 分,占总分 45%)

项　　目	项目评分细则	分值	扣分	备注
工作台准备 （2分）	餐器具、玻璃器皿等清洁、卫生	2		
	工作台整洁,物品摆放整齐、规范、安全			
铺台布 （2分）	台布中凸线向上,两块台布中凸线对齐	2		
	两块台布在中央重叠,重叠部分均等、整齐			
	主人位方向台布交叠在副主人位方向台布上			
	台布四边下垂均等			
	台布铺设方法正确,最多四次整理成形			
餐椅定位 （2分）	从主人位开始按顺时针方向进行,从餐椅正后方进行操作	2		
	餐椅之间距离均等,相对餐椅的椅背中心对准			
	餐椅边沿与下垂台布距离均等			
装饰盘 （3分）	手持盘沿右侧操作,从主人位开始摆设	3		
	盘边离桌边距离均等,与餐具尾部成一线			
	装饰盘中心与餐椅中心对准			
	盘与盘之间距离均等			
刀、叉、勺 （8分）	刀叉勺由内向外摆放,距桌边距离均等(每个 0.1 分)	8		
	刀叉勺之间及与其他餐具间距离均等、整体协调、整齐(每个 0.1 分)			
面包盘、黄油 刀、黄油碟 （3分）	面包盘盘边距开胃品叉 1 cm(每个 0.1 分)	3		
	面包盘中心与装饰盘中心对齐			
	黄油刀置于面包盘内右侧 1/3 处			
	黄油碟摆放在黄油刀尖正上方,间距均等			
杯具摆放 （3分）	摆放顺序:白葡萄酒杯、红葡萄酒杯、水杯(白葡萄酒杯摆在开胃品刀的正上方,杯底距开胃品刀尖 2 cm)	3		
	三杯向右与水平线成 45°			
	各杯肚之间间距均等			

续表

项 目	项目评分细则	分值	扣分	备注
中心装饰物(1分)	中心装饰物中心置于餐桌中央和台布中线上	1		
	中心装饰物主体高度不超过 30 cm			
烛台(1分)	烛台与中心装饰物之间间距均等	1		
	烛台底座中心压台布中凸线			
	两个烛台方向一致			
牙签盅、椒盐瓶(2分)	牙签盅与烛台底边间距均等	2		
	牙签盅中心压在台布中凸线上			
	椒盐瓶与牙签盅距离均等			
	左椒右盐,椒盐瓶与台布中凸线间距均等			
餐巾盘花(3分)	在平盘上操作,折叠方法正确、卫生	3		
	在餐盘中摆放一致,正面朝向客人;造型美观、大小一致,突出主人位			
操作动作与西餐礼仪(5分)	托盘方法正确,操作规范;餐具拿捏方法正确,卫生、安全	5		
	操作动作规范、熟练、轻巧,自然、不做作			
	操作过程中举止大方、注重礼貌、保持微笑			
	仪容仪态、着装等符合行业规范和要求			
	操作神态自然,具有亲和力,体现岗位气质			
主题设计(10分)	台面整体设计新颖、颜色协调、主题鲜明	10		
	中心装饰物设计精巧、实用性强、易推广			
	中心装饰物现场组装与摆放			
合 计		45		

违例扣分:

物品掉落每件扣 3 分、物品碰倒每件扣 2 分、物品遗漏每件扣 1 分 扣分: 分

实际得分	

② 英语台面主题介绍及知识问答

(1)评分标准

准确性:选手语音语调及所使用语法和词汇的准确性,回答问题的准确性。

熟练性:选手掌握岗位英语的熟练程度。

语言表述:选手语言表述简练、清晰、规范。

(2)评分说明

①台面主题介绍部分

7～8分:语法与词汇正确,词汇丰富,语音语调标准,熟练掌握岗位英语,语言表达清晰、规范。

5～6分:语法与词汇基本正确,语音语调尚可,允许有个别母语口音,较熟悉岗位英语,语言表达基本清晰、规范。

3～4分:语法与词汇有一定错误,发音有缺陷,但不严重影响正常表述。

2分以下:语法与词汇有较多错误,停顿较多,严重影响表达。不能适应语境的变化。

②英语台面主题知识问答部分

2分:对主题理解透彻,回答问题正确。

③西餐基础知识问答

5分:答案正确,语言表述准确。

英语台面主题介绍及知识问答评分细则(15分,占总分15%)

项　　目	评分细则	分　　值	得分
英语台面主题(10分)	语法与词汇正确,词汇丰富,语音语调标准,熟练掌握岗位英语,语言表达清晰、规范	7～8	
	语法与词汇基本正确,语音语调尚可,允许有个别母语口音,较熟悉岗位英语,语言表达基本清晰、规范	5～6	
	语法与词汇有一定错误,发音有缺陷,但不严重影响正常表述	3～4	
	语法与词汇有较多错误,停顿较多,严重影响表达。不能适应语境的变化	2分以下	
	现场问题回答正确	2	
西餐基础知识问答(5分)	答案正确,语言表达清晰、规范	5	
实际得分			

❸ **西餐服务**　西餐服务是由选手根据现场提供的菜单,为3个餐位的客人斟倒冰水、撤换餐具,提供侍酒服务。具体比赛要求如下。

(1)每组由6名选手同时进行,比赛时间为15 min,包括准备和操作。

(2)选手在裁判员宣布"比赛开始"后开始操作。操作结束后,选手应回到工作台前,举手示意"比赛完毕"。

(3)比赛中所有操作必须按顺时针方向进行。

(4)现场由裁判组长随机给每位选手派送一份西餐宴会菜单,选手根据菜单上确定的餐位、每位客人选择的菜肴,为规定的餐位调整餐具,将不需要使用的餐具、杯具等用托盘撤下,摆放至工作台上。

(5)为规定餐位的客人斟倒冰水。

(6)现场使用规定刀具(海马刀)开启红葡萄酒,要求瓶口锡纸边缘整齐,软木塞完整。

(7)将红葡萄酒给主人示酒、鉴酒,并按顺序为客人斟酒,白葡萄酒需要包瓶。徒手为客人斟葡萄酒。

(8)要求操作规范,动作自然大方,符合西餐服务要求。

(9)操作中物品掉落每件扣2分,物品碰倒每件扣1分;斟倒酒水时每滴酒一滴扣1分,每滴酒一滩扣3分。

西餐服务评分细则(20分,占总分20%)

项　目	项目评分细则	分值	扣分	备注
撤换餐具 (6分)	从主人位开始,顺时针为规定餐位调整餐具	6		
	正确撤掉相应餐具、杯具			
	将剩余餐具调整整齐,保持餐具均衡、协调			
	餐具拿捏方法正确,操作规范			
开葡萄酒 (4分)	按正确方法示酒(只需示红葡萄酒)	4		
	用专用开瓶器(海马刀)上的小刀,切除葡萄酒瓶口的封口(胶帽),胶帽边缘整齐			
	用开瓶器上的螺杆拔起软木塞,软木塞完整无损,无落屑			
	操作规范、卫生、优雅,酒瓶不转动			
酒水斟倒 (8分)	为指定的三位客人斟倒冰水	8		
	由主人鉴酒(只需红葡萄酒)			
	按座位顺序为指定客人斟葡萄酒			
	酒标朝向宾客,在宾客右侧服务			
	斟倒酒水量为3～5成,各杯酒水量均等			
	白葡萄酒需要用餐巾包瓶			
	操作规范、卫生、优雅			
操作规范与 服务礼仪(2分)	操作动作规范、熟练、轻巧,自然、不做作	2		
	操作过程中举止大方、注重礼貌、保持微笑			
	服务语言规范、得当,符合行业要求			
	操作神态自然,具有亲和力,体现岗位气质			
合　计		20		

违例扣分:

物品掉落每件扣2分,物品碰倒每件扣1分　　　　　扣分:　　分
斟倒酒水时每滴酒一滴扣1分,每滴酒一滩扣3分　　扣分:　　分

实际得分	

4 鸡尾酒调制　包括抽签鸡尾酒调制和可以用作开胃酒的自创鸡尾酒调制,以此考核选手对鸡尾酒调制方法、调制技巧和操作规范的掌握程度。具体比赛要求如下。

(1)操作比赛每组3名选手同时进行。选手必须佩戴参赛证、身份证、学生证提前进入比赛检录区检录,抽取操作台号。

(2)选手必须佩戴参赛号提前进入比赛场地,按台号顺序抽取抽签酒。

(3)裁判员统一发布口令"开始准备"后进行准备,准备时间2 min。准备时间内将调酒所需酒水、杯具、装饰物、调酒器具等整齐摆放在操作台上。准备就绪后,举手示意。

(4)裁判员发布"操作开始"后,选手开始调制抽签鸡尾酒。操作完成后举手示意。

(5)抽签鸡尾酒调酒比赛中鸡尾酒装饰物须参赛选手现场制作,主办方统一提供新鲜菠萝、柠檬、橙子、罐装樱桃、花伞、酒签、豆蔻粉供选手使用。

（6）抽签酒完成后，裁判员下达"开始准备"口令，选手将自创鸡尾酒的酒水、杯具、装饰物、调酒器具等整齐摆放在操作台上。准备时间2 min，准备就绪后，举手示意。

（7）裁判员发布"操作开始"后，选手开始调制自创鸡尾酒。操作完成后举手示意。

（8）物品掉落每件扣1分、物品碰倒每件扣0.5分，斟倒酒水时每滴洒一滴扣0.5分，每滴洒一滩扣2分。

（9）选手须提前准备自创鸡尾酒主题创意书面说明稿（包括主题名称、主题内涵等），说明稿提前打印好6份，另准备2张7寸彩色成品鸡尾酒照片，并在检录时统一上交。

鸡尾酒调制评分细则（20分，占总分20%）

项　　目	要求和评分标准	分值	扣分	备注
服务礼仪 （2分）	操作过程中举止大方、注重礼貌、保持微笑	1		
	仪容仪态、着装等符合行业规范和要求	1		
抽签鸡尾酒调制 （6分）	调酒材料、酒杯选配正确、合理	2		
	酒品颜色协调、口感舒适、味道纯正	1		
	装饰物制作合理，搭配有致	1		
	操作程序正确，动作规范、卫生安全	1		
	调酒器具使用得当，保持干净、整齐	0.5		
	酒水使用完毕复归原位	0.5		
自创鸡尾酒调制 （12分）	主题创意符合要求，主题鲜明、独特	4		
	酒品用料准确、合理，颜色协调、口感纯正	3		
	装饰物制作规范，具有一定的观赏性，符合酒品创意	1		
	操作动作规范、安全，符合卫生要求	1		
	操作完毕，酒水、用具复归原位	1		
	主题创意说明清晰，配方规范	2		
合计得分		20		

物品掉落每件扣1分，物品碰倒每件扣0.5分	扣分：	分
斟倒酒水时每滴洒一滴扣0.5分，每滴洒一滩扣2分	扣分：	分

实际得分	

主要参考文献

[1] 杨环焕,卫圆杰,金仁重.餐饮服务与督导[M].北京:中国人民大学出版社,2017.

[2] 欧荔,陈鹭洁,李荔娜.餐饮服务与管理[M].上海:上海交通大学出版社,2017.

[3] 刘正华,郭伟强.现代饭店餐饮服务与管理[M].北京:旅游教育出版社,2016.

[4] 仇杏梅.中式面点综合实训[M].重庆:重庆大学出版社,2015.

[5] 王美.中式面点工艺与实训 [M].北京:中国轻工业出版社,2017.

[6] 邓英.餐饮服务实训——项目课程教学[M].北京:电子工业出版社,2009.

[7] 马丽涛,邓英.餐饮服务管理[M].北京:电子工业出版社,2009.

[8] 武瑞营.餐饮管理实务[M].北京:机械工业出版社,2014.

[9] 蔡洪胜.餐饮服务与管理 [M].北京:旅游教育出版社,2016.

[10] 孟庆杰,李正喜.餐饮服务与管理[M].北京:首都经济贸易大学出版社,2011.

[11] 段仕洪.现代餐饮成本核算与控制[M].2版.上海:上海财经大学出版社,2016.

[12] 陈静,谢红勇.餐饮服务与管理[M].上海:上海交通大学出版社,2011.

[13] 于英丽,王敏.餐厅服务技能[M].大连:东北财经大学出版社,2012.

[14] 张众.餐饮服务实训教程[M].北京:中国轻工业出版社,2014.

[15] 何丽萍.餐饮服务与管理 [M].北京:北京理工大学出版社,2010.

[16] 张文华,王飞.餐饮服务与管理[M].长沙:湖南师范大学出版社,2014.

[17] 周静波.餐饮服务实务[M].上海:上海交通大学出版社,2011.

[18] 刘丹,柳礼奎.餐饮技能综合实训[M].北京:清华大学出版社,2016.

[19] 孙娴娴.餐饮服务与管理综合实训[M].2版.北京:中国人民大学出版社,2014.

[20] 徐文苑.餐饮服务与管理任务教程[M].北京:中国铁道出版社,2012.

[21] 叶伯平.宴会设计与管理[M].北京:清华大学出版社,2007.

[22] 边昊,朱海燕.酒水知识与调酒技术[M].北京:中国轻工业出版社,2010.

[23] 张树坤,曹艳芬.酒店餐饮部运营与管理[M].重庆:重庆大学出版社,2014.

[24] 王志民,许莲.餐饮服务与管理实务[M].南京:东南大学出版社,2014.

[25] 胡敏.饭店服务质量管理[M].3版.北京:清华大学出版社,2015.

[26] 周宇,钟华,颜醒华.餐饮企业管理与运作[M].北京:高等教育出版社,2014.

[27] 雷琳,赵艳.餐饮企业经营管理[M].北京:高等教育出版社,2014.

[28] 蔡万坤.餐饮管理[M].3版.北京:高等教育出版社,2008.